공사공단

업무직 / 별정직

NCS 기출예상문제 + 실전모의고사 5회

SD에듀
(주)시대고시기획

머리말

정부는 청년 일자리 창출을 위해 노력하고 있으며, 이에 대한 큰 관심으로 '공공기관 통합채용'을 도입하여 진행하고 있다. 더불어 양질의 일자리를 창출하고자 다각도로 채용을 진행하고 있으며, 필기전형에 국가직무능력표준(NCS)을 도입하여 우리 사회에 직무 위주의 채용 문화를 정착시키는 데 기여하고 있다. 최근 공공기관에서는 무기계약직, 업무협력직, 업무지원직, 공무직 등 업무직과 별정직의 채용이 이루어지고 있는 추세이다. NCS 직업기초능력평가를 통한 업무직과 별정직의 채용의 경우 고졸 수준과 비슷하거나 조금 더 어려운 수준으로 출제되기에 필기전형에서 고득점을 받기 위해 다양한 유형에 대한 폭넓은 학습과 문제풀이능력을 높이는 등 철저한 준비가 필요하다.

공사공단 업무직/별정직 합격을 위해 SD에듀에서는 공사공단 업무직/별정직 판매량 1위의 출간 경험을 토대로 다음과 같은 특징을 가진 도서를 출간하였다.

도서의 특징

첫 째 기출복원문제를 통한 출제 유형 확인!
- 2022 ~ 2020년 업무직·별정직 및 2022년 주요 공기업 NCS 기출문제를 복원하여 필기전형의 전반적인 유형을 파악할 수 있도록 하였다.

둘 째 업무직/별정직 필기전형 출제 영역 맞춤 기출예상문제를 통한 실력 상승!
- NCS 직업기초능력평가 기출유형&기출예상문제를 수록하여 필기전형에 단계별로 대비할 수 있도록 하였다.

셋 째 실전모의고사를 통한 완벽한 실전 대비!
- 철저한 분석을 통해 실제 유형과 유사한 실전모의고사를 수록하여 자신의 실력을 최종 점검할 수 있도록 하였다.

넷 째 다양한 콘텐츠로 최종합격까지!
- 인성검사 및 면접 가이드 등 채용 가이드를 수록하여 채용을 준비하는 데 부족함이 없도록 하였다.
- 온라인 모의고사와 AI면접 응시 쿠폰을 무료로 제공하여 채용 전반을 대비할 수 있도록 하였다.

끝으로 본 도서를 통해 공사공단 업무직/별정직 채용을 준비하는 모든 수험생 여러분이 합격의 기쁨을 누리기를 진심으로 기원한다.

NCS직무능력연구소 씀

NCS(국가직무능력표준)란 무엇인가?

국가직무능력표준(NCS; National Competency Standards)

산업현장에서 직무 수행에 요구되는 능력(지식, 기술, 태도 등)을 국가가 산업 부문별, 수준별로 체계화한 설명서

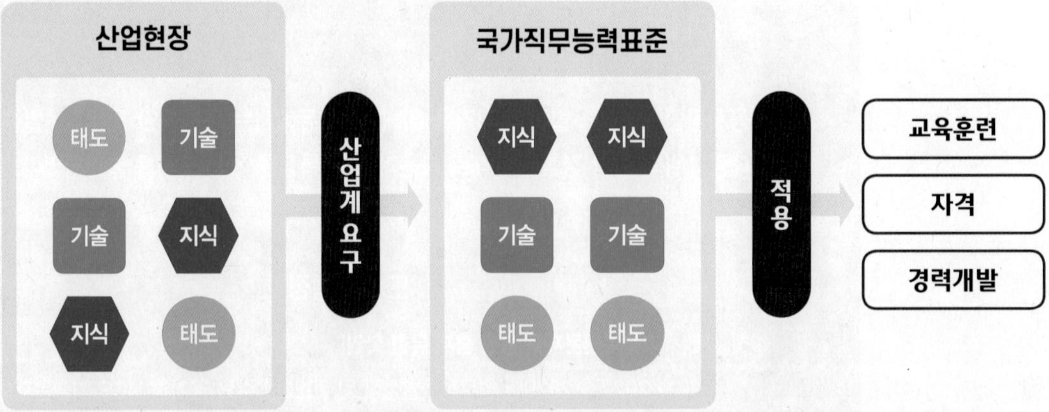

직무능력

직무능력 = 직업기초능력 + 직무수행능력

- **직업기초능력** : 직업인으로서 기본적으로 갖추어야 할 공통 능력
- **직무수행능력** : 해당 직무를 수행하는 데 필요한 역량(지식, 기술, 태도)

NCS의 필요성

❶ 산업현장과 기업에서 인적자원관리 및 개발의 어려움과 비효율성이 발생하는 대표적 요인으로 산업 전반의 '기준' 부재에 주목함

❷ 직업교육훈련과 자격이 연계되지 않은 상태로 산업현장에서 요구하는 직무수행능력과 괴리되어 실시됨에 따라 인적자원개발과 개인의 경력개발에 비효율적이며 효과성이 부족하다는 비판을 받음

❸ NCS를 통해 인재육성의 핵심 인프라를 구축하고, 산업장면의 HR 전반에서 비효율성을 해소하여 경쟁력을 향상시키는 노력이 필요함

NCS = 직무능력 체계화 + 산업현장에서 HR 개발, 관리의 표준 적용

❈ NCS 분류

▸ 일터 중심의 체계적인 NCS 개발과 산업현장 전문가의 직종구조 분석결과를 반영하기 위해 산업현장 직무를 한국고용직업분류(KECO)에 부합하게 분류함

▸ 2021년 기준 : 대분류(24개), 중분류(80개), 소분류(257개), 세분류(1,022개)

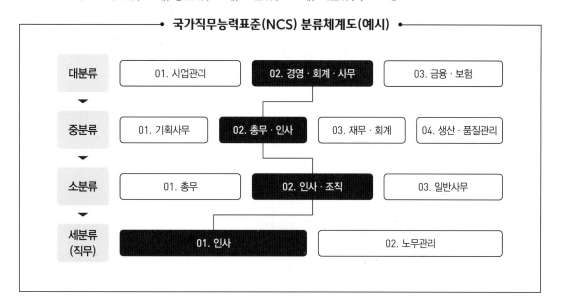

국가직무능력표준(NCS) 분류체계도(예시)

❈ 직업기초능력 영역

모든 직업인들에게 공통적으로 요구되는 기본적인 능력 10가지

❶ **의사소통능력** : 타인의 생각을 파악하고, 자신의 생각을 글과 말을 통해 정확하게 쓰거나 말하는 능력

❷ **수리능력** : 사칙연산, 통계, 확률의 의미를 정확하게 이해하는 능력

❸ **문제해결능력** : 문제 상황을 창조적이고 논리적인 사고를 통해 올바르게 인식하고 해결하는 능력

❹ **자기개발능력** : 스스로 관리하고 개발하는 능력

❺ **자원관리능력** : 자원이 얼마나 필요한지 파악하고 계획하여 업무 수행에 할당하는 능력

❻ **대인관계능력** : 사람들과 문제를 일으키지 않고 원만하게 지내는 능력

❼ **정보능력** : 정보를 수집, 분석, 조직, 관리하여 컴퓨터를 사용해 적절히 활용하는 능력

❽ **기술능력** : 도구, 장치를 포함하여 필요한 기술에 대해 이해하고 업무 수행에 적용하는 능력

❾ **조직이해능력** : 국제적인 추세를 포함하여 조직의 체제와 경영에 대해 이해하는 능력

❿ **직업윤리** : 원만한 직업생활을 위해 필요한 태도, 매너, 올바른 직업관

NCS 구성

능력단위

▶ 직무는 국가직무능력표준 분류의 세분류를 의미하고, 원칙상 세분류 단위에서 표준이 개발됨

▶ 능력단위는 국가직무능력표준 분류의 하위단위로, 국가직무능력 표준의 기본 구성요소에 해당되며 능력단위 요소(수행준거, 지식·기술·태도), 적용범위 및 작업상황, 평가지침, 직업기초능력으로 구성됨

NCS의 활용

활동 유형	활용범위
채용 (블라인드 채용)	채용 단계에 NCS를 활용하여 NCS 매핑 및 직무분석을 통한 공정한 채용 프로세스 구축 및 직무 중심의 블라인드 채용 실현
재직자 훈련 (근로자 능력개발 지원)	NCS 활용 패키지의 '평생경력개발경로' 기반 사내 경력개발경로와 수준별 교육훈련 이수 체계도 개발을 통한 현장직무 중심의 재직자 훈련 실시
배치·승진	현장직무 중심의 훈련체계와 배치·승진·체크리스트를 활용한 근로자 배치·승진으로 직급별 인재에 관한 회사의 기대와 역량 간 불일치 해소
임금 (직무급 도입)	NCS 기반 직무분석을 바탕으로 기존 관리직·연공급 중심의 임금체계를 직무급(직능급) 구조로 전환

시험 전 CHECK LIST　　D-1

체크	리스트
☐	수험표를 출력하고 자신의 수험번호를 확인하였는가?
☐	수험표나 공지사항에 안내된 입실 시간 및 유의사항을 확인하였는가?
☐	신분증을 준비하였는가?
☐	컴퓨터용 사인펜·수정테이프·여분의 필기구를 준비하였는가?
☐	시험시간에 늦지 않도록 알람을 설정해 놓았는가?
☐	고사장 위치를 파악하고 교통편을 확인하였는가?
☐	고사장에서 볼 수 있는 자료집을 준비하였는가?
☐	인성검사에 대비하여 지원한 공사·공단의 인재상을 확인하였는가?
☐	확인 체크표의 × 표시한 문제를 한 번 더 확인하였는가?
☐	자신이 취약한 영역을 두 번 이상 학습하였는가?
☐	도서의 모의고사를 통해 자신의 실력을 확인하였는가?

시험 유의사항　　D-DAY

체크	리스트
☐	시험 전 화장실을 미리 가야 한다.
☐	통신기기(휴대폰, 태플릿PC, 무선호출기, 스마트워치, 스마트밴드, 블루투스 이어폰 등)를 가방에 넣어야 한다.
☐	휴대폰의 전원을 꺼야 한다.
☐	시험 종료 후 시험지와 답안지는 제출해야 한다.

시험 후 CHECK LIST　　D+1

체크	리스트
☐	시험 후기를 작성하였는가?
☐	상·하의와 구두를 포함한 면접복장이 준비되었는가?
☐	지원한 직무의 분석을 하였는가?
☐	단정한 헤어와 손톱 등 용모관리를 깔끔하게 하였는가?
☐	자신의 자기소개서를 다시 한 번 읽어보았는가?
☐	1분 자기소개를 준비하였는가?
☐	도서 내 면접 기출질문을 확인하였는가?
☐	자신이 지원한 직무의 최신 이슈를 정리하였는가?

NCS 문제 유형 소개

PSAT형

28 다음 표와 선정절차는 갑 사업에 지원한 A～E유치원 현황과 사업 선정절차에 대한 자료이다. 이에 대한 〈보기〉의 설명 중 옳은 것만을 모두 고르면?

〈A～E유치원 현황〉

유치원	원아수 (명)	교직원수(명)			교사평균 경력 (년)	시설현황				통학차량 대수 (대)
		교사		사무 직원		교실		놀이터 면적 (m^2)	유치원 총면적 (m^2)	
		정교사	준교사			수 (개)	총면적 (m^2)			
A	132	10	2	1	2.1	5	450	2,400	3,800	3
B	160	5	0	1	4.5	7	420	200	1,300	2
C	120	4	3	0	3.1	5	420	440	1,000	1
D	170	2	10	2	4.0	7	550	300	1,500	2
E	135	4	5	1	2.9	6	550	1,000	2,500	2

※ (여유면적)=(유치원 총면적)−(교실 총면적)−(놀이터 면적)

〈선정절차〉

- 1단계 : 아래 4개 조건을 모두 충족하는 유치원을 예비 선정한다.
  - 교실조건 : 교실 1개당 원아수가 25명 이하여야 한다.
  - 교사조건 : 교사 1인당 원아수가 15명 이하여야 한다.
  - 차량조건 : 통학차량 1대당 원아수가 100명 이하여야 한다.
  - 여유면적조건 : 여유면적이 650m^2 이상이어야 한다.
- 2단계 : 예비 선정된 유치원 중 교사평균경력이 가장 긴 유치원을 최종 선정한다.

〈보기〉

ㄱ. A유치원은 교사조건, 차량조건, 여유면적조건을 충족한다.
ㄴ. 갑 사업에 최종 선정되는 유치원은 D이다.
ㄷ. C유치원은 원아수를 15% 줄이면 차량조건을 충족하게 된다.
ㄹ. B유치원이 교사경력 4.0년 이상인 준교사 6명을 증원한다면, B유치원이 갑 사업에 최종 선정된다.

① ㄱ, ㄴ　② ㄱ, ㄷ
③ ㄷ, ㄹ　④ ㄱ, ㄴ, ㄹ
⑤ ㄴ, ㄷ, ㄹ

특징
- 대부분 의사소통능력, 수리능력, 문제해결능력을 중심으로 출제(일부 기업의 경우 자원관리능력, 조직이해능력을 출제)
- 자료에 대한 추론 및 해석 능력을 요구

출제 대행사 : 휴노, 행동과학연구소(행과연) 등

❈ 모듈형

26 다음 빈칸에 들어갈 말로 적절하지 않은 것은?

> 비판적 사고는 어떤 주제나 주장 등에 대해서 적극적으로 분석하고 종합하며 평가하는 능동적인 사고이다. 이러한 비판적 사고는 어떤 논증, 추론, 증거, 가치를 표현한 사례를 타당한 것으로 수용할 것인가 아니면 불합리한 것으로 거절할 것인가에 대한 결정을 내릴 때 요구되는 사고력이다. 비판적 사고를 개발하기 위해서는 _____ 과 같은 태도가 요구된다.

① 체계성   ② 결단성
③ 예술성   ④ 지적 호기심
⑤ 지적 회의성

특징
- 이론 · 개념을 활용하여 푸는 유형
- 채용 기업 및 직무에 따라 NCS 직업기초능력평가 10개의 영역 중 선발하여 출제
- 기업의 특성을 고려한 직무 관련 문제를 출제
- 대개 1문제당 1분의 시간이 소요
- 주어진 상황에 대한 판단 및 이론 적용을 요구

출제 대행사 : 사람인HR, 인크루트, 커리어케어, 한국사회능력개발원 등

❈ 피듈형(PSAT형 + 모듈형)

43 K공단 신입사원인 A, B, C, D, E는 각각 영업팀, 기획팀, 홍보팀 중 한 곳에 속해 있다. 각 팀은 모두 같은 날, 같은 시간에 회의가 있고, K공단은 3층과 5층에 회의실이 두 개씩 있다. 따라서 세 팀이 모두 한 층에서 회의를 할 수는 없다. A ~ E사원의 진술 중 2명은 참을 말하고 3명은 거짓을 말할 때, 〈보기〉 중 항상 참인 것은?

> A사원 : 기획팀은 3층에서 회의를 한다.
> B사원 : 영업팀은 5층에서 회의를 한다.
> C사원 : 홍보팀은 5층에서 회의를 한다.
> D사원 : 나는 3층에서 회의를 한다.
> E사원 : 나는 3층에서 회의를 하지 않는다.

〈보기〉
> ㄱ. 영업팀과 홍보팀이 같은 층에서 회의를 한다면 E사원은 기획팀이다.
> ㄴ. 기획팀이 3층에서 회의를 한다면, D사원과 E사원은 같은 팀일 수 있다.
> ㄷ. 두 팀이 5층에서 회의를 하는 경우가 3층에서 회의를 하는 경우보다 많다.

① ㄱ   ② ㄱ, ㄴ
③ ㄱ, ㄷ   ④ ㄴ
⑤ ㄴ, ㄷ

특징
- 기초 · 응용 모듈을 구분하여 푸는 유형
- 기초인지모듈과 응용업무모듈로 구분하여 출제
- PSAT형보다 난도가 낮은 편
- 유형이 정형화되어 있고, 유사한 유형의 문제를 세트로 출제

출제 대행사 : ORP연구소 등

도서 200% 활용하기

01 기출복원문제로 출제 경향 파악

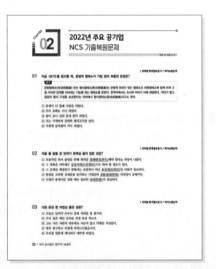

▸ 2022 ~ 2020년 업무직 / 별정직 기출문제를 복원하여 최신 출제 경향을 파악할 수 있도록 하였다.

▸ 2022년 주요 공기업 NCS 기출문제를 복원하여 공기업별 NCS 필기 유형을 파악할 수 있도록 하였다.

02 기출유형 + 기출예상문제로 영역별 단계적 학습

▸ NCS 출제 영역에 대한 기출유형을 수록하여 NCS 문제에 대한 접근 전략을 익히고 점검할 수 있도록 하였다.

▸ NCS 기출예상문제를 수록하여 효과적으로 학습할 수 있도록 하였다.

03 실전모의고사 + OMR을 활용한 실전 연습

▶ 실전모의고사와 OMR 답안카드를 수록하여 실제로 시험을 보는 것처럼 최종 마무리 연습을 할 수 있도록 하였다.

▶ 모바일 OMR 답안채점/성적분석 서비스를 통해 필기전형에 대비할 수 있도록 하였다.

04 인성검사부터 면접까지 한 권으로 최종 마무리

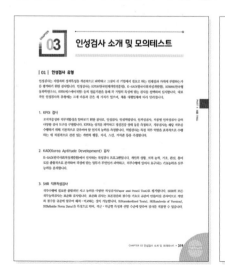
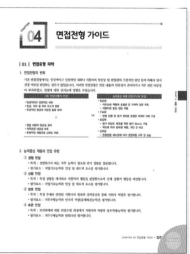

▶ 인성검사 모의테스트를 통해 인성검사 유형 및 문항을 확인할 수 있도록 하였다.

▶ 면접전형 가이드를 통해 면접 유형별 특징을 파악할 수 있도록 하였다.

이 책의 차례

PART

1

기출복원문제

※ 다음 글을 읽고 이어지는 질문에 답하시오. [1~2]

해외여행을 계획하고 있다면 여행 전 필요한 예방접종을 마쳐야 하고, 구급약품을 준비해야 한다. 황열의 경우 예방접종 후 항체 형성 기간이 약 10일이며, 1회 접종으로 평생 유효하다. 콜레라의 경우 개인위생 지침을 철저히 지키면 충분히 예방할 수 있지만, 예방접종을 하고자 할 때에는 기초 접종 2회 이후 추가 접종을 시행하는 것이 바람직하다. 장티푸스는 경구용 백신과 주사용 백신을 통해 예방할 수 있는데, 경구용 백신은 전신 부작용이 없고 약 70%의 예방 효과가 있다. 경구용 백신의 경우 5년간, 주사용 백신은 3년간 유효하다. 시골을 방문하거나 동물과 접촉이 많을 것으로 예상할 때는 1개월 이상의 장기간 여행을 하는 경우에는 광견병 예방접종을 하는 것이 바람직한데, 예방접종은 어깨 근육에 3회 접종한다. 또한, 아프리카나 동남아 지역에서 현지인과 밀접한 접촉이 있을 것으로 예상되는 여행자는 B형 간염 예방접종을 하는 것이 바람직하다. 말라리아 예방약은 전문 의약품이기 때문에 반드시 의사의 처방을 받아 최소 7일 전부터는 복용해야 한다. 예방약을 복용해도 말라리아에 걸릴 위험성이 있으므로 여행 중이나 귀국 후 2개월 이내에 열이 나면 즉시 병원을 방문해야 한다. 해외에서 음식을 먹을 때는 식사 전에 반드시 비누로 손을 씻어야 한다. 비누와 손 씻을 물이 없다면 60% 이상의 알코올을 포함하는 세척 젤을 사용해도 좋다. 되도록 생수나 끓인 물, 탄산수만 마시는 것이 좋으며, 수돗물이나 분수 물, 얼음은 피해야 한다. 음식은 완전히 익힌 것만 먹으며, 길거리에서 파는 음식 또한 먹지 않는 편이 좋다.

또한, 해외에서 운전 계획이 있다면 국제면허증의 필요 여부를 조사해 보고 미리 발급받아 놓아야 한다. 사고에 대비하여 반드시 보험에 들어 두어야 하는데, 보상 범위를 미리 확인해 두는 것이 좋다. 여행 대상국의 교통 관습에 대해 미리 알아둘 필요가 있으며, 낯선 곳이나 조명이 어두운 길에서는 되도록 운전을 피하는 것이 좋다.

귀국한 후에는 경우에 따라 의학적 검사를 받을 필요도 있다. 심부전이나 당뇨, 만성 호흡기 질환 등을 앓고 있는 이들은 병원에서 건강 상태를 점검해 보아야 한다. 또한 귀국 7일 이내에 열, 설사, 구토, 황달, 피부 질환이 생기는 경우에도 즉시 병원을 찾아야 한다. 여행하는 동안 동물에게 물린 경우나 개발도상국에서 3개월 이상 체류한 경우도 병원에서 검사를 받는 것이 바람직하다.

01 다음은 A직원의 출장 계획을 요약한 내용이다. 이를 참고할 때, 동료들이 A에게 할 수 있는 조언으로 적절하지 않은 것은?

> 천식을 앓고 있는 A는 2022년 10월 12일부터 16일까지 동남아시아에 있는 X국의 건설 현장 3곳으로 출장을 갈 예정이며, 출장 기간에는 렌터카를 이용하여 이동하며 건설 현장에서 현지인들을 만날 계획이다. X국 출장을 마친 직후에는 현지 시찰 보고서를 작성하기 위해 곧바로 아프리카 Z국행 비행기를 타야 한다. A는 Z국에 한 달가량 머무를 예정이며, Z국은 황열 위험지역이기 때문에 예방접종을 계획하고 있다.

① 한 달이 넘게 해외에 있어야 할 텐데 혹시 모르니 광견병 예방접종을 하는 게 좋아.
② X국에 가면 현지인들과 접촉해야 하니까 미리 B형 간염 예방주사를 맞고 가는 게 어때?
③ 황열 항체 형성 기간을 고려하면 예방접종은 X국 출장 도중에 하는 것이 가장 좋을 거야.
④ X국에서 운전하려면 국제면허증이 필요할 수도 있으니까 반드시 미리 알아보고 준비해 두라고.
⑤ 출장 일정을 모두 마치고 한국으로 돌아오면 가능한 한 빨리 병원에 가서 건강 검진을 받아야 해.

02 다음은 사내 게시판에 게시된 출장 중 유의 사항으로, 출장을 떠나는 직원들이 참고할 수 있도록 Q&A 형태로 작성되었다. ㉠ ~ ㉤ 중 적절하지 않은 것을 모두 고르면?

> Q. 출장 중에 배탈이 나지 않으려면 어떻게 행동하는 것이 바람직할까요?
> A. ㉠ 음식을 먹기 전에는 비누로 손을 씻는 것이 좋아요. 길거리에 파는 음식이나 수돗물·얼음 등은 피해 주세요.
> Q. 이번에 말라리아 감염 가능성이 높은 국가로 출장을 가게 되었습니다. 어떤 준비가 필요할까요?
> A. ㉡ 말라리아 예방약은 의사가 발급한 처방전이 없어도 누구나 약국에서 구입할 수 있습니다. 출국하기 3일 전부터 복용하시면 됩니다.
> Q. 예전에 해외 출장을 위해 주사용 장티푸스 백신을 접종했다면 다시 접종을 하지 않아도 괜찮을까요?
> A. ㉢ 주사용 장티푸스 백신의 유효 기간은 5년입니다. 따라서 5년 이내에 접종하셨다면 추가 접종하지 않아도 안전합니다.
> Q. 출장 중에 콜레라에 걸리지 않을까 걱정됩니다. 꼭 예방주사를 맞아야 할까요?
> A. ㉣ 콜레라는 개인위생을 철저히 지키면 대부분 예방할 수 있어요. 예방주사는 1회만 맞아도 콜레라를 평생 예방할 수 있어요.
> Q. 출장을 마친 후에 꼭 병원에 가야 하나요?
> A. ㉤ 출장지에서 동물에 물린 경우는 병원에 가는 것이 바람직하답니다. 그리고 귀국 일주일 내에 열이나 설사·구토 등의 증상이 있다면 즉시 병원에 가 보셔야 해요.

① ㉠, ㉡
② ㉠, ㉣
③ ㉠, ㉢, ㉤
④ ㉡, ㉢, ㉣
⑤ ㉡, ㉢, ㉤

03 다음 ㉠ ~ ㉣에 들어갈 단어로 바르게 짝지어진 것은?

광고주들은 광고를 통해 상품의 인지도를 높이고 상품에 대한 호의적 태도를 확산시키려 한다. 간접 광고에서는 이러한 광고 ㉠ 효과 / 효용을/를 거두기 위해 주류적 배치와 주변적 배치를 ㉡ 활용 / 원용한다. 주류적 배치는 출연자가 상품을 ㉢ 사용 / 운용하거나 대사를 통해 상품을 언급하는 것이고, 주변적 배치는 화면 속의 배경을 통해 상품을 노출하는 것인데, 시청자들은 주변적 배치보다 주류적 배치에 더 주목하기 때문에 주류적 배치가 광고 ㉣ 효율 / 효능이 높다.

	㉠	㉡	㉢	㉣			㉠	㉡	㉢	㉣
①	효용	활용	사용	효율		②	효과	활용	사용	효율
③	효과	원용	운용	효능		④	효과	활용	운용	효율
⑤	효용	원용	사용	효능						

04 다음 ㉠ ~ ㉣ 중 우리말 어법에 맞지 않는 것은?

훈민정음은 크게 '예의(例義)'와 '해례(解例)'로 ㉠ 나뉘어져 있다. 세종은 '예의'를 통해 훈민정음의 창제 이유와 사용법을 간략하게 설명했다. 또한, 집현전 학사들은 '해례'를 통해 훈민정음의 모음과 자음을 만든 원리와 용법을 상세하게 해설했다.

서문이 포함된 '예의' 부분은 매우 간략해 〈세종실록〉과 〈월인석보〉에도 실려 오늘날까지 전해지지만, 훈민정음의 창제 원리가 ㉡ 밝혀져 있는 '해례'는 전혀 알려져 있지 않았다. 그런데 '예의'와 '해례'를 모두 수록한 훈민정음 정본이 1940년에 ㉢ 발견됐다. 그것이 〈훈민정음 해례본〉이다. 하지만 이러한 〈훈민정음 해례본〉이 대중에게, 그리고 한글학회 간부들에게 공개된 것은 광복 후에 이르러서였다.

하나의 나라, 하나의 민족정신을 담는 그릇은 바로 그들의 언어이다. 언어가 사라진다는 것은 세계를 바라보는 방식, 즉 세계관이 사라진다는 것과 ㉣ 다름없다. 일제 강점기에 일제의 민족 말살 정책 중 악독하고 잔인했던 것 하나가 바로 우리말과 우리글에 대한 탄압이었다. 일제는 진심으로 우리말과 우리글이 없어지길 바랐다. 18세기 조선의 실학 연구자들은 중국의 중화(中華) 사관에서 벗어나 우리 고유의 사상과 문화에 대한 연구를 본격화했다. 이때 실학자들의 학문적 성과가 바로 훈민정음 해례를 한글로 옮겨 쓴 언해본의 발견이었다. 일제는 언해본이 18세기에 만들어진 위작이라는 거짓 주장을 했고, 해례본을 찾는 일에 ㉤ 광분했다. 해례본을 없앤다면 세종의 훈민정음 창제를 완벽히 허구화할 수 있다고 생각했기 때문이었다.

① ㉠ – 나뉘어져

② ㉡ – 밝혀져

③ ㉢ – 발견됐다

④ ㉣ – 다름없다

⑤ ㉤ – 광분했다

05 다음 ⊙ ～ ㉣에 들어갈 단어로 바르게 짝지어진 것은?

> 시중에 판매 중인 손 소독제 18개 제품을 수거해 에탄올 _____⊙_____ 의 표준 제조 기준 검사를 실시한 결과, 식약처 표준 제조 기준에 미달하는 제품 7개를 적발하였다. 이들 제품 중에는 변경 허가 없이 다른 소독제 _____ㄴ_____ 을 섞거나 _____ㄷ_____ 에 물을 혼합해 생산한 제품도 있었다. 식약처 의약외품 표준 제조 기준에 의하면 손 소독제는 54.7 ～ 70%의 에탄올을 _____ㄹ_____ 해야 한다.

	⊙	ㄴ	ㄷ	ㄹ
①	함량	성분	원료	함유
②	함량	성분	원료	내재
③	함량	성질	원천	내재
④	분량	성질	원천	함유
⑤	분량	성분	원천	함유

06 다음 ⊙ ～ ㉣ 중 단어의 사용이 적절하지 않은 것은?

> 보건복지부는 포용적 사회보장의 기반 마련을 위해 복지 대상자를 중심에 두고 필요한 정보를 연계·통합한 '차세대 사회보장 정보시스템' ⊙ 창안(創案) 계획을 발표했다. 이에 포괄적 사회 보장 지원을 원하는 국민은 누구나 '복지 멤버십'의 회원으로 등록할 수 있다. 등록 시 조사에 동의한 가구·소득·재산 정보를 토대로 사회 보장 급여·서비스의 지원기준에 맞춰 정보시스템이 우선 대상자를 ㄴ 판정(判定)한다. 임신·출산·입학·실직·퇴직·중대질병·장애 발생·입원 등 경제 상황 변동에 따른 사회보장 정보를 제공한다. 보건복지부 관계자는 "안내를 받은 국민이 사회보장급여와 서비스를 편리하게 신청할 수 있도록 하여 복지 ㄷ 사각(四角)지대를 해소하고, 정책개선 체감도를 높이고자 한다."고 말했다.
> 빅데이터를 활용한 시스템도 도입한다. 기존에 단전·단수 정보나 건강 보험료 체납정보 등의 빅데이터 정보를 활용했지만, 앞으로는 단순 빈곤을 넘어 고립·관계단절·정신적·인지적 문제가 있는 경우까지 발굴할 수 있는 방안을 연구하고, 이에 대한 사회적 논의를 신중히 진행할 예정이다. 이를 위해 정부는 보건복지콜센터 상담사나 민간 복지기관 ㄹ 종사(從事)자 등 다양한 인적 안전망을 통해 들어오는 위기 정보를 체계적으로 관리하여 빅데이터 분석에 활용할 계획이다. 또 고용 위기 등 기초자치단체에서 지역 특성을 고려해 자체적으로 위기가구를 분석하고, 원룸·고시원·판자촌 등 주민 등록 정보 관리가 어려운 지역은 위기 징표가 ㅁ 밀집(密集)된 곳의 위치정보를 제공할 계획이다.

① ⊙ – 창안(創案) ② ㄴ – 판정(判定)
③ ㄷ – 사각(四角) ④ ㄹ – 종사(從事)
⑤ ㅁ – 밀집(密集)

안심Touch

(가) 사실 19세기 중엽은 전화 발명으로 무르익은 시기였고, 전화 발명에 많은 사람이 도전했다고 볼 수 있다. 한 개인이 전화를 발명했다기보다 여러 사람이 전화 탄생에 기여했다는 이야기로 이어질 수 있다. 하지만 결국 최초의 공식 특허를 받은 사람은 벨이며, 벨이 만들어낸 전화 시스템은 지금도 세계 통신망에 단단히 뿌리를 내리고 있다.

(나) 그러나 벨의 특허와 관련된 수많은 소송은 무치의 죽음, 벨의 특허권 만료와 함께 종료되었다. 그레이와 벨의 특허 소송에서도 벨은 모두 무혐의 처분을 받았고, 1887년 재판에서 전화의 최초 발명자는 벨이라는 판결이 났다. 그레이가 전화의 가능성을 처음 인지한 것은 사실이지만, 전화를 완성하기 위한 후속 조치를 취하지 않았다는 것이었다.

(다) 하지만 벨이 특허를 받은 이후 누가 먼저 전화를 발명했는지에 대해 치열한 소송전이 이어졌다. 여기에는 그레이를 비롯하여 안토니오 무치 등 많은 사람이 관련돼 있었다. 특히 무치는 1871년 전화에 대한 임시특허를 신청하였지만, 돈이 없어 정식 특허로 신청하지 못했다. 2002년 미국 하원 의회에서는 무치가 10달러의 돈만 있었다면 벨에게 특허가 부여되지 않았을 것이라며 무치의 업적을 인정하기도 했다.

(라) 알렉산더 그레이엄 벨은 전화를 처음 발명한 사람으로 알려져 있다. 1876년 2월 14일 벨은 설계도와 설명서를 바탕으로 전화에 대한 특허를 신청했고, 같은 날 그레이도 전화에 대한 특허 신청서를 제출했다. 1876년 3월 7일 미국 특허청은 벨에게 전화에 대한 특허를 부여했다.

┃ 의사소통능력

07 다음 (가) ~ (라) 문단을 논리적 순서대로 바르게 나열한 것은?

① (가) – (라) – (다) – (나)
② (가) – (다) – (라) – (나)
③ (라) – (가) – (다) – (나)
④ (라) – (나) – (가) – (다)
⑤ (라) – (다) – (나) – (가)

┃ 의사소통능력

08 윗글의 내용으로 가장 적절한 것은?

① 법적으로 전화를 처음으로 발명한 사람은 벨이다.
② 그레이는 벨보다 먼저 특허 신청서를 제출했다.
③ 무치는 1871년 전화에 대한 정식 특허를 신청하였다.
④ 현재 세계 통신망에는 그레이의 전화 시스템이 사용되고 있다.
⑤ 그레이는 전화의 가능성을 인지하지 못하였다.

※ 다음은 법 개정에 따른 일·가정 양립 휴가 지원제도의 변화를 나타낸 자료이다. 이를 바탕으로 이어지는 질문에 답하시오. **[9~10]**

휴가 분류	변경 전	변경 후
출산 전후 휴가 (배우자)	• 3~5일 사용가능(유급 3일) • 정부지원 없음 • 출산한 날부터 30일 이내 청구 • 분할 사용 불가 • 같은 자녀에 대해 부부 동시 육아휴직 불가	• 유급 10일 사용가능 • 유급 5일분 정부지원(통상임금 100%) • 출산한 날부터 90일 이내 청구 • 1회 분할 사용 가능 • 같은 자녀에 대해 부부 동시 육아휴직 가능
출산 전후 휴가 (임신 당사자)	• 통상임금 100%, 상한액 180만 원 • 90일(다태아 120일) / 출산 후에 45일 이상의 기간 보장(다태아 60일)	• 통상임금 100%, 상한액 200만 원 • 기간 동일
가족 돌봄 휴직	• 가족의 질병·사고·노령 사유만 인정 • 연간 90일(사용기간 단위 최소 30일) • 부모, 배우자, 자녀 또는 배우자의 부모	• 현행 휴직 사유+자녀 양육 사유 • 연간 휴직기간 90일 중 10일은 1일 단위로 사용 • 부모, 배우자, 자녀 또는 배우자의 부모+조부모, 손자녀
육아기 근로시간 단축	• (육아휴직)+(근로시간 단축)=(최대 1년) • 하루 2~5시간(주 10~25시간) • 통상임금 80% 지원(상한액 150만 원)	• (육아휴직 최대 1년)+(근로시간 단축)=[최대 2년(근로시간 단축 1년 이상 가능)] • 하루 1~5시간(주 5~25시간) • 하루 1시간까지 통상임금, 나머지 단축분은 80% 지원(상한액 200만 원)

| 의사소통능력

09 다음 중 변경 후 내용에 대한 설명으로 옳은 것은?

① 다태아가 아닐 경우 출산 50일 전에 출산 전후 휴가를 신청할 수 있다.
② 아내와 같은 직장에 다니고 있는 남편은 아내의 육아휴직 기간이 끝나야 육아휴직을 할 수 있다.
③ 손자의 양육을 사유로 가족 돌봄 휴직을 신청할 수 없다.
④ 1시간에 해당하는 통상임금이 1만 원이라면 육아기 근로시간 단축 중 한 주 최대 20만 원을 지원받을 수 있다.
⑤ 임신한 아내의 배우자가 출산 전후 휴가를 최대로 사용하여도 그 달의 통상임금은 변화가 없다.

| 의사소통능력

10 다음 ㉠~㉣에 들어갈 수의 총합은 얼마인가?

• 쌍둥이를 임신한 배우자를 둔 남편은 출산 전후 휴가를 총 ____㉠____ 일을 쓸 수 있다.
• 육아기 근로시간 단축을 신청하려는 A씨는 출산 휴가를 2개월만 썼기 때문에 총 ____㉡____ 개월을 신청할 수 있다.
• 아내가 출산한 지 27일(당일 포함)이 지났다면 남편은 ____㉢____ 일 내에 출산 전후 휴가를 청구해야 한다.
• 출산 전후 휴가 중인 B씨의 월급이 100만 원이라면, 한 달에 최고 ____㉣____ 만 원을 받을 수 있다.

① 165
② 195
③ 205
④ 235
⑤ 315

(가) 1682년, 영국의 엘리아스 에쉬몰(Elias Ashmole)이 자신의 수집품을 대학에 기증하면서 '박물관(Museum)'이라는 용어가 처음 등장하였고, 이후 유럽과 미국에서 박물관은 서로 다른 양상으로 발전하였다. 유럽의 경우 주로 개인이 소장품을 국가에 기증하면 국가는 이를 바탕으로 박물관을 설립하였다. 즉, 국가의 지원과 통제하에 박물관이 설립된 것이다. 반면, 미국의 경우는 민간 차원에서 일반 대중에게 봉사한다는 취지로 미술품 애호가들이나 개인 법인에 의해 박물관이 설립되었다.

(나) 19세기 이전 대부분의 박물관은 종합 박물관의 성격을 띠었으나, 19세기 이후 과학의 진보와 함께 수집품이 증가하고, 이들의 분류·정리가 이루어지면서 전문 박물관이 설립되기 시작했다. 한편, 신흥 도시가 번영의 힘을 과시하기 위해 장식과 기교가 많고 화려한 박물관을 설립하기도 하였다.

(다) 1851년 런던의 대박람회와 1876년 미국 독립 100주년 기념 대박람회는 박물관 사업을 촉진하는 계기가 되었다. 그 결과 뉴욕의 자연사박물관, 메트로폴리탄 박물관, 보스턴미술관 등이 설립되었다. 이 시기의 박물관은 시민의 교육기관이라는 위상을 갖추기 시작했다. 박물관이 학생 교육, 대중의 지식 개발 등 교육에 기여하는 바가 크다는 사실을 인식한 것이다. 또한, 자연과학의 발달과 생물학·인류학·고고학 등의 연구가 활발해지면서 전문 박물관도 급진적으로 증가하게 되었다.

(라) 1930~1940년대 미국에서는 막대한 재력을 가진 개인이 본격적인 후원의 주체가 되는 양상이 나타났다. 재력가들이 미술품 수집에 관심을 보이면서 박물관에 대한 지원이 기업 이윤의 사회 환원이라는 명목으로 이루어졌다. 미국은 미술품을 구입하는 개인이나 법인에 세제상의 혜택을 주어 간접적인 미술의 발전을 도모하였고, 이로 인해 1945년 이후 많은 박물관이 형성되었다. 1876년 약 200여 개였던 미국의 박물관 수는 1940년에는 2,500개, 1965년에는 5,000여 개에 달하였으며, 1974년에는 약 7,000여 개로 집계되었다.

(마) 그러나 경제 대공황기 이후 박물관이 예술 작품을 역사와 무관하게 상품적 가치가 있는 것, 미적인 눈요깃감으로 왜곡시키고 있다는 비판을 받기 시작했다. 이에 따라 동시대의 작품에 많은 관심을 기울여야 한다는 움직임이 활발하게 진행되면서 신흥 재벌의 후원으로 뉴욕의 현대미술관, 워싱턴의 국립미술관 등이 건립되었다. 그들은 보유하고 있는 소장품을 기부하는 방법으로 후원하였으며, 19세기 말 이후의 작품들이 전시됨으로써 현대 미술을 일반에게 알리는 데 기여하였다.

❙ 의사소통능력

11 윗글의 내용으로 적절하지 않은 것은?

① 국가 차원에서 설립된 유럽의 박물관은 국가의 지원과 통제를 받았다.
② 19세기 이후 신흥 도시에서는 박물관 설립을 통해 번영의 힘을 과시하기도 하였다.
③ 과학의 발전과 함께 등장한 전문 박물관은 19세기 후반 그 수가 급격하게 증가하였다.
④ 미국의 박물관은 교육의 목적이 아닌 경제적 이윤을 목적으로 한다.
⑤ 뉴욕의 현대미술관과 워싱턴의 국립미술관은 주로 19세기 말 이후의 현대 미술 작품을 전시한다.

❙ 의사소통능력

12 다음 중 문단별 주제가 바르게 연결된 것은?

① (가) : 박물관의 정의
② (나) : 19세기 이전 박물관의 성격
③ (다) : 전문 박물관의 등장 배경
④ (라) : 1930~1940년대 미국 박물관의 특징
⑤ (마) : 경제 대공황 이후 박물관의 쇠퇴

13 다음 ㉠ ~ ㉢에 들어갈 단어로 바르게 짝지어진 것은?

앞으로는 공무원이 공공기관 민원시스템에서 신고성 민원 등의 서류를 출력해도 민원인 정보는 자동으로 삭제된다. 또한, 민원인 정보를 제3자에게 제공할 때도 유의사항 등을 담은 세부 처리지침이 ㉠ 조성 / 조장된다. 국민권익위원회는 이 같은 내용을 담은 '공공기관 민원인 개인정보 보호 강화방안'을 마련해 499개 공공기관과 행정안전부에 제도 개선을 권고했다. 권고안에는 민원담당 공무원이 기관별 민원시스템에서 신고성 민원 등의 내용을 출력해도 민원인 이름 등 개인정보는 자동으로 삭제되고 민원 내용만 인쇄되도록 하는 내용이 담겨 있다.

이와 함께 민원인 정보를 제3자에게 제공할 때 민원담당자가 지켜야 하는 세부 처리지침을 '민원행정 및 제도개선 기본지침'에 반영하도록 했다. 특히 각 기관에서 신고성 민원을 처리할 때 민원인 비밀보장 준수, 신고자 보호·보상 제도 안내 등 관련 유의사항이 담기도록 했다.

그간 개인정보보호를 위한 정부의 노력에도 불구하고 민원처리 과정에서 민원인 정보가 유출되어 국민의 권익이 침해되는 사례가 지속해서 발생하고 있었다. 하지만 민원처리 지침 등에는 민원인 정보 유출 관련 주의사항, 처벌 규정 등만 ㉡ 명시 / 암시되어 있을 뿐 민원인 정보를 제3자에게 제공할 수 있는 범위와 한계 등에 대한 규정이 없었다. 기관별로 접수되는 신고성 민원은 내용과 요건에 따라 부패·공익신고에 해당할 경우 신고자 보호 범위가 넓은 공익신고자 보호법 등에 따라 처리되어야 함에도 민원 담당자들이 이를 제대로 알지 못해 신고자 보호 규정을 제대로 준수하지 못했기에 이를 보완하려는 후속 조치가 마련된 것이다.

국민권익위원회의 권익개선정책국장은 "이번 제도개선으로 공공기관 민원처리 과정에서 신고성 민원 등을 신청한 민원인의 개인정보가 유출되는 사례를 방지할 수 있을 것"이라며 "앞으로도 국민권익위 정부 혁신 실행과제인 국민의 목소리를 ㉢ 반영 / 투입한 생활밀착형 제도개선을 적극 추진하겠다."라고 말했다.

	㉠	㉡	㉢			㉠	㉡	㉢
①	조성	명시	반영		②	조성	명시	투입
③	조성	암시	반영		④	조장	명시	반영
⑤	조장	암시	투입					

14 다음 밑줄 친 단어와 의미가 가장 유사한 것은?

흑사병은 페스트균에 의해 발생하는 급성 열성 감염병으로, 쥐에 기생하는 벼룩에 의해 사람에게 전파된다. 국가위생건강위원회의 자료에 따르면 중국에서는 최근에도 <u>간헐적</u>으로 흑사병 확진 판정이 나온 바 있다. 지난 2014년에는 중국 북서부에서 38살의 남성이 흑사병으로 목숨을 잃었으며, 2016년과 2017년에도 각각 1건씩 발병 사례가 확인됐다.

① 근근이
② 자못
③ 이따금
④ 빈번히
⑤ 흔히

〈임대인 · 임차인의 권리〉

임대인의 권리	임차인의 권리
1. 월세지급청구권 임대인은 임차인에게 정해진 일자에 월세를 주도록 청구할 수 있음	※ 임대주택 사용·수익권 임차인은 임대차계약을 통해 주택을 사용·수익할 수 있는 권리를 취득함
2. 임대물 반환청구권 임대차계약이 종료하면 임대인은 임차인에게 임대주택을 반환해 주도록 청구할 수 있음	※ 임대차등기협력청구권 계약당사자 간의 별도의 약정이 없을 경우 임차인은 임대인에게 주택임대차등기에 협력해 주도록 청구할 수 있음 임대차가 끝났음에도 보증금이 반환되지 않은 경우 임차인은 법원의 임차권등기명령제도를 이용해 임차권등기를 할 수 있음 임대차등기 관련 분쟁이 발생하여 소송을 진행해 승소를 한 경우에는 단독으로 등기를 할 수 있음
3. 차임(월세 등)증액청구권 임대인은 약정한 월세나 보증금이 임대주택에 대한 조세, 공과금, 그 밖의 경제사정의 변동으로 적절하지 않게 된 경우 그 이후로 올려달라고 청구할 수 있음	※ 차임(월세 등)감액청구권 임차인은 ① 임차주택의 일부가 임차인의 잘못 없이 멸실되거나 그 밖의 사유로 사용·수익할 수 없게 된 경우 ② 약정한 월세나 보증금이 임대주택에 대한 조세, 공과금, 그 밖의 경제사정의 변동으로 적절하지 않게 된 경우 그 이후로 내려달라고 청구할 수 있음
4. 원상회복청구권 임대차계약이 종료하면 ⑦ 은 ⓒ 에게 임대주택을 임대해줄 당시와 같이 원상복구하여 돌려줄 것을 요구할 수 있음	※ 부속물매수청구권 임차인은 사용편의를 위해 임대인의 동의를 얻어 주택에 부속시킨 물건이 있거나 임대인으로부터 매수한 부속물이 있는 경우 임대차가 종료하면 임대인에게 그 부속물의 매수를 청구할 수 있음
	※ 부속물 철거권 임대인이 부속물의 매수를 원하지 않을 경우 임차인은 부속물을 철거할 수 있음
5. 임대물의 보존에 필요한 행위를 할 권리 임대인이 임대주택의 보존에 필요한 행위를 하는 경우 임차인은 이를 거절하지 못함	※ 필요비상환청구권 임차인은 임차주택의 보존에 대해 필요비를 지출한 경우 비용이 발생한 즉시 임대인에게 그 비용을 청구할 수 있음
	※ 유익비상환청구권 ⓒ 이 유익비를 써서 임대차가 끝났을 때까지도 그 가치가 증가해 증가액이 있는 경우 임차인은 임대인에게 지출한 금액이나 그 증가액만큼을 돌려주도록 청구할 수 있음

| 의사소통능력

15 다음 중 ⑦~ⓒ에 들어갈 단어로 바르게 짝지어진 것은?

	⑦	ⓒ	ⓒ
①	임차인	임대인	임대인
②	임차인	임대인	임차인
③	임대인	임차인	임차인
④	임대인	임차인	임대인
⑤	임대인	임대인	임차인

16 다음 밑줄 친 용어에 대한 설명으로 가장 적절한 것은?

① 지급 : 돈이나 물품을 받아들임

② 멸실 : 건축물이 없어지는 것

③ 원상복구 : 본디의 형편이나 상태

④ 매수 : 값을 받고 물건의 소유권을 다른 사람에게 넘김

⑤ 보존 : 무엇을 움직이게 하거나 부리어 씀

17 다음 글의 주제로 가장 적절한 것은?

> 멸균이란 곰팡이, 세균, 박테리아, 바이러스 등 모든 미생물을 사멸시켜 무균 상태로 만드는 것을 의미한다. 멸균 방법에는 물리적, 화학적 방법이 있으며, 멸균 대상의 특성에 따라 적절한 멸균 방법을 선택하여 실시할 수 있다. 먼저 물리적 멸균법에는 열이나 화학약품을 사용하지 않고 여과기를 이용하여 세균을 제거하는 여과법, 병원체를 불에 태워 없애는 소각법, 100℃에서 10 ~ 20분간 물품을 끓이는 자비소독법, 미생물을 자외선에 직접 노출시키는 자외선 소독법, 160 ~ 170℃의 열에서 1 ~ 2시간 동안 건열 멸균기를 사용하는 건열법, 포화된 고압증기 형태의 습열로 미생물을 파괴시키는 고압증기 멸균법 등이 있다. 다음으로 화학적 멸균법은 화학약품이나 가스를 사용하여 미생물을 파괴하거나 성장을 억제하는 방법을 말한다. 여기에는 E.O 가스, 알코올, 염소 등 여러 가지 화학약품이 사용된다.

① 멸균의 중요성

② 뛰어난 멸균 효과

③ 다양한 멸균 방법

④ 멸균 시 발생할 수 있는 부작용

⑤ 실생활에서 사용되는 멸균

※ 다음 글을 읽고 이어지는 질문에 답하시오. [18~19]

변혁적 리더십은 리더가 조직 구성원의 사기를 고양하기 위해 미래의 비전과 공동체적 사명감을 강조하고, 이를 통해 조직의 장기적 목표를 달성하는 것을 핵심으로 한다. 거래적 리더십이 협상과 교환을 통해 구성원의 동기를 부여한다면, 변혁적 리더십은 구성원의 변화를 통해 동기를 부여하고자 한다. 또한, 거래적 리더십은 합리적 사고와 이성에 호소하는 반면, 변혁적 리더십은 감정과 정서에 호소하는 측면이 크다.

이러한 변혁적 리더십은 조직의 합병을 주도하고 신규 부서를 만들어 내며, 조직문화를 창출해 내는 등 조직 변혁을 주도하고 관리한다. 따라서 오늘날 급변하는 환경과 조직의 실정에 적합한 리더십 유형으로 주목받고 있다. 변혁적 리더는 주어진 목적의 중요성과 의미에 대한 구성원의 인식 수준을 제고시키고, 개인적 이익을 넘어서 구성원 자신과 조직 전체의 이익을 위해 일하도록 만든다. 그리고 구성원의 욕구 수준을 상위 수준으로 끌어올림으로써 구성원을 근본적으로 변혁시킨다. 즉, 거래적 리더십을 발휘하는 리더는 구성원에게서 기대되었던 성과만을 얻어내지만, 변혁적 리더는 _____

변혁적 리더가 변화를 이끌어내는 전문적 방법의 하나는 카리스마와 긍정적인 행동 양식을 보여주는 것이다. 이를 통해 리더는 구성원들의 신뢰와 충성심을 얻을 수 있다. 조직의 비전을 구체화하여 알려주고 어떻게 목표를 달성할 것인지를 설명해주거나 높은 윤리적 기준으로 모범이 되는 것도 좋은 방법이 된다.

지속적으로 구성원의 동기를 부여하는 것도 매우 중요하다. 팀워크를 장려하고, 조직의 비전을 구체화하여 개인의 일상 업무에도 의미를 부여할 수 있도록 해야 한다. 변혁적 리더는 구성원이 조직의 중요한 부분이 될 수 있도록 노력하게 만드는 데 초점을 둔다. 따라서 높지만 달성 가능한 목표를 세워 구성원의 생산력을 향상시키고, 구성원에게는 성취 경험을 제공하여 그들이 계속 성장할 수 있도록 만들어야 한다.

현재 상황에 대한 의문은 새로운 변화를 일어나게 한다. 변혁적 리더는 구성원들의 지적 자극을 불러일으켜 조직의 이슈에 대해 적극적으로 관심을 갖도록 만들며, 이를 통해서 참신한 아이디어와 긍정적인 변화가 일어날 수 있도록 한다.

변혁적 리더는 개개인의 관점을 소홀히 생각하지 않는다. 각각의 구성원들을 독특한 재능, 기술 등을 보유한 독립된 개인으로 인지한다. 리더가 구성원들을 개개인으로 인지하게 되면 그들의 능력에 적합한 역할을 부여할 수 있으며, 구성원들 역시 개인적인 목표를 용이하게 달성할 수 있게 된다. 따라서 리더는 각 구성원의 소리에 귀 기울이고, 구성원 개개인에게 관심을 표현해야 한다.

| 의사소통능력

18 다음 빈칸에 들어갈 내용으로 가장 적절한 것은?

① 개개인의 성과를 얻어낼 수 있다.
② 구체적인 성과를 얻어낼 수 있다.
③ 기대 이상의 성과를 얻어낼 수 있다.
④ 참신한 아이디어도 함께 얻어낼 수 있다.
⑤ 구성원들의 신뢰도 함께 얻어낼 수 있다.

19 윗글의 내용으로 적절하지 않은 것은?

① 변혁적 리더는 구성원의 합리적 사고와 이성에 호소한다.
② 변혁적 리더는 구성원의 변화를 통해 동기를 부여하고자 한다.
③ 변혁적 리더는 구성원이 자신과 조직 전체의 이익을 위해 일하도록 한다.
④ 변혁적 리더는 구성원에게 카리스마와 긍정적 행동 양식을 보여준다.
⑤ 변혁적 리더는 구성원 개개인에게 관심을 표현한다.

20 A대학생은 현재 보증금 3천만 원, 월세 50만 원을 지불하면서 B원룸에 거주하고 있다. 다음 해부터는 월세를 낮추기 위해 보증금을 증액하려고 한다. 다음 규정을 보고 A대학생이 월세를 최대로 낮췄을 때의 월세와 보증금으로 바르게 짝지어진 것은?

〈B원룸 월 임대료 임대보증금 전환 규정〉

• 월 임대료의 56%까지 보증금으로 전환 가능
• 연 1회 가능
• 전환이율 6.72%

※ (환산보증금)=$\dfrac{\text{(전환 대상 금액)}}{\text{(전환이율)}}$

① 월세 22만 원, 보증금 7천만 원
② 월세 22만 원, 보증금 8천만 원
③ 월세 22만 원, 보증금 9천만 원
④ 월세 30만 원, 보증금 8천만 원
⑤ 월세 30만 원, 보증금 9천만 원

21 A사원은 콘퍼런스에 참석하기로 했다. 공항버스, 비행기, 시외버스를 모두 이용하여 도착한다고 할 때, A사원이 콘퍼런스에 제시간에 도착하지 못할 확률은?(단, 확률은 소수점 이하 버림한다)

- 공항버스를 타고 제시간에 □□공항에 도착할 확률은 95%이다.
- □□공항에서 비행기를 타고 제시간에 ○○공항에 도착할 확률은 88%이다.
- ○○공항에서 시외버스를 타고 제시간에 콘퍼런스에 도착할 확률은 92%이다.

① 20%   ② 23%
③ 25%   ④ 28%
⑤ 30%

22 K공장은 상품을 만들면서 안정성 검사와 기능 검사를 병행하고 있다. 1시간 동안 안정성 검사와 기능 검사를 동시에 받는 상품은 몇 개인가?

- 상품은 15초에 1개씩 만들어진다.
- 안정성 검사는 12번째 상품마다 검사한다.
- 기능 검사는 9번째 상품마다 검사한다.

① 12개   ② 10개
③ 8개   ④ 6개
⑤ 4개

23 다음 〈조건〉을 토대로 신입사원 5명 중 가장 나이가 적은 사람과 가장 나이가 많은 사람의 나이 차는?

조건
- 신입사원은 5명이다.
- 신입사원의 평균 나이는 28.8세이다.
- 중앙값은 28세, 최빈값은 32세이다.

① 7세   ② 9세
③ 11세   ④ 13세
⑤ 15세

24 A는 출국하기 전 B은행 Q공항 지점에서 달러 및 유로 환전 신청을 하였다. 다음 자료를 참고할 때, A가 내야 하는 환전 수수료의 총액은 얼마인가?

- 신청 금액 : 미국달러(USD) 660$, 유로(EUR) 550유로
- 환전 우대율 : 미국달러(USD) 70%, 유로(EUR) 50%
- 신청 날짜 : 2022년 4월 1일
- 장소 : B은행 Q공항 지점

〈환율 고시표〉

구분	현금	
	매수(KRW)	매도(KRW)
원(KRW)/달러(USD)	1,300원	1,100원
원(KRW)/100엔(JPY)	1,120원	1,080원
원(KRW)/유로(EUR)	1,520원	1,450원

- (환전 수수료)=(매수 매도차액)×[1-(우대율)]×(환전금액)

① 61,350원　　　　　　　　　　② 58,850원
③ 58,150원　　　　　　　　　　④ 57,250원
⑤ 56,650원

25 다음은 Q사진관이 올해 찍은 사진의 용량 및 개수를 나타낸 자료이다. 올해 찍은 사진을 모두 모아서 한 개의 USB에 저장하려고 할 때, 최소 몇 GB의 USB가 필요한가?[단, 1MB=1,000KB, 1GB=1,000MB이며, 합계 파일 용량(GB)은 소수점 이하 버림한다]

〈올해 사진 자료〉

구분	크기(cm)	용량	개수
반명함	3×4	150KB	8,000개
신분증	3.5×4.5	180KB	6,000개
여권	5×5	200KB	7,500개
단체사진	10×10	250KB	5,000개

① 3.0GB　　　　　　　　　　② 3.5GB
③ 4.0GB　　　　　　　　　　④ 4.5GB
⑤ 5.0GB

※ 다음은 남자 육상선수 A의 종목별 기록을 나타낸 자료이다. 이어지는 질문에 답하시오. [26~27]

〈육상선수 A의 종목별 기록〉

종목	2016년	2017년	2018년	2019년	2020년	2021년
100m	10.5초	10.4초	10.3초	10.6초	10.4초	10.7초
200m	23.1초	22.8초	21.6초	20.9초	20.8초	20.4초
400m	47.1초	47.0초	46.9초	46.4초	45.4초	45.3초
800m	2분 5.3초	2분 4.7초	2분 4.1초	1분 53.5초	1분 46.9초	1분 45.4초
1,500m	3분 44.5초	3분 44.0초	3분 43.0초	3분 40.7초	3분 40.2초	3분 38.6초
5,000m	13분 54.7초	13분 53.1초	13분 51.3초	13분 50.3초	13분 49.9초	13분 42.9초

〈2021년 육상 아시아 · 세계 최고 기록 및 평균 기록〉

구분		100m	200m	400m	800m	1,500m	5,000m
아시아	최고 기록	9.9초	19.9초	43.9초	1분 42.7초	3분 29.1초	12분 51.9초
	평균 기록	10.6초	20.6초	45.1초	1분 43.8초	3분 33.9초	13분 1.1초
세계	최고 기록	9.5초	19.1초	43.0초	1분 40.9초	3분 26.0초	12분 37.3초
	평균 기록	10.3초	20.3초	44.2초	1분 41.8초	3분 34.1초	12분 53.8초

| 수리능력

26 다음 〈보기〉 중 자료에 대한 설명으로 옳은 것을 모두 고르면?

> **보기**
> ㉠ A의 기록은 모든 종목에서 매년 단축되고 있다.
> ㉡ A는 모든 종목에서 아시아 최고 기록을 달성한 적이 없다.
> ㉢ 2021년에 A가 아시아 평균 기록을 넘어선 종목은 2가지이다.
> ㉣ 모든 종목에서 아시아 평균 기록은 세계 평균 기록을 넘지 못했다.

① ㉠
② ㉡
③ ㉠, ㉡
④ ㉠, ㉢
⑤ ㉡, ㉣

27 다음 ㉠ ~ ㉤ 중 자료에 대한 설명으로 옳은 것을 모두 고르면?

> ㉠ 육상선수 A의 100m 기록은 대체로 매년 단축되고 있지만 딱 한 번 주춤하였다. 하지만 A는 이에 위축되지 않고 더욱 열심히 훈련에 매진하였고, 그 결과 ㉡ 2020년 자신의 최고 기록을 세웠다.
>
> ㉢ A는 400m 경기에서 두각을 나타냈는데, 2016년 대비 2021년에 3% 이상 기록을 단축하며 좋은 성과를 냈다.
>
> ㉣ 2021년 A의 기록은 경기 거리가 길어질수록 아시아 최고 기록과의 차이는 더 벌어지고 있다.
>
> ㉤ 모든 종목에서 아시아 최고 기록과 평균 기록이 세계 최고 기록보다 기록이 좋지 않으므로 A가 세계 무대에서 입상하기 위해서는 더 많은 노력이 필요할 것으로 보인다.

① ㉠, ㉡
② ㉠, ㉣
③ ㉢, ㉤
④ ㉡, ㉢, ㉣
⑤ ㉡, ㉢, ㉤

28 다음은 K회사에서 실시한 직원들의 진급시험 점수 분포표이다. 이를 참고할 때, 전체 평균 점수는 얼마인가?

〈진급시험 점수 분포표〉

(단위 : 점, 명)

점수	인원	점수	인원
55	9	80	5
60	7	85	4
65	0	90	6
70	6	95	3
75	8	100	2

① 70점
② 72점
③ 74점
④ 76점
⑤ 78점

29 A회사는 한국어, 중국어, 영어, 일본어를 사용하고, B회사는 중국어, 러시아어를, C회사는 한국어, 영어를, D회사는 러시아어, 일본어를, E회사는 중국어, 영어, 러시아어를 사용한다. 다음 중 언어가 통하지 않는 회사끼리 연결된 것은?

① A, B
② A, C
③ B, C
④ B, E
⑤ D, E

30 총무팀 A~E 5명은 다음 〈조건〉에 따라 주중에 돌아가면서 한 번씩 야근을 하려고 한다. 총무팀 5명 중 가장 마지막에 야근을 하는 팀원은 누구인가?

> **조건**
> • B는 E의 하루 뒤에 야근을 하고, B의 이틀 뒤에는 A가 야근을 한다.
> • D보다 먼저 야근을 하는 사람은 없다.
> • C는 목요일에 야근을 한다.

① A
② B
③ C
④ D
⑤ E

31 L공사는 최근 문서정리를 위해 머신러닝 알고리즘을 배치하였다. 8월 4일에 머신러닝 알고리즘은 문서를 몇 건 정리하였는가?

> • 7월 29일에는 테스트로 10건만 문서정리를 진행하였다.
> • 7월 30일부터는 전날 정리한 양의 2배보다 10건 더 문서정리를 진행하였다.
> • 7월과 8월 모두 31일까지 있다.
> • 문서정리는 쉬는 날 없이 매일 진행하였다.

① 630건
② 640건
③ 1,270건
④ 1,280건
⑤ 1,300건

32 다음은 독감의 변인 3가지에 대한 실험을 하고 난 보고서이다. 다음과 같은 변인 3가지 외에 다른 변인은 없다고 했을 때, 〈보기〉에서 옳은 것을 모두 고르면?

> 선택 1. 수분섭취를 잘하였고, 영양섭취와 예방접종은 하지 않았는데 독감에 걸리지 않았다.
> 선택 2. 수분섭취는 하지 않았고, 영양섭취와 예방접종은 하였는데 독감에 걸리지 않았다.
> 선택 3. 영양섭취와 예방접종, 수분섭취를 모두 하였는데 독감에 걸리지 않았다.
> 선택 4. 영양섭취는 하였고, 예방접종을 하지 않았으며, 수분섭취는 하였는데 독감에 걸렸다.

> **보기**
>
> ㄱ. 선택 1·2를 비교해 보았을 때 수분섭취를 하지 않아 독감에 걸렸을 것으로 추정된다.
> ㄴ. 선택 1·4를 비교해 보았을 때 영양섭취를 하지 않아 독감에 걸리지 않았을 것으로 추정된다.
> ㄷ. 선택 2·4를 비교해 보았을 때 예방접종을 하여 독감에 걸렸을 것으로 추정된다.
> ㄹ. 선택 3·4를 비교해 보았을 때 예방접종을 하면 독감에 걸리지 않는 것으로 추정된다.

① ㄱ
② ㄴ, ㄷ
③ ㄷ, ㄹ
④ ㄴ, ㄹ
⑤ ㄱ, ㄴ, ㄹ

33 K기업의 A ~ D사원은 올해 중국, 일본, 프랑스, 독일 지역 중 각기 다른 지역 한 곳으로 파견될 예정이다. 이들은 영어, 중국어, 일본어, 프랑스어, 독일어 중 1개 이상의 외국어를 능통하게 할 줄 안다. 〈조건〉이 다음과 같을 때, 이에 대한 추론으로 옳은 것은?

> **조건**
>
> • 일본, 독일, 프랑스로 해외 파견을 떠나는 사원은 해당 국가의 언어를 능통하게 한다.
> • 중국, 프랑스, 지역에 해외 파견을 떠나는 사원은 영어도 능통하게 한다.
> • 일본어, 프랑스어, 독일어를 능통하게 하는 사원은 각각 1명이다.
> • 사원 4명 중 영어에 능통한 사원은 3명이며, 중국어에 능통한 사원은 2명이다.
> • A는 영어와 독일어를 능통하게 한다.
> • C가 능통하게 할 수 있는 외국어는 중국어와 일본어뿐이다.
> • B가 능통하게 할 수 있는 외국어 중 하나는 C와 겹친다.

① A는 세 가지의 외국어를 능통하게 할 수 있다.
② B는 두 가지의 외국어를 능통하게 할 수 있다.
③ C는 중국으로 파견 근무를 떠난다.
④ D는 어느 국가로 파견 근무를 떠나는지 알 수 없다.
⑤ A와 C가 능통하게 할 수 있는 외국어 중 한 가지는 동일하다.

34 다음은 A공사에서 진행하는 주거복지사업 중 주거취약계층 임대주택에 대한 자료이다. 〈보기〉 중 전세임대로 입주할 수 있는 모든 사람의 1개월 월 임대료의 총 금액은 얼마인가?

---

1. 전세임대

   도심 내 저소득계층 등이 현 생활권에서 거주할 수 있도록 대상자가 거주를 원하는 주택을 물색하면 A공사가 전세계약을 체결한 후 저렴하게 재임대하는 공공임대주택

2. 입주 대상

   • 쪽방, 고시원, 여인숙, 비닐하우스, 노숙인시설(노숙인 등의 복지 및 자립지원에 관한 법률 제2조 제2호), 컨테이너, 움막, PC방, 만화방에 3개월 이상 거주한 자

   ※ 신청일을 기준으로 최근 1년간 각 시설의 거주기간을 합산하여 산정 가능

   • 최저주거기준을 미달하는 주거환경에서 만 18세 미만의 자녀와 함께 거주하고 있는 사람 중 거주지 관할 시장·군수·구청장이 주거지원이 필요하다고 인정하는 사람

   • 지방검찰청에 신청해 법무부장관으로부터 주거지원이 필요하다고 인정되어 A공사 등 사업시행자에 통보된 범죄피해자

3. 입주 자격

   소득 기준(월 소득 기준 이하인 자)

1인 가구	2인 가구	3인 가구	4인 가구
1,322,574원	2,189,905원	2,813,449원	3,113,171원

4. 대상 주택

   국민주택규모(전용 $85m^2$) 이하인 단독다가구주택, 다세대연립주택, 아파트, 오피스텔(단, 1인가구는 $60m^2$ 이하로 면적제한)

5. 임대 조건

구분	쪽방, 고시원, 여인숙, 노숙인시설, 비닐하우스, 컨테이너, 움막, PC방, 만화방 거주자	범죄피해자
임대보증금	50만 원	일반 전세임대주택과 동일
월 임대료	전세지원금 중 임대보증금을 제외한 금액의 연 1% 이자해당액	

보기

A : 70세로 최근 사업에 실패해 수입이 없으며, 노숙인 시설에서 1개월 전부터 거주하였고, 그 전에 6개월 전에 만화방에서 1개월 동안 머물렀다. $55m^2$ 정도의 작은 주택에서 거주하길 원하여 A공사는 임대보증금을 제외하고 전세지원금 3,000만 원을 사용할 예정이다.

B : 15세와 12세의 자녀들을 혼자 키우며, 월 250만 원의 수입이 있다. 그러나 집을 구하지 못해 작년 겨울부터 올해 가을까지 계속 여인숙에서 거주하고 있다. A공사는 $85m^2$의 아파트 임대에 8,000만 원 전액 지원하여 제공할 예정이다.

C : 신혼부부로 자식이 없다. C 혼자 돈을 벌며 월 220만 원 정도의 수입이 있다. 얼마 전에 강도를 만나 상해를 입었으며, 검거되지 않은 범인들의 보복 위험이 있어 새로운 지역에 주거 지원이 필요하다고 법무부장관이 인정해 A공사에 통보했다. A공사는 임대보증금 포함 전세지원금 5,000만 원을 사용해 임대주택을 구할 예정이다.

---

① 500,000원
② 800,000원
③ 1,100,000원
④ 1,300,000원
⑤ 16,000,000원

35 L공사는 5층짜리 선반에 사무용품을 정리해 두고 있다. 선반의 각 층에는 서로 다른 두 종류의 사무용품이 놓여 있다고 할 때, 다음 〈조건〉을 참고하여 추론한 내용으로 옳은 것은?

> **조건**
> - 선반의 가장 아래층에는 인덱스 바인더가 지우개와 함께 놓여 있다.
> - 서류정리함은 보드마카와 스테이플러보다 아래에 놓여 있다.
> - 보드마카와 접착 메모지는 같은 층에 놓여 있다.
> - 2공 펀치는 스테이플러보다는 아래에 놓여 있지만, 서류정리함보다는 위에 놓여 있다.
> - 접착 메모지는 스테이플러와 볼펜보다 위에 놓여 있다.
> - 볼펜은 2공 펀치보다 위에 놓여 있지만, 스테이플러보다 위에 놓여 있는 것은 아니다.
> - 북엔드는 선반의 두 번째 층에 놓여 있다.
> - 형광펜은 선반의 가운데 층에 놓여 있다.

① 스테이플러는 보드마카보다 위에 놓여 있다.
② 서류정리함은 북엔드보다 위에 놓여 있다.
③ 볼펜은 3층 선반에 놓여 있다.
④ 보드마카와 접착 메모지가 가장 높은 층에 놓여 있다.
⑤ 2공 펀치는 북엔드와 같은 층에 놓여 있다.

┃ 코레일 한국철도공사 / 의사소통능력

01 다음 〈보기〉를 참고할 때, 문법적 형태소가 가장 많이 포함된 문장은?

> 보기
>
> 문법형태소(文法形態素) 또는 형식형태소(形式形態素)는 문법적 의미가 있는 형태소로 어휘형태소와 함께 쓰여 그들 사이의 관계를 나타내는 기능을 하는 형태소를 말한다. 한국어에서는 조사와 어미가 이에 해당한다. 의미가 없고 문장의 형식 구성을 보조한다는 의미에서 형식형태소(形式形態素)라고도 한다.

① 동생이 나 몰래 사탕을 먹었다.
② 우리 오빠는 키가 작았다.
③ 봄이 오니 산과 들에 꽃이 피었다.
④ 나는 가게에서 김밥과 돼지고기를 샀다.
⑤ 지천에 감자꽃이 가득 피었다.

┃ 코레일 한국철도공사 / 의사소통능력

02 다음 중 밑줄 친 단어가 문맥상 옳지 않은 것은?

① 효율적인 회사 운영을 위해 회의를 <u>정례화(定例化)</u>해야 한다는 주장이 나왔다.
② 그 계획은 아무래도 <u>중장기적(中長期的)</u>으로 봐야 할 필요가 있다.
③ 그 문제를 해결하기 위해서는 표면적이 아닌 <u>피상적(皮相的)</u>인 이해가 필요하다.
④ 환경을 고려한 신제품을 출시하는 기업들의 <u>친환경(親環境)</u> 마케팅이 유행이다.
⑤ 인생의 중대사를 정할 때는 충분한 <u>숙려(熟慮)</u>가 필요하다.

┃ 코레일 한국철도공사 / 의사소통능력

03 다음 문장 중 어법상 옳은 것은?

① 오늘은 날씨가 추우니 옷의 지퍼를 잘 잠거라.
② 우리 집은 매년 김치를 직접 담궈 먹는다.
③ 그는 다른 사람의 만류에도 서슴지 않고 악행을 저질렀다.
④ 염치 불구하고 이렇게 부탁드리겠습니다.
⑤ 우리집 뒷뜰에 개나리가 예쁘게 피었다.

04 다음 제시된 문단을 논리적 순서대로 바르게 나열한 것은?

> (가) 천일염 안전성 증대 방안 5가지가 '2022 K - 농산어촌 한마당'에서 소개됐다. 첫째, 함수(농축한 바닷물)의 청결도를 높이기 위해 필터링(여과)을 철저히 하고, 둘째, 천일염전에 생긴 이끼 제거를 위해 염전의 증발지를 목제 도구로 완전히 뒤집는 것이다. 그리고 셋째, 염전의 밀대·운반 도구 등을 식품 용기에 사용할 수 있는 소재로 만들고, 넷째, 염전 수로 재료로 녹 방지 기능이 있는 천연 목재를 사용하는 것이다. 마지막으로 다섯째, 염전 결정지의 바닥재로 장판 대신 타일(타일염)이나 친환경 바닥재를 쓰는 것이다.
>
> (나) 한편, 천일염과 찰떡궁합인 김치도 주목을 받았다. 김치를 담글 때 천일염을 사용하면 김치의 싱싱한 맛이 오래 가고 식감이 아삭아삭해지는 등 음식궁합이 좋다. 세계김치연구소는 '발효과학의 중심, 김치'를 주제로 관람객을 맞았다. 세계김치연구소 이창현 박사는 "김치는 중국·일본 등 다른 나라의 채소 절임 식품과 채소를 절이는 단계 외엔 유사성이 전혀 없는 매우 독특한 식품이자 음식 문화"라고 설명했다.
>
> (다) K - 농산어촌 한마당은 헬스경향·한국농수산식품유통공사에서 공동 주최한 박람회이다. 해양수산부 소속 국립수산물품질관리원은 천일염 부스를 운영했다. 대회장을 맡은 국회 농림축산식품해양수산위원회 소속 서삼석 의원은 "갯벌 명품 천일염 생산지인 전남 신안을 비롯해 우리나라의 천일염 경쟁력은 세계 최고 수준"이라며 "이번 한마당을 통해 국산 천일염의 우수성이 더 많이 알려지기를 기대한다."라고 말했다.

① (가) - (나) - (다)
② (가) - (다) - (나)
③ (나) - (다) - (가)
④ (다) - (가) - (나)
⑤ (다) - (나) - (가)

05 K교수는 실험 수업을 진행하기 위해 화학과 학생들을 실험실에 배정하려고 한다. 실험실 한 곳에 20명씩 입실시키면 30명이 들어가지 못하고, 25명씩 입실시키면 실험실 2개가 남는다. 이를 만족하기 위한 최소한의 실험실은 몇 개인가?(단, 실험실의 개수는 홀수이다)

① 11개
② 13개
③ 15개
④ 17개
⑤ 19개

06 2022년 새해를 맞아 K공사에서는 직사각형의 사원증을 새롭게 제작하려고 한다. 기존의 사원증은 개당 제작비가 2,800원이고 가로와 세로의 비율이 1 : 2이다. 기존의 디자인에서 크기를 변경할 경우, 가로의 길이가 0.1cm 증감할 때마다 제작비용은 12원이 증감하고, 세로의 길이가 0.1cm 증감할 때마다 제작비용은 22원이 증감한다. 새로운 사원증의 길이가 가로 6cm, 세로 9cm이고, 제작비용은 2,420원일 때, 디자인을 변경하기 전인 기존 사원증의 둘레는 얼마인가?

① 30cm   ② 31cm

③ 32cm   ④ 33cm

⑤ 34cm

07 K사는 동일한 제품을 A공장과 B공장에서 생산한다. A공장에서는 시간당 1,000개의 제품을 생산하고, B공장에서는 시간당 1,500개의 제품을 생산하며, 이 중 불량품은 A공장과 B공장에서 매시간 45개씩 발생한다. 지난 한 주간 A공장에서는 45시간, B공장에서는 20시간 동안 이 제품을 생산하였을 때, 생산된 제품 중 불량품의 비율은 얼마인가?

① 3.7%   ② 3.8%

③ 3.9%   ④ 4.0%

⑤ 4.1%

08 K강사는 월요일부터 금요일까지 매일 4시간 동안 수업을 진행한다. 다음 〈조건〉에 따라 주간 NCS 강의 시간표를 짤 때, 가능한 경우의 수는 모두 몇 가지인가?(단, 4교시 수업과 다음날 1교시 수업은 연속된 수업으로 보지 않는다)

> **조건**
> • 문제해결능력 수업은 4시간 연속교육으로 진행해야 하며, 주간 총 교육시간은 4시간이다.
> • 수리능력 수업은 3시간 연속교육으로 진행해야 하며, 주간 총 교육시간은 9시간이다.
> • 자원관리능력 수업은 2시간 연속교육으로 진행해야 하며, 주간 총 교육시간은 4시간이다.
> • 의사소통능력 수업은 1시간 교육으로 진행해야 하며, 주간 총 교육시간은 3시간이다.

① 40가지   ② 80가지

③ 120가지   ④ 160가지

⑤ 200가지

09 다음 기사의 내용으로 미루어 볼 때, 청년 고용시장에 대한 〈보기〉의 정부 관계자들의 태도로 가장 적절한 것은?

> 정부가 향후 3 ~ 4년을 청년실업 위기로 판단한 것은 에코세대(1991 ~ 1996년생·베이비부머의 자녀세대)의 노동시장 진입 때문이었다. 에코세대가 본격적으로 취업전선에 뛰어들면서 일시적으로 청년실업 상황이 더 악화될 것이라고 생각했다.
>
> 2021년을 기점으로 청년인구가 감소하기 시작하면 청년실업 문제가 일부 해소될 것이라는 정부의 전망도 이런 맥락에서 나왔다. 고용노동부 임서정 고용정책실장은 "2021년 이후 인구문제와 맞물리면 청년 고용시장 여건은 좀더 나아질 것이라 생각한다."라고 말했다.
>
> 그러나 청년인구 감소가 청년실업 문제 완화로 이어질 것이란 생각은 지나치게 낙관적이라는 지적도 나오고 있다. 한국노동연구원 김유빈 부연구위원은 "지금의 대기업과 중소기업, 정규직과 비정규직 간 일자리 질의 격차를 해소하지 않는 한 청년실업 문제는 더 심각해질 수 있다."라고 우려했다. 일자리 격차가 메워지지 않는 한 질 좋은 직장을 구하기 위해 자발적 실업상황조차 감내하는 현 청년들의 상황이 개선되지 않을 것이기 때문이다.
>
> 한국보다 먼저 청년실업 사태를 경험한 일본을 비교대상으로 거론하는 것도 적절하지 않다는 지적이 나온다. 일본의 경우 청년인구가 줄면서 청년실업 문제는 상당 부분 해결됐다. 하지만 이는 '단카이 세대(1947 ~ 1949년에 태어난 일본의 베이비부머)'가 노동시장에서 빠져나오는 시점과 맞물렸기 때문에 가능했다. 베이비부머가 1 ~ 2차에 걸쳐 넓게 포진된 한국과는 상황이 다르다는 것이다.
>
> 김 부연구위원은 "일본에서도 (일자리) 질적 문제는 나타나고 있다."며 "일자리 격차가 큰 한국에선 문제가 더 심각하게 나타날 수 있어 중장기적 대책이 필요하다."고 말했다.

보기

- 기재부 1차관 : '구구팔팔(국내 사업체 중 중소기업 숫자가 99%, 중기 종사자가 88%란 뜻)'이란 말이 있다. 중소기업을 새로운 성장동력으로 만들어야 한다. 취업에서 중소기업 선호도는 높지 않다. 여러 가지 이유 중 임금 격차도 있다. 청년에게 중소기업에 취업하고자 하는 유인을 줄 수 있는 수단이 없다. 그 격차를 메워 의사 결정의 패턴을 바꾸자는 것이다. 앞으로 에코세대의 노동시장 진입하는 4년 정도가 중요한 시기이다.
- 고용노동부 고용정책실장 : 올해부터 3 ~ 4년은 인구 문제가 크고, 그로 인한 수요·공급 문제가 있다. 개선되는 방향으로 가더라도 '에코세대' 대응까지 맞추기 쉽지 않다. 때문에 집중투자를 해야 한다. 3 ~ 4년 후에는 격차를 줄여가기 위한 대책도 병행하겠다. 이후부터는 청년의 공급이 줄어들기 때문에 인구 측면에서 노동시장에 유리한 조건이 된다.

① 올해를 가장 좋지 않은 시기로 평가하고 있다.
② 현재 회복국면에 있다고 판단하고 있다.
③ 실제 전망은 어둡지만, 밝은 면을 강조하여 말하고 있다.
④ 에코세대의 노동시장 진입을 통해 청년실업 위기가 해소될 것으로 기대하고 있다.
⑤ 한국의 상황이 일본보다 낫다고 평가하고 있다.

10 다음 중 제시된 보도자료의 내용으로 가장 적절한 것은?

이용자도 보행자도 안전하게, 전동킥보드 관련 규정 강화

개인형 이동장치 관련 강화된 도로교통법 시행
무면허 운전 10만 원, 안전모 미착용 2만 원, 2인 이상 탑승 4만 원 범칙금 부과
안전한 이용 문화 정착 위해 캠페인·교육 등 집중홍보 및 단속 실시

국무조정실, 국토부, 행안부, 교육부, 경찰청은 전동킥보드 등 개인형 이동장치 운전자의 안전을 강화한 도로교통법 개정안이 시행됨에 따라, 개인형 이동장치의 안전한 이용문화 정착을 위해 범정부적으로 안전단속 및 홍보활동 등을 강화해 나간다고 밝혔습니다.

정부는 개인형 이동장치(PM; Personal Mobility)가 최근 새로운 교통수단으로 이용자가 증가함에 따라 안전한 운행을 유도하기 위해 지난해부터 안전기준을 충족한 개인형 이동장치에 한해 자전거도로통행을 허용했고, 그에 맞춰 자전거와 동일한 통행방법과 운전자 주의의무 등을 적용해 왔습니다. 다만, 청소년들의 개인형 이동장치 이용 증가에 대한 우려와 운전자 주의의무 위반에 대한 제재가 없어 실효성이 없다는 문제 제기가 있었고, 지난해 강화된 도로교통법이 국회를 통과하였습니다.

이번에 시행되는 개인형 이동장치와 관련된 법률의 세부 내용은 다음과 같습니다.

- (운전 자격 강화) 원동기 면허 이상 소지한 운전자에 대해서만 개인형 이동장치를 운전할 수 있도록 하고, 무면허 운전 시 10만 원의 범칙금을 부과합니다.
- (처벌 규정 신설) 인명 보호 장구 미착용(범칙금 2만 원), 승차정원 초과 탑승(범칙금 4만 원) 및 어린이(13세 미만) 운전 시 보호자(과태료 10만 원)에게 범칙금·과태료를 부과함으로써 개인형 이동장치 운전자 주의의무에 대한 이행력을 강화하였습니다.

정부는 강화된 법률의 시행을 계기로 안전한 개인형 이동장치 이용문화가 정착될 수 있도록 단속 및 캠페인 등 대국민 홍보를 강화해 나갈 계획입니다. 관계부처 – 지자체 – 유관기관 등과 함께 개인형 이동장치 이용이 많은 지하철 주변, 대학교, 공원 등을 중심으로 안전 캠페인을 실시하고, 경찰청을 중심으로 보도 통행 금지, 인명 보호 장구 미착용, 승차정원 초과 등 주요 법규 위반 행위에 대해 단속과 계도를 병행함과 동시에 홍보 활동을 진행할 예정입니다. 그리고 초·중·고 학생을 대상으로 '찾아가는 맞춤형 교육'을 실시하고, 학부모 대상 안내문을 발송하는 등 학생들이 강화된 도로교통법을 준수할 수 있도록 학교·가정에서 교육을 강화해 나갈 계획입니다. 또한, 공유 개인형 이동장치 어플 내에 안전수칙 팝업 공지, 주·정차 안내 등 개인형 이동장치 민·관 협의체와의 협력을 강화해 나갈 예정입니다. 아울러, 개인형 이동장치 안전 공익광고 영상을 TV·라디오 등에 송출하고, 카드뉴스·웹툰 등 온라인 홍보물을 제작하여 유튜브·SNS 등을 통해 확산해 나가는 한편, KTX·SRT역, 전광판, 아파트 승강기 모니터 등 국민 생활 접점 매체를 활용한 홍보도 추진해 나갈 예정입니다.

정부 관계자는 새로운 교통수단으로 개인형 이동장치의 이용객이 증가함에 따라 관련 사고*도 지속적으로 증가하는 만큼 반드시 안전수칙을 준수할 것을 당부하였습니다. 특히, 개인형 이동장치는 친환경적이고 편리한 교통수단으로 앞으로도 지속해서 이용자가 증가할 것으로 전망되는 만큼 개인형 이동장치의 안전한 이용문화 확립이 무엇보다 중요하며, 올바른 문화가 정착할 수 있도록 국민들의 많은 관심과 참여를 강조하였습니다.

* 최근 3년 PM 관련 사고(사망) 건수 : 2018년 : 225건(4명) → 2019년 : 447건(8명) → 2020년 : 897건(10명)

---

① 산업부는 지난해부터 안전기준을 충족한 개인형 이동장치의 자전거도로 주행을 허용하였다.

② 개인형 이동장치 중 전동킥보드는 제약 없이 자전거도로를 자유롭게 이용할 수 있다.

③ 개인형 이동장치로 인한 사망사고는 점차 감소하고 있다.

④ 13세 이상인 사람은 모두 개인형 이동장치를 운전할 수 있다.

⑤ 일반인을 대상으로 한 전동킥보드 운행 규정 관련 홍보를 진행할 예정이다.

11 다음 글의 내용으로 적절하지 않은 것은?

전남 나주시가 강소연구개발특구 운영 활성화를 위해 한국전력, 특구기업과의 탄탄한 소통 네트워크 구축에 나섰다. 나주시는 혁신산업단지에 소재한 에너지신기술연구원에서 전남도, 한국전력공사, 강소특구 44개 기업과 전남 나주 강소연구개발특구 기업 커뮤니티 협약을 체결했다고 밝혔다.

이번 협약은 각 주체 간 정보 교류, 보유 역량 활용 등을 위해 특구기업의 자체 커뮤니티 구성에 목적을 뒀다. 협약 주체들은 강소특구 중장기 성장모델과 전략수립 시 공동으로 노력을 기울이고, 적극적인 연구개발(R&D) 참여를 통해 상호 협력의 밸류체인(Value Chain)을 강화하기로 했다.

커뮤니티 구성에는 총 44개 기업이 참여해 강소특구 주력사업인 지역특성화육성사업에 부합하는 에너지효율화, 특화사업, 지능형 전력그리드 등 3개 분과로 운영된다. 또한 ㈜한국항공조명, ㈜유진테크노, ㈜미래이앤아이가 분과 리더기업으로 각각 지정돼 커뮤니티 활성화를 이끌 예정이다.

나주시와 한국전력공사는 협약을 통해 기업 판로확보와 에너지산업 수요·공급·연계 지원 등 특구기업과의 동반 성장 플랫폼 구축에 힘쓸 계획이다.

한국전력공사 기술기획처장은 "특구사업의 선택과 집중을 통한 차별화된 지원을 추진하고, 기업 성장단계에 맞춘 효과적 지원을 통해 오는 2025년까지 스타기업 10개사를 육성하겠다."라는 계획을 밝혔다.

나주시장 권한대행은 "이번 협약을 통해 기업 수요 기반 통합정보 공유로 각 기업의 성장단계별 맞춤형 지원을 통한 기업 경쟁력 확보와 동반성장 인프라 구축에 힘쓰겠다."라고 말했다.

① 나주시와 한국전력공사는 협약을 통해 기업의 판로 확보와 에너지산업 연계 지원 등을 꾀하고 있다.
② 나주시의 에너지신기술연구원은 혁신산업단지에 위치해 있다.
③ 협약 주체들은 한국전력공사와 강소특구의 여러 기업들이다.
④ 협약의 커뮤니티 구성은 총 3개 분과로 이루어져 있고, 각 분과마다 2개의 리더 그룹이 분과를 이끌어갈 예정이다.
⑤ 협약에 참여한 기업들은 연구 개발 활동에 적극적으로 참여해야 한다.

12 다음 글을 읽고 추론할 수 있는 내용으로 적절하지 않은 것은?

현재 화성을 탐사 중인 미국의 탐사 로버 '퍼시비어런스'는 방사성 원소인 플루토늄이 붕괴하면서 내는 열을 전기로 바꿔 에너지를 얻는다. 하지만 열을 전기로 바꾸는 변환 효율은 4 ~ 5%에 머물고 있다. 전기를 생산하기 어려운 화성에서는 충분히 쓸만하지만 지구에서는 효율적인 에너지원이 아니다. 그러나 최근 국내 연구팀이 오랫동안 한계로 지적된 열전 발전의 효율을 20% 이상으로 끌어올린 소재를 개발했다. 지금까지 개발된 열전 소재 가운데 세계에서 가장 효율이 높다는 평가다.

서울대 화학생물공학부 교수팀은 메르쿠리 카나치디스 미국 노스웨스턴대 화학부 교수 연구팀과 공동으로 주석과 셀레늄을 이용한 다결정 소재를 이용해 세계 최초로 열전성능지수(zT) 3을 넘기는데 성공했다고 밝혔다.

전 세계적으로 생산된 에너지의 65% 이상은 사용되지 못하고 열로 사라진다. 온도차를 이용해 전기를 생산하는 열전 기술은 이러한 폐열을 전기에너지로 직접 변환할 수 있다. 하지만 지금까지 개발된 소재들은 유독한 납과 지구 상에서 8번째로 희귀한 원소인 텔루륨을 활용하는 등 상용화에 어려움이 있었다. 발전 효율이 낮은 것도 문제였다. 때문에 퍼시비어런스를 비롯한 화성탐사 로버에 탑재된 열전소재도 낮은 효율을 활용할 수밖에 없었다.

카나치디스 교수팀은 이를 대체하기 위한 소재를 찾던 중 2014년 셀레늄화주석 단결정 소재로 zT 2.6을 달성해 국제학술지 '네이처'에 소개했다. 그러나 다이아몬드처럼 만들어지는 단결정 소재는 대량 생산이 어렵고 가공도 힘들어 상용화가 어렵다는 점이 문제로 꼽혔다. 이를 다결정으로 만들면 열이 결정 사이를 오가면서 방출돼 열전효율이 낮아지는 문제가 있었다. 또 결과가 재현되지 않아 네이처에 셀레늄화 주석 소재의 열전성능에 대해 반박하는 논문이 나오기도 했다.

연구팀은 셀레늄화주석의 구조를 분석해 원인을 찾았다. 주석을 활용하는 소재인 페로브스카이트 전고체 태양전지를 세계 처음으로 만든 교수팀은 순도 높은 주석이라도 표면이 산화물로 덮인다는 점을 주목했다. 열이 전도성 물질인 산화물을 따라 흐르면서 열전효율이 떨어진 것이다. 연구팀은 주석의 산화물을 제거한 후 셀레늄과 반응시키고 이후로도 추가로 순도를 높이는 공정을 개발해 문제를 해결했다.

연구팀이 개발한 주석셀레늄계(SnSe) 신소재는 기존 소재보다 월등한 성능을 보였다. 신소재는 섭씨 510도에서 zT가 3.1인 것으로 나타났고 소재 중 처음으로 3을 돌파했다. 납 텔루륨 소재 중 지금까지 최고 성능을 보인 소재의 zT가 2.6이었던 것을 감안하면 매우 높은 수치다. 에너지 변환효율 또한 기존 소재들이 기록한 5 ~ 12%보다 높은 20% 이상을 기록했다. 연구팀은 "지도교수였던 카나치디스 교수에게도 샘플을 보내고 열전도도를 측정하는 회사에도 소재를 보내 교차검증을 통해 정확한 수치를 얻었다."라고 말했다.

① 화성 탐사 로버 '퍼시비어런스'는 열을 전기로 바꿔 에너지원으로 삼지만, 그 효율은 5퍼센트 정도에 그쳤다.
② 현재까지 한국에서 개발한 열전소재가 가장 열전효율이 높다.
③ 주석셀레늄계 신소재는 어떤 환경에서든 열전발전의 효율 지수(zT)가 3.1을 넘는다.
④ 열전소재에 전기가 통하는 물질이 있다면 열전효율이 저하될 수 있다.
⑤ 주석셀레늄계 신소재는 열전발전의 효율이 기존보다 4배 이상 높다.

13 다음 글을 읽고 '넛지효과'의 예시로 적절하지 않은 것은?

우리 대다수는 이메일을 일상적으로 사용하면서 가끔 첨부 파일을 깜빡 잊는 실수를 종종 범한다. 만약 이메일 서비스 제공 업체가 제목이나 본문에 '파일 첨부'란 단어가 있음에도 사용자가 파일을 첨부하지 않을 경우 '혹시 첨부해야 할 파일은 없습니까?'라고 발송 전 미리 알려주면 어떨까? 예시로 안전벨트 미착용 문제를 해결하기 위해 지금처럼 경찰이 단속하고 과태료를 물리는 것보다 애초에 안전벨트를 착용하지 않으면 주행이 되지 않게 설계하는 것은 어떨까? 이처럼 우리 인간의 선택과 행동을 두고 규제, 단속, 처벌보다는 부드럽게 개입하는 방식은 어떨까?

넛지(Nudge)는 강압적이지 않은 방법으로 사람들의 행동을 바꾸는 현상을 의미한다. 넛지의 사전적 의미는 '팔꿈치로 슬쩍 찌르다.', '주위를 환기하다.'인데, 시카고대 교수인 행동경제학자 리처드 탈러(Richard H. Thaler)와 하버드대 로스쿨 교수 캐스 선스타인(Cass R. Sunstein)은 2008년 "Nudge; Improving Decisions about Health, Wealth, and Happiness"라는 책을 내놓으면서 넛지를 '사람들의 선택을 유도하는 부드러운 개입'이라고 정의하였다. 이 책은 세계 여러 나라에서 번역되었는데, 특히 한국에서는 2009년 봄 "넛지; 똑똑한 선택을 이끄는 힘"이라는 제목으로 출간된 이후 대통령이 여름휴가 때 읽고 청와대 직원들에게 이 책을 선물하면서 화제가 되었다.

부드러운 간섭을 통한 넛지효과를 활용해 변화를 이끌어낸 사례는 많다. 그중에서 기업마케팅 전략으로 '넛지마케팅'이 최근 각광받고 있다. 예를 들어, 제품을 효율적으로 재배치만 해도 특정 상품의 판매를 늘릴 수 있다는 연구결과가 속속 나오고 있다. 그렇다면 설탕을 줄인 제품을 잘 보이는 곳에 진열하면 어떨까? 최근 각국에서 비만의 사회적 비용을 줄이기 위한 설탕세(Soda Tax, Sugar Tax, Sugary Drinks Tax) 도입을 두고 찬반 논쟁이 치열한데 징벌적 성격의 세금부과보다 넛지효과를 이용해 설탕 소비 감소를 유도하는 것은 어떤가? 우리나라 미래를 이끌 20 ~ 30대 청년의 초고도비만이 가파르게 증가하는 현실에서 소아비만과 청년비만 대응책으로 진지하게 생각해 볼 문제이다.

이처럼 공익적 목적으로 넛지효과를 사용하는 현상을 '넛지 캠페인'이라 한다. 특히 개인에게 '넛지'를 가할 수 있는 "선택 설계자(Choice Architecture)"의 범위를 공공영역으로 확대하는 것은 공공선을 달성하기 위해 매우 중요하다.

① 계단을 이용하면 10원씩 기부금이 적립되어 계단 이용을 장려하는 '기부 계단'
② 쓰레기통에 쓰레기를 집어넣도록 유도하기 위해 농구 골대 형태로 만든 '농구대 쓰레기통'
③ 금연율을 높이기 위해 직접적이고 재미있는 'No담배' 문구를 창작한 캠페인
④ 계단을 오르내리면 피아노 소리가 나와 호기심으로 계단 이용을 장려하는 '피아노 계단'
⑤ 아이들의 손씻기를 장려하기 위해 비누 안에 장난감을 집어넣은 '희망 비누'

14 다음 글을 읽고 추론할 수 있는 내용으로 적절하지 않은 것은?

해외여행을 떠날 때, 필수품 중의 하나는 여행용 멀티 어댑터라고 볼 수 있다. 나라마다 사용 전압과 콘센트 모양이 다르기 때문에 여행자들은 어댑터를 이용해 다양한 종류의 표준전압에 대처하고 있다. 일본·미국·대만은 110V 를 사용하고, 유럽은 220 ~ 240V를 사용하는 등 나라마다 이용 전압도 다르고, 주파수·플러그 모양·크기도 제각 각으로 형성되어 있다.

그렇다면 세계 여러 나라는 전압을 통합해 사용하지 않고, 우리나라는 왜 220V를 사용할까?

한국도 처음 전기가 보급될 때는 11자 모양 콘센트의 110V를 표준전압으로 사용했다. 1973년부터 2005년까지 32년에 걸쳐 1조 4,000억 원을 들여 220V로 표준전압을 바꾸는 작업을 진행했다. 어렸을 때, 집에서 일명 '도란스 (Trance)'라는 변압기를 사용했던 기억이 있다.

한국전력공사 승압 작업으로 인해 110V의 가전제품을 220V의 콘센트·전압에 이용했다. 220V 승압 작업을 진행 했던 이유는 전력 손실을 줄이고 같은 굵기의 전선으로 많은 전력을 보내기 위함이었다. 전압이 높을수록 저항으로 인한 손실도 줄어들고 발전소에서 가정으로 보급하는 데까지의 전기 전달 효율이 높아진다. 쉽게 말해서 수도관에 서 나오는 물이 수압이 높을수록 더욱더 강하게 나오는 것에 비유하면 되지 않을까 싶다.

한국전력공사에 따르면 110V에서 220V로 전압을 높임으로써 설비의 증설 없이 기존보다 2배 정도의 전기 사용이 가능해지고, 전기 손실도 줄어 세계 최저 수준의 전기 손실률을 기록하게 됐다고 한다. 물론 220V를 이용할 때 가정 에서 전기에 노출될 경우 위험성은 더 높을 수 있다.

110V를 표준전압으로 사용하는 일본·미국은 비교적 넓은 대지와 긴 송전선로로 인해 220V로 전압을 높이려면 전력설비 교체 비용과 기존의 전자제품 이용으로 엄청난 비용과 시간이 소요되므로 승압이 어려운 상황이다. 또 지진이나 허리케인과 같은 천재지변으로 인한 위험성이 높고 유지 관리에 어려운 점, 다수의 민영 전력회사로 운영 된다는 점도 승압이 어려운 이유라고 생각한다.

국가마다 표준전압이 달라서 조심해야 할 사항도 있다. 콘센트 모양만 맞추면 사용할 수 있겠다고 생각하겠지만 110V 가전제품을 우리나라로 가져와서 220V의 콘센트에 연결 후 사용하면 제품이 망가지고 화재나 폭발이 일어날 수도 있다. 반대로 220V 가전제품을 110V에 사용하면 낮은 전압으로 인해 정상적으로 작동되지 않는다. 해외에 나가서 가전제품을 이용하거나 해외 제품을 직접 구매해 가정에서 이용할 때는 꼭 주의하여 사용하기 바란다.

① 한국에 처음 전기가 보급될 때는 110V를 사용했었다.

② 일본과 미국에서는 전력을 공급하는 사기업들이 있을 것이다.

③ 1조 4,000억 원 가량의 예산을 들여 220V로 전환한 이유는 가정에서의 전기 안전성을 높이기 위함이다.

④ 220V로 전압을 높이면 전기 전달 과정에서 발생하는 손실을 줄여 효율적으로 가정에 전달할 수 있다.

⑤ 전압이 다른 가전제품을 변압기 없이 사용하면 위험하거나 제품의 고장을 초래할 수 있다.

15 다음 문단을 논리적 순서대로 바르게 나열한 것은?

(가) 이 플랫폼은 IoT와 클라우드 기반의 빅데이터 시스템을 통해 수소경제 전 주기의 데이터를 수집·활용해 안전 관련 디지털 트윈 정보와 인프라 감시, EMS, 수소·전력 예측 서비스 등을 제공하는 '통합 안전관리 시스템'과 수집된 정보를 한전KDN이 운영하는 마이크로그리드 전력관리시스템(MG – EMS)과 에너지 집중 원격감시 제 어시스템(SCADA, Supervisory Control and Data Acquisition)으로부터 제공받아 실시간 인프라 감시정보 를 관리자에게 제공하는 '에너지 통합감시 시스템'으로 구성된 솔루션이다.

특히, 수소도시의 주요 설비를 최상의 상태로 운영하고자 안전 포털 서비스, AI 예측 서비스, 에너지 SCADA, 디지털트윈, 수소설비 데이터 수집 및 표준화 기능을 제공하는 것이 특징이다.

한전KDN 관계자는 "한전KDN은 에너지 ICT 전문 공기업의 역할을 성실히 수행하며 올해 창립 30주년이 됐 다."면서 "안정적 전력산업 운영 경험을 통한 최신 ICT 기술력을 국제원자력산업전 참가로 널리 알리고 사업 다각화를 통한 기회의 장으로 삼을 수 있도록 노력할 것"이라고 밝혔다.

(나) 국내 유일의 에너지 ICT 공기업인 한전KDN은 이번 전시회에 원전 전자파 감시시스템, 수소도시 통합관리 플 랫폼 등 2종의 솔루션을 출품·전시했다.

'원전 전자파 감시시스템'은 올해 새롭게 개발되고 있는 신규솔루션으로 국내 전자파 관련 규제 및 지침 법규에 따라 원자력발전소 내 무선통신 기반 서비스 운영설비의 전자파를 감시·분석해 안정성을 확보하고 이상 전자 파로부터 원자력의 안전 운용을 지원하는 시스템이다.

특히, 이상 전자파 검증기준에 따라 지정된 배제구역(출입통제구역)에 설치된 민감기기의 경우 무단 출입자에 따른 안정을 확보하기 어렵다는 점을 극복하고자 현장 무선기기의 전자파 차단과 함께 실시간으로 민감기기 주변 전자파를 감시해 이상 전자파 감지 시 사용자 단말기에 경보 알람을 발생시키는 등 안정적인 발전소 관리 에 기여할 것으로 기대된다.

한전KDN이 함께 전시하는 수소도시 통합관리 플랫폼은 정부가 추진하는 수소시범도시의 안전관리를 위한 것 으로 수소 생산시설, 충전소, 파이프라인, 튜브 트레일러, 연료전지, 수소버스까지 다양한 수소도시의 설비운 영과 안전관리를 위해 개발된 솔루션이다.

(다) 한전KDN이 4월 부산 벡스코(BEXCO)에서 열리는 2022 부산 국제원자력산업전에 참가했다. 올해 6회째를 맞는 국내 최대 원자력분야 전문 전시회인 부산 국제원자력산업전은 국내외 주요 원자력발전사업체들이 참가 해 원전 건설, 원전 기자재, 원전 해체 등 원자력 산업 관련 전반과 함께 전기·전자통신 분야의 새로운 기술과 제품을 선보이며, 12개국 126개사 356부스 규모로 개최됐다.

① (가) – (나) – (다)
② (나) – (가) – (다)
③ (나) – (다) – (가)
④ (다) – (가) – (나)
⑤ (다) – (나) – (가)

16 G사는 직원들의 다면평가를 실시하고, 평가항목별 점수의 합으로 상대평가를 실시하여 성과급을 지급한다. 상위 25% 직원에게는 월급여의 200%, 상위 25 ~ 50% 이내의 직원에게는 월급여의 150%, 나머지는 월급여의 100%를 지급한다. 주어진 자료를 참고할 때, 수령하는 성과급의 차이가 A와 가장 적은 직원은?

〈경영지원팀 직원들의 평가 결과〉

(단위 : 점, 만 원)

직원	업무전문성	조직친화력	책임감	월급여
A	37	24	21	320
B	25	29	20	330
C	24	18	25	340
D	21	28	17	360
E	40	18	21	380
F	33	21	30	370

〈전체 직원의 평가 결과〉

구분	합산점수 기준
평균	70.4
중간값	75.5
제1사분위 수	50.7
제3사분위 수	79.8
표준편차	10.2

① B
② C
③ D
④ E
⑤ F

17 다음은 입사지원자 5명의 정보와 G사의 서류전형 평가기준이다. 5명의 지원자 중 서류전형 점수가 가장 높은 사람은 누구인가?

〈입사지원자 정보〉

지원자	전공	최종학력	제2외국어	관련 경력	자격증	특이사항
A	법학	석사	스페인어	2년	변호사	장애인
B	경영학	대졸	일본어	–	–	다문화가족
C	기계공학	대졸	–	3년	변리사	국가유공자
D	–	고졸	아랍어	7년	정보처리기사	–
E	물리학	박사	독일어	–	–	–

〈평가기준〉

1. 최종학력에 따라 대졸 10점, 석사 20점, 박사 30점을 부여한다.
2. 자연과학 및 공학 석사 이상 학위 취득자에게 가산점 10점을 부여한다.
3. 일본어 또는 독일어 가능자에게 20점을 부여한다. 기타 구사 가능한 제2외국어가 있는 지원자에게는 5점을 부여한다.
4. 관련업무 경력 3년 이상인 자에게 20점을 부여하고, 3년을 초과하는 추가 경력에 대해서는 1년마다 10점을 추가로 부여한다.
5. 변호사 면허 소지자에게 20점을 부여한다.
6. 장애인, 국가유공자, 보훈보상대상자에 대해 10점을 부여한다.

① A지원자

② B지원자

③ C지원자

④ D지원자

⑤ E지원자

18 흰색, 빨강색, 노랑색, 초록색, 검정색의 5가지 물감이 주어졌다. 다음 물감 조합표를 참고할 때, 주어진 5가지 물감으로 만들어 낼 수 없는 색상은?

〈물감 조합표〉

연분홍색=흰색(97)+빨강색(3)	황토색=노(90)+검(2)+빨(8)	진보라색=보라색(90)+검정색(10)
분홍색=흰색(90)+빨강색(10)	살구색=흰색(90)+주황색(10)	고동색=검정색(20)+빨강색(80)
진분홍색=흰색(80)+빨강색(20)	옥색=흰색(97)+초록색(3)	카키색=초록색(90)+검정색(10)
진노랑색=흰색(98)+노랑색(2)	연두색=노랑색(95)+파랑색(5)	연하늘색=흰색(97)+파랑색(3)
주황색=노랑(80)+빨강색(20)	초록색=노랑색(70)+파랑색(30)	하늘색=흰색(90)+파랑색(10)
연회색=흰색(98)+검정색(2)	청록색=노랑색(50)+파랑색(50)	진하늘색=흰색(80)+파랑색(20)
회색=흰색(95)+검정색(5)	고동색=빨강색(80)+검정색(20)	소라색=흰(90)+파(7)+빨(3)
진회색=흰색(90)+검정색(10)	연보라색=흰색(90)+보라색(10)	－
밝은황토색=갈색(98)+노랑색(2)	보라색=빨강색(70)+파랑색(30)	－

※ 괄호 안의 숫자는 비율을 뜻한다.

① 고동색
② 연보라색
③ 살구색
④ 카키색
⑤ 옥색

19 G공사는 인사이동에 앞서 각 직원들의 근무 희망부서를 조사하였다. 각 직원의 기존 근무부서, 이동 희망부서, 배치부서가 다음과 같을 때, 본인이 희망한 부서에 배치된 사람은 몇 명인가?

구분	기존부서	희망부서	배치부서
A	회계팀	인사팀	?
B	국내영업팀	해외영업팀	?
C	해외영업팀	?	?
D	홍보팀	?	홍보팀
E	인사팀	?	해외영업팀

조건

• A ~ E 다섯 사람은 각각 회계팀, 국내영업팀, 해외영업팀, 홍보팀, 인사팀 중 한 곳을 희망하였다.
• A ~ E 다섯 사람은 인사이동 후 회계팀, 국내영업팀, 해외영업팀, 홍보팀, 인사팀에 각 1명씩 근무한다.
• 본인이 근무하던 부서를 희망부서로 제출한 사람은 없다.
• B는 다른 직원과 근무부서를 서로 맞바꾸게 되었다.

① 0명
② 1명
③ 2명
④ 3명
⑤ 4명

20 G공사는 다음과 같은 기준으로 국내출장여비를 지급한다. 국내출장여비 지급 기준과 김차장의 국내출장 신청서를 참고할 때, 김차장이 받을 수 있는 여비는?

〈국내출장여비 지급 기준〉

- 직급은 사원 – 대리 – 과장 – 차장 – 부장 순이다.
- 사원을 기준으로 기본 교통비는 2만 원이 지급되며, 직급이 올라갈 때마다 기본 교통비에 10%씩 가산하여 지급한다. … ㉠
- 출장지까지의 거리가 50km 미만인 지역까지는 기본 교통비만 지급하며, 50km 이상인 지역은 50km를 지나는 순간부터 매 50km 구간마다 5천 원을 추가 지급한다. 예를 들어 출장지까지의 거리가 120km라면 기본 교통비에 1만 원을 추가로 지급받는다. … ㉡
- 출장지가 광주광역시, 전라남도인 경우에는 기본 교통비에 ㉠, ㉡이 적용된 금액을 그대로 지급받으며, 출장지가 서울특별시, 인천광역시, 경기도 남부인 경우 10%, 경기도 북부인 경우 15%, 강원도인 경우 20%, 제주특별자치도인 경우 25%의 가산율을 기본 교통비와 추가 여비의 합산 금액에 적용하여 교통비를 지급받는다. 기타 지역에 대해서는 일괄적으로 5%의 가산율을 기본 교통비와 추가 여비의 합산 금액에 적용한다.
- 지급금액은 백 원 단위에서 올림한다.

〈국내출장 신청서〉

- 성명 : 김건우
- 직급 : 차장
- 출장지 : 산업통상자원부(세종특별자치시 한누리대로 402)
- 출장지까지의 거리(자동계산) : 204km
- 출장목적 : 스마트그리드 추진 민관협의체 회의 참석

① 49,000원
② 50,000원
③ 51,000원
④ 52,000원
⑤ 53,000원

21 다음 중 토론의 정의에 대한 설명으로 가장 적절한 것은?

① 주어진 주제에 대하여 찬반을 나누어, 서로 논리적인 의견을 제시하면서 상대방의 의견이 이치에 맞지 않다는 것을 명확하게 하는 논의이다.

② 주어진 주제에 대하여 찬반을 나누어, 서로의 주장에 대한 논리적인 근거를 제시하면서, 상호 간의 타협점을 찾아가는 논의 방식이다.

③ 주어진 주제에 대한 자신의 의견을 밝히고 이에 대한 추론적인 근거를 들어가면서, 상대방과 청중을 설득하는 말하기이다.

④ 주어진 주제에 대하여 찬성하는 측과 반대하는 측이 다양한 의견을 제시하고, 제시된 의견에 대해 분석하면서 해결방안을 모색하는 말하기 방식이다.

⑤ 주어진 주제에 대하여 제시된 다양한 의견을 인정하고 존중하되, 자신의 의견에 대한 논리적인 근거를 제시하며 말하는 논의이다.

22 다음 중 개인차원에서의 인적자원관리에 대한 설명으로 가장 적절한 것은?

① 정치적, 경제적 또는 학문적으로 유대관계가 형성된 사람들과의 관계만을 국한적으로 관리하는 것을 의미한다.

② 자신과 직접적으로 관계가 형성된 사람들 또는 그런 사람들을 통해 관계가 형성된 사람들을 핵심 인맥, 그 밖의 우연한 계기로 관계가 형성된 사람들을 파생 인맥이라 지칭한다.

③ 개인은 핵심 인맥을 통하여 다양한 정보를 획득하고, 파생 인맥을 통하여 다양한 정보를 전파할 수 있다.

④ 개인의 인맥은 파생 인맥을 통해 끝없이 생겨날 수 있기 때문에, 한 개인의 인맥은 계속하여 확장될 수 있다.

⑤ 개인은 인적자원관리를 위해 핵심 인맥 및 파생 인맥의 능동성, 개발가능성, 전략적 자원을 고려하여 인맥 관리를 진행하여야 한다.

23 다음 중 인적자원의 특성에 대한 설명으로 옳은 것을 〈보기〉에서 모두 고르면?

> **보기**
>
> ㄱ. 인적자원은 가지고 있는 양과 질에 따라 공적에 기여하는 정도가 달라지는 수동적 성격의 자원에 해당한다.
> ㄴ. 기업의 관리 여하에 따라 인적자원은 기업의 성과에 천차만별적으로 반응한다.
> ㄷ. 인적자원은 자연적으로 성장하며, 짧은 기간 안에 개발될 수 있다.
> ㄹ. 기업은 효율적인 인적자원의 활용을 위해 전략적으로 자원을 활용하여야 한다.

① ㄱ, ㄴ   ② ㄱ, ㄹ
③ ㄴ, ㄷ   ④ ㄴ, ㄹ
⑤ ㄷ, ㄹ

24 다음 중 기술관리자에게 요구되어지는 능력으로 적절하지 않은 것은?

① 기술을 운용하는 능력
② 기술직과 교류하는 능력
③ 기술 전문 인력을 운용하는 능력
④ 기술팀을 하나로 합칠 수 있는 능력
⑤ 기술이나 추세를 파악할 수 있는 능력

25 다음 중 지식재산권에 대한 설명으로 적절하지 않은 것은?

① 새로운 것을 만들어내는 활동 또는 경험 등을 통해 최초로 만들어내거나 발견한 것 중 재산상 가치가 있는 것에 대해 가지는 권리를 말한다.
② 금전적 가치를 창출해낼 수 있는 지식·정보·기술이나, 표현·표시 또는 그 밖에 유·무형적인 지적 창작물에 주어지는 권리를 말한다.
③ 실질적인 형체가 없는 기술 상품의 특성으로 인해 타국과의 수출입이 용이하다.
④ 개발된 기술에 대해 독점적인 권리를 부여해줌으로써, 기술개발이 활성화될 수 있도록 한다.
⑤ 기술을 통해 국가 간의 협력이 이루어지면서 세계화가 장려되고 있다.

26 다음 글을 읽고 추론할 수 있는 내용으로 적절하지 않은 것은?

> 혈액을 통해 운반된 노폐물이나 독소는 주로 콩팥의 사구체를 통해 일차적으로 여과된다. 사구체는 모세 혈관이 뭉쳐진 덩어리로, 보먼주머니에 담겨 있다. 사구체는 들세동맥에서 유입되는 혈액 중 혈구나 대부분의 단백질은 여과시키지 않고 날세동맥으로 흘려보내며, 물·요소·나트륨·포도당 등과 같이 작은 물질들은 사구체막을 통과시켜 보먼주머니를 통해 세뇨관으로 나가게 한다. 이 과정을 '사구체 여과'라고 한다.
>
> 사구체 여과가 발생하기 위해서는 사구체로 들어온 혈액을 사구체막 바깥쪽으로 밀어주는 힘이 필요한데, 이 힘은 주로 들세동맥과 날세동맥의 직경 차이에서 비롯된다. 사구체로 혈액이 들어가는 들세동맥의 직경보다 사구체로부터 혈액이 나오는 날세동맥의 직경이 작다. 이에 따라 사구체로 유입되는 혈류량보다 나가는 혈류량이 적기 때문에 자연히 사구체의 모세 혈관에는 다른 신체 기관의 모세 혈관보다 높은 혈압이 발생하고, 이 혈압으로 인해 사구체의 모세 혈관에서 사구체 여과가 이루어진다. 사구체의 혈압은 동맥의 혈압에 따라 변화가 일어날 수 있지만 생명 유지를 위해 일정하게 유지된다.
>
> 사구체막은 사구체 여과가 발생하기 위해 적절한 구조를 갖추고 있다. 사구체막은 모세 혈관 벽과 기저막, 보먼주머니 내층으로 구성되어 있다. 모세 혈관 벽은 편평한 내피세포 한 층으로 이루어져 있다. 이 내피세포들에는 구멍이 있으며 내피세포들 사이에도 구멍이 있다. 이 때문에 사구체의 모세 혈관은 다른 신체 기관의 모세 혈관에 비해 동일한 혈압으로도 100배 정도 높은 투과성을 보인다. 기저막은 내피세포와 보먼주머니 내층 사이의 비세포성 젤라틴 층으로, 콜라겐과 당단백질로 구성된다. 콜라겐은 구조적 강도를 높이고, 당단백질은 내피세포의 구멍을 통과할 수 있는 알부민과 같이 작은 단백질들의 여과를 억제한다. 이는 알부민을 비롯한 작은 단백질들이 음전하를 띠는데 당단백질 역시 음전하를 띠기 때문에 가능한 것이다. 보먼주머니 내층은 문어처럼 생긴 발세포로 이루어지는데, 각각의 발세포에서는 돌기가 나와 기저막을 감싸고 있다. 돌기 사이의 좁은 틈을 따라 여과액이 빠져나오면 보먼주머니 내강에 도달하게 된다.

① 내피세포에 나있는 구멍보다 입자가 작은 단백질은 전하의 성질을 이용하여 여과할 수 있다.

② 효율적인 여과를 위해서는 사구체의 혈압이 혈액 속 성분에 따라 유동적으로 변화하는 것이 필요하다.

③ 사구체를 통과하는 혈류는 신체의 다른 부분보다 높은 압력을 받게 될 것이다.

④ 콩팥의 사구체라는 기관이 우리 몸의 여과를 전적으로 담당하는 것은 아니다.

27 다음 글을 읽고 밑줄 친 물음에 대한 답변으로 가장 적절한 것은?

한 장의 종이를 반으로 계속해서 접어 나간다면 과연 몇 번이나 접을 수 있을까? 얼핏 생각하면 수없이 접을 수 있을 것 같지만, 실제로는 그럴 수 없다. <u>그 이유는 무엇일까?</u>

먼저, 종이를 접는 횟수에 따라 종이의 넓이와 두께의 관계가 어떻게 변하는지를 생각해 보자. 종이를 한 방향으로 접을 경우, 한 번, 두 번, 세 번 접어 나가면 종이의 넓이는 계속해서 반으로 줄어들게 되고, 두께는 각각 2겹, 4겹, 8겹으로 늘어나 두꺼워진다. 이런 식으로 두께 0.1mm의 종이를 10번 접으면 1,024겹이 되어 그 두께는 약 10cm나 되고, 42번을 접는다면 그 두께는 439,805km로 지구에서 달에 이를 수 있는 거리에 이르게 된다. 물론 이때 종이를 접으면서 생기는 종이의 두께는 종이의 길이를 초과할 수 없으므로 종이 접기의 횟수 역시 무한할 수 없다.

다음으로, 종이를 접는 횟수에 따라 종이의 길이와 종이가 접힌 모서리 부분에서 만들어지는 반원의 호 길이가 어떻게 변하는지 알아보자. 종이의 두께가 t이고 길이가 L인 종이를 한 번 접으면, 접힌 모서리 부분이 반원을 이루게 된다. 이때 이 반원의 반지름 길이가 t이면 반원의 호 길이는 πt가 된다. 결국 두께가 t인 종이를 한 번 접기 위해서는 종이의 길이가 최소한 πt보다는 길어야 한다. 예를 들어 두께가 1cm인 종이를 한 번 접으려면, 종이의 길이가 최소 3.14cm보다는 길어야 한다는 것이다.

그런데 종이를 한 방향으로 두 번 접는 경우에는 접힌 모서리 부분에 반원이 3개 나타난다. 그래서 모서리에 생기는 반원의 호 길이를 모두 합하면, 가장 큰 반원의 호 길이인 $2\pi t$와 그 반원 속의 작은 반원의 호 길이인 πt, 그리고 처음 접힌 반원의 호 길이인 πt의 합, 즉 $4\pi t$가 된다. 그러므로 종이를 한 방향으로 두 번 접으려면 종이는 최소한 $4\pi t$보다는 길어야 한다. 종이를 한 번 더 접었을 뿐이지만 모서리에 생기는 반원의 호 길이의 합은 이전보다 훨씬 커진다. 결국, 종이 접는 횟수는 산술적으로 늘어나는 데 비해 이로 인해 생기는 반원의 호 길이의 합은 기하급수적으로 커지기 때문에 종이의 길이가 한정되어 있다면 계속해서 종이를 접는 것은 불가능하다는 것을 알 수 있다.

① 종이의 면에 미세하게 존재하는 입자들이 종이를 접는 것을 방해하기 때문이다.

② 종이에도 미약하지만 탄성이 있어 원래 모양대로 돌아가려고 하기 때문이다.

③ 종이가 충분히 접힐 수 있도록 힘을 가하는 것이 힘들기 때문이다.

④ 접는 종이이 길이는 제한되어 있는데, 접은 부분에서 생기는 반원의 길이가 너무 빠르게 증가하기 때문이다.

28 다음 글을 읽고 추론할 수 있는 내용으로 적절하지 않은 것은?

다음은 부동산 경매 중에서 강제 경매 절차의 진행 과정에 대한 설명이다.

• 채권자가 경매 신청을 하면 법원은 경매개시결정을 하여 매각할 부동산을 압류하고 관할 등기소에 경매개시결정의 기입등기를 촉구하여 경매개시결정 사실을 등기 기록에 기입하도록 한다. 이 과정에서 법원은 경매개시결정 정본을 채무자에게 송달한다.

• 매각할 부동산이 압류되면, 집행 법원은 채권자들이 배당 요구를 할 수 있는 기간을 첫 매각 기일 이전으로 정한다. 법원은 경매개시결정에 따른 압류의 효력이 생긴 때부터 일주일 안에 경매개시결정을 한 취지와 배당 요구의 종기를 법원 경매정보 홈페이지의 법원 경매공고란 또는 법원 게시판에 게시하는 방법으로 공고한다.

• 법원은 집행관에게 매각할 부동산의 현상, 점유관계, 차임 또는 보증금의 액수, 기타 현황에 대하여 조사를 명하고, 감정인에게 매각할 부동산을 평가하게 한다. 법원은 감정인의 평가액을 참작하여 최저 매각 가격을 결정한다.

• 매각 방법으로는 크게 두 가지가 있는데, 매수 신청인이 매각 기일에 매각 장소에서 입찰표를 제출하는 기일입찰 방법과 매수 신청인이 지정된 입찰 기간 안에 직접 또는 우편으로 입찰표를 제출하는 기간입찰방법이 있다. 법원은 두 방법 중 하나를 선택하여 매각 기일 등을 지정하여 통지, 공고한다.

• 기일 입찰의 경우, 집행관이 미리 지정된 매각 기일에 매각 장소에서 입찰을 실시하여 최고가 매수 신고인과 차순위 매수 신고인을 정한다. 기간 입찰의 경우, 집행관이 입찰 기간 동안 입찰 봉투를 접수하여 보관하다가 매각 기일에 입찰 봉투를 개봉하여 최고가 매수 신고인과 차순위 매수 신고인을 정한다. 기일 입찰과 달리 매각 기일에는 입찰을 실시하지 않는다.

• 매각 허가 결정이 확정되면 법원은 매각 대금의 지급기한을 정하여 매수인에게 매각 대금의 납부를 명령한다. 매수인은 지정된 지급 기한 안에는 언제든지 매각 대금을 납부할 수 있다. 매수인이 지정된 지급 기한까지 매각 대금을 모두 납부하지 않으면, 법원은 차순위 매수 신고인이 있는 때는 그에 대해 매각을 허가할 것인지 여부를 결정하고 차순위 매수 신고인이 없는 때에는 재매각을 명한다.

• 매수인이 대금을 모두 납부한 시점에서 부동산의 소유권을 취득할 수 있다. 법원은 매수인 명의의 소유권 이전 등기를 촉구할 수 있다. 매수인은 대금을 모두 납부하면 부동산의 인도명령을 신청할 수 있다.

① 강제 부동산 경매는 채권자의 신청과 채무자의 동의로 시작될 수 있다.
② 채무자에게 경매가 개시되었음을 알리는 과정이 없었다면, 경매 절차가 제대로 진행되고 있다고 보기 어렵다.
③ 법원이 기일입찰방법을 채택하였다면, 매수하고자 하는 신청인은 지정된 장소로 가서 경매에 참여해야 할 것이다.
④ 법원이 기간입찰방법을 채택하였다면, 매수 신청인이 매각 기일에 특정 장소로 이동할 필요는 없다.

29 다음 문단을 논리적 순서대로 바르게 나열한 것은?

> (가) 한편 지난 1월에 개최된 '제1회 물벗 나눔장터'는 안동, 영주, 영천, 장수, 청송, 충주 등 6개 댐 주변 지역이 참여해 사과 및 사과 가공품을 판매했으며 약 5,000만 원 가량의 제품이 판매되는 등 성황리에 진행됐다. 수자원공사는 "코로나19 장기화로 어려움을 겪는 지역 농가를 돕고 지역사회 이웃들에게 온정을 전달하기 위해 임직원이 함께 나섰다."라며 "앞으로도 수자원공사는 다양한 지역사회와의 상생활동을 지속하고 K-ESG 경영을 실천해 공기업의 사회적 책임을 다하겠다."라고 말했다.
>
> (나) 한국수자원공사는 7일 대전시 대덕구 본사에서 딸기 농가와 함께 '제2회 물벗 나눔 장터, 딸기 팝업 스토어' 행사를 진행했다. '물벗 나눔장터'는 한국수자원공사가 2022년 창립 55주년 맞이해 새롭게 추진 중인 지역상생형 K-ESG 경영 실천 프로젝트이다. 온·오프라인 장터 운영을 통해 사업장이 위치한 전국 각지의 농가에서 생산하는 주요 농산물 판로확보에 기여하고 일부는 직접 구매 후 취약계층에게 전달하는 적극적 나눔을 실천하는 연간 프로젝트이다.
>
> (다) 이번 행사는 지난겨울 작황 부진과 재배면적 감소 등으로 어려움을 겪은 금강유역 대표 딸기 산지인 충남 논산시와 전북 완주군의 딸기 재배 농가를 돕기 위한 직거래 장터로 진행했다. 이번 장터에서 딸기 재배 농가는 대표적 국산 품종인 '설향' 뿐만 아니라 하이베리, 비타베리, 킹스베리 등 최근 개발된 우수한 국산 품종 딸기를 저렴한 가격으로 판매해 행사 참가자들의 호응을 얻었다. 수자원공사는 이번 행사와 연계해 총 400만 원 상당의 딸기를 추가로 구매해 논산시와 전북 사회복지공동모금회의 협조를 통해 지역사회 이웃들에게 전달돼 지역 상생 및 나눔을 이어갈 계획이다.

① (가) - (나) - (다)   ② (나) - (가) - (다)
③ (나) - (다) - (가)   ④ (다) - (가) - (나)

30 A사원은 연회장 좌석을 배치하려고 하는데, 연회장은 좌우 대칭으로 구성되어 있으며 총 테이블 수의 수는 짝수이다. 한 테이블에 3명씩 앉게 할 경우, 15명의 자리가 모자라고 5명씩 앉게 할 경우 테이블이 2개가 남는다. 참석자 수는 총 몇 명인가?

① 54명   ② 57명
③ 60명   ④ 63명

31 K초등학교의 체육대회에서 학생 가 ~ 바 6명이 달리기 경주를 하여 결승선을 빠르게 통과한 순서대로 1등부터 6등을 결정하였다. 순위가 다음 〈조건〉을 모두 만족한다고 할 때, 학생들의 달리기 순위로 옳은 것은?

> **조건**
> • 동시에 결승선을 통과한 학생은 없다.
> • 마는 1등 혹은 6등이다.
> • 라는 다보다 먼저 결승선을 통과하였다.
> • 다와 바의 등수는 2 이상 차이가 난다.
> • 가는 나의 바로 다음에 결승선을 통과하였다.
> • 가는 6등이 아니다.

① 가 – 나 – 바 – 마 – 라 – 다
② 바 – 나 – 다 – 가 – 라 – 마
③ 마 – 라 – 다 – 나 – 가 – 바
④ 마 – 다 – 바 – 나 – 라 – 가

32 K여행사에서 배에 승선할 승객 가 ~ 사 7명의 자리를 배정해주려고 한다. 다음 〈조건〉을 모두 만족하여 자리를 배정할 때, 옳은 배정은?

> **조건**
> • 배의 좌석 한 줄에는 세 개의 섹션이 있다.
> • 한 줄에 2명, 3명, 2명씩 앉을 수 있고, 2명이 앉는 섹션에는 창문이 있다.
> • 가와 라는 다른 섹션에 앉아야 한다.
> • 사는 뱃멀미가 있어 창문이 있는 섹션에 앉아야 한다.
> • 나와 라는 같은 섹션에 앉아야 한다.
> • 바와 마는 같은 섹션에 앉아야 하지만, 나란히 앉지 않을 수도 있다.
> • 다는 3명 있는 섹션에 배정받아야 한다.

① (가, 다) (나, 마, 사) (라, 바)
② (가, 사) (나, 마, 다) (라, 바)
③ (가, 사) (나, 다, 라) (바, 마)
④ (나, 마) (가, 바, 사) (다, 라)

33 한국수자원공사는 2주간 사업부문별로 직원들의 보안교육을 실시하고자 한다. 다음 공지문과 회신내용을 참고하여 6월 2일에 교육이 진행되는 사업부문으로 옳은 것은?

〈보안교육 일자〉

일	월	화	수	목	금	토
5/29	5/30	5/31	6/1	6/2	6/3	6/4
6/5	6/6	6/7	6/8	6/9	6/10	6/11

〈전 직원 보안교육 실시에 대한 공지〉

우리 한국수자원공사는 최근 국내외적으로 빈번하게 벌어지고 있는 랜섬웨어 감염 등의 보안사고에 대한 대응역량 향상을 위해 전 직원 대상 보안교육을 실시할 예정입니다. 교육은 월요일부터 금요일까지의 기간 중 공휴일을 제외한 업무일을 활용하여 하루에 한 사업부문씩 교육을 진행할 예정입니다. 금번 교육은 기획부문, 경영부문, 수자원환경부문, 수도부문, 그린인프라부문의 5개 사업부문을 대상으로 이루어지며, 기획부문과 경영부문의 경우 최소한의 관리업무를 위해 이틀에 나누어 절반의 인원씩 교육을 진행합니다. 공휴일인 6월 1일 전국지방선거일과 6월 6일 현충일에는 교육을 진행하지 않습니다. 각 사업부문에서는 교육 선호 일정 및 교육 진행이 어려운 일정을 작성하여 회신해주시기 바랍니다.

〈부서별 회신내용〉

• 기획부문 : 매주 첫 업무일에는 환경부, 국토교통부와의 통화량이 많아 교육 진행이 어렵습니다. 두 차례의 교육은 각각 다른 주에 이루어져야 할 것 같습니다.
• 경영부문 : 5월 31일과 6월 2일은 회계업무가 많을 것으로 예상되므로 타부서 교육을 진행해주십시오. 아울러 6월 10일은 전 직원 걷기행사를 계획 중에 있으므로 모든 부서 교육 진행이 불가능할 것으로 예상됩니다.
• 수자원환경부문 : 팀 내 업무 특성상 매주 수요일만 교육이 가능합니다.
• 수도부문 : 6월 3일까지는 출장자가 많아 교육 진행이 어렵습니다.
• 그린인프라부문 : 6월 중 모든 날짜에 교육 진행이 가능합니다.

① 기획부문
② 경영부문
③ 수자원환경부문
④ 그린인프라부문

34 다음은 K공사의 2021년도 직급별 임금과 2022년 임금 수준을 결정하기 위해 대표이사와 근로자 측이 2021년 말에 협상한 내용이다. 2022년 K공사가 매달 지출하게 되는 임직원 1인당 평균 인건비는?

〈2021년 K공사 직급별 임금표〉

직급	구분	1인당 인건비(월급)	인원
대표이사	임원	6,000,000원	1명
부장	직원	4,400,000원	1명
차장	직원	3,800,000원	2명
과장	직원	3,300,000원	3명
대리	직원	3,000,000원	3명
사원	직원	2,800,000원	1명
사원보	직원	2,600,000원	1명

〈대화 내용〉

대표이사 : 경기침체가 심각한 상황이라 인건비를 늘리기 어렵습니다. 이번만큼은 임금동결에 협조해주시면 좋 겠습니다.

근로자 대표 : 직원들의 형편도 어렵습니다. 경기가 어렵다고는 하지만 작년에 물가는 5%가 올랐어요. 그만큼도 보상을 해주지 않으면 사실상의 임금 삭감이므로 받아들일 수 없습니다.

대표이사 : 물가상승률에 맞추어 5% 인상을 하기에는 유동성에 여유가 많지 않을 것으로 예상되는 상황입니다. 그 절반까지는 최대한 고려해보겠습니다.

근로자 대표 : 물가상승률의 절반은 받아들이기 어려운 조건입니다. 아무리 못해도 임금상승률이 물가상승률의 60%는 되어야 합니다.

대표이사 : 그러면 임원 급여는 동결하고, 직원들의 급여는 말씀하신 조건에 맞추어 보겠습니다.

① 3,525,000원
② 3,615,750원
③ 3,630,750원
④ 3,666,000원

35 다음 신입직원 정보와 〈조건〉을 참고할 때, 영업팀에 배속될 직원을 모두 고르면?

〈신입직원 정보〉

지원자	나이	전공
A	32	경영학
B	?	경영학
C	28	법학
D	?	법학
E	27	전자전기공학
F	31	경영학
G	34	전자전기공학

조건

1. 신입직원 A ~ G 중 2명이 영업팀으로 배속될 예정이다.
2. A ~ G는 모두 20대 또는 30대이며, 20대가 30대보다 많다.
3. B ~ F는 남자이다.
4. A ~ G 중 나이가 가장 많은 사람은 인사팀에 배속될 예정이다.
5. 영업팀으로 배속될 직원 두 사람의 전공은 같으며 남녀 각 1명이고, 남자는 30대이다.

① A, B
② C, D
③ A, F
④ B, F

36 다음 글을 읽고 용어와 그 설명이 바르게 연결되지 않은 것은?

> 완전경쟁시장은 다수의 수요자와 공급자가 존재하고 상품의 동질성을 전제로 하기 때문에 공급자와 수요자는 시장 전체의 수요와 공급에 의해 결정된 가격을 그대로 받아들이게 된다. 이와 달리 독점시장은 한 재화나 용역의 공급이 단일 기업에 의하여 이루어지는 시장을 말한다. 이 경우 독점기업은 시장 전체에서 유일한 공급자이기에 공급량 조절을 통해 가격 결정을 할 수 있어 시장 지배력이 크다. 독점기업이 동일한 조건에서 생산된 똑같은 상품을 서로 다른 소비자에게 서로 다른 가격으로 판매하는 것을 '가격차별'이라고 하는데, 이는 기업이 이익을 극대화하기 위하여 가격을 설정하는 방법이다.
>
> 1급 가격차별은 독점기업이 어떤 재화에 대하여 개별 소비자들이 지불할 수 있는 금액인 지불용의 금액을 알고 있어 소비자 각각에게 최대 가격을 받고 판매를 하는 것을 말한다. 이 경우 소비자잉여까지 모두 독점기업에게 귀속된다. 하지만 현실에서 독점기업이 개별 소비자의 지불용의금액에 대한 정확한 정보를 알기가 어렵기 때문에 1급 가격차별을 실시하는 독점기업을 발견하는 것은 불가능하다.
>
> 2급 가격차별은 독점기업이 소비자에게 몇 가지 대안을 제시하여 소비자 스스로 자신의 지불용의금액에 따라 하나를 선택하게 함으로써 가격차별을 하는 것이다. 예를 들어 구입량을 몇 개의 구간으로 나누고, 각 구간별로 다른 가격을 부과하여 소비자가 그중 하나를 선택하게 하는 경우이다. 또한 소비자가 상품을 소량 구매할 때보다 대량 구매할 때 단위당 가격을 깎아주는 방식이 2급 가격차별에 해당한다.
>
> 3급 가격차별은 소비자의 특징에 따라 소비자를 2개 이상의 그룹으로 구분하여 가격차별을 실시하는 것이다. 이 방법은 각 소비자 그룹의 수요곡선을 예측하여 가격차별을 하는 것이다. 소비자들을 특징에 따라 몇 개의 그룹으로 나눈다는 것은 곧 시장을 몇 개로 분할한다는 것을 의미하므로 이는 시장 분할에 의한 가격차별이라고 할 수 있다.

① 완전경쟁시장 : 동질성을 띠는 상품을 판매하는 공급자와 수요자가 다수 존재하는 시장이다.

② 1급 가격차별 : 소비자 개개인의 지불용의 금액을 기업에서 모두 파악하고 개개인의 지불용의 최대 금액으로 판매하는 것이다.

③ 2급 가격차별 : 소비자가 대량 구매할 때, 소량 구매할 때보다 가격을 낮춰서 판매하는 것이다.

④ 3급 가격차별 : 기업이 고객을 상대로 몇 가지 대안을 제시하는 것이다.

⑤ 독점기업 : 공급자인 기업이 공급량 조절을 스스로 할 수 있는, 유일한 공급자의 위치에 있는 것이다.

37 다음 글의 내용으로 적절하지 않은 것은?

> 국토교통부에서 부동산 관련 직무를 맡고 있는 공무원은 이달부터 토지, 건물 등 부동산 신규 취득이 제한된다. 주택정책 담당 공무원은 조정대상지역 내 집을 살 수 없고, 토지정책 담당 공무원은 토지거래허가구역과 택지개발지구 내 주택 구매가 금지된다.
>
> 5일 국토부에 따르면 이 같은 내용이 담긴 '국토부 공무원의 부동산 신규취득 제한에 대한 지침'이 지난달 25일 국토부 훈령으로 제정돼 이달 1일부터 시행됐다. 해당 지침에는 '국토부 소속 공무원은 직무상 알게 된 부동산에 대한 정보를 이용해 재물이나 재산상 이익을 취득하거나 그 이해관계자에게 재물이나 재산상 이익을 취득하게 해서는 안 된다.'라고 명시됐다.
>
> 따라서 제한대상 부서에 근무하는 국토부 소속 공무원과 그 업무를 지휘·감독하는 상급감독자, 배우자와 직계존비속 등 이해관계자들은 앞으로 직무 관련 부동산을 새로 취득할 수 없다. 다만 이해관계자 중 관련법에 따라 재산등록사항의 고지거부 허가를 받은 사람은 제외한다. 제한부서는 국토도시실 국토정책관 소속 지역정책과·산업입지정책과·복합도시정책과와 건축정책관 소속 건축정책과, 주택토지실 주택정책관 소속 주택정책과 등 총 29개다. 제한부동산의 범위는 소관법령에 따라 국토부 장관이 지정하는 지역·지구·구역 내의 건물, 토지 등 모든 부동산이다.
>
> 각 부서별로 제한받는 부동산은 다르다. 주택정책과는 분양가상한제적용지역, 투기과열지구, 조정대상지역 내 주택, 준주택 및 부속토지가 대상이다. 토지정책과는 토지거래허가구역 내, 부동산개발정책과는 택지개발지구 내 부동산 취득이 제한된다. 도로정책과는 도로구역 내 부동산, 철도정책과는 역세권 개발구역 내 부동산 취득이 금지된다. 감사담당관은 제한대상자의 직무 관련 부동산 취득 사실을 조사 과정에서 적발할 경우 6개월 이내 자진 매각 권고, 직위변경 및 전보 등 조치 요구, 이해충돌 방지에 필요한 조치를 할 수 있다. 다만 증여나 담보권 행사 및 대물변제 수령, 근무 또는 결혼 등 일상생활에 필요한 부동산은 취득이 예외적으로 허용된다.

① 동일하게 국토교통부에서 부동산 업무를 맡은 공무원이더라도 근무 부서가 다르면 부동산 관련 다른 제재를 받을 수 있다.

② 결혼으로 인한 부동산 마련은 일상생활에 필요한 부동산 취득으로 인정을 하고 있다.

③ 국토교통부 소속 부동산 관련 업무를 담당하는 공무원 본인은 제재의 대상이지만, 공무원의 가족은 제재 대상에 해당되지 않는다.

④ 이 같은 훈령이 시행된 것은, 공무원이 업무 중 알게 된 사실을 통해 이익을 얻는 것이 부당하다는 판단이 전제된 것이다.

⑤ 감사담당관은 공무원의 부당한 부동산 이익 취득을 적발할 경우 적절한 조치를 취할 권한이 있다.

38 다음은 연도별 임대주택 입주자의 근로 형태를 나타낸 자료이다. 이에 대한 설명으로 옳지 않은 것은?(단, 소수점 첫째 자리에서 반올림한다)

<연도별 임대주택 입주자의 근로 형태>

구분	2017년	2018년	2019년	2020년	2021년
전업	68%	62%	58%	52%	46%
겸직	8%	11%	15%	21%	32%
휴직	6%	15%	18%	23%	20%
무직	18%	12%	9%	4%	2%
입주자 수(명)	300,000	350,000	420,000	480,000	550,000

① 전년 대비 전업자의 비율은 감소하는 반면, 겸직자의 비율은 증가하고 있다.
② 2021년 휴직자 수는 2020년 휴직자 수보다 많다.
③ 전업자 수가 가장 적은 연도는 2017년이다.
④ 2020년 겸직자 수는 2017년의 4.2배이다.
⑤ 2017년 휴직자 수는 2021년 휴직자 수의 약 16%이다.

39 다음은 연도별 한국토지주택공사 입사자의 최종학력 현황을 나타낸 자료이다. 이에 대한 설명으로 옳은 것은?(단, 소수점 첫째 자리에서 반올림한다)

<연도별 입사자 최종학력 현황>

구분	2017년		2018년		2019년		2020년		2021년	
	남성	여성	남성	여성	남성	여성	남성	여성	남성	여성
고등학교	10	28	2	32	35	10	45	5	60	2
전문대학	24	15	8	28	15	14	10	9	4	7
대학교	80	5	75	12	96	64	100	82	102	100
대학원	36	2	55	8	14	2	5	4	4	1
전체	150	50	140	80	160	90	160	100	170	110

① 남성 입사자 수와 여성 입사자 수는 매년 증가하고 있다.
② 전년 대비 전체 입사자 수가 가장 많이 증가한 연도는 2021년이다.
③ 전체 입사자 중 여성이 차지하는 비율이 가장 높은 연도는 2020년이다.
④ 남성 입사자 수와 여성 입사자 수 중 대학교 졸업자의 수는 매년 증가하고 있다.
⑤ 전체 입사자 중 고등학교 졸업자 수와 대학원 졸업자 수의 증감은 반비례하고 있다.

40 다음은 성별 및 연령대별 자차 보유현황을 나타낸 자료이다. 이에 대한 설명으로 옳지 않은 것은?(단, 소수점 둘째 자리에서 반올림한다)

<성별 및 연령대별 자차 보유현황>

(단위 : 천 명)

구분		2017년	2018년	2019년	2020년	2021년
20세 이상 30세 미만	남성	200	320	450	550	680
	여성	120	180	220	300	380
30세 이상 40세 미만	남성	280	300	480	420	640
	여성	150	200	350	330	300
40세 이상 50세 미만	남성	320	520	500	420	580
	여성	300	320	450	300	400
50세 이상 60세 미만	남성	350	680	560	620	550
	여성	380	330	300	280	200
60세 이상	남성	420	580	510	500	520
	여성	480	170	230	280	250
전체		3,000	3,600	4,050	4,000	4,500

① 20대 남성과 여성의 자차 보유자 수의 차이는 매년 증가하고 있다.

② 남성의 자차 보유자 수는 2017년에는 연령대가 증가할수록 높은 반면, 2021년에는 연령대가 증가할수록 낮아지고 있다.

③ 2020년 20·30대의 자차 보유자 수는 2018년의 1.5배이다.

④ 2018년 전체 자차 보유자 중 여성의 비율은 약 33.3%이다.

⑤ 전체 자차 보유자 중 40대 여성의 비율이 가장 높은 연도는 가장 낮은 연도보다 3.6%p 더 높다.

41 H공사의 직원 A ~ E는 주요 시장인 미국, 일본, 중국, 독일에 직접 출장을 가서 시장조사업무를 수행하기로 결정하였다. 4곳의 출장지에는 각각 최소 1명의 직원이 방문해야 하며, 각 직원은 1곳만 방문한다. 다음 〈조건〉에 따라 출장지를 결정하였을 때, 항상 옳은 것은?

> **조건**
>
> ㄱ. A는 중국에 방문하지 않는다.
> ㄴ. B는 다른 한 명과 함께 미국을 방문한다.
> ㄷ. C는 일본, 중국 중 한 국가를 방문한다.
> ㄹ. D는 미국, 중국 중 한 국가를 방문한다.
> ㅁ. E는 미국 또는 독일을 방문하지 않는다.

① A가 B와 함께 미국을 방문한다.
② A는 일본을 방문한다.
③ C는 일본을 방문하고, D는 중국을 방문한다.
④ C와 E는 중국 또는 일본을 방문한다.
⑤ D는 중국을 방문하고, E는 일본을 방문한다.

42 다음 시트에서 평균이 가장 큰 값을 구하려 할 때, [F8]에 들어갈 수식으로 옳은 것은?

◢	A	B	C	D	E	F
1	번호	이름	국어	수학	영어	평균
2	1	김지우	58	60	90	78
3	2	최준영	91	80	55	65
4	3	박민준	45	45	66	81
5	4	윤민지	62	23	61	79
6	5	이재영	77	97	87	66
7	6	김세아	60	95	91	88
8					최고점수	

① =MID(F2,F7) ② =MAX(F2:F7)
③ =AVERAGE(F2:F7) ④ =MAX(C2:C7)

43 다음 중 C언어의 비트 단위 연산자에 대한 설명으로 옳지 않은 것은?

① & : 비트 단위로 AND 연산을 한다.

② | : 비트 단위로 OR 연산을 한다.

③ ^ : 비트 단위로 XOR 연산을 한다.

④ ~ : ~연산자가 0을 반환하는 경우는 피연산자가 0인 경우이다.

44 다음은 J사 총무팀에서 정리한 4월과 5월의 회사 지출 내역이다. 이를 참고할 때, J사의 4월 대비 5월 직접비용의 증감액은 얼마인가?

4월			5월		
번호	항목	금액(원)	번호	항목	금액(원)
1	원료비	680,000	1	원료비	720,000
2	재료비	2,550,000	2	재료비	2,120,000
3	사무비품비	220,000	3	사무비품비	175,000
4	장비 대여비	11,800,000	4	장비 대여비	21,500,000
5	건물 관리비	1,240,000	5	건물 관리비	1,150,000
6	통신비	720,000	6	통신비	820,000
7	가스·수도·전기세	1,800,000	7	가스·수도·전기세	1,650,000
8	사내 인건비	75,000,000	8	사내 인건비	55,000,000
9	광고비	33,000,000	9	외부 용역비	28,000,000
10	–	–	10	광고비	42,000,000

① 17,160,000원 증액

② 17,310,000원 증액

③ 29,110,000원 증액

④ 10,690,000원 감액

45 다음 글을 읽고 추론할 수 있는 내용으로 적절하지 않은 것은?

> 한국중부발전이 2025년까지 재생에너지 전력중개자원을 4GW까지 확보하겠다는 목표를 세웠다.
>
> 중부발전에 따르면, 재생에너지 발전사업자 수익향상과 전력계통 안정화를 위해 100MW 새만금세빛발전소(태양광)를 비롯해 모두 130개소 230MW규모 전력중개자원을 확보하는 등 에너지플랫폼 신시장을 개척하고 있다.
>
> 전력중개사업은 가상발전소(VPP; Virtual Power Plant)의 첫걸음으로 중개사업자가 전국에 분산돼 있는 태양광이나 풍력자원을 모아 전력을 중개거래하면서 발전량 예측제도에 참여하고 수익을 창출하는 에너지플랫폼 사업이다. 설비용량 20MW 이하 소규모 전력자원은 집합자원으로, 20MW초과 개별자원은 위탁을 통한 참여가 각각 가능하다.
>
> 앞서 지난해 중부발전은 전력중개사업 및 발전량 예측제도 시행에 맞춰 분산자원 통합관리시스템을 도입했고, 분산에너지 통합 관제를 위한 신재생모아센터를 운영하고 있다. 특히 날씨 변동이 심해 발전량 예측이 어려운 제주지역에서 발전사 최초로 중개자원을 모집해 발전량 예측제도에 참여하고 있으며, 향후 제주지역의 태양광자원 모집에 역량을 집중할 계획이다.
>
> 올해 1월부터는 전력중개 예측제도에 참여한 발전사업자 대상으로 첫 수익을 지급하였으며, 기대수익은 1MW 발전사업자 기준 연간 약 220만 원씩 20년간 약 4,400만 원이다.
>
> 중부발전은 2025년까지 소규모 태양광 자원 및 풍력 발전량 예측성 향상을 통해 약 4GW의 VPP자원을 모집하는 한편 빅데이터 플랫폼이나 신재생통합관제센터를 활용한 신사업 영역을 확대한다고 발표했다.
>
> 한국중부발전의 사장은 "전력중개사업은 VPP 사업의 기초모델로, 재생에너지 자원확보와 기술개발을 통해 에너지전환을 리드하고 새로운 비즈니스 모델이 창출될 수 있도록 최선을 다할 예정"이라고 말했다.

① 올해 전력중개 예측제도에 참여한 발전사업자들은 수익을 받을 수 있을 것이다.

② 올해에는 분산되어 있는 에너지를 통합하여 관리할 수 있는 센터를 신설할 예정이다.

③ 제주 지역은 날씨 변동이 심해 에너지 생산량을 예측하기가 쉽지 않다.

④ 전력중개를 통해 수익을 창출하는 사업은 기본적으로 에너지플랫폼에 기반하고 있다.

PART

2

직업기초능력평가

CHAPTER 01
의사소통능력

합격 Cheat Key

의사소통능력을 채택하지 않는 공사·공단이 없을 만큼 필기시험에서 중요도가 높은 영역이다. 또한, 일부 공사·공단을 제외하고 의사소통능력의 문제 출제 비중이 가장 높은 편이다. 이러한 점을 볼 때, 의사소통능력은 공사·공단 NCS를 준비하는 수험생이라면 정복해야 하는 숙명의 과목이다.

국가직무능력표준에 따르면 의사소통능력의 세부 유형은 문서이해, 문서작성, 의사표현, 경청, 기초외국어로 나눌 수 있다. 문서이해·문서작성과 같은 제시문에 대한 주제, 일치 문제의 출제 비중이 높으며, 공문서·기획서·보고서·설명서 등 문서의 특성을 파악하는 문제도 일부 공사·공단에서 출제되고 있다. 따라서 이러한 분석을 바탕으로 전략을 세우는 것이 매우 중요하다.

01 문제에서 요구하는 바를 먼저 파악하라!

의사소통능력에서 가장 중요한 것은 제한된 시간 안에 빠르고 정확하게 답을 찾아내는 것이다. 그러기 위해서는 우리가 의사소통능력을 공부하는 이유를 잊지 말아야 한다. 우리는 지식을 쌓기 위해 의사소통능력 지문을 보는 것이 아니다. 의사소통능력에서는 지문이 아니라 문제가 주인공이다! 지문을 보기 전에 문제를 먼저 파악해야 한다. 주제찾기 문제라면 첫 문장과 마지막 문장 또는 접속어를 주목하자! 내용일치 문제라면 지문과 문항의 일치 / 불일치 여부만 파악한 뒤 빠져 나오자! 지문에 빠져드는 순간 소중한 시험 시간은 속절없이 흘러 버린다!

02 잠재되어 있는 언어능력을 발휘하라!

의사소통능력에는 끝이 없다! 의사소통의 방대함에 포기한 적이 있는가? 세상에 글은 많고 우리가 학습할 수 있는 시간은 한정적이다. 이를 극복할 수 있는 방법은 다양한 글을 접하는 것이다. 실제 시험장에서 어떤 내용의 지문이 나올지 아무도 예측할 수 없다. 따라서 평소에 신문, 소설, 보고서 등 여러 글을 접하는 것이 필요하다. 잠재되어 있는 글에 대한 안목이 시험장에서 빛을 발할 것이다.

03 상황을 가정하라!

업무 수행에 있어 상황에 따른 언어 표현은 중요하다. 같은 말이라도 상황에 따라 다르게 해석될 수 있기 때문이다. 그런 의미에서 자신의 의견을 효과적으로 전달할 수 있는 능력을 평가하는 것은 당연하다. 따라서 다양한 상황에서의 언어표현능력을 함양하기 위한 연습의 과정이 요구된다. 업무를 수행하면서 발생할 수 있는 여러 상황을 가정하고 그에 따른 올바른 언어표현을 정리하는 것이 필요하다. 의사표현 영역의 경우 출제 빈도가 높지는 않지만 상황에 따른 판단력을 평가하는 문항인 만큼 대비하는 것이 필요하다.

04 말하는 이의 입장에서 생각하라!

잘 듣는 것 또한 하나의 능력이다. 상대방의 이야기에 귀 기울이고 공감하는 태도는 업무를 수행하는 관계 속에서 필요한 요소이다. 그런 의미에서 다양한 상황에서의 듣는 능력을 평가하는 것이다. 말하는 이가 요구하는 듣는 이의 태도를 파악하고, 이에 따른 판단을 할 수 있도록 언제나 말하는 사람의 입장이 되는 연습이 필요하다.

05 반복만이 살길이다!

학창 시절 외국어를 공부하던 때를 떠올려 보자! 셀 수 없이 많은 표현들을 익히기 위해 얼마나 많은 반복의 과정을 거쳤는가? 의사소통능력 역시 그러하다. 하나의 문제 유형을 마스터하기 위해 가장 중요한 것은 바로 여러 번, 많이 풀어 보는 것이다.

기출유형 1

┌연속출제┐

다음은 노인장기요양보험법의 일부 내용이다. 다음 중 법령을 잘못 이해한 것은?

풀이순서

제4조 국가 및 지방자치단체의 책무 등

① 국가 및 지방자치단체는 노인이 일상생활을 혼자서 수행할 수 있는 온전한 심신상태를 유지하는 데 필요한 사업(이하 "노인성질환예방사업"이라 한다)을 실시하여야 한다.

② 국가는 노인성질환예방사업을 수행하는 지방자치단체 또는 국민건강보험법에 따른 국민건강보험공단(이하 "공단"이라 한다)에 대하여 이에 소요되는 비용을 지원할 수 있다. ❷

③ 국가 및 지방자치단체는 노인인구 및 지역특성 등을 고려하여 장기요양급여가 원활하게 제공될 수 있도록 적정한 수의 장기요양기관을 확충하고 장기요양기관의 설립을 지원하여야 한다.

④ 국가 및 지방자치단체는 장기요양급여가 원활히 제공될 수 있도록 공단에 필요한 행정적 또는 재정적 지원을 할 수 있다. ❸

··· (생략) ···

제6조 장기요양기본계획

① 보건복지부장관은 노인 등에 대한 장기요양급여를 원활하게 제공하기 위하여 5년 단위로 다음 각 호의 사항이 포함된 장기요양기본계획을 수립·시행하여야 한다. ❶

1. 연도별 장기요양급여 대상인원 및 재원조달 계획
2. 연도별 장기요양기관 및 장기요양전문인력 관리 방안
3. 장기요양요원의 처우에 관한 사항
4. 그 밖에 노인 등의 장기요양에 관한 사항으로서 대통령령으로 정하는 사항

② 지방자치단체의 장은 제1항에 따른 장기요양기본계획에 따라 세부시행계획을 수립·시행하여야 한다. ❹

---

① 보건복지부장관은 5년 단위로 장기요양기본계획을 수립한다. ──── 국가

☑ 노인성질환예방사업을 수행하는 데에 소요되는 비용은 지방자치단체가 지원한다.

③ 국가는 공단의 장기요양급여 제공에 있어 행정적 또는 재정적으로 지원한다.

④ 장기요양기본계획에 따른 세부시행계획은 지방자치단체의 장이 수립·시행한다.

1) 질문의도
: 법령이해

2) 선택지 키워드 찾기

3) 지문독해
: 선택지와 비교

4) 정답도출

유형 분석
- 주어진 지문을 읽고 일치하는 선택지를 고르는 전형적인 독해 문제이다.
- 지문은 주로 신문기사(보도자료 등), 업무 보고서, 시사 등이 제시된다.
- 대체로 지문이 긴 경우가 많아 푸는 시간이 많이 소요된다.

응용문제 : 지문의 주제를 찾는 문제나 지문의 핵심내용을 근거로 추론하는 문제가 출제된다.

풀이 전략 먼저 선택지의 키워드를 체크한 후, 지문의 내용과 비교하며 내용의 일치유무를 신속히 판단한다.

┌연속출제┐

다음은 외국인 건강보험 제도변경에 대한 안내문이다. 다음 안내문을 이해한 내용 으로 적절하지 않은 것은?

〈외국인 건강보험 제도변경 안내〉

• 6개월 이상 체류하는 경우 건강보험 당연 가입
 – 유학 또는 결혼이민의 경우는 입국하여 외국인 등록한 날 가입 ❶
  ※ 가입 제외 신청 대상 : 외국의 법령·보험 및 사용자의 계약에 따라 법 제41조에 따른 요양 급여에 상당하는 의료보장을 받을 수 있는 경우
• 자격은 등록된 체류지(거소지)에 따라 개인별로 관리(취득)되며, 건강보험료도 개인별로 부과
 – 다만, 같은 체류지(거소지)에 배우자 및 만 19세 미만 자녀와 함께 거주하여 가족 단위로 보험료 납부를 원하는 경우에는 가족관계를 확인할 수 있는 서류를 지참하여 방문 신청 필요 ❷
• 매월 25일까지 다음 달 보험료 납부 ❺-1
• 보험료 미납하면 불이익 발생
 – 병·의원 이용 시 건강보험 혜택 제한
 – 비자 연장 등 각종 체류 허가 제한(법무부 출입국·외국인 관서) ❹
 – 기한을 정하여 독촉하고, 그래도 납부하지 않으면 소득, 재산, 예금 등 압류하여 강제 징수 ❺-2
  ※ 건강보험 혜택은 대한민국 국민과 동일(입원, 외래진료, 중증질환, 건강검진 등) ❸

① 외국인 유학생 A씨의 경우 체류 기간과 관계없이 외국인 등록을 한 날에 건강보험에 가입된다.
② 배우자와 국내에 함께 체류 중인 외국인 B씨가 가족 단위로 보험료를 납부하고자 할 경우에는 별도의 신청이 필요하다.
✔ 보험료를 매월 납부하고 있는 외국인 C씨의 경우 외래진료 시에는 보험 혜택을 받을 수 있지만, 건강검진은 제공되지 않는다.
④ 보험료가 미납된 외국인 D씨가 비자 연장을 신청할 경우 신청이 제한될 수 있다.
⑤ 건강보험에 가입된 외국인 E씨는 보험료를 매월 25일까지 납부하여야 하며, 독촉 기한에도 납부하지 않을 경우 소득이나 재산이 압류될 수 있다.

풀이순서

1) 질문의도
 : 내용이해 → 적용

2) 지문파악

4) 지문독해
 : 선택지와 비교

3) 선택지 키워드 찾기

📝 **유형 분석**
• 주어진 지문에 대한 이해를 바탕으로 유추할 수 있는 내용을 고르는 문제이다.
• 지문은 주로 업무 보고서, 기획서, 보도자료 등이 제시된다.
• 일반적인 독해 문제와는 달리 선택지의 내용이 애매모호한 경우가 많으므로 꼼꼼히 살펴보아야 한다.

📝 **풀이 전략**
주어진 지문이 어떠한 내용을 다루고 있는지 파악한 후 선택지의 키워드를 체크한다. 그리고 나서 지문의 내용에서 도출할 수 있는 내용을 선택지에서 찾아야 한다.

┌연속출제┐

다음 중 밑줄 친 단어와 의미가 유사한 것은?

┌풀이순서┐

1) 질문의도
   : 유의어

2) 지문파악
   : 문맥을 보고 단어의
     뜻 유추

3) 정답도출

흑사병은 페스트균에 의해 발생하는 급성 열성 감염병으로, 쥐에 기생하는 벼룩에 의해 사람에게 전파된다. 국가위생건강위원회의 자료에 따르면 중국에서는 최근에도 간헐적으로 흑사병 확진 판정이 나온 바 있다. 지난 2014년에는 중국 북서부에서 38세의 남성이 흑사병으로 목숨을 잃었으며, 2016년과 2017년에도 각각 1건씩 발병 사례가 확인됐다.

① 근근이
② 자못
✔ 이따금
④ 빈번히
⑤ 흔히

📋 **유형 분석**
- 주어진 지문에서 밑줄 친 단어의 유의어를 찾는 문제이다.
- 자료는 지문, 보고서, 약관, 공지 사항 등 다양하게 제시된다.
- 다른 문제들에 비해 쉬운 편에 속하지만 실수를 하기 쉽다.

응용문제 : 틀린 단어를 올바르게 고치는 등 맞춤법과 관련된 문제가 출제된다.

📋 **풀이 전략**
앞뒤 문장을 읽어 문맥을 파악하여 밑줄 친 단어의 의미를 찾는다.

기출유형 4

| 문서작성 ② |

┌**연속출제**┐

다음 중 공문서 작성 요령으로 적절하지 않은 것은?

① 전문 용어 사용을 지양한다.

② 1. → 1) → (1) → 가. → 가)와 같이 항목을 순서대로 표시한다.

③ 첨부물이 있다면 붙임 표시문 다음에 '끝'을 표시한다.

④ 뜻을 정확하게 전달하기 위해 괄호 안에 한자를 함께 적을 수 있다.

⑤ 쌍점(:)은 앞말에 붙여 쓰고 뒷말과는 띄어 쓴다.

풀이순서

1) 질문의도
   : 문서작성 방법

2) 선택지 확인
   : 공문서 작성법

3) 정답도출
   : 공문서의 번호체계
   는 1. → 가. → (1)
   → (가) → 1)과 같
   이 적용한다.

PART 2 직업기초능력평가

📋 **유형 분석**
- 실무에서 적용할 수 있는 공문서 작성 방법의 개념을 익히고 있는지 평가하는 문제이다.
- 지문은 실제 문서 형식, 조언하는 말하기, 조언하는 대화가 주로 제시된다.

응용문제 : 문서 유형별 문서작성 방법에 대한 내용이 출제된다. 맞고 틀리고의 문제가 아니라 적합한 방법을 묻는
것이기 때문에 구분이 안 되어 있으면 틀리기 쉽다.

📋 **풀이 전략**   공문서 작성법을 익히고 해당 내용이 올바르게 적용되었는지 파악한다.

기출유형 5

┌연속출제┐

다음 빈칸에 들어갈 경청 단계가 차례대로 연결된 것은?

<경청의 5단계>

단계	경청 정도	내용
㉠	0%	상대방은 이야기를 하지만, 듣는 사람에게 전달되는 내용은 하나도 없는 단계
㉡	30%	상대방의 이야기를 듣는 태도는 취하고 있지만, 자기 생각 속에 빠져 있어 이야기의 내용이 전달되지 않는 단계
㉢	50%	상대방의 이야기를 듣기는 하나, 자신이 듣고 싶은 내용을 선택적으로 듣는 단계
㉣	70%	상대방이 어떤 이야기를 하는지 내용에 집중하면서 듣는 단계
㉤	100%	상대방의 이야기에 집중하면서 의도와 목적을 추측하고, 이해한 내용을 상대방에게 확인하면서 듣는 단계

	㉠	㉡	㉢	㉣	㉤
①	선택적 듣기	무시	듣는 척하기	공감적 듣기	적극적 듣기
②	듣는 척하기	무시	선택적 듣기	적극적 듣기	공감적 듣기
③	듣는 척하기	무시	선택적 듣기	공감적 듣기	적극적 듣기
✓	무시	듣는 척하기	선택적 듣기	적극적 듣기	공감적 듣기

풀이순서

1) 질문의도
   : 경청 방법

2) 지문파악
   : 경청 정도에 따른 단계

3) 정답도출

📋 유형 분석
- 경청 단계에 대해 이해하고 있는지를 묻는 문제이다.
- 경청 방법에 대한 지식이 있어도 대화 상황이나 예가 제시되었을 때 그 자료를 해석하지 못하면 소용이 없다. 지식과 예를 연결지어 학습해야 한다.

  응용문제 : 경청하는 태도와 방법에 대한 질문, 경청을 방해하는 요인 등의 지식을 묻는 문제들이 출제된다.

📋 풀이 전략
경청하는 단계에 대한 지식을 익히고 문제에 적용한다.

CHAPTER 01 기출유형 6

| 의사표현 |

┌**연속출제**┐

다음 제시문에 나타난 의사소통의 저해요인 으로 가장 적절한 것은?

> '말하지 않아도 알아요.' TV 광고 음악에 많은 사람이 공감했던 것과 같이 과거 우리 사회에서는 자신의 의견을 직접적으로 드러내지 않는 것을 미덕이라고 생각했다. 하지만 직접 말하지 않아도 상대가 눈치껏 판단하고 행동해주길 바라는 '눈치' 문화가 오히려 의사소통 과정에서의 불신과 오해를 낳는다.

① 의사소통 기법의 미숙
② 부족한 표현 능력
③ 평가적이며 판단적인 태도
④ 선입견과 고정관념
⑤ 폐쇄적인 의사소통 분위기

풀이순서

1) 질문의도
  : 의사소통 저해요인

2) 지문파악
  : 과거의 미덕
   → 불신과 오해

3) 정답도출
  : 사회적으로 미덕으로 인식되던 긍정적 고정관념이 시대가 변함에 따라 불신과 오해를 낳는 이유가 되었다는 것이 제시문의 내용이다.

📑 **유형 분석**
  • 상황에 적합한 의사표현법에 대한 이해를 묻는 문제이다.
  • 의사표현 방법에 대한 지식이 있어도 대화 상황이나 예가 제시되었을 때 그 자료를 해석하지 못하면 소용이 없다. 지식과 예를 연결지어 학습해야 한다.
  응용문제 : 의사표현방법, 의사표현을 방해하는 요인 등의 지식을 묻는 문제들이 출제된다.

📑 **풀이 전략**
  의사소통의 저해요인에 대한 지식을 익히고 문제에 적용한다.

01 다음은 K사원의 고민을 듣고 동료 사원인 A ~ E가 보인 반응이다. A ~ E사원의 경청의 문제점을 나타낸 것으로 옳지 않은 것은?

> K사원 : M부장님이 새로 오시고부터 일하기가 너무 힘듭니다. 제가 하는 일 하나하나 지적하시고, 매일 체크하십니다. 마치 선생님께 숙제 검사를 받는 것 같은 기분이 듭니다. 일을 맡기셨으면 믿고 기다려 주셨으면 좋겠습니다.

> A사원 : 매일 체크하신다는 건 K사원의 일처리가 미숙하다고 M부장님께서 생각하시는 부분이 많아서 아닐까요? K사원도 자신의 행동을 뒤돌아볼 필요가 있을 것 같습니다.
> B사원 : 제가 생각하기엔 K사원께서 평소에도 다소 예민한 편이라 M부장님의 행동을 필요 이상으로 민감하게 받아들이는 것 같습니다. 너무 부정적으로만 생각하지 말고 긍정적으로 해석해 보세요.
> C사원 : K사원의 말씀을 들으니 M부장님께서 K사원을 너무 불신하는 것처럼 보입니다. 직접 대면해서 이 문제에 대해 상의해 보는 게 좋을 것 같습니다. 계속 지적을 듣고만 있을 수는 없을 것 같은데, 안 그런가요?
> D사원 : 기분 푸시고 우리 맛있는 거나 먹으러 가시죠? 회사 근처에 새로 생긴 파스타 가게 가보셨나요? 정말 맛있더군요. 먹으면 기분이 풀릴 겁니다.
> E사원 : M부장님께서 왜 그러실까요? 마음 넓은 K사원이 참으세요.

① A사원 – 짐작하기
② B사원 – 판단하기
③ C사원 – 언쟁하기
④ D사원 – 슬쩍 넘어가기
⑤ E사원 – 비위 맞추기

02 다음에서 설명하는 의사소통의 저해 요인은 무엇인가?

> 일상생활에서는 물론 사회생활에서 우리는 종종 말하고 싶은 대로 말하고, 듣고 싶은 대로 듣는 경우들이 있다. 이로 인해 같은 내용이라도 말 하는 사람과 듣는 사람이 서로 다른 내용으로 기억하곤 한다. 이는 말하는 사람은 그가 전달하고자 하는 내용이 듣는 사람에게 잘 전달되었는지를, 듣는 사람은 내가 들은 내용이 말하고자 하는 내용을 바르게 이해한 것인지를 서로 확인하지 않기 때문에 발생하는 일이다.

① 엇갈린 정보에 대한 책임 회피
② 의사소통에 대한 잘못된 선입견
③ 의사소통 과정에서의 상호작용 부족
④ 서로 모순되는 내용을 가진 경쟁적인 메시지
⑤ 말하고자 하는 내용에 지나치게 많은 정보를 담는 복잡한 메시지

03 다음은 인상적 의사소통에 대한 설명이다. 이에 부합하는 사례가 아닌 것은?

인상적인 의사소통이란 상대방에게 같은 내용을 전달하더라도 내가 전달할 때 더 내용이 인상적으로 전달할 수 있도록 하는 것으로, 이야기를 새롭게 부각시켜 상대방으로 하여금 '과연'이라며 감탄할 수 있도록 만드는 것이다.

① 자신의 의견에 다양한 표현법을 덧붙여 표현하는 A
② 자신의 의견을 전달할 때 사상이나 감정에 관하여 말하는 B
③ 새로운 고객을 만나더라도 항상 새로운 표현법을 사용하는 C
④ 자신의 의견을 전달할 때 표정·몸짓 등의 신체 표현을 함께 활용하는 D
⑤ 일반적으로 사용하는 표현법을 다른 새로운 표현법으로 바꾸어 전달하는 E

04 다음 자료를 바탕으로 할 때, 의사소통에 대한 설명으로 가장 적절한 것은?

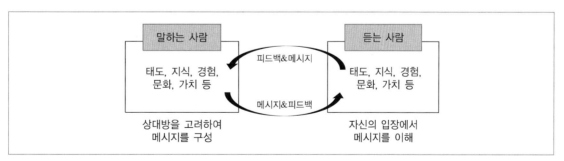

① 의사소통은 상대방에게 메시지를 전달하는 과정이다.
② 의사소통은 정보 전달만을 목적으로 한다.
③ 일방적인 문서를 통한 의사 전달도 의사소통으로 볼 수 있다.
④ 의사소통은 상대방과의 상호작용을 통해 메시지를 다루는 과정이다.
⑤ 성공적인 의사소통을 위해서는 상대방에게 자신의 정보를 최대한 많이 전달해야 한다.

※ 다음 중 밑줄 친 부분과 같은 의미로 쓰인 것을 고르시오. [5~6]

05

> 대답을 들을 <u>사이</u>도 없이 자전거를 되짚어 타고 가 버렸다.

① 그는 친구들 <u>사이</u>에 인기가 많아.
② 영주와 세영이 <u>사이</u>가 좋다고?
③ 서연아, 하루 <u>사이</u>에 많이 여위었구나!
④ 나는 너무 바빠서 잠시 앉아 쉴 <u>사이</u>도 없다.
⑤ 나는 친구와 담 하나를 <u>사이</u>하여 살았다.

06

> 목표달성을 위해서는 먼저 계획을 세우는 습관을 <u>길러야</u> 한다.

① 그는 화초를 <u>기르는</u> 취미를 가지고 있다.
② 아이를 잘 <u>기르기</u> 위해서는 부모의 많은 노력이 필요하다.
③ 그녀는 오랫동안 <u>기른</u> 머리를 단숨에 잘라버렸다.
④ 아침에 일찍 일어나는 버릇을 <u>길러라</u>.
⑤ 병을 <u>기르면</u> 치료하기가 점점 어렵게 된다.

※ 다음 중 ㉠과 ㉡의 관계와 가장 유사한 것을 고르시오. [7~8]

07

> 남성적 특성과 여성적 특성을 모두 가지고 있는 사람이 남성적 특성 혹은 여성적 특성만 지니고 있는 사람에 비하여 훨씬 더 다양한 ㉠ <u>자극</u>에 대하여 다양한 ㉡ <u>반응</u>을 보일 수 있다. 이렇게 여러 개의 반응 레퍼토리를 가지고 있다는 것은 다시 말하면, 그때그때 상황의 요구에 따라 적합한 반응을 보일 수 있다는 것이며, 이는 곧 사회적 환경에 더 유연하고 효과적으로 대처할 수 있다는 것을 의미한다.

① 개인 : 사회
② 정신 : 육체
③ 물고기 : 물
④ 입력 : 출력
⑤ 후보자 : 당선자

08

논평할 때 진실한 논평을 하려면 이런 측면 저런 측면을 다 같이 검토하고, 거기에 공정한 판단과 결론을 내려야한다. 공정한 논평에 있어 가장 중요한 점은 사고의 자유로운 활동이다. 자기에게 불리하다고 해서 문제를 그런 식으로 생각하면 못쓴다거나 또는 이 문제는 이런 방향 이런 각도로만 생각해야 하며, 그 밖의 각도로 생각해서는 안 된다고 주장한다면, 이것이 곧 진실과 반대되는 곡필논평(曲筆論評)임을 말할 것도 없다. 따라서 곡필을 하기위해서는 사고하는 것을 포기(抛棄)하지 않으면 안 된다. 자유롭게 다각도의 ㉠ 사고(思考)를 하면 ㉡ 진실(眞實)이밝혀지기 때문이다.

① 설득(說得) : 설명(說明)　　　　　　　② 운동(運動) : 건강(健康)
③ 현실(現實) : 이상(理想)　　　　　　　④ 학문(學問) : 학자(學者)
⑤ 능률(能率) : 효율(效率)

09 다음 중 밑줄 친 ㉠과 ㉡의 관계와 다른 것은?

제천시의 산채건강마을은 산과 하천이 어우러진 전형적인 산촌으로, 돌과 황토로 지은 8개 동의 전통 ㉠ 가옥 펜션과 한방 명의촌, 한방주 체험관, 황토 게르마늄 구들 찜질방, 약용 식물원 등의 시설을 갖추고 있다.
산채건강마을의 한방주 체험관에서는 전통 가양주를 만들어 보는 체험을 할 수 있다. 체험객들은 개인의 취향대로한약재를 골라 넣어 가양주를 담그고, 자신이 직접 담근 가양주는 ㉡ 집으로 가져갈 수 있다.

① 친구(親舊) : 벗　　　　　　　　　　② 수확(收穫) : 벼
③ 금수(禽獸) : 짐승　　　　　　　　　④ 계란(鷄卵) : 달걀
⑤ 주인(主人) : 임자

10 다음 밑줄 친 어휘의 관계와 같은 것은?

민주주의의 핵심인 선거에서 사람의 신원을 확인하지 않는 것이 가능한가? 그 나라 국민들이 직접 대표를 뽑는 것이선거의 맹점인데, 신원 확인을 하지 않고서 무결한 선거가 가능하다는 말인가?

① 기계를 다루기 전에는 반드시 사용상의 유의 사항을 확인하고, 항상 안전 수칙을 유념해야 합니다.
② 불공정한 계약 내용을 수정하지 않을 경우 법적 조치를 취할 예정이라고 하니, 이에 대한 대처 방안을 마련해야합니다.
③ 얼마 전 미인대회에서 여러 후보를 제치고 선발된 그녀는 이번에 새로 출시된 화장품의 광고 모델로 발탁되었다.
④ 이번 출장지는 홍콩으로 기정되었으며, 자세한 일정은 미정이므로 추후 안내하겠습니다.
⑤ 지난달 과소비로 인해 당분간 긴축 생활을 해야 할 필요가 있으므로 불필요한 돈부터 절약해 보자.

11 밑줄 친 단어의 표기가 올바르지 않은 것은?

① 그는 쥐꼬리만 한 수입으로 <u>근근히</u> 살아간다.

② 우리는 <u>익히</u> 알고 지내는 사이다.

③ <u>어차피</u> 죽을 바엔 밥이라도 배불리 먹고 싶다.

④ 그들은 모두 배가 고팠던 터라 자장면을 <u>곱빼기</u>로 시켜 먹었다.

⑤ <u>널빤지</u>로 궤짝을 짰다.

12 밑줄 친 단어의 표기가 올바른 것은?

① <u>신년도</u>에는 계획을 꼼꼼히 세워야겠다.

② 그가 공직에 있으면서 수년간 <u>은익한</u> 재산이 드러났다.

③ 현대사회에도 <u>남존녀비</u> 사상이 완전히 사라지지 않았다.

④ 허 생원은 자신을 위해서는 엽전 한 잎 허투루 쓰지 않았다.

⑤ 그 후부터는 <u>년도</u> 표기를 생략하는 바람에 문서 정리가 더 힘들었다.

13 다음 중 맞춤법에 맞도록 올바르게 수정한 것은?

① <u>번번히</u> 지기만 하다 보니 게임이 재미없어졌다. → 번번이

② 방문 <u>횟수</u>가 늘어날수록 얼굴에 생기가 돌기 시작했다. → 회수

③ <u>널따란</u> 마당에 낙엽이 수북이 쌓여있다. → 넓다란

④ <u>왠지</u> 예감이 좋지 않아 발걸음을 재게 놀렸다. → 웬지

⑤ 대문을 제대로 <u>잠갔는지</u> 기억이 나지 않았다. → 잠궜는지

14 다음은 문서이해능력의 중요성에 대한 글이다. 다음 중 ㉠~㉤에 들어갈 말이 올바르게 연결된 것은?

우리는 직업생활에 있어 자신에게 주어진 각종 문서를 읽고 적절히 이해하여야 하며, 각종 문서나 자료에 수록된 정보를 ㉠ 하여, 알맞은 정보를 ㉡ 하고 ㉢ 하여 ㉣ 할 수 있어야 한다. 또한, 문서에서 주어진 문장이나 정보를 읽고 이해하여 자신에게 필요한 행동이 무엇인지 ㉤ 할 수 있어야 하며, 도표, 수, 기호 등도 이해하고 표현할 수 있어야 한다.

	㉠	㉡	㉢	㉣	㉤
①	구별	확인	비교	추론	통합
②	구별	비교	확인	통합	추론
③	확인	비교	추론	비교	추론
④	확인	구별	비교	통합	추론
⑤	확인	구별	통합	추론	비교

15 K공단의 J과장은 미숙한 의사소통 기법으로 인해 동료들 사이에서 사소한 문제들을 일으키고 있다. J과장이 자신의 의사소통능력을 개발하기 위해 다음과 같이 계획했을 때, 개발 방법으로 적절하지 않은 것은?

① 나의 행동이 상대방의 행동에 어떤 영향을 미치고 있는가에 대하여 솔직하게 알려줄 것을 요청하자.
② 상대방의 의견을 들을 때는 상대방이 사용하는 각각의 어휘를 들으려고 노력하자.
③ 상대방의 입장에서 생각하려고 노력하면서 상대방의 이야기를 주의 깊게 경청하자.
④ 언제 어디서든지 항상 메모하는 습관을 기르자.
⑤ 전문용어를 남발하지 말고 상대방을 고려하여 명확하고 이해 가능한 어휘를 사용하자.

※ 제시문을 읽고, 이어질 단락을 논리적 순서에 맞게 나열한 것을 고르시오. [16~17]

16

초콜릿은 많은 사람이 좋아하는 간식이다. 어릴 때 초콜릿을 많이 먹으면 이가 썩는다는 부모님의 잔소리를 안 들어 본 사람은 별로 없을 것이다. 그러면 초콜릿은 어떻게 등장하게 된 것일까?

(가) 한국 또한 초콜릿의 열풍을 피할 수는 없었는데, 한국에 초콜릿이 전파된 것은 개화기 이후 서양 공사들에 의해서였다고 전해진다. 일제강점기 이후 한국의 여러 제과회사는 다양한 변용을 통해 다채로운 초콜릿 먹거리를 선보이고 있다.

(나) 초콜릿의 원료인 카카오 콩의 원산지는 남미로 전해진다. 대항해시대 이전, 즉 유럽인들이 남미에 진입하기 이전에는 카카오 콩은 예식의 예물로 선물하기도 하고 의약품의 대용으로 사용되는 등 진귀한 대접을 받는 물품이었다.

(다) 유럽인들이 남미로 진입한 이후, 여타 남미산 작물이 그러하였던 것처럼 카카오 콩도 유럽으로 전파되어 선풍적인 인기를 끌게 된다. 다만 남미에서 카카오 콩에 첨가물을 넣지 않았던 것과는 달리 유럽에서는 설탕을 넣어 먹었다고 한다.

(라) 카카오 콩에 설탕을 넣어 먹은 것이 바로 우리가 간식으로 애용하는 초콜릿의 원형이라고 생각된다. 설탕과 카카오 콩의 결합물로서의 초콜릿은 알다시피 이후 세계를 풍미하는 간식의 대표주자가 된다.

① (나) – (다) – (라) – (가)
② (나) – (라) – (다) – (가)
③ (나) – (라) – (가) – (다)
④ (다) – (나) – (라) – (가)
⑤ (다) – (나) – (가) – (라)

17

전 세계적으로 온난화 기체 저감을 위한 습지 건설 기술은 아직 보고된 바가 없으며 관련 특허도 없다.

(가) 동남아시아 등에서 습지를 보존하고 복원하는 데 국내 개발 기술을 활용하면
(나) 이산화탄소를 고정하고 메탄을 배출하지 않는 인공 습지를 개발하면
(다) 기존의 목적에 덧붙여 온실가스를 제거하는 새로운 녹색 성장 기술로 사용할 수 있으며
(라) 기술 이전에 따른 별도 효과도 기대할 수 있을 것이다.

① (가) – (나) – (다) – (라)
② (가) – (다) – (나) – (라)
③ (나) – (가) – (다) – (라)
④ (나) – (다) – (가) – (라)
⑤ (가) – (라) – (나) – (다)

18 다음 중 빈칸에 들어갈 말로 적절한 것은?

슬기나 재능, 사상 따위를 일깨워주는 것을 _____이라 한다.

① 계발
② 계몽
③ 개발
④ 계책
⑤ 개변

※ 다음 중 빈칸에 들어갈 접속어로 적절한 것을 고르시오. [19~20]

19

문학이 보여주는 세상은 실제의 세상 그 자체가 아니며, 실제의 세상을 잘 반영하여 작품으로 빚어 놓은 것이다. _____ 문학 작품 안에 있는 세상이나 실제로 존재하는 세상이나 그 본질에서는 다를 바가 없다.

① 그러나
② 그렇게
③ 그리고
④ 더구나
⑤ 게다가

20

그들은 거짓말쟁이였다. 그들은 엉뚱하게도 계획을 내세웠다. 그러나 우리에게 필요한 것은 계획이 아니었다. 많은 사람이 이미 많은 계획을 내놓았다. 그런데도 달라진 것은 없었다. _____ 무엇을 이룬다고 해도 그것은 우리와는 상관이 없는 것이었다.

① 과연
② 그러나
③ 설혹
④ 예를 들면
⑤ 하지만

21 다음 글의 전개 방식에 대한 설명으로 올바른 것은?

> 법은 필요악이다. 법은 우리의 자유를 막고 때로는 신체적 구속을 행사하는 경우도 있다. 이런 점에서 법은 달가운 존재가 아니며 기피와 증오의 대상이 되기도 한다. 그러나 법이 없으면 안전한 생활을 할 수 없다는 점에서 법은 없어서는 안될 존재이다. 이와 같이 법의 양면성은 울타리의 그것과 비슷하다. 울타리는 우리의 시야를 가리고 때로는 바깥출입의 자유를 방해한다. 그러나 낯선 사람의 눈총과 외부 침입자로부터 안전하고 포근한 삶을 보장한다는 점에서 울타리는 우리에게 고마운 존재이다.

① 대상의 차이점을 부각해 내용을 전개하고 있다.
② 주장에 대한 구체적인 근거로 내용을 전개하고 있다.
③ 권위 있는 학자의 주장을 인용하여 내용을 전개하고 있다.
④ 두 대상의 공통점을 근거로 내용을 전개하고 있다.
⑤ 글쓴이 자신의 경험을 토대로 논지를 전개하고 있다.

22 다음 글의 서술상 특징으로 올바른 것은?

> 법조문도 언어로 이루어진 것이기에, 원칙적으로 문구가 지닌 보편적인 의미에 맞춰 해석된다. 일상의 사례로 생각해 보자. "실내에 구두를 신고 들어가지 마시오."라는 팻말이 있는 집에서는 손님들이 당연히 글자 그대로 구두를 신고 실내에 들어가지 않는다. 그런데 팻말에 명시되지 않은 '실외'에서 구두를 신고 돌아다니는 것은 어떨까? 이에 대해서는 금지의 문구로 제한하지 않았기 때문에, 금지의 효력을 부여하지 않겠다는 의미로 당연하게 받아들인다. 이처럼 문구에서 명시하지 않은 상황에 대해서는 그 효력을 부여하지 않는다고 해석하는 방식을 '반대 해석'이라 한다.
> 그런데 팻말에는 운동화나 슬리퍼에 대해서는 쓰여 있지 않다. 하지만 누군가가 운동화를 신고 마루로 올라가려 하면, 집주인은 팻말을 가리키며 말릴 것이다. 이 경우에 '구두'라는 낱말은 본래 가진 뜻을 넘어 일반적인 신발이라는 의미로 확대된다. 이런 식으로 어떤 표현을 본래의 의미보다 넓혀 이해하는 것을 '확장 해석'이라 한다.

① 현실의 문제점을 분석하고 그 해결책을 제시한다.
② 비유의 방식을 통해 상대방의 논리를 반박하고 있다.
③ 일상의 사례를 들어 독자들의 이해를 돕고 있다.
④ 기존 견해를 비판하고 새로운 견해를 제시한다.
⑤ 하나의 현상에 대한 여러 가지 관점을 대조하며 비판한다.

23 다음 글의 예시로 올바르지 않은 것은?

> 현대사회는 익명성을 바탕으로 많은 사람과 소통할 수 있다. 그러나 바로 그 환경 때문에 대면 접촉을 통한 소통이 점차 경시되고 있으며 접촉 범위는 넓어졌으나 소통의 깊이 면에서는 예전과 큰 차이를 보이지 않고 있다. 이러한 상황에서 사람 간의 소통은 같은 사회적 기반을 갖추고 있지 않는 한 제대로 이루어지지 않고 있다. 특히 우리 사회는 집단 간 소통이 큰 문제로 부각되고 있다. 그로 인해 같은 집단 내 공감과 대화가 활발할 뿐 다른 집단 간의 대화는 종종 싸움으로 번져 서로에 대한 비방으로 끝이 나는 경우가 많다.

① 가만히 앉아서 우리의 피땀으로 제 주머니만 불리는 돼지 같은 경영자들!
② 요즘 젊은 애들은 배가 불러서 그래. 우리는 더 힘든 상황에서도 열심히 일했는데 말이야.
③ 저 임대 아파트 애들은 게으르고 더러우니까 함께 놀지 마라.
④ A지역에 국가 산업 단지가 들어온다고? 로비라도 했나? 이번 정부는 A지역만 챙기는군.
⑤ 이번에 B기업에서 낸 신제품 봤어? 무리하게 할인을 해서라도 저 제품을 꺾자고.

24 '사이버 중독의 문제점과 대책'이라는 주제로 글을 쓰기 위하여 생각을 정리해 보았다. 논지 전개상 [A]에 들어갈 내용으로 적절한 것은?

논지 전개	주요 내용
무엇이 문제인가?	• 현실과 가상세계를 구분하지 못하여 범죄나 사고가 발생한다. • 인터넷에 접속하지 못하면 불안해하고 안절부절못하는 금단 현상이 발생한다.
⇩	
문제의 원인은?	• 사이버 공간은 인간의 욕망을 자극하는 요소를 갖추고 있어 '권리욕'과 '소영웅심리'를 부추긴다. • 사이버 공간에 지나치게 의존하는 사람들이 갈수록 늘고 있다.
⇩	
문제의 해결책은?	[A]

① 사이버 중독에 빠진 원인을 조사하여 그 유형을 분류해 본다.
② 사이버 공간에서의 폭력적인 행위를 금지하는 관련 법규를 제정하고 홍보한다.
③ 사이버 중독의 부정적인 측면보다는 집중력 향상이라는 긍정적인 측면을 부각한다.
④ 금단 현상 해소를 위해 종교 활동을 권장하고, 심신의 안정을 위해 독서를 생활화하도록 한다.
⑤ 인터넷 사용 시간을 줄이도록 권유하고, 현실에서 충족하지 못한 욕구를 해소할 수 있는 문화 공간을 확대한다.

25 다음 중 글의 내용과 일치하는 것은?

> 사람들은 고급문화가 오랫동안 사랑을 받는 것이고, 대중문화는 일시적인 유행에 그친다고 생각하고 있다. 그러나 이러한 판단은 근거가 확실치 않다. 예컨대, 모차르트의 음악은 지금껏 연주되고 있지만, 비슷한 시기에 활동했고 당대에는 비슷한 평가를 받았던 살리에리의 음악은 현재 아무도 연주하지 않는다. 모르긴 해도 그렇게 사라진 예술가가 한둘이 아니지 않을까. 그런가 하면 1950 ~ 1960년대 엘비스 프레슬리와 비틀즈의 음악은 지금까지도 매년 가장 많은 저작권료를 받는다. 이른바 고급문화의 유산들이 수백 년간 역사 속에서 형성된 것인 데 반해 우리가 대중문화라 부르는 문화 산물은 그 역사가 고작 100년을 넘지 않았다.

① 비틀즈의 음악은 오랫동안 사랑을 받고 있으니 고급문화라고 할 수 있다..
② 살리에리는 모차르트와 같은 시대에 살며 대중음악을 했던 인물이다.
③ 많은 저작권료를 받는 작품이라면 고급문화로 인정해야 한다.
④ 대중문화가 일시적인 유행에 그칠지 여부는 아직 판단하기 곤란하다.
⑤ 대중문화는 고급문화보다 사람들에게 사랑받기 힘들 것이다.

26 다음 글의 내용과 일치하지 않는 것은?

> '갑'이라는 사람이 있다고 하자. 이때 사회가 갑에게 강제적 힘을 행사하는 것이 정당화되는 근거는 무엇일까? 그것은 갑이 다른 사람에게 미치는 해악을 방지하려는 데 있다. 특정 행위가 갑에게 도움이 될 것이라든가, 이 행위가 갑을 더욱 행복하게 할 것이라든가 또는 이 행위가 현명하다든가 혹은 옳은 것이라든가 하는 이유를 들면서 갑에게 이 행위를 강제하는 것은 정당하지 않다. 이러한 이유는 갑에게 권고하거나 이치를 이해시키거나 무엇인가를 간청하거나 할 때는 충분한 이유가 된다. 그러나 갑에게 강제를 가하는 이유 혹은 어떤 처벌을 가할 이유는 되지 않는다. 이와 같은 사회적 간섭이 정당화되기 위해서는 갑이 행하려는 행위가 다른 어떤 이에게 해악을 끼칠 것이라는 점이 충분히 예측되어야 한다. 한 사람이 행하고자 하는 행위 중에서 그가 사회에 대해서 책임을 져야 할 유일한 부분은 다른 사람과 관계되는 부분이다.

① 개인에 대한 사회의 간섭은 어떤 조건이 필요하다.
② 행위 수행 혹은 행위 금지의 도덕적 이유와 법적 이유는 구분된다.
③ 한 사람의 행위는 타인에 대한 행위와 자신에 대한 행위로 구분된다.
④ 사회는 개인의 해악에 관해서는 관심이 있지만, 그 해악을 방지할 강제성의 근거는 가지고 있지 않다.
⑤ 타인과 관계되는 행위는 사회적 책임이 따른다.

27 다음 탄원서의 내용과 일치하지 않는 것은?

〈탄원서〉

존경하는 판사님, 먼저 대한민국 정의(正義)를 위한 노고에 큰 경의를 표합니다.

저희는 A대학에 근무하고 있는 교수 및 교직원들입니다. P이사장의 부도덕하고 파렴치한 행태 때문에 교권이 무너지는 것을 더는 두고 볼 수 없다고 생각해 이렇게 간절한 탄원서를 드리게 되었습니다.

대학은 올바른 인재를 육성하고 전문적인 지식인을 양성하기 위한 곳입니다. 하지만 P이사장은 자신과 가족의 영욕을 위해서 안하무인으로 대학 운영에 간섭하고 있으며, 대학을 무분별한 이권 다툼의 장으로 만들고 있습니다.

지난해 교육부의 종합 감사 결과를 살펴보면 P이사장이 저지른 수많은 비리를 확인할 있습니다. 우리 A대학의 모든 교수와 교직원들이 알고 있는 사항임에도 불구하고, P이사장은 집행정지 신청서를 내면서 이 모든 비리를 부정하고 있습니다. 이사장은 2007년 교육용으로 활용할 계획이나 의사가 전혀 없는, B시(市) 소재 가족 명의로 되어 있는 개인 부동산을 시세보다 몇 배나 되는 가격으로 우리 A대학에 전매하는 수법을 통해서 수십억 원의 부당 이득을 취한 바 있으며, 이는 B시(市) Z동의 2007년도 부동산 공시지가를 확인하면 곧바로 알 수 있습니다.

P이사장은 '내부적인 협의를 통해서 제2캠퍼스 건립을 추진 중이었다.'고 주장하고 있습니다만, A대학의 누구도 이런 큰 계획에 대한 이야기를 듣지 못했습니다. 그리고 2009년 건립한 평생교육센터는 법인에서 지원하는 운영비가 전무한 가운데 파행 운영되어 연간 10억 원에 이르는 적자를 대학의 교비 회계에서 떠안고 있는 실정입니다. 또한, 2009년에 100억 원 이상의 막대한 예산을 들여 매입한 부지는 4년이 넘도록 방치되어 막대한 재정 손실을 야기하였습니다. 따라서 P이사장이 주장하는 발전 계획이나 평생교육센터의 운영은 전시용 행정에 불과했으며, 학교 재정 운영의 파행과 왜곡을 일으키는 주된 원인이 되었습니다.

저희 교수와 교직원들은 앞에서 말씀드린 것 이외에도 판사님께서 받으신 자료에는 P이사장의 더 많은 비리가 있을 것이라고 생각합니다.

끝으로 판사님의 가정과 앞날에 무한한 행복과 영광을 기원합니다. 감사합니다.

A대학 교수 및 교직원 대표 C교수 드림

---

① 교수와 교직원들이 이사장의 비리를 고발하는 탄원서이다.

② 2009년에 건립된 평생교육센터는 매년 적자로 운영되고 있다.

③ P이사장은 가족 명의의 부동산을 이용하여 부당 이득을 취했다.

④ A대학의 교수와 교직원들 중에는 제2캠퍼스 건립 계획에 대해서 들은 사람이 없다.

⑤ 교수와 교직원들은 탄원서에 열거한 항목이 이사장이 저지른 비리의 전부라고 생각한다.

28 다음 글의 요지로 적절한 것은?

서점에 들러 책을 꾸준히 사거나 도서관에서 계속해서 빌리는 사람들이 있다. 그들이 지금까지 사들이거나 빌린 책의 양만 본다면 겉보기에는 더할 나위 없이 훌륭한 습관처럼 보인다. 그러나 과연 그 모든 사람들이 처음부터 끝까지 책을 다 읽었고, 그 내용을 온전히 이해하고 있는지를 묻는다면 이야기는 달라진다. 한 권의 책을 사거나 빌리기 위해 우리는 돈을 지불하고, 틈틈이 도서관을 들리는 수고로움을 감수하지만, 우리가 단순히 책을 손에 쥐고 있다는 사실만으로는 그 안에 담긴 지혜를 배우는 필요조건을 만족시키지 못하기 때문이다. 그러므로 책을 진정으로 소유하기 위해서는 책의 '소유방식'이 바뀌어야 하고, 더 정확히 말하자면 책을 대하는 방법이 바뀌어야 한다. 책을 읽는 데 가장 기본이 되는 것은 천천히, 그리고 집중해서 읽는 것이다. 보통의 사람들은 책의 내용이 쉽게 읽히지 않을수록 빠르게 책장을 넘겨버리려고 하는 경향이 있다. 지겨움을 견디기 힘들기 때문이다. 그러나 속도가 빨라지면 이해하지 못하고 넘어가는 부분은 점점 더 많아지고, 급기야는 중도에 포기하는 경우가 생기고 만다. 그러므로 지루하고 이해가 가지 않을수록 천천히 읽어야 한다. 천천히 읽으면 이해되지 않던 것들이 이해되기 시작하고, 비로소 없던 흥미도 생기는 법이다.

또한, 어떤 책을 읽더라도 그것을 자신의 이야기로 읽는 것이다. 책을 남의 이야기처럼 읽어서는 결코 자신의 것으로 만들 수 없다. 다른 사람이 쓴 남의 이야기라고 할지라도, 자신과 글쓴이의 입장을 일치시키며 읽어 나가야 한다. 그리하여 책을 다 읽은 후 그 내용을 자신만의 말로 설명할 수 있다면, 그것은 성공한 책 읽기라고 할 수 있을 것이다. 남의 이야기처럼 읽는 글은 어떤 흥미도, 그 글을 통해 얻어가는 지식도 있을 수 없다.

그러나 아무 책이나 이러한 방식으로 읽으라는 것은 아니다. 어떤 책을 선택하느냐 역시 책 읽는 이의 몫이기 때문이다. 좋은 책은 쉽게 읽히고, 누구나 이해할 수 있을 만큼 쉽게 설명되어 있는 책이 좋은 책이다. 그런 책을 분별하기 어렵다면 주변으로부터 책을 추천받거나 온라인 검색을 해 보는 것도 좋다. 그렇다고 해서 책이 쉽게 읽히지 않는다고 하더라도 쉽게 좌절하거나 포기해서도 안 됨은 물론이다.

현대사회에서는 더 이상 독서의 양에 따라 지식의 양을 판단할 수 없다. 지금 이 시대에 중요한 것은 얼마나 많은 지식이 나의 눈과 귀를 거쳐 가느냐가 아니라, 우리에게 필요한 것들을 얼마나 잘 찾아내어 효율적으로 습득하며, 이를 통해 나의 지식을 확장할 수 있느냐인 것이다.

① 글쓴이의 입장을 생각하며 책을 읽어야 한다.
② 책은 쉽게 읽혀야 한다.
③ 독서의 목적은 책의 내용을 온전히 소유하는 것이다.
④ 독서 이외의 다양한 정보 습득 경로를 확보해야 한다.
⑤ 같은 책을 반복적으로 읽어 내용을 완전히 이해해야 한다.

29 다음 중 기사문의 제목으로 가장 적절한 것은?

정부는 '미세먼지 저감 및 관리에 관한 특별법(이하 미세먼지 특별법)' 제정·공포안이 의결돼 내년 2월부터 시행된다고 밝혔다. 미세먼지 특별법은 그동안 수도권 공공·행정기관을 대상으로 시범·시행한 '고농도 미세먼지 비상저감조치'의 법적 근거를 마련했다. 이로 인해 미세먼지 관련 정보와 통계의 신뢰도를 높이기 위해 국가미세먼지 정보센터를 설치하게 되고, 이에 따라 시·도지사는 미세먼지 농도가 비상저감조치 요건에 해당하면 자동차 운행을 제한하거나 대기오염물질 배출시설의 가동시간을 변경할 수 있다. 또한, 비상저감조치를 시행할 때 관련 기관이나 사업자에 휴업, 탄력적 근무제도 등을 권고할 수 있게 되었다. 이와 함께 환경부 장관은 관계 중앙행정기관이나 지방자치단체의 장, 시설운영자에게 대기오염물질 배출시설의 가동률 조정을 요청할 수도 있다.

미세먼지 특별법으로 시·도지사, 시장, 군수, 구청장은 어린이나 노인 등이 이용하는 시설이 많은 지역을 '미세먼지 집중관리구역'으로 지정해 미세먼지 저감사업을 확대할 수 있게 되었다. 그리고 집중관리구역 내에서는 대기오염 상시측정망 설치, 어린이 통학차량의 친환경차 전환, 학교 공기정화시설 설치, 수목 식재, 공원 조성 등을 위한 지원이 우선적으로 이뤄지게 된다.

국무총리 소속의 '미세먼지 특별대책위원회'와 이를 지원하기 위한 '미세먼지 개선기획단'도 설치된다. 국무총리와 대통령이 지명한 민간위원장은 위원회의 공동위원장을 맡는다. 위원회와 기획단의 존속 기간은 5년으로 설정했으며 연장하려면 만료되기 1년 전에 그 실적을 평가해 국회에 보고하게 된다.

아울러 정부는 5년마다 미세먼지 저감 및 관리를 위한 종합계획을 수립하고 시·도지사는 이에 따른 시행계획을 수립하고 추진실적을 매년 보고하도록 했다. 또한, 미세먼지 특별법은 입자의 지름이 $10\mu\text{m}$ 이하인 먼지는 '미세먼지', $2.5\mu\text{m}$ 이하인 먼지는 '초미세먼지'로 구분하기로 확정했다.

① 미세먼지와 초미세먼지 구분 방법
② 미세먼지 특별대책위원회의 역할
③ 미세먼지 집중관리구역 지정 방안
④ 미세먼지 저감을 위한 대기오염 상시측정망의 효과
⑤ 미세먼지 특별법의 제정과 시행

30

> 나노선과 나노점을 만들기 위해 하향식과 상향식의 두 가지 방법이 시도되고 있다. 하향식 방법은 원료 물질을 전자 빔 등을 이용하여 작게 쪼개는 방법인데, 현재 7나노미터 수준까지 제조가 가능하지만 생산성과 경제적 효용성이 문제가 되고 있다. 이러한 문제점을 해결하기 위해 시도되고 있는 상향식 방법에서는 물질을 작게 쪼개는 대신 원자나 분자의 결합력에 따른 자기 조립 현상을 이용하여 나노 입자를 제조하려 한다.

① 나노 기술 구현의 최대 난제는 나노 물질의 인위적 제조이다. 나노 물질은 나노점, 나노선, 나노박막의 형태로 구분된다.
② 하향식 방법의 기술적인 문제만 해결된다면 상향식 방법은 효용성이 없다.
③ 상향식 방법은 경제적 측면에서는 하향식에 비해 훨씬 유리하나, 기술적으로 해결해야 할 난점들이 많다는 데 문제가 있다.
④ 나노 기술은 여러 가지 분야에서 활용되고 있다.
⑤ 경제적 문제로 인해 미술가가 얻어내려고 상향식 방법보다는 하향식 방법이 선호되고 있다.

31

> 언론 보도에 노출된 범죄 피의자는 경제적·직업적 불이익을 당할 뿐만 아니라, 인격이 심하게 훼손되거나 심지어는 생명을 버리기까지 한다. 따라서 사회적 공기(公器)인 언론은 개인의 초상권을 존중하고 언론 윤리에 부합하는 범죄 보도가 될 수 있도록 신중을 기해야 한다. 범죄 보도가 초래하는 법적·윤리적 논란은 언론계 전체의 신뢰도에 치명적인 손상을 가져올 수도 있다.

① 언론은 범죄를 취재거리로 찾아내기가 쉽고 편의에 따라 기사화할 수 있을 뿐만 아니라, 범죄 보도를 통하여 시청자의 관심을 끌 수 있기 때문이다.
② 다시 말해, 기자정신을 갖지 않는 기자가 많아졌다는 말이다.
③ 범죄 보도를 통하여 국민들에게 범죄에 대한 경각심을 키워줄 수 있다.
④ 이는 범죄가 언론에는 매혹적인 보도 소재이지만, 자칫 부메랑이 되어 언론에 큰 문제를 일으킬 수 있다는 말이다.
⑤ 따라서 언론의 자유를 위해서라도 범죄 보도에 최선을 다해야 한다.

32 다음 글의 빈칸에 들어갈 내용으로 가장 적절한 것은?

상품을 만들어 파는 사람이 그 수고의 대가를 받고 이익을 누리는 것은 당연하다. 하지만 그 이익이 다른 사람의 고통을 무시하고 얻어진 경우에는 정당하지 않을 수 있다. 제3세계에 사는 많은 환자가 신약 가격을 개발국인 선진국의 수준으로 유지하는 거대 제약회사의 정책 때문에 고통 속에서 죽어가고 있다. 그 약값을 감당할 수 있는 선진국이 보기에도 이는 이익이란 명분 아래 발생하는 끔찍한 사례이다. 비난의 목소리가 높아지자 제약회사의 대규모 투자자 중 일부는 자신들의 행동이 윤리적인지 고민하기 시작했다. 사람들이 약값 때문에 약을 구할 수 없다는 것은 분명히 잘못된 일이다. 하지만 그렇다고 해서 국가가 제약회사들에게 손해를 감수하라는 요구를 할 수는 없다는 데 사태의 복잡성이 있다.

신약을 개발하는 일에는 막대한 비용과 시간이 들며, 그 안전성 검사가 법으로 정해져 있어서 추가 비용이 발생한다. 이를 상쇄하기 위해 제약회사들은 시장에서 최대한 이익을 뽑아내려 한다. 얼마나 많은 환자가 신약을 통해 고통에서 벗어나는가에 대한 관심을 이들에게 기대하긴 어렵다. 그러나 만약 제약회사들이 존재하지 않는다면 신약개발도 없을 것이다.

상업적 고려와 인간의 건강 사이에 존재하는 긴장을 어떻게 해소해야 할까? 제3세계의 환자를 치료하는 일은 응급사항이며, 제약회사들이 자선하리라고 기대하는 것은 비현실적이다. 그렇다면 그 대안은 명백하다. _____ 물론 여기에도 문제는 있다. 이 대안이 왜 실현되기 어려운 걸까? 그 이유가 무엇인지는 우리가 자신의 주머니에 손을 넣어 거기에 필요한 돈을 꺼내는 순간 분명해질 것이다.

① 제3세계에 제공되는 신약 가격을 선진국과 같게 해야 한다.

② 제3세계 국민에게 필요한 신약을 선진국 국민이 구매하여 전달해야 한다.

③ 선진국들은 자국의 제약회사가 제3세계에 신약을 저렴하게 공급하도록 강제해야 한다.

④ 각국 정부는 거대 제약회사의 신약 가격 결정에 자율권을 주어 개발 비용을 보상받을 수 있게 해야 한다.

⑤ 거대 제약회사들이 제3세계 국민을 위한 신약 개발에 주력하도록 선진국 국민이 압력을 행사해야 한다.

33 다음 중 빈칸에 들어갈 말로 가장 적절한 것은?

국내 여가활동을 개인 활동, 사회성 여가활동, 동호회 활동으로 분류하여 유형별 참여율을 비교하였더니 전체 응답자 중 개인 활동 참여에 응답한 사람이 52.1%로 가장 높았고 사회성 여가활동인 자원봉사활동은 11.9%, 동호회 활동은 10.1%로 저조했다. 국내 여가자원을 여가시간과 비용 면에서 살펴보았을 때 2012년 15세 이상 국민들의 하루 평균 여가시간은 평일 3.3시간, 휴일 5.1시간으로 2010년 평일 4시간, 휴일 7시간보다 평일 여가시간이 0.7시간, 휴일 여가시간이 1.9시간 감소하였음을 확인할 수 있었고, 여가비용은 2012년 한 달 평균 12만5천 원 정도로 2010년의 16만8천 원보다 4만3천 원 정도 감소한 것으로 나타났다. 이 자료는 여가자원이 충분하지 않고, 국내 여가생활 만족도를 파악하는 자료로 활용할 수 있다. 현재 국내에서 행해지고 있는 여가자원 정책을 살펴보면 주 40시간 근무제의 경우 여가만족도는 긍정적이지만 2010년부터 다소 낮아져 2012년에는 36.4%가 실시하고 있다고 응답하였다. 주5일 수업제는 실시 후 평균 46.5%가 만족하고 있다고 응답했다. 종합하면 활발한 여가활동을 저해하는 원인으로 여가자원과 여가활동 지원정책의 부족을 들 수 있다. 여가생활의 질을 높이기 위해 여가를 개인적인 문제로 볼 것이 아니라 _____ 체계적인 정책과 계획 수립을 이룩해야 할 것이다.

① 다양한 지원 방안을 고려하여
② 삶의 질 향상을 위한 수단으로
③ 공적인 정책 과제라는 태도로
④ 국민의 권익 보장 수단으로
⑤ 여가활동의 활성화 방안으로

34 다음 중 ㉠에 대해 제기할 수 있는 반론으로 가장 적절한 것은?

기업은 상품의 사회적 마모를 촉진시키는 주체이다. 생산과 소비가 지속되어야 이윤을 남길 수 있기 때문에, 하나의 상품을 생산해서 그 상품의 물리적 마모가 끝날 때까지를 기다렸다가는 그 기업은 망하기 십상이다. 이러한 상황에서 늘 수요에 비해서 과잉 생산을 하는 기업이 살아남을 수 있는 길은 상품의 사회적 마모를 짧게 해서 사람들로 하여금 계속 소비하게 만드는 것이다.

그래서 ㉠ 기업들은 더 많은 이익을 내기 위해서는 상품의 성능을 향상시키기보다는 디자인을 변화시키는 것이 더 바람직하다고 생각한다. 산업이 발달하여 상품의 성능이나 기능, 내구성이 이전보다 더욱 향상되었는데도 불구하고 상품의 생명이 이전보다 더 짧아지는 것은 어떻게 생각하면 자본주의 상품이 지닌 모순이라고 할 수 있다. 섬유의 질은 점점 좋아지지만 그 옷을 입는 기간은 이에 비해서 점점 짧아지게 되는 것이 바로 자본주의 상품이 지니고 있는 모순이다. 산업이 계속 발달하여 상품의 성능이 향상되는데도 상품의 사회적인 마모 기간이 누군가에 의해서 엄청나게 짧아지고 있다. 상품의 질은 향상되고 내가 버는 돈은 늘어가는 것 같은데 늘 무엇인가 부족한 듯한 느낌이 드는 것도 이것과 관련이 있다.

① 상품의 성능은 그대로 두어도 향상될 수 있는가?
② 디자인에 관한 소비자들의 취향이 바뀌는 것을 막을 방안은 있는가?
③ 상품의 성능 향상을 등한시하며 디자인만 바꾼다고 소비가 증가할 것인가?
④ 사회적 마모 기간이 점차 짧아지면 디자인을 개발하는 것이 기업에 도움이 되겠는가?
⑤ 소비 성향에 맞춰 디자인을 다양화할 수 있는가?

※ 다음 글을 읽고 이어지는 질문에 답하시오. [35~36]

나이가 들면서 크고 작은 신체 장애가 오는 것은 동서고금의 진리이고 어쩔 수 없는 사실이다. 노화로 인한 신체 장애는 사십대 중반의 갱년기를 넘기면 누구에게나 나타날 수 있는 현상이다.

원시가 된다든가, 치아가 약해진다든가, 높은 계단을 빨리 오를 수 없다든가, 귀가 잘 안 들려서 자신도 모르게 큰 소리로 이야기한다든가, 기억력이 감퇴하는 것 등이 그 현상이다. 노인들에게 '당신들도 젊은이들처럼 할 수 있다.'라고 헛된 자존심을 부추길 것이 아니라, _____㉠_____ 우리가 장애인들에게 특별한 배려를 하는 것은 그들의 인권을 위해서이다. 그것은 건강한 사람과 동등하게 그들을 인간으로 대하는 태도이다. 늙음이라는 신체적 장애를 느끼는 노인들에 대한 배려도 그들의 인권을 보호하는 차원에서 이루어져야 할 것이다.

집안의 어르신을 잘 모시는 것을 효도의 관점에서만 볼 것이 아니라, 인권의 관점에서 볼 줄도 알아야 한다. 노부모에 대한 효도가 좀 더 보편적 차원의 성격을 갖지 못한다면, 앞으로의 세대들에게 설득력을 얻기 어려울 것이다. 나는 장애인을 위한 자원 봉사에는 열심인 한 젊은이가 자립 능력이 없는 병약한 노부모 모시기를 거부하며, 효도의 ㉡시대착오적 측면을 적극 비판하는 경우를 보았다. 이렇게 인권의 사각 지대는 가정 안에도 있을 수 있다. 보편적 관점에서 보면, 노부모를 잘 모시는 것은 효도의 차원을 넘어선 인권 존중이라고 할 수 있다. 인권 존중은 가까운 곳에서부터 시작되어야 하고, 인권은 그것이 누구의 인권이든, 언제 어디서든 존중되어야 한다.

35 다음 중 ㉠에 들어갈 말로 가장 적절한 것은?

① 모든 노인들을 가족처럼 공경해야 한다.
② 노인 스스로 그 문제를 해결할 수 있도록 한다.
③ 노인들에게 실질적으로 경제적인 도움을 주어야 한다.
④ 노인성 질환 치료를 위해 노력해야 한다.
⑤ 노인들의 장애로 인한 부담을 사회가 나누어 가져야 한다.

36 다음 중 ㉡의 사례로 적절하지 않은 것은?

① 정민주 씨는 투표할 때마다 반드시 입후보자들의 출신 고교를 확인한다.
② 차사랑 씨는 직장에서 승진하였기에 자가용 자동차를 고급차로 바꾸었다.
③ 이규제 씨는 학생들의 효율적인 생활지도를 위해 두발 규제를 제안했다.
④ 한지방 씨는 생활비를 아끼기 위해 직장에 도시락을 싸가기로 했다.
⑤ 장부장 씨는 직원들의 창의적 업무 수행을 위해 직원들의 복장을 통일된 정장 차림으로 할 것을 건의하였다.

채권은 사업에 필요한 자금을 조달하기 위해 발행하는 유가 증권으로, 국채나 회사채 등 발행 주체에 따라 그 종류가 다양하다. 채권의 액면금액, 액면이자율, 만기일 등의 지급 조건은 채권 발행 시 정해지며, 채권 소유자는 매입 후에 정기적으로 이자액을 받고, 만기일에는 마지막 이자액과 액면금액을 지급받는다. 이때 이자액은 액면이자율을 액면가액에 곱한 것으로 대개 연 단위로 지급된다. 채권은 만기일 전에 거래되기도 하는데, 이때 채권가격은 현재가치, 만기, 지급 불능 위험 등 여러 요인에 따라 결정된다.

채권 투자자는 정기적으로 받게 될 이자액과 액면금액을 각각 현재 시점에서 평가한 값들의 합계인 채권의 현재가치에서 채권의 매입가격을 뺀 순수익의 크기를 따진다. 채권 보유로 미래에 받을 수 있는 금액을 현재가치로 환산하여 평가할 때는 금리를 반영한다. 가령 금리가 연 10%이고, 내년에 지급받게 될 금액이 110원이라면, 110원의 현재가치는 100원이다. 즉 금리는 현재가치에 반대 방향으로 영향을 준다. _____ 금리가 상승하면 채권의 현재가치가 하락하게 되고 이에 따라 채권의 가격도 하락하게 되는 결과로 이어진다. 이처럼 수시로 변동되는 시중 금리는 현재가치의 평가 구조상 채권가격의 변동에 영향을 주는 요인이 된다.

채권의 매입 시점부터 만기일까지의 기간인 만기도 채권의 가격에 영향을 준다. 일반적으로 다른 지급 조건이 동일하다면 만기가 긴 채권일수록 가격은 금리 변화에 더 민감하므로 가격 변동의 위험이 크다. 채권은 발행된 이후에는 만기가 짧아지므로 만기일이 다가올수록 채권가격은 금리 변화에 덜 민감해진다. 따라서 투자자들은 만기가 긴 채권일수록 높은 순수익을 기대하므로 액면이자율이 더 높은 채권을 선호한다.

또 액면금액과 이자액을 약정된 일자에 지급할 수 없는 지급 불능 위험도 채권가격에 영향을 준다. 예를 들어 채권을 발행한 기업의 경영 환경이 악화될 경우, 그 기업은 지급 능력이 떨어질 수 있다. 이런 채권에 투자하는 사람들은 위험을 감수해야 하므로 이에 대한 보상을 요구하게 되고, 이에 따라 채권가격은 상대적으로 낮게 형성된다.

한편 채권은 서로 대체가 가능한 금융 자산의 하나이기 때문에, 다른 자산 시장의 상황에 따라 가격에 영향을 받기도 한다. 가령 주식 시장이 호황이어서 주식 투자를 통한 수익이 커지면 상대적으로 채권에 대한 수요가 줄어 채권가격이 하락할 수도 있다.

37 다음 중 채권가격이 높아지는 조건이 아닌 것은?

① 시중 금리가 낮아진다.
② 채권의 만기일이 다가온다.
③ 채권을 발행한 기업의 경영 환경이 악화된다.
④ 주식 투자를 통한 수익이 작아진다.
⑤ 채권의 현재 가치가 높아진다.

38 다음 중 빈칸에 들어갈 접속어로 적절한 것은?

① 따라서　　　　　　　　　② 하지만
③ 또한　　　　　　　　　　④ 게다가
⑤ 그러나

※ 다음 글을 읽고 이어지는 질문에 답하시오. [39~40]

(가) 문화란 말은 그 의미가 매우 다양해서 정확하게 개념을 규정한다는 것이 거의 불가능하다. 즉, 우리가 이 개념을 정확하게 규정하려는 노력을 하면 할수록 우리는 더 큰 어려움에 봉착한다. 무엇보다도 한편에서는 인간의 정신적 활동에 의해 창조된 최고의 가치를 문화라고 정의하고 있는 데 반하여, 다른 한편에서는 자연에 대한 인간의 기술적·물질적 적응까지를 문화라는 개념에 포함시키고 있다. 즉 후자는 문명이라는 개념으로 이해하는 부분까지도 문화라는 개념 속에 수용함으로써 문화와 문명을 구분하지 않고 있다. 전자는 독일적인 문화 개념의 전통에 따른 것이고, 후자는 영미 계통의 문화개념에 따른 문화에 대한 이해이다. 여기에서 우리는 문화라는 개념이 주관적으로 채색되기가 쉽다는 것을 인식하게 된다. 19세기 중엽까지만 해도 우리 조상들은 서양인들을 양이(洋夷)라고 해서 야만시했다. 마찬가지로, 우리는 한 민족이 다른 민족의 문화적 업적을 열등시하며, 이것을 야만인의 우스꽝스러운 관습으로 무시해 버리는 것을 역사를 통해 잘 알고 있다.

(나) 문화란 말은 일반적으로 두 가지로 사용된다. 한편으로 우리는 '교양 있는' 사람을 문화인이라고 한다. 즉, 창조적 정신의 소산인 문학 작품, 예술 작품, 철학과 종교를 이해하고 사회의 관습을 품위 있게 지켜 나가는 사람을 교양인 또는 문화인이라고 한다. 그런가 하면 다른 한편으로 '문화'라는 말은 한 국민의 '보다 훌륭한' 업적과 그 유산을 지칭한다. 특히 철학, 과학, 예술에 있어서의 업적이 높이 평가된다. 그러나 우리는 여기에서 이미 문화에 대한 우리의 관점이 달라질 수 있는 소지를 발견한다. 즉, 어떤 민족이 이룩한 업적을 '훌륭한 것'으로서 또는 '창조적인 것'으로서 평가할 때, 그 시점은 어느 때이며 기준은 무엇인가? 왜냐하면 우리는 오늘날 선진국들에 의해 문화적으로 열등하다고 평가받는 많은 나라들이 한때는 이들 선진국보다 월등한 문화 수준을 향유했다는 것을 역사적 사실을 통해 잘 알고 있기 때문이다. 그리고 ⊙ 비록 창조적인 업적이라고 할지라도 만약 그것이 부정적인 내용을 가졌다면, 그래도 우리는 그것을 '창조적'인 의미에서의 문화라고 할 수 있을까? 조직적 재능은 문화적 재능보다 덜 창조적인가? 기지가 풍부한 정치가는 독창력이 없는 과학자보다 덜 창조적이란 말인가? 볼테르 같은 사람의 문화적 업적을 그의 저서가 끼친 실천적 영향으로부터 분리할 수 있단 말인가? 인간이 이룩한 상이한 업적 영역, 즉 철학, 음악, 시, 과학, 정치 이론, 조형 미술 등에 대해서 문화적 서열이 적용된다는 것인가?

39 윗글의 내용과 일치하지 않는 것은?

① 문화라는 말은 다양한 의미로 사용된다.
② 문화의 개념은 정확하게 규정하기 어렵다.
③ 문화에 대한 관점은 시대에 따라 다를 수 있다.
④ 문화는 일반적으로 창조적 정신의 소산으로 여겨진다.
⑤ 문화는 교양 있는 사람이 이해하고 지켜 나가는 것이다.

40 다음 중 ⊙의 예로 들 수 있는 것은?

① 상업주의적 퇴폐 문화의 횡행
② 체제 비판적 저항 세력의 대두
③ 환경 파괴적 유흥 시설의 증가
④ 인명 살상용 원자 폭탄의 개발
⑤ 현실 도피적 사이비 종교의 기승

※ 다음 글을 읽고 이어지는 질문에 답하시오. [41~42]

※ 다음 글을 읽고 이어지는 질문에 답하시오. **[41~42]**

현대 물리학의 확장 과정을 고려해 볼 때 우리는 현대 물리학의 발전 과정을 산업이나 공학, 다른 자연과학, 나아가서는 현대 문화 전반에 걸친 영역에서의 발전 과정과 분리해서 생각할 수 없다. 현대 물리학은 베이컨·갈릴레이·케플러의 업적, 그리고 17 ~ 18세기에 걸쳐 이루어진 자연과학의 실제적인 응용 과정에서부터 형성된 과학 발전의 맥락을 타고 탄생된 결과이다. 또한, 산업 과학의 진보, 새로운 산업계 장치의 발명과 증진은 자연에 대한 첨예한 지식을 촉구하는 결과를 낳았다. 그리고 자연에 대한 이해력의 성숙과 자연 법칙에 대한 수학적 표현의 정교함은 산업과학의 급격한 진전을 이루게 하였다. 자연과학과 산업과학의 성공적인 결합은 인간 생활의 폭을 넓히게 되는 결과를 낳았다. 교통과 통신망의 발전으로 인해 기술 문화의 확장 과정이 더욱 촉진되었고, 의심할 바 없이 지구상의 생활 조건은 근본에서부터 변화를 가져왔다. 우리들이 그 변화를 긍정적으로 보든 부정적으로 보든, 또한, 그 변화가 진정으로 인류의 행복에 기여하는 것인지 저해하는 것인지는 모르지만, 어쨌든 우리는 그 변화가 인간의 통제 능력 밖으로 자꾸 치닫고 있음을 인정할 수밖에 없는 상황에 놓여있다. 특히 핵무기와 같은 새로운 무기의 발명은 이 세계의 정치적 판도를 근본적으로 바꾸어 놓았다. 핵무기를 갖지 않은 모든 국가는 어떤 방식으로든지, 핵무기 소유국에 의존하고 있으므로 독립국가라는 의미조차도 다시 생각해 보아야 할 것이다. 또한, 핵무기를 수단으로 해서 전쟁을 일으키려는 것은 실제로 자멸의 길을 스스로 택하는 격이 된다. 그 역으로 이런 위험 때문에 전쟁은 결코 일어나지 않는다는 낙관론도 많이 있지만, 이 입장은 자칫 잘못하면 그 낙관론 자체에만 빠질 우려가 있다.

핵무기의 발명은 과학자에게 새로운 방향으로의 문제 전환을 가져다 주었다. 과학의 정치적 영향력은 제2차 세계 대전 이전보다 비약적으로 증대되어 왔다. 이로 인해 과학자, 특히 원자 물리학자들은 이중의 책임감을 떠안게 되었다. 첫 번째로 그들은 그가 속한 사회에 대하여 과학의 중요성을 인식시켜야 하는 책임감을 갖고 있다. 어떤 경우에, 그들은 대학 연구실의 굴레에서 벗어나야만 하는 일도 생긴다. 두 번째 그의 부담은 과학에 의해서 생긴 결과에 대한 책임감이다. 과학자들은 정치적인 문제에 나서기를 꺼려한다. 그리고 위정자들은 자신의 무지 때문에 과학의 소산물을 잘못 이용할 수가 있다. 그러므로 과학자는 항상 과학의 소산물이 잘못 이용될 때에 생기는 예기치 못한 위험 상황을 위정자들에게 자세히 알려 줄 의무가 있다. 또한, 과학자는 사회 참여를 자주 요청받고 있다. 특히, 세계 평화를 위한 결의안에의 참여 등이 그것이다. 동시에 과학자는 자신의 분야에 있어서 국제적인 공동 작업의 조성을 위하여 최선을 다해야만 한다. 오늘날 많은 국가의 과학자들이 모여 핵물리학에 대한 탐구를 하고 있는 것은 아주 중요한 일로 평가된다.

41 다음 중 글의 핵심 내용을 가장 잘 파악한 반응은?

① 현대 물리학의 발전에 공헌한 베이컨, 갈릴레이 그리고 케플러의 지대한 업적은 아무리 높게 평가해도 지나치지 않아.

② 과학의 진보에 의해 인간 생활의 폭이 넓혀졌다고 했으니, 나도 과학 연구에 매진하여 인류 문명 발전에 이바지하고 싶어.

③ 핵무기를 소유하고 있어야만 진정한 독립 국가로 대접받을 수 있다고 생각하니, 우리나라도 하루 빨리 핵무기를 개발해야 할 것 같아.

④ 과학이 가치중립적이라고들 하지만 잘못 쓰일 때는 예기치 못한 재앙을 가져올 수도 있으므로 과학자의 역할이 그 어느 때보다 중요한 것 같아.

⑤ 현대 사회의 위기는 과학의 소산물을 잘못 이용하는 위정자들에 의해 초래된 것인데, 그 책임을 과학자들에게 전가하는 것은 주객이 전도된 것 같아.

42 다음 중 글의 내용으로 볼 때, 과학자의 역할로 보기 어려운 것은?

① 그가 속한 사회에 대해 과학의 중요성을 인식시켜야 한다.
② 과학에 의해 생긴 결과에 대해 책임을 져야 한다.
③ 위정자들의 잘못된 가치관을 바로잡아 줄 수가 있어야 한다.
④ 세계 평화를 위한 과학자의 책무를 외면해서는 안 된다.
⑤ 과학의 분야에서 국제적인 공동 작업의 조성을 위해 최선을 다해야 한다.

서민들의 생활문화에서 생성되고, 향수되었던 민속음악에는 궁중음악이나 선비 풍류 음악과 다른 특성이 깃들어 있다. 먼저 민속음악은 기쁘고, 노엽고, 슬프고, 즐거운 마음의 변화를 드러내는 것을 주저하지 않는다. 풀어질 수 있는 데까지 풀어져 보고, 직접 음악에 뛰어들어 보는 현실적인 음악성을 추구하며, 흥과 신명은 드러내고 한(恨)을 풀어냄으로써 팍팍한 삶의 고비를 흥겹게 넘게 하는 음악, 이것이 민속음악이 지닌 큰 미덕이라고 할 수 있다.

다음으로 민속음악은 일정한 격식이나 외적인 연주 조건에 얽매이지 않기 때문에 악대의 편성과 공연방식이 매우 개방적이다. 일상에서는 한두 가지 악기로 장단과 가락에 맞추어 노래하거나 춤을 곁들이는 경우가 많고, 또한, 음악에서 격식이나 사상을 표출하기보다는 음악에 개인의 생활과 감정을 담기 때문에 표현도 직접적이고 적극적인 경우가 많다. 음악의 농현이나 시김새를 변화 있게 사용하여 흥과 한, 신명을 마음껏 표현한다. 음을 떨어내는 농현을 격렬하게 해서 음악을 극적으로 유도하며 음의 진행에 나타나는 '조이고 푸는' 과정을 뚜렷하게 내보인다. 음악의 속도는 느린 것과 빠른 것이 짝을 이루기도 하고, 음악의 진행에 따라 속도가 조절되기도 하지만, 대체로 느리고 엄숙한 이미지를 지닌 궁중음악이나 선비 풍류 음악에 비해 빠르고 발랄하다. 그런가 하면 민속음악에서는 곱고 예쁘게 다듬어내는 음보다 힘있고 역동적으로 표출되는 음이 아름답다고 여긴다. 판소리 명창이 고함치듯 질러대는 높은 소리에 청중들은 기다렸다는 듯이 '얼씨구'라는 추임새로 호응한다. 이러한 특성은 서양 클래식이나 정악의 개념에서 볼 때 이해하기 어려운 부분이다.

민속음악은 또 즉흥적인 신명성을 추구한다. 악보나 작곡자의 뜻이 강하게 반영되는 음악과 달리 우리의 민속 음악가들은 어느 정도의 음악적 틀을 지키는 가운데 그때그때의 흥을 실어 즉흥적인 음악성을 발휘하는 것이다. 그것은 또 청중의 음악적 기대와도 상통한다. 즉 민속음악을 듣는데 귀가 트인 명창들은 판소리 명창들이 매번 똑같이 연주하는 것을 '사진 소리'라 하여 생명력 없는 음악으로 여겼다는 것은 널리 알려진 사실이다. 이러한 점은 산조에서도 마찬가지고 시나위 연주에서도 마찬가지여서 민속음악은 '배운대로 잘하면 대가가 되는 것'이 아니라 자기가 음악을 자유자재로 이끌어 갈 수 있도록 민속음악의 어법에 완전히 달통한 경지에 이르러야 비로소 좋은 연주를 하게 되는 것이다.

또한, 민속음악이 지닌 가장 큰 특징 중 하나는 지역에 따라 음악의 표현요소가 많이 다르다는 것이다. 마치 각 지역의 방언이 다르듯, 민속음악은 서도와 남도, 동부, 경기 지역에 따라 다른 음악언어를 갖는다. 민요와 풍물, 무속음악을 말할 때 반드시 지역을 구분하는 것은 민속음악이 지닌 지역적 특징 때문이다.

43 윗글의 주된 내용 전개방식으로 적절한 것은?

① 여러 가지 대상들을 비교 분석하고 있다.
② 현상이 나타나게 된 원인을 제시하고 있다.
③ 대상이 가진 특징에 대해 설명하고 있다.
④ 특정 주장에 대해 비판하고 있다.
⑤ 여러 가지 대상들의 차이점을 제시하고 있다.

44 다음 글에 제시된 민속음악의 특징으로 옳지 않은 것은?

① 기쁘고, 노엽고, 슬프고, 즐거운 마음의 변화를 드러낸다.

② 일정한 격식이나 외적인 연주 조건에 얽매이지 않는다.

③ 음악의 농현이나 시김새를 변화 있게 사용하여 흥과 한, 신명을 마음껏 표현한다.

④ 곱고 예쁘게 다듬어내는 음에 청중들이 추임새로 호응한다.

⑤ 서도와 남도, 동부, 경기 지역에 따라 다른 음악언어를 갖는다.

45 다음 글의 내용이 참일 때, 항상 거짓인 것을 고르면?

헌법의 개정이 어느 정도까지 가능한가에 대해서는 학자들마다 입장이 다른데, 이는 대체로 개정 무한계설과 개정 한계설로 나뉜다. 개정 무한계설은 헌법에 규정된 개정 절차를 밟으면 어떠한 조항이나 사항이더라도 개정할 수 있다는 입장이다. 개정 무한계설에서는 헌법 규범과 헌법 현실 사이의 틈을 해소할 수 있는 유일한 방법은 헌법 개정을 무제한 허용하는 것이라고 주장한다. 또한, 헌법 제정 권력과 헌법 개정 권력의 구별을 부인하여 헌법 최고의 법적 권력은 헌법 개정 권력이라고 주장한다. 그리고 현재의 헌법 규범이나 가치에 의해 장래의 세대를 구속하는 것은 부당하다는 점을 밝힌다. 그러나 개정 무한계설은 법 규범이 가지는 실질적인 규범력의 차이는 외면한 채 헌법 개정에 있어서 형식적 합법성만을 절대시한다는 비판을 받는다.

개정 한계설은 헌법에 규정된 개정 절차를 따를지라도 특정한 조항이나 사항은 개정할 수 없다는 입장이다. 개정 한계설에서는 헌법 제정 권력과 헌법 개정 권력을 다른 것으로 구별하여 헌법 개정 권력은 헌법 제정 권력의 소재(所在)를 변경하거나 헌법 제정 당시의 국민적 합의인 헌법의 기본적 가치 질서를 변경할 수 없다고 주장한다. 또 헌법 제정자가 내린 근본적 결단으로서의 헌법은 개정 대상이 될 수 없다거나, 헌법 위에 존재하는 자연법의 원리에 어긋나는 헌법 개정은 허용되지 않는다고 본다. 예를 들어 대한민국 헌법의 국민 주권 원리, 인간으로서의 존엄과 가치 보장은 헌법 개정 절차에 의해서도 개정할 수 없다는 것이다.

※ 자연법 : 인간 이성을 통하여 발견한 자연적 정의 또는 자연적 질서를 사회 질서의 근본 원리로 생각하는 보편타당한 법

① 개정 한계설은 제정 권력과 개정 권력을 구별한다.

② 개정 무한계설은 절차를 지킬 경우 국민 주권 원리도 개정 가능하다고 본다.

③ 개정 무한계설은 형식적인 절차는 무시한 채 실질적인 규범력의 차이만 강조한다.

④ 개정 무한계설은 헌법 개정을 통해 규범과 현실 사이의 격차를 줄일 수 있다고 본다.

⑤ 개정 한계설은 인간으로서의 존엄과 가치 보장을 개정하는 것은 자연법의 원리에 어긋난다고 본다.

CHAPTER 02
수리능력

합격 Cheat Key

수리능력은 사칙연산·통계·확률의 의미를 정확하게 이해하고 이를 업무에 적용하는 능력으로, 기초연산과 기초통계, 도표분석 및 작성의 문제 유형으로 출제된다. 수리능력 역시 채택하지 않는 공사·공단이 거의 없을 만큼 필기시험에서 중요도가 높은 영역이다.

수리능력은 NCS 기반 채용을 진행한 거의 모든 기업에서 다루었으며, 문항 수는 전체의 평균 16% 정도로 많이 출제되었다. 특히, 난이도가 높은 공사·공단의 시험에서는 도표분석, 즉 자료해석 유형의 문제가 많이 출제되고 있고, 응용수리 역시 꾸준히 출제하는 공사·공단이 많기 때문에 기초연산과 기초통계에 대한 공식의 암기와 자료해석능력을 기를 수 있는 꾸준한 연습이 필요하다.

01 응용수리능력의 공식은 반드시 암기하라!

응용수리능력은 지문이 짧지만, 풀이 과정은 긴 문제도 자주 볼 수 있다. 그렇기 때문에 응용수리능력의 공식을 반드시 암기하여 문제의 상황에 맞는 공식을 적절하게 적용하여 답을 도출해야 한다. 따라서 문제에서 묻는 것을 정확하게 파악하여 그에 맞는 공식을 적절하게 적용하는 꾸준한 노력과 공식을 암기하는 연습이 필요하다.

02 통계에서의 사건이 동시에 발생하는지 개별적으로 발생하는지 구분하라!

통계에서는 사건이 개별적으로 발생했을 때, 경우의 수는 합의 법칙, 확률은 덧셈정리를 활용하여 계산하며, 사건이 동시에 발생했을 때, 경우의 수는 곱의 법칙, 확률은 곱셈정리를 활용하여 계산한다. 특히, 기초통계능력에서 출제되는 문제 중 순열과 조합의 계산 방법이 필요한 문제도 다수이므로 순열(순서대로 나열)과 조합(순서에 상관없이 나열)의 차이점을 숙지하는 것 또한 중요하다. 통계 문제에서의 사건 발생 여부만 잘 판단하여도 계산과 공식을 적용하기가 수월하므로 문제의 의도를 잘 파악하는 것이 중요하다.

03 **자료의 해석은 자료에서 즉시 확인할 수 있는 지문부터 확인하라!**

대부분의 공사·공단 취업준비생들이 어려워 하는 영역이 수리영역 중 도표분석, 즉 자료해석능력이다.
자료는 표 또는 그래프로 제시되고, 쉬운 지문은 증가 혹은 감소 추이, 간단한 사칙연산으로 풀이가
가능한 문제 등이 있고, 자료의 조사기간 동안 전년 대비 증가율 혹은 감소율이 가장 높은 기간을 찾는
문제들도 있다. 따라서 일단 증가·감소 추이와 같이 눈으로 확인이 가능한 지문을 먼저 확인한 후 복잡
한 계산이 필요한 지문을 확인하는 방법으로 문제를 풀이한다면, 시간을 조금이라도 아낄 수 있다. 특히,
그래프와 같은 경우에는 그래프에 대한 특징을 알고 있다면, 그래프의 길이 혹은 높낮이 등으로 대강의
수치를 빠르게 확인이 가능하므로 이에 대한 숙지도 필요하다. 또한, 여러 가지 보기가 주어진 문제
역시 지문을 잘 확인하고 문제를 풀이한다면 불필요한 계산을 생략할 수 있으므로 항상 지문부터 확인하
는 습관을 들이기를 바란다.

04 **도표작성능력에서 지문에 작성된 도표의 제목을 반드시 확인하라!**

도표작성은 하나의 자료 혹은 보고서와 같은 수치가 표현된 자료를 도표로 작성하는 형식으로 출제되는
데, 대체로 표보다는 그래프를 작성하는 형태로 많이 출제된다. 지문을 살펴보면 각 지문에서 주어진
도표에도 소제목이 있는 경우가 대부분이다. 이때, 자료의 수치와 도표의 제목이 일치하지 않는 경우
함정이 존재하는 문제의 비중이 높으므로 도표의 제목을 반드시 확인하는 것이 중요하다. 도표작성의
경우 대부분 비율 계산이 많이 출제되는데, 도표의 제목과는 다른 수치로 작성된 도표가 존재하는 경우
가 있다. 그렇기 때문에 지문에서 작성된 도표의 소제목을 먼저 확인하는 연습을 하여 간단하지 않은
비율 계산을 두 번 하는 일이 없도록 해야 한다.

┌연속출제┐

일정한 규칙으로 숫자와 문자를 나열할 때, 빈칸에 들어갈 숫자 또는 문자로 옳은 것은?

	1		3		8		21	
a	2	c	5	h	13	( )	34
						↑		
						u		

① k　　　　　　　　　　　② n

③ q　　　　　　　　　　　✔ u

⑤ r

풀이순서

1) 질문의도
   : 규칙찾기

2) 규칙찾기
   (i) 알파벳
         → 숫자변환
   (ii) 피보나치 수열

3) 정답도출
   21 → u

📋 **유형 분석**　• 나열된 숫자의 규칙을 찾아 정답을 고르는 수열 문제이다.
　　　　　　　　• 기존 적성검사의 수 추리 문제와 유사한 유형이다.
　　　　　　　　• 등차·등비수열 등 다양한 수열 규칙을 미리 알아두면 쉽게 풀어 나갈 수 있다.
　　　　　　　　응용문제 : 나열된 숫자들의 관계가 사칙연산으로 이루어진 형식의 문제가 출제된다.

📋 **풀이 전략**　수열 규칙을 바탕으로 나열된 숫자들의 관계를 찾아내어 정답을 고른다. 사전에 수열 규칙에 대해 학습하도록 한다.

기출유형 2

┌연속출제┐

금연프로그램을 신청한 흡연자 A씨는 K공단에서 진료 및 상담비용과 금연보조제 비용의 일정 부분을 지원받고 있다. A씨는 <u>의사와 상담을 6회</u> 받았고, <u>금연보조제로 니코틴 패치 3묶음을 구입</u>했다고 할 때, 다음 지원 현황에 따라 흡연자 A씨가 <u>지불하는 부담금</u>은 얼마인가?

풀이순서

〈금연프로그램 지원 현황〉

구분	진료 및 상담	금연보조제(니코틴패치)
가격	30,000원/회	12,000원/묶음
지원금 비율	90%	75%

※ 진료 및 상담료 지원금은 6회까지 지원한다.

1) 질문의도
   : 지불하려는 부담금

2) 조건확인
   ⓐ 일정 부분 지원
   ⓑ 상담 6회
   ⓒ 금연보조제 3묶음

① 21,000원　　　　　　　② 23,000원
③ 25,000원　　　　　　　✓ 27,000원

3) 정답도출

$$(30,000 \times 0.1 \times 6) + (12,000 \times 0.25 \times 3) = 27,000원$$

📋✓ **유형 분석**　　· 문제에서 제공하는 정보를 파악한 뒤 사칙연산을 활용하여 계산하는 전형적인 수리문제이다.
　　　　　　　　　· 다양한 직무상황과 연관을 지어 복잡하게 문제를 출제하지만 실제로 정답을 도출하는 과정은 단순하다.
　　　　　　　　　· 문제를 풀기 위한 정보가 산재되어 있는 경우가 많으므로 꼼꼼히 읽어야 한다.
　　　　　　　　　응용문제 : 최소공배수 등 수학 이론을 활용하여 계산하는 문제도 출제된다.

📋✓ **풀이 전략**　　문제에서 묻는 것을 정확하게 확인한 후, 필요한 조건 또는 정보를 구분하여 신속하게 풀어 간다. 단, 계산에 착오가 생기지 않도록 유의하여야 한다.

기출유형 3

| 기초연산 ② |

┌연속출제┐

K건설회사 G시 신도시 아파트 분양을 위하여 다음 주에 모델하우스를 오픈한다. 아파트 입주자 모집을 성황리에 마무리 짓기 위해 방문하시는 고객에게 소정의 사은품을 나눠줄 예정이다. K건설회사에 근무 중인 A사원은 오픈행사 시 고객 1인당 1개의 쇼핑백을 나눠 줄 수 있도록 준비 중인데, 각 쇼핑백에 각티슈 1개, 위생장갑 1pack, 롤팩 3개, 물티슈 2개, 머그컵 1개가 들어가야 한다. 각 물품 수량을 다음과 같이 보유하고 있다면 최대 몇 명에게 사은품을 줄 수 있는가?(단, 사은품 구성 물품과 수량은 1개라도 부족해서는 안 된다)

ⓐ
ⓑ
ⓒ

각티슈 200개, 위생장갑 250pack, 롤백 600개, 물티슈 400개, 머그컵 150개

$$\frac{}{1}=200 \qquad \frac{}{1}=250 \qquad \frac{}{3}=200 \qquad \frac{}{2}=200 \qquad \frac{}{1}=150$$

(K건설회사 로고가 찍힌 쇼핑백은 사은품 구성 Set만큼 주문할 예정임)

✓ 150명   ② 200명
③ 250명   ④ 300명
⑤ 350명

풀이순서

2) 조건확인
  : ⓐ~ⓒ

1) 질문의도
  : 최대 증정 인원 수

3) 계산

4) 정답도출
  : 최대 150명

📋 **유형 분석**
- 문제에서 제공하는 정보를 파악한 뒤 사칙연산을 활용하여 계산하는 전형적인 수리문제이다.
- 다양한 직무상황과 연관을 지어 복잡하게 문제를 출제하지만 실제로 정답을 도출하는 과정은 단순하다.
- 문제를 풀기 위한 정보가 산재되어 있는 경우가 많으므로 꼼꼼히 읽어야 한다.

  응용문제 : 표, 그림 및 도표 등이 제시되고 문제에서 요구하는 정보를 찾아야 하는 문제가 출제된다. 이러한 문제의 경우에는 계산이 복잡하거나 단위가 커서 실수하기 쉽다.

📋 **풀이 전략**
  문제에서 묻는 것을 정확하게 확인한 후, 필요한 조건 또는 정보를 구분하여 신속하게 풀어 간다. 단, 계산에 착오가 생기지 않도록 유의하여야 한다.

CHAPTER 02 기출유형 4

| 기초통계 |

┌연속출제┐

다음은 의약품 종류별 상자 수에 따른 가격표이다. 종류별 상자 수를 가중치로 적용하여 가격에 대한 가중평균을 구하면 66만 원이다. 이때, 빈칸에 들어갈 가격으로 적절한 것은?

ⓐ

ⓑ

풀이순서

1) 질문의도
  : 빈칸 구하기

2) 규칙찾기
  ⓐ 가중치 적용
  ⓑ 가중평균

3) 정답도출

〈의약품 종류별 가격 및 상자 수〉

(단위 : 만 원, 개)

구분	A	B	C	D
원값 ← 가격	( )	70	60	65
가중치 ← 상자 수	30	20	30	20

① 60만 원

② 65만 원

❸ 70만 원

④ 75만 원

⑤ 80만 원

$$\frac{(a \times 30) + (70 \times 20) + (60 \times 30) + (65 \times 20)}{30 + 20 + 30 + 30} = 66 \rightarrow \frac{30a + 4,500}{100} = 66$$

$$\rightarrow 30a = 6,600 - 4,500 \rightarrow a = \frac{2,100}{30} \rightarrow a = 70$$

📋 **유형 분석**
- 통계와 관련한 이론을 활용하여 계산하는 문제이다.
- 기초연산능력과 마찬가지로 중·고등 수준의 통계 이론을 알아두어야 한다.
- 주로 상대도수, 평균, 표준편차, 최댓값, 최솟값, 가중치 등이 활용된다.

📋 **풀이 전략** 우선 질문을 꼼꼼히 읽고 정답을 이끌어내기 위한 통계 이론을 적절하게 활용하여 정확히 계산한다.

안심Touch

기출유형 5

| 도표분석 |

┌연속출제┐

다음은 2019년도 국가별 국방예산 그래프이다. 그래프를 이해한 내용으로 옳지 않은 것은?
(단, 비중은 소수점 이하 둘째 자리에서 반올림한다)

풀이순서

1) 질문의도
   : 도표분석

〈국가별 국방예산〉

(단위 : 억 원)

❶ 692
❷ 637
487
461
411
368 ❶·❺
❸ 559
❷ 557
❹

러시아 / 사우디아라비아 / 영국 / 일본 / 독일 / 한국 / 인도 / 프랑스

3) 도표분석
   : 국가별 국방예산

① 국방예산이 가장 많은 국가와 가장 적은 국가의 예산 차이는 324억 원이다.
② 사우디아라비아 국방예산은 프랑스 예산보다 14% 이상 많다.
③ 인도보다 국방예산이 적은 국가는 5개 국가이다.
☑ 영국과 일본의 국방예산 차액은 독일과 일본의 국방예산 차액의 55% 이상이다.
⑤ 8개 국가 국방예산 총액에서 한국이 차지하는 비중은 약 8.8%이다.

2) 선택지 키워드 찾기

4) 정답도출

📋 **유형 분석**
- 문제에서 주어진 도표를 분석하여 각 선택지의 정답 유무를 판단하는 문제이다.
- 주로 그래프와 표로 많이 제시되며, 경영·경제·산업과 관련된 최신 이슈를 많이 다룬다.
- 정답을 도출하는 데 상당한 시간이 걸리며, 증감률·비율·추세 등을 자주 묻는다.
- 응용문제 : 도표(그래프, 표)와 함께 신문기사 혹은 보도자료 등을 함께 제공하여 복합적으로 판단하는 형식의 문제도 출제된다. 때로는 선택지에 경제·경영학 이론을 묻는 경우도 있다.

📋 **풀이 전략**
선택지를 먼저 읽고 필요한 정보를 도표(그래프, 표)에서 찾아 정답 유무를 판단한다.

CHAPTER 02 기출유형 6

| 도표작성 |

※ 다음 글을 읽고 이어지는 질문에 답하시오.

(가) 지난해 콜탄 1, 2위 생산국은 민주콩고와 르완다로, 두 나라가 전 세계 콜탄 생산량의 66%를 차지하고 있다. 미국 지질조사국에 의하면 콜탄은 미국에서만 1년 새 소비량이 27% 늘었고, 2017년 9월 1kg의 가격은 224달러로 2015년의 193달러에서 16%가 올랐다. 스마트폰이 나오기 직전인 2006년 1kg당 70달러였던 가격에 비하면 300% 이상 오른 것이다. ⓐ · ⓑ

(나) 이 콜탄이 민주콩고의 내전 장기화에 한몫했다는 주장이 곳곳에서 나오고 있다. 휴대폰 이용자들이 기기를 바꿀 때마다 콩고 주민 수십 명이 죽는다는 말도 있다. '피 서린 휴대폰(Bloody Mobile)'이란 표현이 나올 정도다. 1996년 시작된 콩고 내전은 2003년 공식 종료되면서 500만 명을 희생시켰으나, 이후로도 크고 작은 분쟁이 그치질 않고 있다.

풀이순서

3) 정답도출
(가) 문단
• 스마트폰 사용 현황
• 콜탄의 가격 상승

글의 내용을 효과적으로 전달하기 위해 다음과 같은 자료를 만들었다고 할 때, (가) ~ (나) 문단 중 다음 자료에 해당하는 문단은?

1) 질문의도
: 자료의 시각화

2) 도표제목 확인
ⓐ 스마트폰 교체 주기
ⓑ 콜탄 값 얼마나 올랐나

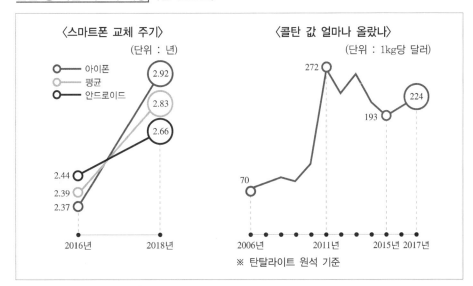

〈스마트폰 교체 주기〉
(단위 : 년)
아이폰 / 평균 / 안드로이드
2.92 / 2.83 / 2.66
2.44 / 2.39 / 2.37
2016년 ~ 2018년

〈콜탄 값 얼마나 올랐나〉
(단위 : 1kg당 달러)
272 / 193 / 224 / 70
2006년 / 2011년 / 2015년 2017년
※ 탄탈라이트 원석 기준

📋 **유형 분석**
• 문제에서 주어진 자료를 읽고 도표를 작성하는 문제이다.
• 주어진 자료에 있는 수치와 그래프 또는 표에 있는 수치가 서로 일치하는지 여부를 판단하는 것이다.
• 문제에서 주어지는 자료는 보고서나 신문기사 등의 일부 내용을 제시하거나 표를 제시하고 있다.

📋 **풀이 전략**
각 선택지에 있는 도표의 제목을 먼저 확인한다. 제목에서 어떠한 정보가 필요한지 확인한 후에 문제에서 주어진 자료를 읽으면서 일치 여부를 판단한다.

안심Touch

01 S사 실험실에서 A세포를 배양하는 실험을 하고 있다. 다음과 같이 일정한 규칙으로 배양에 성공한다면 9시간 경과했을 때 세포 수는 몇 개가 되겠는가?

구분	0시간 경과	1시간 경과	2시간 경과	3시간 경과	4시간 경과
세포 수	220	221	223	227	235

① 727개   ② 728개
③ 729개   ④ 730개
⑤ 731개

※ 다음은 일정한 규칙으로 배열한 수열이다. 빈칸에 들어갈 수로 옳은 것을 고르시오. **[2~6]**

02
| 1   2   2   6   4   18   (   ) |

① 8   ② 9
③ 10   ④ 12
⑤ 14

03
| 6   6   4   8   3   5   7   1   9   4   3   (   ) |

① 10   ② 11
③ 12   ④ 13
⑤ 14

04

$$\frac{36}{2} \quad \frac{37}{4} \quad \frac{38}{8} \quad \frac{39}{16} \quad (\quad) \quad \frac{41}{64}$$

① $\dfrac{40}{32}$ ② $\dfrac{40}{36}$

③ $\dfrac{40}{48}$ ④ $\dfrac{40}{50}$

⑤ $\dfrac{40}{52}$

05

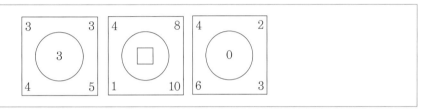

① 2   ② 12

③ 22   ④ 32

⑤ 36

06

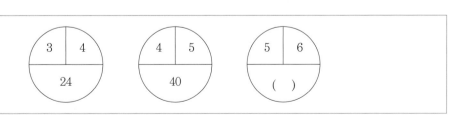

① 30   ② 55

③ 60   ④ 90

⑤ 98

안심Touch

07 다음 숫자배열에서 빈칸에 들어갈 숫자는?

6		7		8		6		9		5		7		8
	3				4				6				( )	
3		5		2		4		4		6		6		4

① 2   ② 4

③ 6   ④ 7

⑤ 8

08 KTX와 새마을호가 서로 마주 보며 오고 있다. 속도는 7 : 5의 비로 운행하고 있으며, 현재 두 열차 사이의 거리는 6km이다. 두 열차가 서로 만났을 때 새마을호가 이동한 거리는?

① 2km   ② 2.5km

③ 3km   ④ 3.5km

⑤ 4km

09 a%의 소금물 300g과 24%의 소금물 bg을 섞었을 때 이 소금물의 농도는?

① $\dfrac{24+300}{a+b} \times 100$ ② $\dfrac{300+24b}{300+b} \times 100$

③ $\dfrac{3a+\dfrac{24}{100}b}{300+b} \times 100$ ④ $\dfrac{300+b}{3a+\dfrac{24}{100b}} \times 100$

⑤ $\dfrac{300a+b}{a+b} \times 100$

10 미국산 자동차의 평균 연비가 휘발유 1갤런당 20마일이고 한국산 자동차의 평균 연비가 이보다 20% 높다고 하면, 한국산 자동차의 평균 연비는?(단, 1마일은 1.6km이고, 1갤런은 4L이다)

① 9.6km/L   ② 10km/L

③ 10.5km/L   ④ 15km/L

⑤ 18km/L

11 K전자의 작년 신입사원 모집 지원자 수는 1,000명이었다. 올해는 작년보다 남성의 지원율이 2% 증가하고 여성의 지원율은 3% 증가하여 전체 지원자 수는 24명이 증가하였다면 올해의 남성 지원자 수는?

① 600명   ② 610명

③ 612명   ④ 508명

⑤ 512명

12 빨간 공 4개, 하얀 공 6개가 들어 있는 주머니에서 한 번에 2개를 꺼낼 때, 적어도 1개는 하얀 공을 꺼낼 확률은?

① $\dfrac{9}{15}$ ② $\dfrac{1}{4}$

③ $\dfrac{5}{12}$ ④ $\dfrac{13}{15}$

⑤ $\dfrac{14}{15}$

13 A지역 유권자의 $\dfrac{3}{5}$ 과 B지역 유권자의 $\dfrac{1}{2}$ 이 헌법 개정에 찬성하였다. A지역 유권자가 B지역 유권자의 4배일 때, A와 B 두 지역 유권자의 몇 %가 헌법 개정에 찬성하였는가?

① 54%   ② 56%

③ 58%   ④ 60%

⑤ 64%

14 A, B가 서로 20km 떨어져 있고, A와 B 사이에 A로부터 7.6km 떨어진 곳에는 400m 길이의 다리가 있다. A가 먼저 6km/h로 출발하고, 반대쪽에서 B가 x분 후에 12km/h로 출발하여 A와 B가 다리 위에서 만났다고 할 때, x의 최댓값과 최솟값의 차를 구하면?(단, 다리와 일반 도로 사이의 경계는 다리에 포함한다)

① 7   ② 6

③ 5   ④ 4

⑤ 3

15 어느 학교의 모든 학생이 n대의 버스에 나누어 타면 한 대에 45명씩 타야 하고, $(n+2)$대의 버스에 나누어 타면 한 대에 40명씩 타야 한다면 이 학교의 학생은 모두 몇 명인가?(단, 빈자리가 있는 버스는 없다)

① 600명 ② 640명
③ 680명 ④ 720명
⑤ 760명

16 약사인 L씨는 개인약국을 개업하기 위해 부동산을 통하여 시세를 알아보았다. 리모델링이 필요할 경우 100평당 5백만 원의 추가 비용이 들며, 개업 후 한 달 동안 입점해있는 병원 1곳당 초기 입점 비용의 3%의 이윤이 기대된다. A~E 다섯 상가의 입점조건이 다음과 같을 때, 어느 곳에 입점하는 것이 가장 이득이겠는가?(단, 최종 비용은 초기 입점 비용과 한 달 간의 이윤을 고려하여 결정한다)

구분	매매가	중개 수수료율	평수	리모델링 필요 여부	병원 입점 수
A상가	9억 2천만 원	0.6%	200평	×	2곳
B상가	8억 8천만 원	0.7%	200평	○	3곳
C상가	9억 원	0.5%	180평	×	1곳
D상가	9억 5천만 원	0.6%	210평	×	1곳
E상가	8억 7천만 원	0.7%	150평	○	2곳

※ 초기 입점 비용 : (매매가)+(중개 수수료)+(리모델링 비용)

① A상가 ② B상가
③ C상가 ④ D상가
⑤ E상가

17 정부에서는 지나친 음주와 흡연으로 인한 사회문제의 발생을 막기 위해 술과 담배에 세금을 부과하려고 한다. 이때 부과할 수 있는 세금에는 종가세와 정액세가 있다. 술과 담배를 즐기는 A씨의 소비량과 술, 담배 예상 세금 부과량이 아래와 같을 때, 조세 수입 극대화를 위해서 각각 어떤 세금을 부과해야 하며, 이때 조세수입은 얼마인가?

〈술, 담배 가격 및 소비량〉

구분	가격	현재 소비량	세금 부과 후 예상 소비량
술	2,000원	50병	20병
담배	4,500원	100갑	100갑

〈술, 담배 예상 세금 부과량〉

구분	종가세 하의 예상 세율	정액세 하의 예상 개당 세액
술	20%	300원
담배		800원

※ 종가세 : 가격의 일정 비율을 세금으로 부과하는 제도
※ 정액세 : 가격과 상관없이 판매될 때마다 일정한 액수의 세금을 부과하는 제도

	술	담배	조세 총수입		술	담배	조세 총수입
①	정액세	종가세	99,000원	②	정액세	종가세	96,000원
③	정액세	정액세	86,000원	④	종가세	정액세	88,000원
⑤	종가세	종가세	98,000원				

18 다음은 민간분야 사이버 침해사고 발생현황에 관한 자료이다. 기타 해킹이 가장 많았던 연도의 전체 사이버 침해사고 건수의 전년 대비 증감률은 얼마인가?(단, 소수점 이하 첫째 자리에서 반올림한다)

〈민간분야 사이버 침해사고 발생현황〉

(단위 : 건)

구분	2017년	2018년	2019년	2020년
홈페이지 변조	6,490	10,148	5,216	3,727
스팸릴레이	1,163	988	731	365
기타 해킹	3,175	2,743	4,126	2,961
단순침입시도	2,908	3,031	3,019	2,783
피싱 경유지	2,204	4,320	3,043	1,854
전체	15,940	21,230	16,135	11,690

① - 26%

② - 25%

③ - 24%

④ - 23%

⑤ - 22%

19 다음은 K자동차 회사의 고객만족도 조사결과이다. 출고시기에 관계없이 전체 조사대상자 중에서 260명이 연비를 장점으로 선택했다면, 설문에 응한 총 고객 수는?

〈고객만족도 조사결과〉

(단위 : %)

구분	1 ~ 12개월(출고시기별)	13 ~ 24개월(출고시기별)	고객 평균
안전성	41	48	45
A/S의 신속성	19	17	18
정숙성	2	1	1
연비	15	11	13
색상	11	10	10
주행 편의성	11	9	10
차량 옵션	1	4	3
합계	100	100	100

① 2,000명   ② 2,500명
③ 3,000명   ④ 3,500명
⑤ 4,000명

20 다음은 화재 관련 자료이다. 자료에 대한 설명으로 옳지 않은 것은?

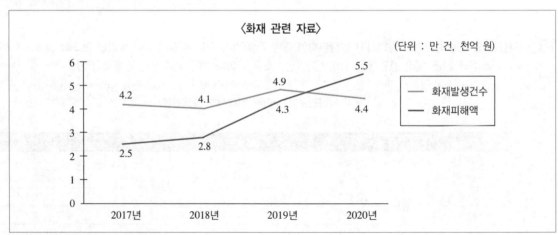

① 화재발생건수와 화재피해액은 비례한다.
② 화재피해액은 매년 증가한다.
③ 화재발생건수가 가장 높은 해는 2019년이다.
④ 화재피해액은 2019년에 처음으로 4천억 원을 넘어섰다.
⑤ 화재발생건수가 높다고 화재피해액도 높은 것은 아니다.

21 다음은 수면제 A ~ D를 사용한 불면증 환자 갑 ~ 무의 숙면시간을 측정한 결과이다. 자료에 대한 〈보기〉의 설명 중 옳은 것만을 모두 고르면?

〈수면제별 숙면시간〉

(단위 : 시간)

수면제 \ 환자	갑	을	병	정	무	평균
A	5.0	4.0	6.0	5.0	5.0	5.0
B	4.0	4.0	5.0	5.0	6.0	4.8
C	6.0	5.0	4.0	7.0	( )	5.6
D	6.0	4.0	5.0	5.0	6.0	( )

보기

ㄱ. 평균 숙면시간이 긴 수면제부터 순서대로 나열하면 C − D − A − B 순서이다.
ㄴ. 을 환자와 무 환자의 숙면시간 차이는 C수면제가 B수면제보다 크다.
ㄷ. B수면제와 D수면제의 숙면시간 차이가 가장 큰 환자는 갑이다.
ㄹ. C수면제의 평균 숙면시간보다 C수면제의 숙면시간이 긴 환자는 2명이다.

① ㄱ, ㄴ
② ㄱ, ㄷ
③ ㄴ, ㄹ
④ ㄱ, ㄴ, ㄷ
⑤ ㄱ, ㄴ, ㄹ

22 국토교통부는 자동차의 공회전 발생률과 공회전 시 연료소모량이 적은 차량 운전자에게 현금처럼 쓸 수 있는 탄소포인트를 제공하는 정책을 구상하고 있다. 국토교통부는 동일 차량 운전자 A∼E를 대상으로 이 정책을 시범 시행하였다. 자료를 근거로 할 때, 공회전 발생률과 공회전 시 연료소모량에 따라 A∼E운전자가 받을 수 있는 탄소포인트의 총합이 큰 순서대로 나열된 것은?(단, 주어진 자료 이외의 다른 조건은 고려하지 않는다)

〈차량 시범 시행 결과〉

구분	A	B	C	D	E
주행시간(분)	200	30	50	25	50
총공회전시간(분)	20	15	10	5	25

〈공회전 발생률에 대한 탄소포인트〉

구분	19% 이하	20 ∼ 39%	40 ∼ 59%	60 ∼ 79%	80% 이상
탄소포인트(P)	100	80	50	20	10

〈공회전 시 연료소모량에 대한 구간별 탄소포인트〉

구분	99cc 이하	100 ∼ 199cc	200 ∼ 299cc	300 ∼ 399cc	400cc 이상
탄소포인트(P)	100	75	50	25	0

※ 공회전 발생률(%) = $\dfrac{(총공회전시간)}{(주행시간)} \times 100$

※ 공회전 시 연료소모량(cc) = (총공회전시간)×20

① D > C > A > B > E
② D > C > A > E > B
③ D > A > C > B > E
④ A > D > B > E > C
⑤ A > B > E > C > D

23 K공단에서는 사업주의 직업능력개발훈련 시행을 촉진하기 위해 훈련방법과 기업규모에 따라 지원금을 차등 지급하고 있다. 다음 자료를 토대로 원격훈련으로 직업능력개발훈련을 시행하는 X ~ Z 세 기업과 각 기업의 원격훈련 지원금을 올바르게 짝지은 것은?

〈기업규모별 지원 비율〉

기업	훈련	지원 비율
우선지원대상 기업	향상·양성훈련 등	100%
대규모 기업	향상·양성훈련	60%
	비정규직대상훈련 / 전직훈련	70%
상시근로자 1,000인 이상 대규모 기업	향상·양성훈련	50%
	비정규직대상훈련 / 전직훈련	70%

〈원격훈련 종류별 지원금〉

심사등급 \ 훈련종류	인터넷	스마트	우편
A등급	5,600원	11,000원	3,600원
B등급	3,800원	7,400원	2,800원
C등급	2,700원	5,400원	1,980원

※ 인터넷·스마트 원격훈련 : 정보통신매체를 활용하여 훈련이 시행되고 훈련생 관리 등이 웹상으로 이루어지는 훈련
※ 우편 원격훈련 : 인쇄매체로 된 훈련교재를 이용하여 훈련이 시행되고 훈련생 관리 등이 웹상으로 이루어지는 훈련
※ (원격훈련 지원금)＝(원격훈련 종류별 지원금)×(훈련시간)×(훈련수료인원)×(기업규모별 지원 비율)

〈세 기업의 원격훈련 시행 내역〉

구분	기업규모	종류	내용	시간	등급	수료인원
X기업	우선지원대상 기업	스마트	향상·양성훈련	6시간	C등급	7명
Y기업	대규모 기업	인터넷	비정규직 대상훈련 / 전직훈련	3시간	B등급	4명
Z기업	상시근로자 1,000인 이상 대규모 기업	스마트	향상·양성훈련	4시간	A등급	6명

① X기업 – 201,220원
② X기업 – 226,800원
③ Y기업 – 34,780원
④ Y기업 – 35,120원
⑤ Z기업 – 98,000원

24 다음은 2016년 ~ 2020년 반려 동물 신규 등록 현황과 유실 및 유기 동물 보호 형태 현황에 대한 자료이다. 〈보기〉에서 자료에 대한 설명으로 옳지 않은 것을 모두 고르면?

〈2016년 ~ 2020년 유실 및 유기 동물 보호 형태 현황〉

처리 방법	2016년	2017년	2018년	2019년	2020년
인도	14.6%	15.2%	14.5%	13.0%	12.1%
분양	32.0%	30.4%	30.1%	27.6%	26.4%
기증	1.2%	1.6%	1.9%	1.8%	1.4%
자연사	22.7%	25.0%	27.1%	23.9%	24.8%
안락사	20.0%	19.9%	20.2%	20.2%	21.8%
기타	1.3%	1.7%	1.5%	1.8%	1.7%
보호 중	8.2%	6.2%	4.7%	11.7%	11.8%

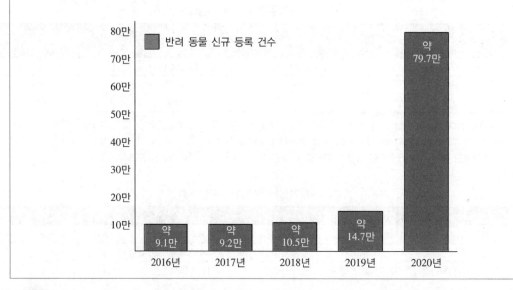

보기

㉠ 2016년 대비 2018년 반려 동물 신규 등록 건수의 증가율은 10%를 초과한다.

㉡ 유실 및 유기 동물 중 분양된 동물의 수는 2016년부터 2020년까지 매년 감소하였다.

㉢ 조사 기간 중 반려 동물 신규 등록 수의 전년 대비 증가율이 두 번째로 높은 연도는 2019년이다.

㉣ 2018년과 2019년의 유실 및 유기 동물 중 보호 중인 동물의 수와 인도된 동물의 수의 합은 같은 해 분양된 동물의 수보다 많다.

① ㉠, ㉡
② ㉠, ㉢
③ ㉡, ㉢
④ ㉡, ㉣
⑤ ㉢, ㉣

25 K공사의 운영본부에서 근무 중인 귀하는 국토교통부에서 제공한 국제 여객·화물 수송량 및 분담률 통계자료를 확인하였으며, 여객서비스 및 화물운영에 필요한 자료를 추려 각 부서에 전달하고자 한다. 다음의 자료를 토대로 귀하가 올바르게 이해하지 못한 것은?

<국제 여객·화물 수송량 및 분담률>

[단위 : 여객(천 명), 화물(천 톤), 분담률(%)]

구분			2016년	2017년	2018년	2019년	2020년
여객	해운	수송량	2,534	2,089	2,761	2,660	2,881
		분담률	6.7	5.9	6.4	5.9	5.7
	항공	수송량	35,341	33,514	40,061	42,649	47,703
		분담률	93.3	94.1	93.6	94.1	94.3
화물	해운	수송량	894,693	848,299	966,193	1,069,556	1,108,538
		분담률	99.7	99.7	99.7	99.7	99.7
	항공	수송량	2,997	2,872	3,327	3,238	3,209
		분담률	0.3	0.3	0.3	0.3	0.3

※ 수송분담률 : 여객 및 화물의 총수송량에서 분야별 수송량이 차지하는 비율

① 2016년부터 2020년까지 항공 여객 수송량 평균은 약 39,853천 명이다.
② 여객 수송은 해운보다 항공이 차지하는 비중이 절대적인 반면, 화물 수송은 그 반대이다.
③ 여객 총수송량과 화물 총수송량은 2017년부터 꾸준히 증가하고 있다.
④ 2020년 해운 여객 수송량은 2017년 대비 37% 이상 증가하였다.
⑤ 2020년 항공 화물 수송량은 2018년 대비 4% 이상 감소하였다.

26 다음은 콘크리트 유형별 기준강도 및 시험체 강도판정결과에 관한 자료이다. 자료에 근거하여 (가) ~ (다)에 해당하는 강도판정결과를 올바르게 나열한 것은?

〈콘크리트 유형별 기준강도 및 시험체 강도판정결과〉

(단위 : MPa)

구분 콘크리트 유형	기준강도	시험체 강도				강도 판정결과
		시험체 1	시험체 2	시험체 3	평균	
A	24	22.8	29.0	20.8	( )	(가)
B	27	26.1	25.0	28.1	( )	불합격
C	35	36.9	36.8	31.6	( )	(나)
D	40	36.4	36.3	47.6	40.1	합격
E	45	40.3	49.4	46.8	( )	(다)

※ 강도판정결과는 '합격'과 '불합격'으로 구분됨

〈판정기준〉

아래 조건을 모두 만족하는 경우에만 강도판정결과가 '합격'이다.
– 시험체 강도의 평균은 기준강도 이상이어야 한다.
– 기준강도가 35MPa 초과인 경우에는 각 시험체 강도가 모두 기준강도의 90% 이상이어야 한다.
– 기준강도가 35MPa 이하인 경우에는 각 시험체 강도가 모두 기준강도에서 3.5MPa을 뺀 값 이상이어야 한다.

	(가)	(나)	(다)		(가)	(나)	(다)
①	합격	합격	합격	②	합격	합격	불합격
③	합격	불합격	불합격	④	불합격	합격	합격
⑤	불합격	불합격	합격				

27 다음은 2020년 G시 5개 구 주민의 돼지고기 소비량에 관한 자료이다. 〈조건〉을 이용하여 변동계수가 3번째로 큰 구를 올바르게 구한 것은?

〈G시 5개 구 주민의 돼지고기 소비량 통계〉

(단위 : kg)

구분	평균(1인당 소비량)	표준편차
A구	( )	5.0
B구	( )	4.0
C구	30.0	6.0
D구	12.0	4.0
E구	( )	8.0

※ (변동계수)$=\dfrac{(표준편차)}{(평균)}\times100$

조건
- A구의 1인당 소비량과 B구의 1인당 소비량을 합하면 C구의 1인당 소비량과 같다.
- A구의 1인당 소비량과 D구의 1인당 소비량을 합하면 E구 1인당 소비량의 2배와 같다.
- E구의 1인당 소비량은 B구의 1인당 소비량보다 6.0kg 더 많다.

① A구
③ C구
⑤ E구

② B구
④ D구

28 다음은 어린이 및 청소년의 연령별 표준 키와 체중을 조사한 자료이다. 이를 올바르게 나타낸 그래프는?

〈어린이 및 청소년 표준 키와 체중〉

(단위 : cm, kg)

나이	남자		여자		나이	남자		여자	
	키	체중	키	체중		키	체중	키	체중
1세	76.5	9.77	75.6	9.28	10세	137.8	34.47	137.7	33.59
2세	87.7	12.94	87.0	12.50	11세	143.5	38.62	144.2	37.79
3세	95.7	15.08	94.0	14.16	12세	149.3	42.84	150.9	43.14
4세	103.5	16.99	102.1	16.43	13세	155.3	44.20	155.0	47.00
5세	109.5	18.98	108.6	18.43	14세	162.7	53.87	157.8	50.66
6세	115.8	21.41	114.7	20.68	15세	167.8	58.49	159.0	52.53
7세	122.4	24.72	121.1	23.55	16세	171.1	61.19	160.0	54.53
8세	127.5	27.63	126.0	26.16	17세	172.2	63.20	160.4	54.64
9세	132.9	30.98	132.2	29.97	18세	172.5	63.77	160.5	54.65

① 10세 이전 남녀의 키

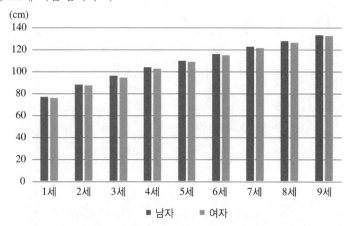

② 10대 남녀의 표준 체중

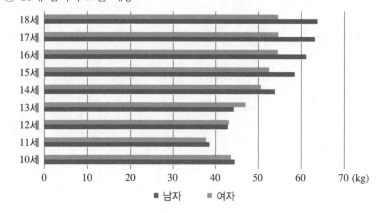

③ 남자의 10세 이전 표준 키 및 체중

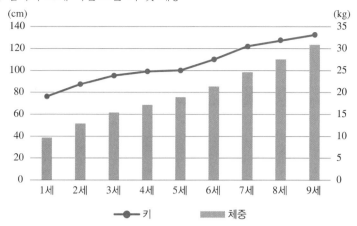

④ 10대 여자의 표준 키 및 체중

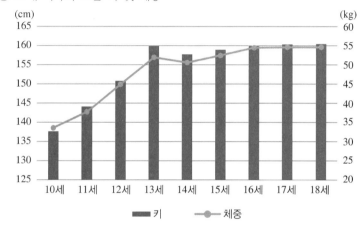

⑤ 바로 전 연령 대비 남녀 표준 키 차이

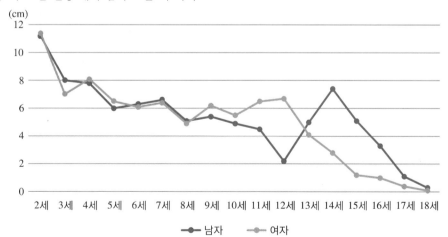

29 다음은 블로그 이용자와 트위터 이용자를 대상으로 설문조사한 결과자료이다. 〈보기〉에서 이를 정리한 그래프 중 옳은 것을 모두 고르면?

〈블로그 이용자와 트위터 이용자 대상 설문조사 결과〉

(단위 : %)

구분		블로그 이용자	트위터 이용자
성별	남자	53.4	53.2
	여자	46.6	46.8
연령	15 ~ 19세	11.6	13.1
	20 ~ 29세	23.3	47.9
	30 ~ 39세	27.4	29.5
	40 ~ 49세	25.0	8.4
	50 ~ 59세	12.7	1.1
교육수준	중졸 이하	2.0	1.6
	고졸	23.4	14.7
	대졸	66.1	74.4
	대학원 이상	8.5	9.3
소득수준	상	5.5	3.6
	중	74.2	75.0
	하	20.3	21.4

※ 15세 이상 60세 미만의 1,000명의 블로그 이용자와 2,000명의 트위터 이용자를 대상으로 하여 동일 시점에 각각 독립적으로 조사하였으며, 무응답과 응답자의 중복은 없다.

보기

ㄱ. 트위터와 블로그의 성별 이용자 수

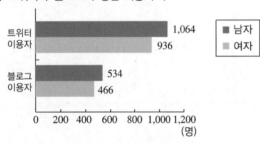

ㄴ. 교육수준별 트위터 이용자 대비 블로그 이용자

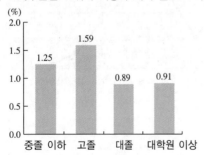

ㄷ. 블로그 이용자와 트위터 이용자의 소득수준별 구성비

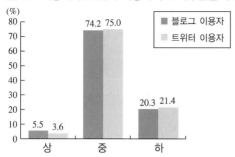

ㄹ. 연령별 블로그 이용자의 구성비

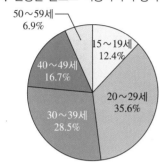

① ㄱ, ㄴ
② ㄱ, ㄷ
③ ㄴ, ㄷ
④ ㄴ, ㄹ
⑤ ㄷ, ㄹ

30 다음은 Z회사가 회의실 이용 혼선을 줄이기 위해 부서별 회의실 이용 현황을 조사한 자료이다. 〈조건〉을 고려해 각 회의실을 지정한다고 할 때, 〈보기〉에서 적절하게 연결한 것을 모두 고르면?

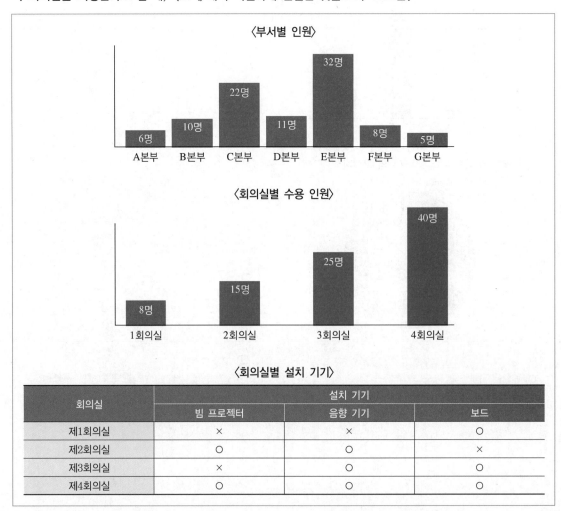

〈부서별 인원〉

A본부	B본부	C본부	D본부	E본부	F본부	G본부
6명	10명	22명	11명	32명	8명	5명

〈회의실별 수용 인원〉

1회의실	2회의실	3회의실	4회의실
8명	15명	25명	40명

〈회의실별 설치 기기〉

회의실	설치 기기		
	빔 프로젝터	음향 기기	보드
제1회의실	×	×	○
제2회의실	○	○	×
제3회의실	×	○	○
제4회의실	○	○	○

- A본부는 빔 프로젝터, F본부는 빔 프로젝터와 음향 기기, G본부는 음향 기기와 보드 등이 필요하다.
- B본부와 C본부는 회의를 같이 한다.
- D본부는 다른 부서와의 회의를 위해 기존 인원의 50% 이상 잔여석이 필요하다.
- D본부를 제외한 모든 부서가 회의실을 신청할 때, 전체 인원의 20% 이상 잔여석이 있는 회의실을 지정해준다.

보기

ⓐ 제1회의실 – A본부
ⓑ 제2회의실 – A본부, B본부, F본부
ⓒ 제3회의실 – D본부, G본부
ⓓ 제4회의실 – A본부, B본부·C본부, D본부, E본부, F본부, G본부

① ㉠, ㉡   ② ㉠, ㉢
③ ㉡, ㉢   ④ ㉡, ㉣
⑤ ㉢, ㉣

CHAPTER 03
문제해결능력

합격 Cheat Key

문제해결능력은 업무를 수행하면서 여러 가지 문제 상황이 발생하였을 때, 창의적이고 논리적인 사고를 통하여 이를 올바르게 인식하고 적절히 해결하는 능력을 말한다. 하위능력으로는 사고력과 문제처리능력이 있다.

문제해결능력은 NCS 기반 채용을 진행하는 대다수의 공사·공단에서 채택하고 있으며, 문항 수는 평균 24% 정도로 상당히 많이 출제되고 있다. 하지만 많은 수험생들은 더 많이 출제되는 다른 영역에 몰입하고 문제해결능력은 집중하지 않는 실수를 하고 있다. 다른 영역보다 더 많은 노력이 필요할 수는 있지만 그렇기에 차별화를 할 수 있는 득점 영역이므로 포기하지 말고 꾸준하게 노력해야 한다.

01 질문의 의도를 정확하게 파악하라!

문제해결능력은 문제에서 무엇을 묻고 있는지 정확하게 파악하여 먼저 풀이 방향을 설정하는 것이 가장 효율적인 방법이다. 특히, 조건이 주어지고 답을 찾는 창의적·분석적인 문제가 주로 출제되고 있기 때문에 처음에 정확한 풀이 방향이 설정되지 않는다면 시간만 허비하고 결국 문제도 풀지 못하게 되므로 첫 번째로 출제의도 파악에 집중해야 한다.

02 중요한 정보는 반드시 표시하라!

위에서 말한 정확한 문제의도를 파악하기 위해서는 문제에서 중요한 정보는 반드시 표시나 메모를 하여 하나의 조건, 단서도 잊고 넘어가는 일이 없도록 해야 한다. 실제 시험에서는 시간의 압박과 긴장감으로 정보를 잘못 적용하거나 잊고 지나쳐 틀리는 실수가 많이 발생하므로 사전에 충분한 연습이 필요하다. 가령 명제 문제의 경우 주어진 명제와 그 명제의 대우를 본인이 한눈에 파악할 수 있도록 기호화, 도식화 하여 메모하면 흐름을 이해하기가 더 수월하다. 이를 통해 자신만의 풀이 순서와 방향, 기준 또한 생길 것이다.

03 반복 풀이를 통해 취약 유형을 파악하라!

길지 않은 한정된 시간 동안 모든 문제를 다 푸는 것은 조금은 어려울 수도 있다. 따라서 고득점을 할수 있는 효율적인 문제 풀이 방법을 찾아야 한다. 이때, 반복적인 문제 풀이를 통해 자신이 취약한 유형을 파악하는 것이 중요하다. 취약 유형 파악은 종료 시간이 임박했을 때 빛을 발할 것이다. 풀 수 있는 문제부터 빠르게 풀고 취약한 유형은 나중에 푸는 효율적인 문제 풀이를 통해 최대한의 고득점을 하는 것이 중요하다. 본인의 취약 유형을 파악하기 위해서는 많은 문제를 풀어 봐야 한다.

04 타고나는 것이 아니므로 열심히 노력하라!

대부분의 수험생들이 문제해결능력은 공부해도 실력이 늘지 않는 영역이라고 생각한다. 하지만 그렇지 않다. 문제해결능력이야말로 노력을 통해 충분히 고득점이 가능한 영역이다. 정확한 질문 의도 파악, 취약한 유형의 반복적인 풀이, 빈출유형 파악 등의 방법으로 충분히 실력을 향상시킬 수 있다. 자신감을 갖고 공부하기 바란다.

┌연속출제─

다음 명제가 모두 참일 때, 반드시 참인 명제는?

- 도보로 걷는 사람은 자가용을 타지 않는다.
  p $\sim q$
- 자전거를 타는 사람은 자가용을 탄다.
  r q
- 자전거를 타지 않는 사람은 버스를 탄다.
  $\sim r$ s

1) 질문의도
   : 명제추리

2) 문장분석
   : 기호화

① 자가용을 타는 사람은 도보로 걷는다. $q \rightarrow p$

② 버스를 타지 않는 사람은 자전거를 타지 않는다. $\sim s \rightarrow \sim r$

③ 버스를 타는 사람은 도보로 걷는다. $s \rightarrow p$

④ 도보로 걷는 사람은 버스를 탄다. $p \rightarrow s$

3) 정답도출

📋 **유형** 분석
- 주어진 문장을 토대로 논리적으로 추론하여 참 또는 거짓을 구분하는 문제이다.
- 대체로 연역추론을 활용한 명제 문제가 출제되고 있다.

응용문제 : 자료를 제시하고 새로운 결과나 자료에 주어지지 않은 내용을 추론해 가는 형식의 문제가 출제된다.

📋 **풀이** 전략
각 문장에 있는 핵심단어 또는 문구를 기호화하여 정리한 뒤, 선택지와 비교하여 참 또는 거짓을 판단한다.

기출유형 2

| 사고력 ② |

┌연속출제┐

다음은 2019년 상반기 노동시장의 특징 및 주요 요인에 대한 자료이다. 다음 〈보기〉 중 자료에 대한 설명으로 옳지 않은 것을 모두 고른 것은?

풀이순서

1) 질문의도
: 요인 → 주요 특징
⇒ 피라미드 기법

2) 사고법 적용

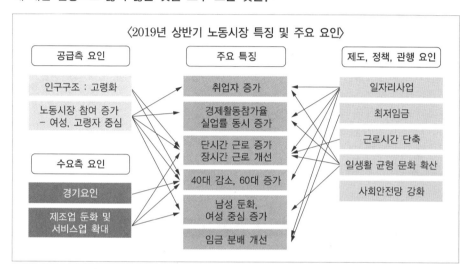

〈2019년 상반기 노동시장 특징 및 주요 요인〉

| 공급측 요인 | 주요 특징 | 제도, 정책, 관행 요인 |

공급측 요인
- 인구구조 : 고령화
- 노동시장 참여 증가 – 여성, 고령자 중심

수요측 요인
- 경기요인
- 제조업 둔화 및 서비스업 확대

주요 특징
- 취업자 증가
- 경제활동참가율 실업률 동시 증가
- 단시간 근로 증가 장시간 근로 개선
- 40대 감소, 60대 증가
- 남성 둔화, 여성 중심 증가
- 임금 분배 개선

제도, 정책, 관행 요인
- 일자리사업
- 최저임금
- 근로시간 단축
- 일생활 균형 문화 확산
- 사회안전망 강화

보기

ㄱ. 정부의 일자리사업으로 60대 노동자가 증가하였다.
ㄴ. 제조업이 둔화함에 따라 남성 중심의 노동시장이 둔화하고 있다.
ㄷ. 정부의 최저임금 정책으로 단시간 근로자 수가 증가하였다.
ㄹ. 여성의 노동시장 참여가 늘어나면서 전체 취업자 수가 증가하였다.
ㅁ. 인구 고령화가 심화됨에 따라 경제활동참가율과 실업률이 동시에 증가하고 있다.

① ㄱ, ㄴ ② ㄱ, ㄷ
③ ㄴ, ㄹ ④ ㄴ, ㅁ
✓⑤ ㄷ, ㅁ

3) 정답도출

📋 **유형 분석**
- 문제해결에 필요한 사고력을 평가하기 위한 문제이다.
- 주로 피라미드 구조 기법, 5Why 기법, So What 기법 등을 활용한 문제들이 출제되고 있다.

📋 **풀이 전략**
질문을 읽고 문제를 해결하기 위해 필요한 사고법을 선별한 뒤 적용하여 풀어 나간다.
- 피라미드 구조 기법 : 하위의 사실이나 현상으로부터 상위의 주장을 만들어 나가는 방법
- 5Why 기법 : 주어진 문제에 대해서 계속하여 이유를 물어 가장 근본이 되는 원인을 찾는 방법
- So What 기법 : '그래서 무엇이지?'라고 자문자답하며 눈앞에 있는 정보로부터 의미를 찾아내어 가치 있는 정보를 이끌어 내는 방법

┌연속출제┐

다음은 K공사가 추진 중인 '그린수소' 사업에 관한 보도 자료와 K공사에 대한 SWOT 분석 결과이다. SWOT 분석 결과를 참고할 때, '그린수소' 사업이 해당하는 전략은 무엇인가?

풀이순서

1) 질문의도
: SWOT 분석

K공사는 전라남도, 나주시와 '그린수소 사업 협력 MOU'를 체결하였다. 지난 5월 정부는 탄소 배출 없는 그린수소 생산을 위해 K공사를 사업자로 선정하였고, 재생에너지 잉여전력을 활용한 수전해(P2G) 기술을 통해 그린수소를 만들어 저장하는 사업을 정부 과제로 선정하여 추진하기로 하였다.

그린수소 사업은 정부의 '재생에너지 3020 계획'에 따라 계속 증가하는 재생에너지를 활용해 수소를 생산함으로써 재생에너지 잉여전력 문제를 해결할 것으로 예상된다.

MOU 체결식에서 K공사 사장은 "K공사는 전라남도, 나주시와 지속적으로 협력하여 정부 에너지전환 정책에 부응하고, 사업에 필요한 기술개발을 위해 더욱 노력할 것"이라고 밝혔다.

〈SWOT 분석 결과〉

2) 결과분석

강점(Strength)	약점(Weakness)
• 적극적인 기술개발 의지 • 차별화된 환경기술 보유	• 해외시장 진출에 대한 두려움 • 경험 많은 기술 인력의 부족
기회(Opportunity)	위협(Threat)
• 발전설비를 동반한 환경설비 수출 유리 • 세계 전력 시장의 지속적 성장	• 재생에너지의 잉여전력 증가 • 친환경 기술 경쟁 심화

① SO전략   ✓ ST전략

③ WO전략   ④ WT전략

⑤ OT전략

3) 정답도출

📋 **유형** 분석
• 상황에 대한 환경 분석 결과를 통해 주요 과제를 도출하는 문제이다.
• 주로 3C 분석 또는 SWOT 분석을 활용한 문제들이 출제되고 있으므로 해당 분석도구에 대한 사전 학습이 요구된다.

📋 **풀이** 전략
문제에서 제시된 분석도구가 무엇인지 확인한 후, 분석 결과를 종합적으로 판단하여 각 선택지의 전략 과제와 일치하는지를 판단한다.

CHAPTER 03 기출유형 4

| 문제처리 ② |

PART 2 직업기초능력평가

┌연속출제┐

K씨는 인터넷뱅킹 사이트에 가입하기 위해 가입절차에 따라 정보를 입력하는데 그중 패스워드 만드는 과정이 까다로워 계속 실패 중이다. 사이트 가입 시 패스워드 〈조건〉이 다음과 같을 때, 〈조건〉에 부합하는 패스워드는 무엇인가?

풀이순서

1) 질문의도
   : 패스워드 조합

조건

• 패스워드는 7자리이다. ❺
• 영어 대문자와 소문자, 숫자, 특수기호를 적어도 하나씩 포함해야 한다. ❹ · ❺
• 숫자 0은 다른 숫자와 연속해서 나열할 수 없다. ❶
• 영어 대문자는 다른 영어 대문자와 연속해서 나열할 수 없다. ❶ · ❺
• 특수기호를 첫 번째로 사용할 수 없다. ❸

2) 조건확인

① a?102CB
② 7!z0bT4 ✔
③ #38Yup0
④ ssng99&
⑤ 6LI◇23

3) 정답도출

📑 **유형 분석**
• 주어진 상황과 정보를 종합적으로 활용하여 풀어 가는 문제이다.
• 비용, 시간, 순서, 해석 등 다양한 주제를 다루고 있어 문제유형을 한 가지로 단일화하기가 어렵다.
• 대체로 2문제 혹은 3문제가 묶여서 출제되고 있으며, 문제가 긴 경우가 많아 푸는 시간이 많이 걸린다.

📑 **풀이 전략**
먼저 문제에서 묻는 것을 파악한 후, 필요한 상황과 정보를 찾아 이를 활용하여 문제를 풀어 간다.

안심Touch

01 〈보기〉는 문제의 의미에 대한 내용이다. 이를 참고할 때 사례에 대한 내용 중 성격이 다른 하나는?

> **보기**
>
> 문제란 원활한 업무 수행을 위해 해결해야 하는 질문이나 의논 대상을 의미한다. 즉, 해결하기를 원하지만 실제로 해결해야 하는 방법을 모르고 있는 상태나 얻고자 하는 해답이 있지만 그 해답을 얻는 데 필요한 일련의 행동을 알지 못한 상태이다. 이러한 문제는 흔히 문제점과 구분하지 않고 사용하는데, 문제점이란 문제의 근본 원인이 되는 사항으로 문제 해결에 필요한 열쇠인 핵심 사항을 말한다.

> 전기밥솥에 밥을 지어놓고 부모는 잠시 다른 일을 하러갔다. 그 사이 아이는 전기밥솥을 가지고 놀다가 전기밥솥에서 올라오는 수증기 때문에 화상을 입었다.

① 아이의 화상　　　　　　　　　　　② 부모의 부주의
③ 아이의 호기심　　　　　　　　　　④ 전기밥솥의 열기
⑤ 안전사고 발생 가능성에 대한 부주의

02 다음은 A회사 직원들이 매출 감소를 분석한 내용이다. 각 직원들이 분석한 문제 해결의 장해 요소가 올바르게 연결된 것은?

> K대표 : 매출이 계속하여 감소하는 것에 대한 여러분의 의견을 듣고 싶습니다.
> A직원 : 디자인을 더 다양하게 하는 게 어떨까요? 제가 전 세계 유명 브랜드의 디자인을 30개 정도 가져와봤습니다.
> B직원 : 제 생각에는 독특한 디자인을 하는 게 좋을 것 같아요. 요즘 젊은 사람들은 개성 있는 디자인을 좋아한다고 합니다.
> C직원 : 제가 갑자기 아이디어가 떠올랐는데요, 가격을 낮추고 광고를 더 늘리는 게 좋을 것 같습니다.

	고정관념에 얽매이는 경우	쉽게 떠오르는 단순한 생각에 의지하는 경우	너무 많은 자료를 수집하는 경우
①	A직원	B직원	C직원
②	A직원	C직원	B직원
③	B직원	A직원	C직원
④	B직원	C직원	A직원
⑤	C직원	A직원	B직원

03 다음 중 SWOT 분석에 대한 설명으로 적절하지 않은 것은?

〈SWOT 분석〉

강점, 약점, 기회, 위협요인을 분석·평가하고 이들을 서로 연관 지어 전략을 개발하고 문제해결 방안을 개발하는 방법이다.

	강점 (Strengths)	약점 (Weaknesses)
기회 (Opportunities)	SO	WO
위협 (Threats)	ST	WT

① 강점과 약점은 외부 환경요인에 해당하며, 기회와 위협은 내부 환경요인에 해당한다.
② SO전략은 강점을 살려 기회를 포착하는 전략을 의미한다.
③ ST전략은 강점을 살려 위협을 회피하는 전략을 의미한다.
④ WO전략은 약점을 보완하여 기회를 포착하는 전략을 의미한다.
⑤ WT전략은 약점을 보완하여 위협을 회피하는 전략을 의미한다.

04 L기업은 사옥 내에 구내식당을 운영하고 있다. 구내식당의 공간이 부족하여 부서별로 순서를 정하여 이용하고 있다. 올해는 A ~ E부서 순서로 식사를 했으나, 내년에는 모든 부서가 새로운 순서로 식사하기로 했다. 내년에 C부서가 E부서 바로 다음에 식사하기로 하였다면, 옳은 것은?

① 총 4가지 방법이 있다.
② B부서는 맨 마지막에 식사할 수 없다.
③ E부서는 맨 마지막 순서를 제외한 나머지 모든 순서에 위치할 수 있다.
④ D부서가 가장 먼저 식사한다면, 바로 그다음에는 반드시 A부서가 식사한다.
⑤ A부서가 맨 마지막에 식사하는 경우는 한 가지 방법뿐이다.

05 다음은 창의적 사고를 개발하기 위한 방법인 자유연상법, 강제연상법, 비교발상법을 그림으로 나타낸 자료이다. (가) ~ (다)를 올바르게 연결한 것은?

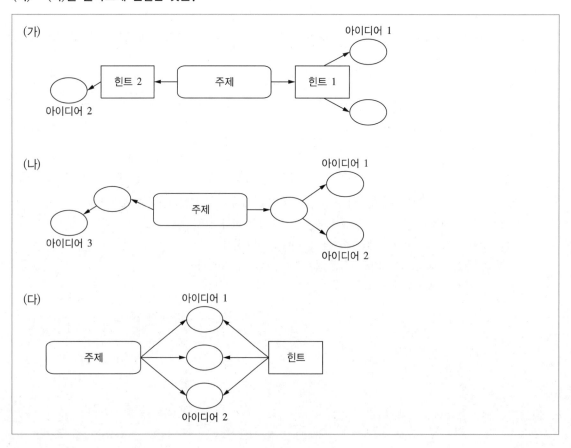

	(가)	(나)	(다)
①	비교발상법	자유연상법	강제연상법
②	비교발상법	강제연상법	자유연상법
③	강제연상법	비교발상법	자유연상법
④	강제연상법	자유연상법	비교발상법
⑤	자유연상법	강제연상법	비교발상법

06 J공사 K연구원은 하반기 성과조사를 위해 특수사업소를 방문하고자 한다. 시간상 K연구원은 7개의 특수사업소 중 일부만 방문가능하다. 〈조건〉에 따라 방문할 특수사업소를 결정할 때, K연구원이 방문할 특수사업소에 대한 설명으로 옳은 것은?

> **조건**
> • 인재개발원은 반드시 방문해야 한다.
> • 생활연구원을 방문하면 설비진단처는 방문하지 않는다.
> • 전력기반센터와 인재개발원 중 한 곳만 방문한다.
> • 인재개발원을 방문하면 경영지원처는 방문하지 않는다.
> • ICT인프라처를 방문하면 자재검사처는 방문하지 않는다.
> • 설비진단처, 경영지원처, ICT인프라처 중에 최소한 두 곳은 반드시 방문한다.

① ICT인프라처를 방문하지 않는다.
② 생활연구원을 방문한다.
③ 경영지원처와 전력기반센터를 모두 방문한다.
④ ICT인프라처는 방문하지만, 생활연구원은 방문하지 않는다.
⑤ 자재검사처는 방문하고, 설비진단처는 방문하지 않는다.

07 동물 애호가 A ~ D가 키우는 동물의 종류에 대한 〈조건〉이 다음과 같을 때, 올바르게 추론한 것은?

> **조건**
> • A는 개, C는 고양이, D는 닭을 키운다.
> • B는 토끼를 키우지 않는다.
> • A가 키우는 동물은 B도 키운다.
> • A와 C는 같은 동물을 키우지 않는다.
> • A, B, C, D 각각은 2종류 이상의 동물을 키운다.
> • A, B, C, D는 개, 고양이, 토끼, 닭 이외의 동물은 키우지 않는다.

① B는 개를 키우지 않는다.
② B와 C가 공통으로 키우는 동물이 있다.
③ C는 키우지 않지만 D가 키우는 동물이 있다.
④ 3명이 공통으로 키우는 동물은 없다.
⑤ 3가지 종류의 동물을 키우는 사람은 없다.

08 A대리는 K도시의 해안지역에 설치할 발전기를 검토 중이다. 설치 환경 및 요건에 대한 정보가 〈조건〉과 같을 때, 설치될 발전기로 옳은 것은?

조건

1. 발전기 설치 환경 및 요건 정보

 ① 발전기를 설치할 대지는 1,500m²이다.
 ② 발전기는 동일한 종류를 2기 설치한다.
 ③ 후보 발전기 중 탄소 배출량이 가장 많은 발전기는 제외한다.
 ④ 에너지 발전 단가가 1,000kWh당 97,500원을 초과하지 않도록 한다.
 ⑤ 운송 수단 및 운송비를 고려하여 1대당 중량은 3톤을 초과하지 않도록 한다.

2. 후보 발전기 정보

발전기 종류	발전 방식	발전 단가	탄소 배출량	필요 면적	중량
A	풍력	80원/kWh	22g/kWh	720m²	2,140kg
B	풍력	95원/kWh	14g/kWh	800m²	2,800kg
C	화력	105원/kWh	88g/kWh	450m²	1,600kg
D	화력	75원/kWh	91g/kWh	580m²	1,250kg
E	수력	92원/kWh	45g/kWh	690m²	3,600kg

① A ② B
③ C ④ D
⑤ E

09 약국에 희경, 은정, 소미, 정선 4명의 손님이 방문하였다. 약사는 이들로부터 처방전을 받아 A ~ D 네 봉지의 약을 조제하였다. 〈조건〉이 참일 때, 옳은 것은?

조건

• 방문한 손님들의 병명은 몸살, 배탈, 치통, 피부병이다.
• 은정이의 약은 B에 해당하고, 은정이는 몸살이나 배탈 환자가 아니다.
• A는 배탈 환자에 사용되는 약이 아니다.
• D는 연고를 포함하고 있는데, 이 연고는 피부병에만 사용된다.
• 희경이는 임산부이고, A와 D에는 임산부가 먹어서는 안 되는 약품이 사용되었다.
• 소미는 몸살 환자가 아니다.

① 은정이는 피부병에 걸렸다.
② 정선이는 몸살이 났고, 이에 해당하는 약은 C이다.
③ 소미는 치통 환자이다.
④ 희경이는 배탈이 났다.
⑤ 소미의 약은 A이다.

10 다음 글을 근거로 판단할 때, 사과 사탕 1개와 딸기 사탕 1개를 함께 먹은 사람과 E가 먹은 사탕을 옳게 짝지은 것은?

사과 사탕, 포도 사탕, 딸기 사탕이 각각 2개씩 있다. 다섯 명의 사람(A~E) 중 한 명이 사과 사탕 1개와 딸기 사탕 1개를 함께 먹고, 다른 네 명이 남은 사탕을 각각 1개씩 먹었다. 이 사실만을 알고 A~E는 차례대로 다음과 같이 말했으며, 모두 진실을 말하였다.
A : 나는 포도 사탕을 먹지 않았어.
B : 나는 사과 사탕만을 먹었어.
C : 나는 사과 사탕을 먹지 않았어.
D : 나는 사탕을 한 종류만 먹었어.
E : 너희 말을 다 듣고 아무리 생각해 봐도 나는 딸기 사탕을 먹은 사람 두 명 다 알 수는 없어.

① A, 포도 사탕 1개   ② A, 딸기 사탕 1개
③ C, 포도 사탕 1개   ④ C, 딸기 사탕 1개
⑤ D, 포도 사탕 1개

11 월요일부터 금요일까지 진료를 하는 의사는 〈조건〉에 따라 진료일을 정한다. 의사가 목요일에 진료를 하지 않았다면, 월요일부터 금요일 중 진료한 날은 총 며칠인가?

> **조건**
> • 월요일에 진료를 하면 수요일에는 진료를 하지 않는다.
> • 월요일에 진료를 하지 않으면 화요일이나 목요일에 진료를 한다.
> • 화요일에 진료를 하면 금요일에는 진료를 하지 않는다.
> • 수요일에 진료를 하지 않으면 목요일 또는 금요일에 진료를 한다.

① 0일   ② 1일
③ 2일   ④ 3일
⑤ 4일

12 〈보기〉에서 문제해결절차에 따라 사용되는 문제해결방법을 순서대로 올바르게 나열한 것은?

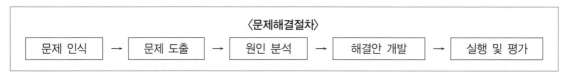

〈문제해결절차〉

| 문제 인식 | → | 문제 도출 | → | 원인 분석 | → | 해결안 개발 | → | 실행 및 평가 |

보기
⊙ 주요 과제를 나무 모양으로 분해 · 정리한다.
© 자사, 경쟁사, 고객사에 대해 체계적으로 분석한다.
© 부분을 대상으로 먼저 실행한 후 전체로 확대하여 실행한다.
® 전체적 관점에서 방향과 방법이 같은 해결안을 그룹화한다.

① ⊙－©－©－®   ② ⊙－©－®－©
③ ©－⊙－©－®   ④ ©－⊙－®－©
⑤ ®－⊙－©－©

13 〈보기〉에서 비판적 사고에 대해 잘못 설명하고 있는 사람을 모두 고르면?

A : 비판적 사고의 목적은 주장의 단점을 명확히 파악하는 것이다.
B : 맹목적이고 무원칙적인 사고는 비판적 사고라 할 수 없다.
C : 비판적 사고를 하기 위해서는 감정을 철저히 배제한 중립적 입장에서 주장을 파악해야 한다.
D : 비판적 사고는 타고난 것이므로 학습을 통한 배움에는 한계가 있다.
E : 비판적 사고는 어떤 주장에 대해 적극적으로 분석하는 것이다.

① A, C   ② A, D
③ C, D   ④ C, E
⑤ D, E

14 A대리는 H공사 사내 문제처리 과정을 매뉴얼하여 전사에 공표하는 업무를 맡게 되었다. 문제처리 과정 중 마지막 단계인 실행 및 Follow Up 단계에서 실행상의 문제점을 해결하기 위한 모니터링 체제를 구축하기 위해 고려해야 할 체크리스트를 만들려고 한다. 다음 중 체크리스트 항목으로 들어갈 수 없는 것은?

① 문제가 재발하지 않을 것을 확신할 수 있는가?
② 해결안별 세부실행내용이 구체적으로 수립되었는가?
③ 혹시 또 다른 문제를 발생시키지 않았는가?
④ 바람직한 상태가 달성되었는가?
⑤ 사전에 목표한 기간 및 비용은 계획대로 지켜졌는가?

15 다음 SWOT 분석의 설명을 읽고 추론한 내용으로 적절한 것은?

> SWOT 분석에서 강점은 경쟁기업과 비교하여 소비자로부터 강점으로 인식되는 것이 무엇인지, 약점은 경쟁기업과 비교하여 소비자로부터 약점으로 인식되는 것이 무엇인지, 기회는 외부환경에서 유리한 기회요인은 무엇인지, 위협은 외부환경에서 불리한 위협요인은 무엇인지를 찾아내는 것이다. SWOT 분석의 가장 큰 장점은 기업의 내부 및 외부 환경의 변화를 동시에 파악할 수 있다는 것이다.

① 제품의 우수한 품질은 SWOT 분석의 기회 요인으로 볼 수 있다.
② 초고령화 사회는 실버산업에 있어 기회 요인으로 볼 수 있다.
③ 기업의 비효율적인 업무 프로세스는 SWOT 분석의 위협 요인으로 볼 수 있다.
④ 살균제 달걀 논란은 빵집에게 있어 약점 요인으로 볼 수 있다.
⑤ 근육운동 열풍은 헬스장에게 있어 강점 요인으로 볼 수 있다.

16 발산적 사고를 개발하기 위한 방법으로는 자유연상법, 강제연상법, 비교발상법이 있다. 다음 글에서 확인할 수 있는 사고 개발 방법으로 가장 적절한 것은?

> 충남 보령시는 2022년에 열리는 보령해양머드박람회와 연계할 사업을 발굴하기 위한 보고회를 개최하였다. 경제적・사회적 파급 효과의 극대화를 통한 성공적인 박람회 개최를 도모하기 위해 마련된 보고회는 각 부서의 업무에 국한하지 않은 채 가능한 많은 양의 아이디어를 자유롭게 제출하는 방식으로 진행됐다.
> 홍보미디어실에서는 박람회 기간 가상현실(VR)・증강현실(AR) 체험을 통해 사계절 머드 체험을 할 수 있도록 사계절 머드체험센터 조성을, 자치행정과에서는 박람회 임시주차장 조성 및 박람회장 전선 지중화 사업을, 교육체육과에서는 세계 태권도 대회 유치를 제안했다. 또 문화새마을과에서는 KBS 열린음악회 및 전국노래자랑 유치를, 세무과에서는 e-스포츠 전용경기장 조성을, 회계과에서는 해상케이블카 조성 및 폐광지구 자립형 농어촌 숙박단지 조성 등을 제안했다. 사회복지과에서는 여성 친화 플리마켓을, 교통과에서는 장항선 복선전철 조기 준공 및 열차 증편을, 관광과는 체험・놀이・전시 등 보령머드 테마파크 조성 등의 다양한 아이디어를 내놓았다.
> 보령시는 이번에 제안된 아이디어를 토대로 실현 가능성 등을 검토하고, 박람회 추진에 참고자료로 적극 활용할 계획이다.

① 브레인스토밍   ② SCAMPER 기법
③ NM법   ④ Synectics법
⑤ 육색사고모자 기법

※ 다음 사례를 읽고 이어지는 질문에 답하시오. [17~18]

〈상황〉

설탕과 프림을 넣지 않은 고급 인스턴트 블랙커피를 커피믹스와 같은 스틱 형태로 선보이겠다는 아이디어를 제시하였지만, 인스턴트커피를 제조하고 판매하는 F회사의 경영진의 반응은 차가웠다. F회사의 커피믹스가 너무 잘 판매되고 있었기 때문이었다.

〈회의 내용〉

기획팀 부장 : 신제품 개발과 관련된 회의를 진행하도록 하겠습니다. 이 자리는 누구에게 책임이 있는지를 묻는 회의가 아닙니다. 신제품 개발에 대한 서로의 상황을 인지하고 문제 상황을 해결해 보자는 데 그 의미가 있습니다. 먼저 신제품 개발과 관련하여 마케팅팀 의견을 제시해주십시오.

마케팅 부장 : A제품이 생산될 수 있도록 연구소 자체 공장에 파일럿 라인을 만들어 샘플을 생산하였으면 합니다.

연구소 소장 : 성공 여부가 불투명한 신제품을 위한 파일럿 라인을 만들기는 어렵습니다.

기획팀 부장 : 조금이라도 신제품 개발을 위해 생산현장에서 무언가 협력할 방안은 없을까요?

마케팅 부장 : 고급 인스턴트커피의 생산이 가능한지를 먼저 알아본 후 한 단계씩 전진하면 어떨까요?

기획팀 부장 : 좋은 의견인 것 같습니다. 소장님은 어떻게 생각하십니까?

연구소 소장 : 커피 전문점 수준의 고급 인스턴트커피를 만들기 위해서는 최대한 커피 전문점이 만드는 커피와 비슷한 과정을 거쳐야 할 것 같습니다.

마케팅 부장 : 그렇습니다. 하지만 100% 커피전문점 원두커피를 만드는 것이 아닙니다. 전문점 커피를 100으로 봤을 때, 80 ~ 90% 정도 수준이면 됩니다.

연구소 소장 : 퀄리티는 높이고 일회용 스틱 형태의 제품인 믹스의 사용 편리성은 그대로 두자는 이야기죠?

마케팅 부장 : 그렇습니다. 우선 120°로 커피를 추출하는 장비가 필요합니다. 또한, 액체인 커피를 봉지에 담지 못하니 동결건조방식을 활용해야 할 것 같습니다.

연구소 소장 : 보통 믹스커피는 하루 1t 분량의 커피를 만들 수 있는데, 이야기한 방법으로는 하루에 100kg도 못 만듭니다.

마케팅 부장 : 예, 잘 알겠습니다. 그 부분에 대해서는 조금 더 논의가 필요할 것 같습니다. 검토를 해 보겠습니다.

---

17 마케팅 부장이 취하는 문제해결방법은 무엇인가?

① 소프트 어프로치
② 하드 어프로치
③ 퍼실리테이션
④ 비판적 사고
⑤ 창의적 사고

18 F회사의 신제품 개발과 관련하여 가장 필요했던 것은?

① 전략적 사고
② 분석적 사고
③ 발상의 전환
④ 내·외부자원의 효과적 활용
⑤ 성과지향 사고

19 〈조건〉과 2월 날씨를 근거로 판단할 때, 2월 8일과 16일의 실제 날씨로 가능한 것을 올바르게 짝지은 것은?

조건

• 날씨 예측 점수는 매일 다음과 같이 부여한다.

실제＼예측	맑음	흐림	눈·비
맑음	10점	6점	0점
흐림	4점	10점	6점
눈·비	0점	2점	10점

• 한 주의 주중(월~금요일) 날씨 예측 점수의 평균은 매주 5점 이상이다.
• 2월 1일부터 19일까지 요일별 날씨 예측 점수의 평균은 다음과 같다.

요일	월요일	화요일	수요일	목요일	금요일
날씨 예측 점수 평균	7점 이하	5점 이상	7점 이하	5점 이상	7점 이하

〈2월 날씨〉

요일	월요일	화요일	수요일	목요일	금요일	토요일	일요일
날짜			1일	2일	3일	4일	5일
예측			맑음	흐림	맑음	눈·비	흐림
실제			맑음	맑음	흐림	흐림	맑음
날짜	6일	7일	8일	9일	10일	11일	12일
예측	맑음	흐림	맑음	맑음	맑음	흐림	흐림
실제	흐림	흐림	?	맑음	흐림	눈·비	흐림
날짜	13일	14일	15일	16일	17일	18일	19일
예측	눈·비	눈·비	맑음	눈·비	눈·비	흐림	흐림
실제	맑음	맑음	맑음	?	눈·비	흐림	눈·비

※ 위 달력의 같은 줄을 한 주로 한다.

	2월 8일	2월 16일
①	맑음	흐림
②	맑음	눈·비
③	눈·비	흐림
④	눈·비	맑음
⑤	흐림	흐림

20 다음 자료와 〈보기〉를 바탕으로 철수, 영희, 민수, 철호가 상품을 구입한 쇼핑몰을 올바르게 연결한 것은?

〈이용약관의 주요내용〉

쇼핑몰	주문 취소	환불	배송비	포인트 적립
A	주문 후 7일 이내 취소 가능	10% 환불수수료, 송금수수료 차감	무료	구입 금액의 3%
B	주문 후 10일 이내 취소 가능	환불수수료, 송금수수료 차감	20만 원 이상 무료	구입 금액의 5%
C	주문 후 7일 이내 취소 가능	환불수수료, 송금수수료 차감	1회 이용 시 1만 원	없음
D	주문 후 당일에만 취소 가능	환불수수료, 송금수수료 차감	5만 원 이상 무료	없음
E	취소 불가능	고객 귀책 사유에 의한 환불 시에만 10% 환불수수료	1만 원 이상 무료	구입 금액의 10%
F	취소 불가능	원칙적으로 환불 불가능 (사업자 귀책 사유일 때만 환불 가능)	100g당 2,500원	없음

보기

ㄱ. 철수는 부모님의 선물로 등산용품을 구입하였는데, 판매자의 업무착오로 배송이 지연되어 판매자에게 전화로 환불을 요구하였다. 판매자는 판매금액 그대로를 통장에 입금해주었고 구입 시 발생한 포인트도 유지하여 주었다.

ㄴ. 영희는 옷을 구매할 때 배송료를 고려하여 한 가지씩 여러 번에 나누어 구매하기보다는 가능한 한 한꺼번에 주문한다.

ㄷ. 인터넷 사이트에서 영화티켓을 20,000원에 주문한 민수는 다음날 같은 티켓을 18,000원에 파는 가게를 발견하고 전날 주문한 물건을 취소하려 했지만 취소가 되지 않아 곤란을 겪은 적이 있다.

ㄹ. 가방을 10만 원에 구매한 철호는 도착한 물건의 디자인이 마음에 들지 않아 환불 및 송금수수료와 배송비를 감수하는 손해를 보면서도 환불할 수밖에 없었다.

	철수	영희	민수	철호
①	E쇼핑몰	B쇼핑몰	C쇼핑몰	D쇼핑몰
②	F쇼핑몰	E쇼핑몰	D쇼핑몰	B쇼핑몰
③	E쇼핑몰	D쇼핑몰	F쇼핑몰	C쇼핑몰
④	F쇼핑몰	C쇼핑몰	E쇼핑몰	B쇼핑몰
⑤	E쇼핑몰	C쇼핑몰	B쇼핑몰	D쇼핑몰

21 다음 글을 근거로 판단할 때, 〈보기〉에서 옳은 설명을 모두 고르면?

> 사슴은 맹수에게 계속 괴롭힘을 당하자 자신을 맹수로 바꾸어 달라고 산신령에게 빌었다. 사슴을 불쌍하게 여긴 산신령은 사슴에게 남은 수명 중 n년(n은 자연수)을 포기하면 여생을 아래 5가지의 맹수 중 하나로 살 수 있게 해 주겠다고 했다.
>
> 사슴으로 살 경우의 1년당 효용은 40이며, 다른 맹수로 살 경우의 1년당 효용과 그 맹수로 살기 위해 사슴이 포기해야 하는 수명은 아래의 표와 같다. 예를 들어 사슴의 남은 수명이 12년일 경우 사슴으로 계속 산다면 $12 \times 40 = 480$의 총효용을 얻지만, 독수리로 사는 것을 선택한다면 $(12-5) \times 50 = 350$의 총효용을 얻는다.
>
> 사슴은 여생의 총효용이 줄어드는 선택은 하지 않으며, 포기해야 하는 수명이 사슴의 남은 수명 이상인 맹수는 선택할 수 없다. 1년당 효용이 큰 맹수일수록, 사슴은 그 맹수가 되기 위해 더 많은 수명을 포기해야 한다. 사슴은 자신의 남은 수명과 표의 '?'로 표시된 수를 알고 있다.

맹수	1년당 효용	포기해야 하는 수명(년)
사자	250	14
호랑이	200	?
곰	170	11
악어	70	?
독수리	50	5

보기

ㄱ. 사슴의 남은 수명이 13년이라면, 사슴은 곰을 선택할 것이다.
ㄴ. 사슴의 남은 수명이 20년이라면, 사슴은 독수리를 선택하지는 않을 것이다.
ㄷ. 호랑이로 살기 위해 포기해야 하는 수명이 13년이라면, 사슴의 남은 수명에 따라 사자를 선택했을 때와 호랑이를 선택했을 때 여생의 총효용이 같은 경우가 있다.

① ㄴ
② ㄷ
③ ㄱ, ㄴ
④ ㄴ, ㄷ
⑤ ㄱ, ㄴ, ㄷ

22 K공사에 근무하는 3명의 사원은 윤, 오, 박 씨 성을 가졌다. 이 사원들은 A, B, C부서에 소속되어 근무 중이며, 각 부서 팀장의 성도 윤, 오, 박 씨이다. 같은 성씨를 가진 사원과 팀장은 같은 부서에서 근무하지 않는다고 할 때, 다음 〈조건〉에 따라 같은 부서에 소속된 사원과 팀장의 성씨가 올바르게 짝지어진 것을 고르면?

조건

• A부서의 팀장은 C부서 사원의 성씨와 같다.
• B부서의 사원은 윤 씨가 아니며 팀장의 성씨가 윤 씨인 부서에 배치되지 않았다.
• C부서의 사원은 오 씨가 아니며 팀장의 성씨도 오 씨가 아니다.

	부서	사원	팀장			부서	사원	팀장
①	A	오	윤		②	A	박	윤
③	A	오	박		④	B	오	박
⑤	C	박	윤					

23 결혼을 준비 중인 A씨가 SMART 법칙에 따라 계획한 내용이 다음과 같을 때, SMART 법칙에 맞지 않는 계획은?

- S(Specific) : 내년 5월, 결혼식을 올리기 위해 집을 구매하고, 비상금을 저금한다.
- M(Measurable) : 집을 구매하기 위해 대출금을 포함한 5억 원과 비상금 천만 원을 마련한다.
- A(Action-oriented) : 생활에 꼭 필요하지 않다면 구매하지 않고 돈을 아낀다.
- R(Realistic) : 월급이나 이자 등의 수입이 발생하면 목표 달성까지 전부 저금한다.
- T(Time-limited) : 비상금은 3월까지 저금하고, 4월에 집을 구매한다.

① S
② M
③ A
④ R
⑤ T

24 다음은 영국의 토니 부잔이 고안한 저널기법이다. 이 기법에 대한 설명으로 적절하지 않은 것은?

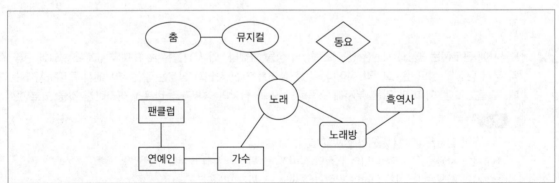

① 클러스터 기법으로 불리기도 한다.
② 브레인스토밍에 사용된다.
③ 시간이 오래 걸린다는 단점이 있다.
④ '기록하는 습관을 버려야 한다.'는 이론이다.
⑤ 연상 작용을 통해 잠재의식이 표면화된다.

25 H공단의 D과장은 우리나라 사람들의 해외취업을 돕기 위해 박람회를 열고자 한다. 〈조건〉이 다음과 같을 때, D과장이 박람회 장소로 선택할 나라는?

조건

1. H공단의 해외 EPS센터가 있는 나라여야 한다.
   - 해외 EPS센터(15개국) : 필리핀, 태국, 인도네시아, 베트남, 스리랑카, 몽골, 우즈베키스탄, 파키스탄, 캄보디아, 중국, 방글라데시, 키르기스스탄, 네팔, 미얀마, 동티모르
2. 100개 이상의 한국 기업이 진출해 있어야 한다.

〈국가별 상황〉

국가	경쟁력	비고
인도네시아	한국 기업이 100개 이상 진출해 있으며, 안정적인 정치 및 경제 구조를 가지고 있다.	두 번의 박람회를 열었으나 실제 취업까지 연결되는 성과가 미미하였다.
아랍에미리트	UAE 자유무역지역에 다양한 다국적 기업이 진출해 있다.	석유가스산업, 금융산업에는 외국 기업의 진출이 불가하다.
중국	한국 기업이 170개 이상 진출해 있으며, 현지 기업의 80% 이상이 우리나라 사람의 고용을 원한다.	중국 청년의 실업률이 높아 사회문제가 되고 있다.
미얀마	2013년 기준 약 2,500명의 한인이 거주 중이며, 한류 열풍이 거세게 불고 있다.	내전으로 우리나라 사람들의 치안이 보장되지 않는다.
베트남	여성의 사회진출이 높고 정치, 경제, 사회 각 분야에서 많은 여성이 활약 중이다.	한국 기업 진출을 위한 인프라 구축이 잘 되어 있다.

① 인도네시아
③ 중국
⑤ 베트남

② 아랍에미리트
④ 미얀마

26 다음 제시된 커피의 종류, 은희의 취향 및 오늘 아침의 상황으로 판단할 때, 오늘 아침에 은희가 주문할 커피는?

〈커피의 종류〉

에스프레소	카페 아메리카노
• 에스프레소	• 에스프레소 • 따뜻한 물
카페 라떼	카푸치노
• 에스프레소 • 데운 우유	• 에스프레소 • 데운 우유 • 우유거품
카페 비엔나	카페 모카
• 에스프레소 • 따뜻한 물 • 휘핑크림	• 에스프레소 • 초코시럽 • 데운 우유 • 휘핑크림

〈은희의 취향〉

• 배가 고플 때에는 데운 우유가 들어간 커피를 마신다.
• 다른 음식과 함께 커피를 마실 때에는 데운 우유를 넣지 않는다.
• 스트레스를 받으면 휘핑크림이나 우유거품을 추가한다.
• 피곤하면 휘핑크림이 들어간 경우에 한하여 초코시럽을 추가한다.

〈오늘 아침의 상황〉

출근을 하기 위해 지하철을 탄 은희는 꽉 들어찬 사람들 사이에서 스트레스를 받으며 내리기만을 기다리고 있었다. 목적지에 도착한 은희는 커피를 마시며 기분을 달래기 위해 커피전문점에 들렀다. 아침식사를 하지 못해 배가 고프고 고된 출근길에 피곤하지만, 시간 여유가 없어 오늘 아침은 커피만 마실 생각이다. 그런데 은희는 요즘 체중관리를 위해 휘핑크림은 넣지 않기로 하였다.

① 카페 라떼   ② 카페 아메리카노
③ 카푸치노   ④ 카페 모카
⑤ 카페 비엔나

27 퇴직을 앞둔 회사원 L씨는 1년 뒤 샐러드 도시락 프랜차이즈 가게를 운영하고자 한다. 다음은 L씨가 회사 근처 샐러드 도시락 프랜차이즈 가게에 대해 SWOT 분석을 실시한 결과이다. 〈보기〉에서 분석에 따른 대응 전략으로 적절한 것을 모두 고르면?

강점(Strength)	약점(Weakness)
• 다양한 연령층을 고려한 메뉴 • 월별 새로운 메뉴 제공	• 부족한 할인 혜택 • 홍보 및 마케팅 전략의 부재
기회(Opportunity)	위협(Threat)
• 건강한 식단에 대한 관심 증가 • 회사원들의 간편식 점심 수요 증가	• 경기 침체로 인한 외식 소비 위축 • 주변 음식점과의 경쟁 심화

보기

ㄱ. 다양한 연령층이 이용할 수 있도록 새로운 한식 도시락을 출시한다.
ㄴ. 계절 채소를 이용한 샐러드 런치 메뉴를 출시한다.
ㄷ. 제품의 가격 상승을 유발하는 홍보 방안보다 먼저 품질 향상 방안을 마련해야 한다.
ㄹ. 주변 회사와 제휴하여 이용 고객에 대한 할인 서비스를 제공한다.

① ㄱ, ㄴ
② ㄱ, ㄷ
③ ㄴ, ㄷ
④ ㄴ, ㄹ
⑤ ㄷ, ㄹ

28 S사는 공장 내 미세먼지 정화설비 A ~ F 중 일부를 도입하고자 한다. 설비들의 호환성에 따른 도입규칙이 다음과 같을 때, 공사에서 도입할 설비만으로 묶인 것은?

〈호환성에 따른 도입규칙〉

규칙 1. A는 반드시 도입한다.
규칙 2. B를 도입하지 않으면 D를 도입한다.
규칙 3. E를 도입하면 A를 도입하지 않는다.
규칙 4. F, E, B 중 적어도 두 개는 반드시 도입한다.
규칙 5. E을 도입하지 않고, F를 도입하면 C는 도입하지 않는다.
규칙 6. 최대한 많은 설비를 도입한다.

① A, C, E
② A, B, C, E
③ A, B, C, F
④ A, B, D, F
⑤ A, C, D, E, F

29 S공사 인재개발원에서 근무하는 L사원은 IT전략실의 K주임에게 대관 문의를 받았다. 문의내용과 인재개발원 대관안내 자료를 참고해 K주임에게 안내할 대관료를 올바르게 구한 것은?

> K주임 : 안녕하세요. IT전략실 IT운영처에서 근무하는 K주임입니다. 다름이 아니라 다음 달 첫째 주 토요일에 인재개발원에서 IT전략실 세미나 행사를 진행하려고 하는데, 대관료 안내를 받으려고 연락드렸습니다. IT기획처와 IT개발처는 같은 곳에서 세미나를 진행하고, IT전략실은 별도로 진행하려고 하는데, 면적이 가장 큰 교육시설과 면적이 2번째로 작은 교육시설을 각각 3시간씩 대관하고 싶습니다. 세미나가 끝난 후 친목도모를 위한 레크리에이션 행사를 3시간 진행하려고 하는데, 다목적홀, 이벤트홀, 체육관 중 가장 저렴한 가격으로 이용할 수 있는 곳을 대관했으면 좋겠습니다. 이렇게 했을 때 대관료는 얼마일까요?

〈S공사 인재개발원 대관안내〉

구분		면적	대관료(원)		비고
			기본사용료	1시간당 추가사용료	
교육시설	강의실(대)	177.81m²	129,000	64,500	• 기본 2시간 사용 원칙 • 토요일·일요일·공휴일 10% 할증
	강의실(중)	89.27m²	65,000	32,500	
	강의실(소)	59.48m²	44,000	22,000	
	세미나실	132.51m²	110,000	55,000	
다목적홀		492.25m²	585,000	195,000	• 기본 3시간 사용 원칙 • 토요일·일요일·공휴일 10% 할증 • 토요일·일요일·공휴일 이벤트홀 휴관
이벤트홀		273.42m²	330,000	110,000	
체육관(5층)		479.95m²	122,000	61,000	기본 2시간 사용 원칙

① 463,810원 ② 473,630원
③ 483,450원 ④ 493,270원
⑤ 503,100원

30 다음은 반두라(Bandura)의 사회인지 이론에 대한 내용이다. 밑줄 친 ㉠ ~ ㉣에 해당하는 사례로 옳지 않은 것은?

> 인간의 지식 습득에 개인의 인지, 행동, 경험 그리고 주위 환경이 상호작용하면서 영향을 미친다는 반두라의 사회인지 이론은 행동주의 이론이 인간을 기계론적으로 보고 있다고 비판하면서 환경적 사건과 사고, 동기와 같은 개인적 요인들이 상호작용한다는 '상호결정론'을 제시하였다. 그중 인간은 어떤 모델의 행동을 관찰하고 모방함으로써 학습한다는 관찰학습은 ㉠ 주의집중 단계, ㉡ 보존(파지) 단계, ㉢ 운동재생 단계, ㉣ 동기화 단계의 4단계로 이루어진다.

① ㉠ - 후보 선수 B씨는 주전 선수 A씨가 달리는 모습을 유심히 관찰하였다.
② ㉡ - 후보 선수 B씨는 주전 선수 A씨가 숨을 한 번 쉴 때마다 다리를 다섯 번 움직인다는 것을 자신의 발가락 다섯 개로 기억하였다.
③ ㉢ - 후보 선수 B씨는 주전 선수 A씨와 같은 방법으로 달리기를 해 보았다.
④ ㉣ - 후보 선수 B씨는 주전 선수 A씨의 방법이 자신에게는 무리라는 것을 깨닫고 허망한 듯이 운동장을 떠났다.
⑤ ㉣ - 후보 선수 B씨는 주전 선수 A씨가 달리는 모습을 카메라로 촬영하였다.

CHAPTER 04
자원관리능력

합격 Cheat Key

자원관리능력은 현재 많은 NCS 기반 채용을 진행하는 공사·공단에서 핵심 영역으로 자리 잡아, 일부를 제외한 대부분의 시험에서 출제 영역으로 채택하고 있다. 전체 문항 수의 10 ~ 15% 비중으로 출제되고 있고, 난이도가 상당히 높기 때문에 NCS를 치를 수험생이라면 반드시 준비해야 할 필수 과목이다.

실제 시험 기출 키워드를 살펴보면 비용 계산, 해외파견 지원금 계산, 주문 제작 단가 계산, 일정 조율, 일정 선정, 행사 대여 장소 선정, 최단거리 구하기, 시차 계산, 소요시간 구하기, 해외파견 근무 기준에 부합한 또는 부합하지 않는 직원 고르기 등 크게 자원계산, 자원관리문제 유형이 출제된다. 대표유형 문제를 바탕으로 응용되는 방식의 문제가 출제되고 있기 때문에 비슷한 유형을 계속해서 풀어보면서 감을 익히는 것이 중요하다.

01 시차를 먼저 계산하자!

시간자원관리 문제의 대표유형 중 시차를 계산하여 일정에 맞는 항공권을 구입하거나 회의 시간을 구하는 문제에서는 각각의 나라 시각을 한국 시각으로 전부 바꾸어 계산하는 것이 편리하다. 조건에 맞는 나라들의 시각을 전부 한국 시각으로 바꾸고 한국 시각과의 시차만 더하거나 빼주면 시간을 단축하여 풀 수 있다.

02 보기를 활용하자!

예산자원관리 문제의 대표유형에서는 계산을 해서 값을 찾는 문제들이 있다. 이런 문제 유형에서는 문제 보기를 먼저 본 후 자리 수가 몇 단위로 끝나는지 확인한다. 예를 들어 412,300원, 426,700원, 434,100원, 453,800원인 보기가 있다고 하자. 이 보기는 100원 단위로 끝나기 때문에 제시된 조건에서 100원 단위로 나올 수 있는 항목을 찾아 그 항목만 계산하여 시간을 단축시키는 방법이 있다.
또한, 일일이 계산하는 문제가 많은데 예를 들어 640,000원, 720,000원, 810,000원 등의 수를 이용해 푸는 문제가 있다고 하자. 만 원 단위를 절사하고 계산하여 64, 72, 81처럼 요약하여 적는 것도 시간을 단축하는 방법이다.

03 최적의 값을 구하는 문제인지 파악하자!

물적자원관리 문제의 대표유형에서는 제한된 자원 내에서 최대의 만족 또는 이익을 얻을 수 있는 방법을 찾는 문제가 출제된다. 이때, 구하고자 하는 값을 x, y로 정하고 연립방정식을 이용해 x, y값을 구한다. 최소 비용으로 목표생산량을 달성하기 위한 업무 및 인력 할당, 정해진 시간 내에 최대 이윤을 낼 수 있는 업체 선정, 정해진 인력으로 효율적 업무 배치 등을 구하는 문제에서 사용되는 방법이다.

04 각 평가 항목을 비교해보자!

인적자원관리 문제의 대표유형에서는 각 평가 항목을 비교하여 기준에 적합한 인물을 고르거나, 저렴한 업체를 선정하거나, 총점이 높은 업체를 선정하는 문제가 출제된다. 이런 문제를 해결할 때는 평가 항목에서 가격이나 점수 차이에 영향을 많이 미치는 항목을 찾아 지우면 1~2개의 보기를 삭제하고 3~4개의 보기만 계산하여 시간을 단축할 수 있다.

05 문제의 단서를 이용하자!

자원관리능력은 계산 문제가 많기 때문에, 복잡한 계산은 딱 떨어지게끔 조건을 제시하는 경우가 많다. 단서를 보고 보기에서 부합하지 않는 보기를 1~2개 먼저 소거한 뒤 계산을 하는 것도 시간을 단축하는 방법이다.

┌연속출제┐

Q회사는 해외지사와 화상 회의 1시간을 갖기로 하였다. 모든 지사의 업무시간은 오전 9시부터 오후 6시까지이며, 점심시간은 낮 12시부터 오후 1시까지이다. 〈조건〉이 다음과 같을 때, 회의가 가능한 시간은 언제인가?(단, 회의가 가능한 시간은 서울 기준이다)

조건

• 헝가리는 서울보다 7시간 느리고, 현지시간으로 오전 10시부터 2시간 외부출장이 있다.
• 호주는 서울보다 1시간 빠르고, 현지시간으로 오후 2시부터 3시간 동안 회의가 있다.
• 베이징은 서울보다 1시간 느리다.
• 헝가리와 호주는 서머타임 +1시간을 적용한다.

① 오전 10시 ~ 오전 11시
② 오전 11시 ~ 낮 12시
③ 오후 1시 ~ 오후 2시
④ 오후 2시 ~ 오후 3시
☑ 오후 3시 ~ 오후 4시

풀이순서

1) 질문의도
  : 회의 시간

2) 조건확인
  (i) 업무시간 확인
  (ii) 시차 확인

3) 정답도출
  : ① 헝가리 근무시간
     아님, 호주 점심
    ② 헝가리 근무시간
     아님
    ③ 헝가리 근무시간
     아님, 호주 회의,
     베이징 점심
    ④ 헝가리 근무시간
     아님, 호주 회의

📋 **유형** 분석   • 시간자원과 관련된 다양한 정보를 활용하여 문제를 풀어 가는 문제이다.
              • 대체로 교통편 정보나 국가별 시차 정보가 제공되며, 이를 근거로 '현지 도착시간 또는 약속된 시간 내에 도착하기 위한 방안'을 고르는 문제가 출제된다.

📋 **풀이** 전략   먼저 문제에서 묻는 것을 정확히 파악한다. 특히 제한사항에 대해서는 빠짐없이 확인해 두어야 한다. 이후 제시된 정보(시차 등)에서 필요한 것을 선별하여 문제를 풀어 간다.

기출유형 2

┌연속출제┐

다음은 J공사에 근무하는 K사원의 급여명세서이다. K사원이 10월에 시간외근무를 10시간 했을 경우 시간외수당으로 받는 금액 은 얼마인가?

풀이순서

1) 질문의도
   : 시간외수당 도출

〈급여지급명세서〉

사번	A26	성명	K
소속	회계팀	직급	사원

• 지급 내역

지급항목(원)		공제항목(원)	
기본급여	1,800,000	주민세	4,500
시간외수당	( )	고용보험	14,400
직책수당	0	건강보험	58,140
상여금	0	국민연금	81,000
특별수당	100,000	장기요양	49,470
교통비	150,000		
교육지원	0		
식대	100,000		
급여 총액	2,150,000	공제 총액	207,510

※ (시간외수당)=(기본급)×$\dfrac{(\text{시간외근무 시간})}{200}$×150%

2) 조건확인
   : 시간외수당 공식

① 135,000원 ② 148,000원
③ 167,000원 ④ 195,000원
⑤ 205,000원

3) 정답도출

$$1,800,000×\dfrac{10}{200}×1.5=135,000$$

📋 **유형 분석**   한정된 예산 내에서 수행할 수 있는 업무에 대해 묻는 문제이다.

📋 **풀이 전략**   제한사항인 예산을 고려하여 문제에서 묻는 것을 정확히 파악한 후 제시된 정보에서 필요한 것을 선별하여 문제를 풀어 간다.

┌연속출제┐

K공사에 근무하는 L주임은 입사할 신입사원에게 지급할 <u>볼펜과 스케줄러를 구매</u>하기 위해 A, B, C 세 도매업체의 판매정보를 아래와 같이 정리하였다. 입사예정인 <u>신입사원은 총 600명</u>이고, 신입사원 <u>1명당 볼펜과 스케줄러를 각각 1개씩</u> 증정한다고 할 때, 가장 저렴하게 구매할 수 있는 업체와 구매가격을 올바르게 나열한 것은?

풀이순서

1) 질문의도
  : 구매업체, 구매가격

2) 조건확인
  (ⅰ) 볼펜과 스케줄러
  (ⅱ) 신입사원 600명

〈세 업체의 상품가격표〉

업체명	품목	수량(1SET당)	가격(1SET당)
A도매업체	볼펜	150개	13만 원
	스케줄러	100권	25만 원
B도매업체	볼펜	200개	17만 원
	스케줄러	600권	135만 원
C도매업체	볼펜	100개	8만 원
	스케줄러	300권	65만 원

〈세 업체의 특가상품 정보〉

  (ⅲ) 특가상품 정보

업체명	볼펜의 특가상품 구성	특가상품 구매 조건
A도매업체	300개 25.5만 원 or 350개 29만 원	스케줄러 150만 원 이상 구입
B도매업체	600개 48만 원 or 650개 50만 원	스케줄러 100만 원 이상 구입
C도매업체	300개 23.5만 원 or 350개 27만 원	스케줄러 120만 원 이상 구입

※ 각 물품은 묶음 단위로 판매가 가능하며, 개당 판매는 불가하다.
※ 업체별 특가상품은 둘 중 한 가지만 선택해 1회 구입 가능하다.

3) 정답도출

	도매업체	구매가격
①	A업체	183만 원
②	B업체	177.5만 원
③	B업체	183만 원
✔④	C업체	177.5만 원
⑤	C업체	183만 원

• A업체 : 150+51.5=201.5만 원
• B업체 : 135+48=183만 원
• C업체 : 130+47.5=177.5만 원

📋 **유형 분석**　• 물적자원과 관련된 다양한 정보를 활용하여 풀어 가는 문제이다.
　　　　　　　• 주로 공정도 · 제품 · 시설 등에 대한 가격 · 특징 · 시간 정보가 제시되며, 이를 종합적으로 고려하는 문제가 출제된다.

📋 **풀이 전략**　문제에서 묻고자 하는 바를 정확히 파악하는 것이 중요하다. 문제에서 제시한 물적자원의 정보를 문제의 의도에 맞게 선별하면서 풀어 간다.

┌**연속출제**┐

H공사에서 2019년도 하반기 신규 직원 채용시험을 3일 동안 시행하기로 하고 시험 감독관을 파견하였다. 직전 시험에 감독으로 파견된 사람은 다음 시험에 감독관을 할 수 없다고 할 때, 10월 19일 세 지역의 시험 감독관으로 가능한 최대 인원은 총 몇 명인가? ⓐ

풀이순서

1) 질문의도
   : 시험 감독관 파견

2) 조건확인
   ⓐ 직전 시험 감독
      인원 제외

〈시험 날짜별 감독관 인원〉

(단위 : 명)

구분	울산 본부	부산 본부	대구 본부
총 인력 인원	358	1,103	676
10월 05일	31	57	44
10월 12일	24	48	46
10월 19일			

① 1,887명
② 1,989명
✓ 2,019명
④ 2,049명
⑤ 2,174명

3) 정답도출

$$(358+1,103+676)-(24+48+46)=2,137-118=2,019명$$

 유형 분석
- 인적자원과 관련된 다양한 정보를 활용하여 문제를 풀어 가는 문제이다.
- 주로 근무명단, 휴무일, 업무할당 등의 주제로 다양한 정보를 활용하여 종합적으로 풀어 나가는 문제가 출제된다.

풀이 전략
문제에서 근무자배정 혹은 인력배치 등의 주제가 출제될 경우에는 주어진 규정 혹은 규칙을 꼼꼼히 확인하여야 한다. 이를 근거로 각 선택지가 어긋나지 않는지 검토하며 문제를 풀어 간다.

01 사례에서 나타나는 자원의 낭비 요인으로 가장 적절한 것은?

〈사례〉

A는 회사일과 집안일 그리고 육아를 병행하면서도 자기만의 시간을 확보하기 위해 여러 방법들을 활용하고 있다. 반찬을 만드는 시간을 줄이기 위해 반찬 가게에서 반찬 구매하기, 빨래하는 시간을 줄이기 위해 세탁소 이용하기, 설거지하는 시간을 줄이기 위해 일회용기 사용하기, 어린이집 데려다주는 시간 줄이기 위해 베이비시터 고용하기 등이 그 방법들이다.

① 편리성 추구
② 경험의 부족
③ 노하우의 부족
④ 비계획적 행동
⑤ 자원에 대한 인식 부재

02 사례에서 고려해야 할 인적 배치 방법으로 가장 적절한 것은?

A는 사람들과 어울리기 좋아하는 외향적인 성격에 매사 긍정적인 사람이다. 그는 이전 직장에서 회계부서에서 일한 결과, 자신의 성격이 가만히 사무실에 앉아서 일하는 것을 답답하고 힘들어 한다는 것을 알고, 이번에는 영업부서로 지원하였다. 하지만 회사에서는 A를 인사부서에 배치하였다. 이에 A는 실망했지만, 부서에 적응하려고 노력했다. 그러나 인사부서는 다른 직원들의 긍정적인 면은 물론 부정적인 면을 평가해야 했고, 이렇게 평가된 내용으로 직원들의 보상과 불이익이 결정되어 다른 부서 직원들은 A와 가깝게 지내기를 꺼려했다. 이에 A는 회사에 다니기가 점점 더 싫어졌다.

① 능력 배치
② 균형 배치
③ 양적 배치
④ 적성 배치
⑤ 적재적소 배치

03 다음 중 빈칸에 들어갈 내용으로 옳은 것은?

효과적인 물적자원관리 과정을 거쳐 물품을 보관할 장소까지 선정하게 되면 차례로 정리를 하게 된다. 여기서 중요한 것은 _____을 지켜야 한다는 것이다. 이는 입·출하의 빈도가 높은 품목을 출입구 가까운 곳에 보관하는 것을 말한다. 즉, 물품의 활용 빈도가 상대적으로 높은 것은 가져다 쓰기 쉬운 위치에 먼저 보관해야 한다. 이렇게 하면 물품을 활용하는 것도 편리할뿐더러 활용한 후 다시 보관하는 것 역시 편리하게 할 수 있다.

① 통로 대면의 원칙
② 중량 특성의 원칙
③ 선입선출의 원칙
④ 회전 대응 보관의 원칙
⑤ 네트워크 보관의 원칙

04 다음 자료를 참고할 때, 효과적인 물적자원관리 과정에 대한 설명으로 옳지 않은 것은?

물품의 효과적인 관리를 위해서는 적절한 과정을 거쳐야 한다. 물품을 마구잡이식으로 보관하게 되면 필요한 물품을 찾기 어렵고, 물건의 훼손이나 분실의 우려가 있을 수 있다. 따라서 다음과 같은 과정을 거쳐 물품을 구분하여 보관하고 관리하는 것이 효과적이다.

과정	고려사항
사용 물품과 보관 물품의 구분	반복 작업 방지 물품 활용의 편리성
↓	
적절한 기준에 따른 물품 분류	동일성의 원칙 유사성의 원칙
↓	
물품 특성에 맞는 보관 장소 선정	물품의 형상 물품의 소재

① 물품을 계속해서 사용할 것인지의 여부를 고려하여 보관하여야 한다.
② 물품의 특성을 고려하여 보관 장소를 선정하여야 한다.
③ 사용 물품과 달리 보관 물품은 엄격하게 구분하여 관리하지 않는다.
④ 특성이나 종류가 유사한 물품은 인접한 장소에 보관하여야 한다.
⑤ 유리 제품을 효과적으로 관리하기 위해서는 따로 보관하는 것이 좋다.

A회사 마케팅 팀장은 팀원 50명에게 연말 선물을 하기 위해 물품을 구매하려고 한다. 다음은 업체별 품목 가격과 팀원들의 품목 선호도를 나타낸 자료이다. 〈조건〉을 참고하여 팀장이 구매하는 물품과 업체가 올바르게 짝지어진 것은?

〈업체별 품목 가격〉

구분		한 벌당 가격
A업체	티셔츠	6,000원
	카라 티셔츠	8,000원
B업체	티셔츠	7,000원
	후드 집업	10,000원
	맨투맨	9,000원

〈구성원 품목 선호도〉

순위	품목
1	카라 티셔츠
2	티셔츠
3	후드 집업
4	맨투맨

조건

• 구성원의 선호도를 우선으로 품목을 선택한다.
• 총 구매금액이 30만 원 이상이면 총 금액에서 5% 할인을 해 준다.
• 차순위 품목이 1순위 품목보다 총 금액이 20% 이상 저렴하면 차순위를 선택한다.

① 티셔츠, A업체
② 카라 티셔츠, A업체
③ 티셔츠, B업체
④ 후드 집업, B업체
⑤ 맨투맨, B업체

06 다음은 X공기업의 팀별 성과급 지급 기준이다. Y팀의 성과평가결과가 〈보기〉와 같다면 지급되는 성과급의 1년 총액은?

〈성과급 지급 방법〉

• 성과급 지급은 성과평가 결과와 연계함
• 성과평가는 유용성, 안전성, 서비스 만족도의 총합으로 평가함. 단, 유용성, 안전성, 서비스 만족도의 가중치를 각각 0.4, 0.4, 0.2로 부여함
• 성과평가 결과를 활용한 성과급 지급 기준

성과평가 점수	성과평가 등급	분기별 성과급 지급액	비고
9.0 이상	A	100만 원	성과평가 등급이 A이면 직전분기 차감액의 50%를 가산하여 지급
8.0 이상 9.0 미만	B	90만 원(10만 원 차감)	
7.0 이상 8.0 미만	C	80만 원(20만 원 차감)	
7.0 미만	D	40만 원(60만 원 차감)	

보기

구분	1분기	2분기	3분기	4분기
유용성	8	8	10	8
안전성	8	6	8	8
서비스 만족도	6	8	10	8

① 350만 원
② 360만 원
③ 370만 원
④ 380만 원
⑤ 390만 원

07 다음은 부서별로 핵심역량가치 중요도를 정리한 표와 신입사원들의 핵심역량평가 결과표이다. 결과표를 바탕으로 C사원과 E사원의 부서배치로 올바른 것은?(단, '-'는 중요도가 상관없다는 표시이다)

〈핵심역량가치 중요도〉

구분	창의성	혁신성	친화력	책임감	윤리성
영업팀	-	중	상	중	-
개발팀	상	상	하	중	상
지원팀	-	중	-	상	하

〈핵심역량평가 결과표〉

구분	창의성	혁신성	친화력	책임감	윤리성
A사원	상	하	중	상	상
B사원	중	중	하	중	상
C사원	하	상	상	중	하
D사원	하	하	상	하	중
E사원	상	중	중	상	하

	C사원	E사원		C사원	E사원
①	개발팀	지원팀	②	영업팀	지원팀
③	개발팀	영업팀	④	지원팀	개발팀
⑤	지원팀	영업팀			

08 다음 중 인적자원의 특성을 다음과 같이 나누어 살펴볼 때, 인적자원에 대한 설명으로 적절하지 않은 것은?

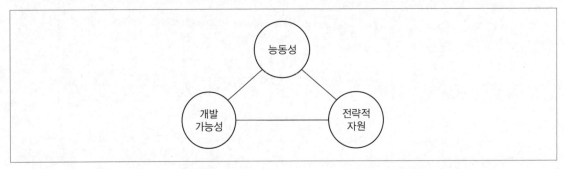

① 인적자원은 능동적이고 반응적인 성격을 지니고 있으므로 이를 잘 관리하면 기업의 성과를 높일 수 있다.
② 인적자원은 오랜 기간 동안에 걸쳐서 개발될 수 있는 많은 잠재능력과 자질을 보유하고 있다.
③ 환경변화에 따른 조직변화가 심해질수록 인적자원 개발가능성의 중요성은 점점 작아질 것이다.
④ 인적자원은 조직에 필요한 자원 활용을 담당하므로 어느 자원보다도 전략적 중요성이 강조된다.
⑤ 인적자원의 모든 특성을 고려할 때 인적자원에 대한 관리는 조직의 성과에 큰 영향을 미친다.

09 K공사에서는 약 2개월 동안 근무할 인턴사원을 선발하고자 다음과 같은 공고를 게시하였다. 이에 지원한 A ~ E 중에서 K공사의 인턴사원으로 가장 적합한 지원자는?

〈인턴 모집 공고〉

• 근무기간 : 약 2개월(6 ~ 8월)
• 자격 요건
  − 1개월 이상 경력자
  − 포토샵 가능자
  − 근무 시간(9 ~ 18시) 이후에도 근무가 가능한 자
• 기타사항
  − 경우에 따라서 인턴 기간이 연장될 수 있음

A지원자	• 경력사항 : 출판사 3개월 근무 • 컴퓨터 활용 능력 中(포토샵, 워드 프로세서) • 대학 휴학 중(9월 복학 예정)
B지원자	• 경력 사항 : 없음 • 포토샵 능력 우수 • 전문대학 졸업
C지원자	• 경력 사항 : 마케팅 회사 1개월 근무 • 컴퓨터 활용 능력 上(포토샵, 워드 프로세서, 파워포인트) • 4년제 대학 졸업
D지원자	• 경력 사항 : 제약 회사 3개월 근무 • 포토샵 가능 • 저녁 근무 불가
E지원자	• 경력 사항 : 마케팅 회사 1개월 근무 • 컴퓨터 활용 능력 中(워드 프로세서, 파워포인트) • 대학 졸업

① A지원자   ② B지원자
③ C지원자   ④ D지원자
⑤ E지원자

※ 다음은 G공사의 출장비 지급규정에 관한 자료이다. 자료를 참고하여 이어지는 질문에 답하시오. [10~11]

<출장비 지급규정>

• 일비는 각 직급별로 지급되는 금액을 기준으로 출장일수에 맞게 지급한다.
• 교통비는 대중교통(버스, 기차 등) 및 택시를 이용한 금액만 실비로 지급한다.
• 숙박비는 1박당 제공되는 숙박비를 넘지 않는 선에서 실비로 지급한다.
• 식비는 각 직급별로 지급되는 금액을 기준으로 1일당 3식으로 계산하여 지급한다.

<출장 시 지급 비용>

(단위 : 원)

구분	1일 일비	1일 숙박비	1식 식비
사원	20,000	100,000	6,000
대리	30,000	120,000	8,000
과장	50,000	150,000	10,000
부장	60,000	180,000	10,000

10 G공사 직원 중 대리 1명과 과장 1명이 2박 3일간 부산으로 출장을 다녀왔다면, 지급받을 수 있는 출장비는 총 얼마인가?

<부산 출장 지출내역>

• 서울 시내버스 및 지하철 이동 : 3,200원(1인당)
• 서울 – 부산 KTX 이동(왕복) : 121,800원(1인당)
• 부산 K호텔 스탠다드 룸 : 150,000원(1인당, 1박)
• 부산 시내 택시 이동 : 10,300원

① 1,100,300원
② 1,124,300원
③ 1,179,300원
④ 1,202,300원
⑤ 1,220,300원

11 G공사 직원 중 사원 2명과 대리 1명이 1박 2일간 강릉으로 출장을 다녀왔다면, 지급받을 수 있는 출장비는 총 얼마인가?

<강릉 출장 지출내역>

- 서울 – 강릉 자가용 이동(왕복) : 주유비 100,000원
- 강릉 S호텔 트리플룸 : 80,000원(1인당, 1박)
- 식비 : 총 157,000원

① 380,000원
② 480,000원
③ 500,000원
④ 537,000원
⑤ 637,000원

12 예산을 직접비용과 간접비용으로 구분한다고 할 때, 다음 〈보기〉에서 직접비용과 간접비용에 해당하는 것을 바르게 구분한 것은?

보기

ㄱ 재료비   ㄴ 원료와 장비 구입비
ㄷ 광고비   ㄹ 보험료
ㅁ 인건비   ㅂ 출장비

	직접비용	간접비용
①	ㄱ, ㄴ, ㅁ	ㄷ, ㄹ, ㅂ
②	ㄱ, ㄴ, ㅂ	ㄷ, ㄹ, ㅁ
③	ㄱ, ㄴ, ㄷ, ㄹ	ㅁ, ㅂ
④	ㄱ, ㄴ, ㅁ, ㅂ	ㄷ, ㄹ
⑤	ㄱ, ㄷ, ㄹ, ㅂ	ㄴ, ㅁ

13 다음 중 물적자원의 관리를 방해하는 요인에 대한 사례로 적절하지 않은 것은?

① A대리는 부서 예산으로 구입한 공용 노트북을 분실하였다.
② B주임은 세미나를 위해 회의실의 의자를 옮기던 중 의자를 훼손하였다.
③ C대리는 예산의 목적과 달리 겨울에 사용하지 않는 선풍기를 구입하였다.
④ D주임은 사내 비품을 구매하는 과정에서 필요 수량을 초과하여 구입하였다.
⑤ E사원은 당장 필요한 서류철들의 보관 장소를 파악하지 못하였다.

※ A건설회사에서는 B시에 건물을 신축하고 있다. 다음 자료를 보고 이어지는 질문에 답하시오. [14~15]

B시에서는 친환경 건축물 인증제도를 시행하고 있다. 이는 건축물의 설계, 시공 등의 건설과정이 쾌적한 거주환경과 자연환경에 미치는 영향을 점수로 평가하여 인증하는 제도로, 건축물에 다음과 같이 인증등급을 부여한다.

〈평가점수별 인증등급〉

평가점수	인증등급
80점 이상	최우수
70 ~ 80점 미만	우수
60 ~ 70점 미만	우량
50 ~ 60점 미만	일반

또한 친환경 건축물 최우수, 우수 등급이면서 건축물 에너지효율 1등급 또는 2등급을 추가로 취득한 경우, 다음과 같은 취·등록세액 감면 혜택을 얻게 된다.

〈취·등록세액 감면 비율〉

구분	최우수 등급	우수 등급
에너지효율 1등급	12%	8%
에너지효율 2등급	8%	4%

14 다음 상황에 근거할 때, 〈보기〉에서 옳은 것을 모두 고르면?

〈상황〉

• A건설회사가 신축하고 있는 건물의 예상되는 친환경 건축물 평가점수는 63점이고 에너지효율은 3등급이다.
• 친환경 건축물 평가점수를 1점 높이기 위해서는 1,000만 원, 에너지효율을 한 등급 높이기 위해서는 2,000만 원의 추가 투자비용이 든다.
• 신축 건물의 감면 전 취·등록세 예상액은 총 20억 원이다.
• A건설회사는 경제적 이익을 극대화하고자 한다.
※ (경제적 이익 또는 손실)=(취·등록세 감면액)-(추가 투자액)
※ 기타 비용과 이익은 고려하지 않는다.

보기
ㄱ. 추가 투자함으로써 경제적 이익을 얻을 수 있는 최소 투자금액은 1억 1천만 원이다.
ㄴ. 친환경 건축물 우수 등급, 에너지효율 1등급을 받기 위해 추가 투자할 때의 경제적 이익이 가장 크다.
ㄷ. 에너지효율 2등급을 받기 위해 추가 투자하는 것이 3등급을 받는 것보다 A건설회사에 경제적으로 더 이익이다.

① ㄱ
② ㄷ
③ ㄱ, ㄴ
④ ㄴ, ㄷ
⑤ ㄱ, ㄴ, ㄷ

15 A건설회사의 직원들이 신축 건물에 대해 이야기를 나누고 있다. 다음 중 옳지 않은 말을 하는 사람은?

① 갑 : 현재 우리회사 신축 건물의 등급은 우량 등급이야.
② 을 : 신축 건물 예상평가결과 취·등록세액 감면 혜택을 받을 수 있어.
③ 병 : 추가 투자를 해서 에너지효율을 높일 필요가 있어.
④ 정 : 얼마만큼의 투자가 필요한지 계획하는 것은 예산 관리의 일환이야.
⑤ 무 : 추가 투자에 예산을 배정하기에 앞서 우선순위를 결정해야 해.

16 다음은 개발부에서 근무하는 K사원의 4월 근태기록이다. 다음 규정을 참고할 때, K사원이 받을 시간외근무수당은 얼마인가?(단, 정규근로시간은 09:00 ~ 18:00이다)

〈시간외근무규정〉

- 시간외근무(조기출근 포함)는 1일 4시간, 월 57시간을 초과할 수 없다.
- 시간외근무수당은 1일 1시간 이상 시간외근무를 한 경우에 발생하며, 1시간을 공제한 후 매분 단위까지 합산하여 계산한다(단, 월 단위 계산 시 1시간 미만은 절사함).
- 시간외근무수당 지급단가 : 사원(7,000원), 대리(8,000원), 과장(10,000원)

〈K사원의 4월 근태기록(출근시간 / 퇴근시간)〉

- 4월 1일부터 4월 15일까지의 시간외근무시간은 12시간 50분(1일 1시간 공제 적용)이다.

18일(월)	19일(화)	20일(수)	21일(목)	22일(금)
09:00 / 19:10	09:00 / 18:00	08:00 / 18:20	08:30 / 19:10	09:00 / 18:00
25일(월)	26일(화)	27일(수)	28일(목)	29일(금)
08:00 / 19:30	08:30 / 20:40	08:30 / 19:40	09:00 / 18:00	09:00 / 18:00

※ 주말 특근은 고려하지 않는다.

① 112,000원   ② 119,000원
③ 126,000원   ④ 133,000원
⑤ 140,000원

17 식음료 제조회사에 근무하고 있는 사원 L씨는 울산에 있는 공장에 업무 차 방문하기 위해 교통편을 알아보고 있는 중이다. L씨는 목요일 오전 업무를 마치고 낮 12시에 출발이 가능하며, 당일 오후 3시까지 공장에 도착해야 한다. 다음의 자료를 보고 L씨가 선택할 교통편으로 올바른 것은?(단, 도보이동 시간은 고려하지 않는다)

• 회사에서 이동수단 장소까지의 소요시간

출발지	도착지	소요시간
회사	김포공항	40분
	고속버스터미널	15분
	서울역	30분

• 이동수단별 소요시간

구분	운행요일	출발지	출발시간	소요시간
비행기	매일	김포공항	30분마다	1시간
KTX	매일	서울역	매시 정각	2시간 15분

• 공장 오시는 길

교통편	출발지	소요시간
버스	울산터미널	1시간 30분
	울산공항	1시간 50분
	울산역	1시간 20분
택시	울산터미널	50분
	울산공항	30분
	울산역	15분
공항 리무진 버스	울산공항	1시간 5분

① KTX – 택시
② KTX – 버스
③ 비행기 – 택시
④ 비행기 – 공항 리무진 버스
⑤ 비행기 – 버스

18 다음은 A기업의 여비규정이다. 대구로 출장을 다녀 온 B과장의 지출내역을 토대로 여비를 정산했을 때, B과장은 모두 얼마를 받는가?

제1조(여비의 종류)

여비는 운임·숙박비·식비·일비 등으로 구분한다.

1. 운임 : 여행 목적지로 이동하기 위해 교통수단을 이용함에 있어 소요되는 비용을 충당하기 위한 여비
2. 숙박비 : 여행 중 숙박에 소요되는 비용을 충당하기 위한 여비
3. 식비 : 여행 중 식사에 소요되는 비용을 충당하기 위한 여비
4. 일비 : 여행 중 출장지에서 소요되는 교통비 등 각종 비용을 충당하기 위한 여비

제2조(운임의 지급)

1. 운임은 철도운임·선박운임·항공운임으로 구분한다.
2. 국내운임은 [별표 1]에 따라 지급한다.

제3조(일비·숙박비·식비의 지급)

1. 국내 여행자의 일비·숙박비·식비는 [별표 1]에 따라 지급한다.
2. 일비는 여행일수에 따라 지급한다.
3. 숙박비는 숙박하는 밤의 수에 따라 지급한다. 다만, 출장 기간이 2일 이상인 경우의 지급액은 출장기간 전체의 총액 한도 내 실비로 계산한다.
4. 식비는 여행일수에 따라 지급한다.

[별표 1] 국내 여비 지급표

철도운임	선박운임	항공운임	일비(1인당)	숙박비(1박당)	식비(1일당)
실비 (일반실)	실비 (2등급)	실비	20,000원	실비 (상한액 40,000원)	20,000원

〈B과장의 지출내역〉

(단위 : 원)

항목	1일 차	2일 차	3일 차	4일 차
KTX운임(일반실)	43,000	–	–	43,000
대구 시내 버스요금	5,000	4,000	–	2,000
대구 시내 택시요금	–	–	10,000	6,000
식비	15,000	45,000	35,000	15,000
숙박비	45,000	30,000	35,000	–

① 286,000원
② 304,000원
③ 328,000원
④ 356,000원
⑤ 366,000원

19 Z공단에서 근무하고 있는 K대리는 A광역시본부로 설비 점검을 하러 가고자 한다. 〈조건〉에 따라 점검 날짜를 결정하려고 할 때, 다음 중 K대리가 A광역시본부에서 설비 점검을 할 수 있는 기간은?

〈11월 달력〉

일요일	월요일	화요일	수요일	목요일	금요일	토요일
				1	2	3
4	5	6	7	8	9	10
11	12	13	14	15	16	17
18	19	20	21	22	23	24
25	26	27	28	29	30	

조건

• K대리는 11월 중에 A광역시본부로 설비 점검을 하러 간다.
• 설비 점검은 이틀 동안 진행되며, 이틀 동안 연이어 진행해야 한다.
• 설비 점검은 주중에만 진행된다.
• K대리는 11월 1일부터 11월 7일까지 연수에 참석하므로 해당 기간에는 설비 점검을 할 수 없다.
• K대리는 11월 27일부터 부서 이동을 하므로, 27일부터는 설비 점검을 포함한 모든 담당 업무를 후임자에게 인계해야 한다.
• K대리는 목요일마다 B도본부로 출장을 가며, 출장일에는 설비 점검 업무를 수행할 수 없다.

① 6 ~ 7일
② 11 ~ 12일
③ 14 ~ 15일
④ 20 ~ 21일
⑤ 27 ~ 28일

20 M회사 C과장은 2박 3일로 경주 출장을 가기 위해 여러 경로를 알아보고 있다. 다음은 C과장이 회사 차를 타고 집에서 출발하여 경주 출장지까지 갈 수 있는 방법을 나타낸 자료이다. 다음 자료를 참고할 때, 출장 장소까지 가는 최단거리 경로는 어디인가?

〈경로별 고속도로 및 국도 거리〉

구분	고속도로 및 국도			기타 도로
경로 1	영동 46.5km	중부내륙 127.0km	상주영천 92.2km	72.77km
경로 2	제2중부 31.5km			93.7km
경로 3	중부내륙 145.2km	상주영천 92.2km	경부 22.3km	87.69km
경로 4	성남이천로 30.6km	중부내륙 120.3km	상주영천 72.7km	104.56km
경로 5	중부내륙 37.4km	상주영천 57.2km	대경로 31.3km	202.53km

① 경로 1   ② 경로 2
③ 경로 3   ④ 경로 4
⑤ 경로 5

CHAPTER 05
대인관계능력

합격 Cheat Key

대인관계능력은 직장생활에서 접촉하는 사람들과 원만한 관계를 유지하고 조직구성원들에게 도움을 줄 수 있으며 조직 내부 및 외부의 갈등을 원만히 해결하고 고객의 요구를 충족할 수 있는 능력을 의미한다. 또한, 직장생활을 포함한 일상에서 스스로를 관리하고 개발하는 능력을 말한다.

국가직무능력표준에 따르면 대인관계능력의 세부 유형은 팀워크 능력·갈등관리 능력·협상 능력·고객서비스 능력으로 나눌 수 있다. 대인관계능력은 NCS 기반 채용을 진행한 공사·공단 중 68% 정도가 채택했으며, 문항 수는 전체의 평균 4% 정도로 출제되었다.

01 일반적인 수준에서 판단하라!

일상생활에서의 대인관계를 생각하면서 문제에 접근하면 어렵지 않게 풀 수 있다. 그러나 수험생들 입장에서 직장 내에서의 상황, 특히 역할(직위)에 따른 대인관계를 묻는 문제는 까다롭게 느껴질 수 있고 일상과는 차이가 있을 수 있기 때문에 이런 유형에 대해서는 따로 알아둘 필요가 있다.

02 이론을 먼저 익히라!

대인관계능력 이론을 접목한 문제가 종종 출제된다. 물론 상식 수준에서도 풀 수 있지만 정확하고 신속하게 해결하기 위해서는 이론을 정독한 후 자주 출제되는 부분들은 암기를 필수로 해야 한다. 자주 출제되는 부분은 리더십과 멤버십의 차이, 단계별 협상 과정, 고객불만 처리 프로세스 등이 있다.

03 실제 업무에 대한 이해를 높이라!

출제되는 문제의 수는 많지 않으나, 고객과의 접점에 있는 서비스직군 시험에 출제될 가능성이 높은 영역이다. 특히 상황제시형 문제들이 많이 출제되므로 실제 업무에 대한 이해를 높여야 한다.

04 애매한 유형의 빈출 문제, 선택지를 파악하라!

대인관계능력의 출제 문제들을 보면 이것도 맞고, 저것도 맞는 것 같은 선택지가 많다. 하지만 정답은 하나이다. 출제자들은 대인관계능력이란 공부를 통해 얻는 것이 아닌 본인의 독립적인 성품으로부터 자연스럽게 나오는 것이라고 생각한다. 수험생들이 선택하는 보기로 그 수험생들을 파악한다. 그러므로 대인관계능력은 빈출 유형의 문제와 선택지를 파악하고 가는 것이 애매한 문제들의 정답률을 높이는 데 도움이 될 것이다. 내가 맞다고 생각하는 선택지가 답이 아닐 가능성이 있기 때문이다.

┌연속출제┐

C대리는 2020년 10월, 이직에 성공하였다. C대리는 새로운 회사로 출근한 지 3주가 지났지만 팀원들이 C대리를 무시하고 선을 긋는 느낌을 받아 적응에 힘들어 하고 있다. 이런 상황에서 C대리가 취할 행동은?

① 팀장에게 면담을 신청해 자신이 느끼는 점을 이야기한다.
② 자신이 팀원들과 어울리지 않는 것이라고 생각한다.
③ 인사팀에 팀을 옮겨 달라고 한다.
④ 이전 회사 팀장님에게 다시 돌아가고 싶다고 말한다.
⑤ 그냥 지금 상태를 유지하기로 마음먹는다.

풀이순서

1) 질문의도
   : 상황
     → 적절한 행동

2) 선택지 분석
   : 이직 → 적응 ×

3) 정답도출
   : 상사에게 면담신청
     → 해결책 모색

📋 유형 분석
• 하나의 조직 안에서 구성원 간의 관계, 즉 '팀워크'에 관한 이해를 묻는 문제이다.
• 직장 내 상황 중에서도 주로 갈등 상황이 제시되고 그 속에서 구성원으로서 어떤 결정을 해야 하는지를 묻는다.
• 상식으로도 풀 수 있지만 개인의 가치가 개입될 가능성이 높기 때문에 자의적인 판단을 유의해야 한다.

📋 풀이 전략
질문으로 실제 회사에서 있음직한 상황이 제시된다. 자신이 문제 속의 입장이라고 생각하고 가장 모범적인 답이라고 생각되는 것을 찾아야 한다.

┌연속출제┐

갈등을 관리하고 해소하는 방법을 보다 잘 이해하기 위해서는 갈등을 증폭시키는 원인이 무엇인지 알 필요가 있다. 다음 중 조직에서 갈등을 증폭시키는 행위로 볼 수 없는 것은?

① 상대보다 더 높은 인사고과를 얻기 위해 팀원 간에 경쟁한다.
② 팀의 공동목표 달성보다 본인의 승진을 더 중요하게 생각한다.
③ 다른 팀원이 중요한 프로젝트를 맡은 경우, 자신이 알고 있는 노하우를 알려 주지 않는다.
④ 갈등이 발견되면 문제를 즉각적으로 다루려고 한다.
⑤ 팀 내에 대립이 있을 때는 미리 정한 모델로 해결한다.

풀이순서

1) 질문의도
  : 갈등 증폭 행위 ✕

2) 정답도출
  : 빠른 처리
    → 갈등해소
      가능성↑

📋 **유형** 분석
- 조직 내 갈등을 심화하게 하는 요인에 대한 이해를 묻는 문제이다.
- 여러 사람이 협력해야 하는 직장에서 구성원 간의 갈등은 불가피하고 실제로 흔히 찾아볼 수 있기 때문에 갈등에 관한 문제는 출제 빈도가 높다.
- 크게 어렵지 않지만 자의적인 판단을 하지 않도록 유의해야 한다.

응용문제 : 갈등 발생 시 대처 방법에 대해서는 꼭 알아두도록 한다. 갈등의 개념·특징은 상식으로도 알 수 있지만 대처 방법은 정리해둘 필요가 있다.

📋 **풀이** 전략
제시된 문제의 질문이 옳은 것을 묻는지, 옳지 않은 것을 고르라는 것인지를 정확히 표시한 뒤 선택지를 확인하면 된다.

기출유형 3

┌연속출제┐

협상과정은 '협상 시작 → 상호 이해 → 실질 이해 → 해결 대안 → 합의 문서' 5단계로 구분할 수 있다. 다음 〈보기〉의 내용을 협상 순서 에 따라 올바르게 나열한 것은?

> ㉠ 최선의 대안에 대해 합의하고 이를 선택한다.
> ㉡ 겉으로 주장하는 것과 실제로 원하는 것을 구분하여 실제로 원하는 바를 찾아낸다.
> ㉢ 협상 진행을 위한 체제를 구축한다.
> ㉣ 갈등 문제의 진행 상황 및 현재 상황을 점검한다.
> ㉤ 합의문의 합의 내용, 용어 등을 재점검한다.

① ㉠ → ㉡ → ㉣ → ㉢ → ㉤
② ㉠ → ㉣ → ㉡ → ㉢ → ㉤
✓③ ㉢ → ㉣ → ㉡ → ㉠ → ㉤
④ ㉢ → ㉡ → ㉣ → ㉠ → ㉤
⑤ ㉢ → ㉡ → ㉣ → ㉤ → ㉠

풀이순서

1) 질문의도
   : 협상 순서

2) 지문파악

3) 정답도출

📋 **유형** 분석
- 협상전략에 대한 이해를 묻는 문제이다.
- 지문은 특징을 제시하고 이에 해당하는 협상이 무엇인지 묻는 단순한 형태도 나오지만 상황이 주어지는 경우가 더 많다. 예시 문제는 상황이 개념에 대한 분명한 이해가 없으면 오히려 더 혼동될 수 있기 때문에 유의해야 한다.

  응용문제 : 전략 명칭과 각각의 예가 섞여서 선택지로 제시될 수도 있다.

📋 **풀이** 전략
사례를 읽으면서 키워드를 찾는다. 협상전략마다 특징이 있기 때문에 어떤 예시든 그 안에 특징이 제시된다. 이를 바탕으로 적절한 협상전략을 찾으면 된다.

기출유형 4

| 고객서비스 |

┌연속출제┐

※ 고객서비스의 향상을 위해서는 기업에 대한 고객의 불만을 해소하는 것이 매우 중요하다. 다음에서 제시된 상황을 읽고 이어지는 질문에 답하시오.

> 백화점 의류매장에 한 손님이 옷을 사기 위해 들렀다. 그는 매장에 진열된 옷들이 품위가 없다. 너무 싸구려 같다. 촌스럽고 유행에 뒤처져 보인다며 불평하면서 매장 직원에게 더 값비싸 보이고 고급스런 옷을 보여달라고 요청하였다.

01 백화점 매장을 찾은 손님은 어떤 불만유형에 해당하는가?

① 의심형   ② 트집형
❸ 거만형   ④ 빨리빨리형

02 위의 사례에 해당하는 불만족 고객의 유형을 응대하기 위해 백화점 매장 직원이 주의해야 할 사항으로 가장 적절하지 않은 것은?

① 정중하게 대하는 것이 좋다.
② 손님의 과시욕이 채워지도록 뽐내든 말든 내버려 둔다
❸ 만사를 시원스럽게 처리하는 모습을 보이면 응대하기 쉽다. ──▶ 빨리빨리형 고객 응대 방법
④ 의외로 단순한 면이 있으므로 고객의 호감을 얻게 되면 여러 면에서 득이 될 수 있다.

풀이순서

2) 상황분석
  : 거만형 고객

1) 질문의도
  : 고객 불만 유형,
    응대 시 주의사항

3) 정답도출

▤ **유형 분석**   • 대인관계능력 중에서도 직업 상황의 특성이 가장 두드러지게 나타나는 문제 유형이다.
                       • 지문은 주로 상황이 제시되고 꼭 서비스 직종이 아니어도 알 수 있을 만한 수준의 문제이다.
                       응용문제 : 고객의 유형에 따른 응대 방법의 차이는 정리해서 알아둘 필요가 있다. 태도 차원에서 적절한 것을 찾는 것이 아니라 유형에 따라 적합한 것을 찾아야 하기 때문이다.

▤ **풀이 전략**   문제를 먼저 보고 지문으로 제시된 상황을 확인해도 되고, 상황을 빠르게 확인한 뒤 문제로 접근해도 큰 차이가 없다. 중요한 것은 고객이 어떤 유형에 해당하는지를 드러내는 키워드를 정확히 찾아내는 것이다.

PART 2 직업기초능력평가

01 S통신회사에서 고객 상담원으로 근무하는 K사원은 다음과 같은 문의 전화를 받았다. 다음 중 K사원이 고객을 응대하는 방법으로 적절하지 않은 것은?

> K사원 : 안녕하세요. S통신입니다. 무엇을 도와드릴까요?
> P고객 : 인터넷이 갑자기 느려져서 너무 답답해요. 빨리 좀 해결해주세요. 지금 당장요!
> K사원 : 네, 고객님 최대한 빠르게 처리해드리겠습니다.
> P고객 : 확실해요? 언제 해결 가능하죠? 빨리 좀 부탁합니다.

① 정중한 어조를 통해 고객의 흥분을 가라앉히도록 노력한다.
② 고객이 문제 해결에 대해 의심하지 않도록 확신을 가지고 말한다.
③ '글쎄요, 아마' 등과 같은 표현으로 고객이 흥분을 가라앉힐 때까지 시간을 번다.
④ 현재 업무 절차에 대해 설명해주면서 시원스럽게 업무 처리하는 모습을 보여준다.
⑤ 고객의 이야기를 경청하고, 공감해주면서 업무 진행을 위한 고객의 협조를 유도한다.

02 K회사에 근무하는 A사원은 최근 회사 윤리교육 시간에 감정은행계좌에 대한 강의를 들었다. 다음 강의에 대한 A사원의 답변으로 적절하지 않은 것은?

> 우리 사우 여러분들, 안녕하십니까? 오늘 윤리교육 시간에는 감정은행계좌에 대해 설명해볼까 합니다. 감정은행계좌는 금품이 아니라 우리의 감정을 예입하는 것입니다. 즉, 인간관계에서 구축하는 신뢰의 정도를 은유적으로 표현한 것이지요. 만약 우리가 다른 사람의 입장을 먼저 이해하고 배려하며, 친절하고 정직하게 약속을 지킨다면 우리는 감정을 저축하는 셈이 됩니다. 그렇다면 감정은행계좌를 적립하기 위한 예입 수단으로는 무엇이 있을까요? A씨께서 말씀해 주시겠습니까?

① 자신이 한 약속을 항상 지키는 태도를 유지해야 합니다.
② 실수를 저지를 수는 있으나, 그것을 인정할 줄 알아야 합니다.
③ 작은 칭찬과 배려, 감사하는 마음을 항상 가지고 있어야 합니다.
④ 나 자신보다 상대방의 입장을 이해하고 양보할 줄 알아야 합니다.
⑤ 개인의 사생활을 위해 상대의 사소한 일에 관심을 갖지 말아야 합니다.

03 다음은 팀워크(Teamwork)와 응집력의 정의를 나타난 글이다. 팀워크의 사례로 적절하지 않은 것은?

> 팀워크(Teamwork)란 팀 구성원이 공동의 목적을 달성하기 위하여 상호관계성을 가지고 협력하여 업무를 수행하는 것으로 볼 수 있다. 반면 응집력은 사람들로 하여금 집단에 머물도록 느끼게끔 만들고, 그 집단의 멤버로서 계속 남아 있기를 원하게 만드는 힘으로 볼 수 있다.

① 다음 주 조별 발표 준비를 위해 같은 조원인 A와 C는 각자 주제를 나누어 조사하기로 했다.
② K사의 S사원과 C사원은 내일 진행될 행사 준비를 위해 함께 야근을 할 예정이다.
③ D고등학교 학생인 A와 B는 내일 있을 시험 준비를 위해 도서관에서 공부하기로 했다.
④ 같은 배에서 활약 중인 D와 E는 곧 있을 조정경기 시합을 위해 열심히 연습하고 있다.
⑤ 연구원 G와 S는 효과적인 의약품을 개발하기 위해 함께 연구하기로 했다.

04 다음 중 조직 내 갈등에 관한 설명으로 적절하지 않은 것은?

① 갈등상황을 형성하는 구성요소로서는 조직의 목표, 구성원의 특성, 조직의 규모, 분화, 의사전달, 권력구조, 의사결정에의 참여의 정도, 보상제도 등이 있다.
② 갈등은 직무의 명확한 규정, 직위 간 관계의 구체적 규정, 직위에 적합한 인원의 선발 및 훈련 등을 통해서 제거할 수 있다.
③ 조직 내 갈등은 타협을 통해서도 제거할 수 있다.
④ 회피는 갈등을 일으킬 수 있는 의사결정을 보류하거나 갈등상황에 처한 당사자들이 접촉을 피하도록 하는 것이나 갈등행동을 억압하는 것이다.
⑤ 갈등은 순기능이 될 수 없으므로, 갈등이 없는 상태가 가장 이상적이다.

05 다음은 터크만(Tuckman)의 팀 발달 모형에 대한 내용이다. 각 단계에 가장 어울리는 리더십 유형으로 옳은 것은?

> 1. 형성(Forming) – 팀이 처음 구성되는 단계
> 2. 스토밍(Storming) – 팀의 내부적인 갈등이 높은 단계
> 3. 표준화(Norming) – 규칙이나 방법이 만들어지고, 팀원들이 서로에게 행동을 맞추는 단계
> 4. 수행(Performing) – 큰 갈등 없이 운영되는 단계
> 5. 해산(Adjourning) – 프로젝트 완료 후 해산하는 단계

	Forming	Storming	Norming	Performing
①	코치형	지시형	지원형	위임형
②	지시형	지원형	코치형	위임형
③	위임형	코치형	지원형	지시형
④	지시형	코치형	지원형	위임형
⑤	지시형	코치형	위임형	지원형

P대리는 새로 추진하고 있는 중요한 프로젝트의 팀장을 맡았다. 그런데 어느 날부턴가 점점 사무실 분위기가 심상치 않다. P대리는 프로젝트의 원활한 진행을 위해서는 동료 간 화합이 무엇보다 중요하다고 생각하기 때문에, 팀원들의 업무 행태를 관심 있게 지켜보기 시작했다. 그 결과, A사원이 사적인 약속 등을 핑계로 업무를 미루거나 주변의 눈치를 살피며 불성실한 자세로 근무하는 모습을 발견하였다. 또한, 발생한 문제에 대해 변명만 늘어놓는 태도로 일관해 프로젝트를 함께 진행하는 동료 직원들의 불만은 점점 쌓여만 가고 있다.

06 썩은 사과의 법칙에 의하면, 팀 내 리더는 팀워크를 무너뜨리는 썩은 사과가 있을 때는 먼저 문제 상황에 대해 대화를 나누어 스스로 변화할 기회를 주어야 한다. 하지만 그 후로도 변화하지 않는다면 결단력을 가지고 썩은 사과를 내보내야 한다. P대리가 팀장으로서 할 행동을 '썩은 사과의 법칙'의 관점에서 서술한 내용으로 적절하지 않은 것은?

① 썩은 사과의 법칙의 관점에서 A사원은 조직의 비전이나 방향은 생각하지 않고 자기중심적으로 행동하며 조직에 방해가 되는 사람이다.

② P대리는 팀장으로서 먼저 A사원과 문제 상황에 대하여 대화를 나눠야 한다.

③ 직원의 문제에 대해 명확한 지적보다는 간접적으로 인지하게 하여 스스로 변화할 기회를 준다.

④ A사원의 업무 행태가 끝내 변화하지 않을 경우 A사원을 팀에서 내보내야 한다.

⑤ 성실하지 못한 A사원의 행동으로 인해 업무에 상당한 지장이 발생하고 있다고 할지라도 A사원에게 변화할 기회를 주어야 한다.

07 멤버십 유형을 나누는 두 가지 축은 마인드를 나타내는 독립적 사고 축과 행동을 나타내는 적극적 실천 축으로 나누어진다. 이에 따라 멤버십 유형은 수동형·실무형·소외형·순응형·주도형으로 구분된다. 직장 동료와 팀장의 시각으로 볼 때 A사원의 업무 행태가 속하는 멤버십 유형으로 가장 적합한 것은?

① 소외형   ② 순응형
③ 실무형   ④ 수동형
⑤ 주도형

08 다음 중 감정은행계좌에 대한 설명으로 옳지 않은 것은?

> • 감정은행계좌 : 은행에 계좌를 만들어 예입과 인출을 하듯이, 인간관계에서 구축하는 신뢰의 정도를 은행계좌에 빗댄 말이다. 다른 사람의 입장을 이해하고 배려하는 바람직한 인간관계는 감정 예입에 해당하며, 그 반대는 감정 인출에 해당한다.
> • A는 술만 먹으면 아무것도 아닌 일로 동료들과 언성을 높인다. 그런 일이 있고 난 후에는 그 동료에게 사과하고 음료수나 점심을 사곤 했는데, 어제도 또다시 동료하고 술자리에서 다퉜고, 오늘 아침에 다시 그 동료에게 음료수를 주며 사과하였다.
> • 해외 출장업무를 떠나는 상사가 팀원들에게 '내가 없더라도 맡은 일을 충실히 하라.'고 당부하자, B는 "여기 일은 아무 염려 마시고 출장 잘 다녀오십시오."라고 답변하였다. 그 후 상사가 해외 출장업무를 떠나자 B는 몸이 아파 병원에 다녀온다고 나가서는 퇴근시간이 다 되어서야 들어왔다.
> • 원래 비가 내린다는 예보가 없었는데 퇴근시간에 갑자기 비가 쏟아지기 시작하였다. 상사 C는 마침 우산이 2개가 있어서 한 개를 두 직원 중에서 정장을 입고 온 여직원에게 빌려 주었다. 다음 날 우산을 빌려 간 여직원은 밝게 웃으며 업무를 하고 있었지만, 다른 여직원은 아침부터 한마디도 하지 않고 업무만 하고 있었다.
> • D는 자신의 팀이 맡은 프로젝트가 끝나면 크게 회식을 하자고 약속을 해놓고는, 프로젝트가 끝난 지 한 달이 넘도록 아무 말 없이 회식을 하지 않았다.
> • E는 평소 예의 바르기로 소문이 자자한 사람이다. 업무능력도 뛰어나고 동료들과의 마찰도 거의 없다. 하지만 점심을 먹을 때나 회식 자리에서 자리에 없는 동료들에 대해 비난을 쏟아내곤 한다.

① A는 자신의 잘못이 반복될 때마다 매번 사과하였으므로 감정은행계좌 예입 행위에 해당한다.
② B의 행위는 타인의 기대를 저버린 행위이므로 감정은행계좌 인출 행위에 해당한다.
③ C의 행위는 배려받지 못한 상대에 대한 관심을 소홀히 한 행위이므로 감정은행계좌 인출 행위에 해당한다.
④ D의 행위는 상대방과 한 약속을 지키지 않은 행위이므로 감정은행계좌 인출 행위에 해당한다.
⑤ E의 행위는 자신에 대한 상대방의 기대에 부응하지 않는 행위이므로 감정은행계좌 인출 행위에 해당한다.

09 다음 사례에서 기러기가 발휘하고 있는 것을 모두 고르면?

> 기러기는 장거리 비행을 할 때 브이(V) 형태로 바다를 건너 날아간다. 맨 앞에 가는 기러기가 공기저항을 줄여 단독 비행을 할 때보다 약 70% 이상 더 많이 이동할 수 있다. 이때, 선두의 기러기는 한 마리가 아니다. 선두의 기러기가 지치면 후미의 기러기가 교대하여 무리를 이끌고 간다. 또한, 기러기들은 선두의 기러기를 응원하기 위해 이동 중 끊임없이 소리를 내기도 한다.

① 리더십   ② 팔로워십
③ 헤드십   ④ 리더십, 팔로워십
⑤ 헤드십, 팔로워십

10 다음은 S공단 총무부에 근무하는 최 과장과 S공단에 사무용품을 납품하는 협력업체 정 사장의 대화이다. 거래처 관리를 위한 최 과장의 업무처리 방식으로 가장 바람직한 것은?

> 정 사장 : 과장님, 이번 달 사무용품 주문량이 급격히 감소하여 궁금해 찾아왔습니다. 저희 물품에 무슨 문제라도 있습니까?
>
> 최 과장 : 사장님께서 지난 7년간 계속 납품해 주고 계시는 것에 저희는 정말 만족하고 있습니다. 그런데 아시다시 피 요즘 들어 경기가 침체되어 저희 내부에서도 비용절약운동을 하고 있어요. 그래서 개인책상 및 서랍 정리를 통해 사용 가능한 종이와 펜들이 많이 수거되었지요. 아마 이런 이유 때문이 아닐까요?
>
> 정 사장 : 그렇군요. 그런데 얼마 전 저희에게 주문하시던 종이가방을 다른 업체에서도 견적서를 받으신 것을 우연 히 알게 되었습니다. 저희 종이가방에 어떤 하자가 있었나요?
>
> 최 과장 : 아, 그러셨군요. 사실 회사의 임원께서 종이가방의 비용이 많이 든다는 지적을 하셨습니다. 그래서 가격 비교 차원에서 다른 업체의 견적서를 받아 본 것입니다.

① 유사 서비스를 제공하는 업체는 많으므로 늘 가격 비교 및 서비스 비교를 통해 업체를 자주 변경하는 것이 유리 하다.

② 오래된 거래업체라고 해도 가끔 상호관계와 서비스에 대해 교차점검을 하는 것이 좋다.

③ 사내 임원이나 동료의 추천으로 거래처를 소개받았을 경우에는 기존의 거래처에서 변경하는 것이 좋다.

④ 한 번 선정된 업체는 될 수 있는 대로 변경하지 않고 동일 조건으로 계속 거래를 유지하는 것이 가장 바람직하다.

⑤ 거래할 때마다 다른 거래처와 거래를 함으로써 여러 거래처를 아는 것이 좋다.

CHAPTER 06
정보능력

정보능력은 업무를 수행함에 있어 기본적인 컴퓨터를 활용하여 필요한 정보를 수집·분석·활용하는 능력을 의미한다. 또한, 업무와 관련된 정보를 수집하고, 이를 분석하여 의미있는 정보를 얻는 능력이다.

국가직무능력표준에 따르면 정보능력의 세부 유형은 컴퓨터활용능력·정보처리능력으로 나눌 수 있다. 정보능력은 NCS 기반 채용을 진행한 기업 중 52% 정도가 채택했으며, 문항 수는 전체에서 평균 6% 정도 출제되었다.

01 평소에 컴퓨터활용 스킬을 틈틈이 익히라!

윈도우(OS)에서 어떠한 설정을 할 수 있는지, 응용프로그램(엑셀 등)에서 어떠한 기능을 활용할 수 있는지를 평소에 직접 사용해 본다면 문제를 보다 수월하게 해결할 수 있다. 여건이 된다면 컴퓨터활용능력에 관련된 자격증 공부를 하는 것도 이론과 실무를 익히는 데 도움이 될 것이다.

02 문제의 규칙을 찾는 연습을 하라!

일반적으로 코드 체계나 시스템 논리 체계를 제공하고 이를 분석하여 문제를 해결하는 유형이 출제된다. 이러한 문제는 문제해결능력과 같은 맥락으로 규칙을 파악하여 접근하는 방식의 연습이 필요하다.

03 현재 보고 있는 그 문제에 집중하자!

정보능력의 모든 것을 공부하려고 한다면 양이 너무나 방대하다. 그렇기 때문에 수험서에서 본인이 현재 보고 있는 문제들을 집중적으로 공부하고 기억하려고 해야 한다. 그러나 엑셀의 함수 수식, 연산자 등 암기를 필요로 하는 부분들은 필수적으로 암기를 해서 출제가 되었을 때 오답률을 낮출 수 있도록 한다.

04 사진·그림을 기억하자!

컴퓨터의 활용능력을 파악하는 영역이다 보니 컴퓨터의 옵션, 기능, 설정 등의 사진·그림이 문제에 같이 나오는 경우들이 있다. 그런 부분들은 직접 컴퓨터를 통해서 하나하나 확인을 하면서 공부한다면 더 기억에 잘 남게 된다. 조금 귀찮더라도 한 번씩 클릭하면서 확인을 해보도록 한다.

┌연속출제┐

2020년에 출시될 음료 제품의 블라인드 테스트를 진행한 설문 응답표를 엑셀 표로 정리 하였다. 결과표를 만들고 싶을 때 필요한 엑셀의 함수 는?

풀이순서

1) 질문의도
  : 응답표 → 결과표
    = 엑셀함수

설문지

문항 1. 음료를 개봉했을 때, 냄새가 바로 느껴지는가?

    1. 매우 그렇다.   2. 그렇다.   3. 보통이다.   4. 아니다.   5. 매우 아니다.

문항 2. 음료를 마신 후, 이전에 먹어본 비슷한 음료가 생각나는가?

    1. 매우 그렇다.   2. 그렇다.   3. 보통이다.   4. 아니다.   5. 매우 아니다.
            ⋮

2) 자료비교
  : 조건＋개수세기

	A	B	C	D	E	F	G
1				〈설문 응답표〉			
2		설문자 A	설문자 B	설문자 C	설문자 D	설문자 E	…
3	문항 1	1	2	3	4	5	…
4	문항 2	5	4	3	2	1	…
5	문항 3	1	1	1	1	1	…
6	문항 4	2	2	2	3	3	…
7	문항 5	4	4	5	1	2	…
8	…	…	…	…	…	…	…

설문자 명단별

↓

	A	B	C	D	E	F	G
1				〈결과표〉			
2		매우 그렇다(1)	그렇다(2)	보통(3)	아니다(4)	매우 아니다(5)	…
3	문항 1	1	1	1	1	1	…
4	문항 2	1	1	1	1	1	…
5	문항 3	5	0	0	0	0	…
6	문항 4	0	3	2	0	0	…
7	문항 5	1	1	0	2	1	…
8	…	…	…	…	…	…	…

응답번호별

3) 정답도출
  : COUNTIF는 지정한
    범위 내에서 조건에
    맞는 셀의 개수를 구
    하는 함수

    ✔ COUNTIF   ② COUNT
    ③ COUNTA   ④ DSUM
    ⑤ SUMIF

📋 **유형 분석**   • 문제의 주어진 상황에서 사용할 적절한 엑셀함수가 무엇인지 묻는 문제이다.
                    • 주로 업무 수행 중에 많이 활용되는 대표적인 엑셀함수가 출제된다.
                    응용문제 : 엑셀시트를 제시하여 각 셀에 들어갈 함수식을 고르는 문제가 출제된다.

📋 **풀이 전략**   제시된 상황에서 사용할 엑셀함수가 무엇인지 파악한 후 선택지에서 적절한 함수식을 고른다. 사전에 대표적인 엑셀함수를 익혀두면 풀이시간을 줄일 수 있다.

┌연속출제┐

다음 프로그램의 실행 결과로 옳은 것은?

종류	연산자	설명
비트	~	비트를 반전시킨다.
	&	대응되는 비트가 모두 1일 때 1이다. (and)
	|	대응되는 비트가 모두 0일 때 0이다. (or)
	^	두 개의 비트가 다를 때 1이다.
논리	!	논리식의 진위를 반대로 만든다. (not)
	||	논리식 중 하나만 참이면 참이다.
관계	==	좌변과 우변이 같다.
	!=	좌변과 우변이 다르다
	>	좌변이 우변보다 크다.
	<	좌변이 우변보다 작다.
산술	%	두 연산자를 나눈 후 몫은 버리고 나머지 값만 취한다.

```
#include <stdio.h>
void main( ) {
    int a = 9 % 6;
    int b = 20 % 7;
    if ( !(a == b) ) {
        printf("%d", a + b);
    } else {
        printf("%d", a * b);
    }
}
```

① 3
② 6
③ 9 ✓
④ 18
⑤ −6

풀이순서

1) 질문의도
   : C언어

2) 자료비교
   : 관련 조건 찾기
   → 연산자 %
   → 연산자 !
   → 연산자 ==

3) 정답도출
   : % 연산자 → 나머지를 구해주는 연산자
   • 9 % 6의 결과는 3
   • 20 % 7의 결과는 6
   a의 값과 b의 값을 비교하면 같지 않기 때문에 결과는 거짓이지만 결괏값에 !(역)를 취했기 때문에 if문은 참을 만족하게 되어 9가 실행 결과

📋 **유형 분석** • 문제에 주어진 정보를 통해 최종적으로 도출값이 무엇인지 묻는 문제이다.
　　　　　　• 주로 C언어 연산자를 적용하여 나오는 값을 구하는 문제가 출제된다.
　　　　　　응용문제 : 정보를 제공하지 않고, 기본적인 C언어 지식을 통해 도출되는 C언어를 고르는 문제가 출제된다.

📋 **풀이 전략** 제시된 상황에 있는 C언어 연산자가 무엇이 있는지 파악한 후, 연산자를 적용하여 값을 구한다. C언어에 대한 기본적인 지식을 익혀 두면 도움이 된다.

01 다음 중 4차 산업혁명의 적용사례로 적절하지 않은 것은?

① 농사 기술에 ICT를 접목한 농장에서는 농작물 재배 시설의 온도・습도・햇볕량・토양 등을 분석하고, 그 결과에 따라 기계 등을 작동하여 적절한 상태로 변화시킨다.

② 주로 경화성 소재를 사용하고, 3차원 모델링 파일을 출력 소스로 활용하여 프린터로 입체 모형의 물체를 뽑아낸다.

③ 인터넷 서버에 데이터를 저장하고 여러 IT 기기를 사용해 언제 어디서든 이용할 수 있는 컴퓨팅 환경에서는 자신의 컴퓨터가 아닌 인터넷으로 연결된 다른 컴퓨터로 정보를 처리할 수 있다.

④ 인터넷에서 정보를 교환하는 시스템으로, 하이퍼텍스트 구조를 활용해서 인터넷상의 정보들을 연결해준다.

⑤ 사물에 센서를 부착해 실시간으로 데이터를 인터넷으로 주고받는 환경에서는 세상 모든 유형・무형 객체들이 연결되어 새로운 서비스를 제공한다.

02 다음을 읽고 정보관리의 3원칙으로 적절한 것을 고르면?

'구슬이 서말이라도 꿰어야 보배'라는 속담처럼, 여러 가지 채널과 갖은 노력 끝에 입수한 정보가 우리가 필요한 시점에 즉시 활용되기 위해서는 모든 정보가 차곡차곡 정리되어 있어야 한다. 이처럼 정보의 관리란 수집된 다양한 형태의 정보를 어떤 문제해결이나 결론도출에 사용하기 쉬운 형태로 바꾸는 일이다. 정보를 관리할 때에는 특히 정보에 대한 사용목표가 명확해야 하며, 정보를 쉽게 작업할 수 있어야 하고, 또한 즉시 사용할 수 있어야 한다.

① 목적성, 용이성, 유용성　　　　　　② 다양성, 용이성, 통일성

③ 용이성, 통일성, 다양성　　　　　　④ 통일성, 목적성, 유용성

⑤ 통일성, 목적성, 용이성

03 다음은 기획안을 제출하기 위한 정보수집 전에 어떠한 정보를 어떻게 수집할지에 대한 '정보의 전략적 기획'의 사례이다. 다음을 읽고 S사원이 필요한 정보로 적절하지 않은 것은?

> A전자의 S사원은 상사로부터 세탁기 신상품에 대한 기획안을 제출하라는 업무를 받았다. 먼저 S사원은 기획안을 작성하기 위해 자신에게 어떠한 정보가 필요한지를 생각해 보았다. 개발하려는 세탁기 신상품의 컨셉은 중년층을 대상으로 한 실용적이고 경제적이며 조작하기 쉬운 것을 대표적인 특징으로 삼고 있다.

① 기존에 세탁기를 구매한 고객들의 데이터베이스로부터 정보가 필요할 수 있겠어.
② 현재 세탁기를 사용하면서 불편한 점은 무엇인지에 대한 정보가 필요하겠네.
③ 데이터베이스로부터 성별 세탁기 디자인 선호도에 대한 정보가 필요해.
④ 고객들의 세탁기에 대한 부담 가능한 금액은 얼마인지에 대한 정보도 필요할 것 같아.
⑤ 데이터베이스를 통해 중년층이 선호하는 디자인이나 색은 무엇인지에 대한 정보도 있으면 좋을 것 같군.

04 데이터베이스의 필요성에 관한 옳은 설명만을 〈보기〉에서 모두 고르면?

> **보기**
> ㄱ. 데이터의 중복을 줄이고 안정성을 높인다.
> ㄴ. 데이터의 양이 많아 검색이 어려워진다.
> ㄷ. 프로그램의 개발이 쉽고 개발 기간도 단축한다.
> ㄹ. 데이터가 한 곳에만 기록되어 있어 결함 없는 데이터를 유지하기 어려워진다.

① ㄱ, ㄴ   ② ㄱ, ㄷ
③ ㄴ, ㄷ   ④ ㄴ, ㄹ
⑤ ㄷ, ㄹ

05 다음 시트에서 [D2:D7] 영역처럼 표시하려고 할 때, [D2] 셀에 입력할 수식으로 올바른 것은?

	A	B	C	D
1	성명	주민등록번호	생년월일	성별
2	문혜정	961208-2111112	961208	여성
3	김성현	920511-1222222	920511	남성
4	신미숙	890113-2333333	890113	여성
5	이승훈	901124-1555555	901124	남성
6	최문섭	850613-1666666	850613	남성
7	성은미	000605-4777777	000605	여성

① =IF(B2="1","여성","남성")
② IF(LEFT(B2,1)="1","여성","남성")
③ =IF(TEXT(B2,1)="1","여성","남성")
④ =IF(MID(B2,8,1)="1","남성","여성")
⑤ =IF(RIGHT(B2,1)="2","여성")

06 다음 중 다양한 상황과 변수에 따른 여러 가지 결괏값의 변화를 가상의 상황을 통해 예측하여 분석할 수 있는 도구는?

① 시나리오 관리자　　　　　　　　　　② 목표값 찾기
③ 부분합　　　　　　　　　　　　　　　④ 통합
⑤ 데이터 표

07 다음 중 엑셀에서 데이터 입력에 대한 설명으로 옳지 않은 것은?

① 셀 안에서 줄 바꿈을 하려면 [Alt]+[Enter] 키를 누른다.
② 한 행을 블록 설정한 상태에서 [Enter] 키를 누르면 블록 내의 셀이 오른쪽 방향으로 순차적으로 선택되어 행단위로 데이터를 쉽게 입력할 수 있다.
③ 여러 셀에 숫자나 문자 데이터를 한 번에 입력하려면 여러 셀이 선택된 상태에서 데이터를 입력한 후 바로 [Shift]+[Enter] 키를 누른다.
④ 열의 너비가 좁아 입력된 날짜 데이터 전체를 표시하지 못하는 경우 셀의 너비에 맞춰 '#'이 반복 표시된다.
⑤ [Ctrl]+세미콜론(;)을 누르면 오늘 날짜, [Ctrl]+[Shift]+세미콜론(;)을 누르면 현재시각이 입력된다.

08 직장인 K사원은 회의에서 프레젠테이션을 이용하여 발표를 진행하다가 키보드의 [Home] 버튼을 잘못 눌러 슬라이드 쇼 화면 상태에서 슬라이드가 처음으로 되돌아가버렸다. 발표를 진행 했던 슬라이드부터 프레젠테이션을 실행하기 위해 [ESC] 버튼을 눌러 슬라이드 쇼 화면 상태에서 나간 후, [여러 슬라이드]에서 해당 슬라이드를 선택하여 프레젠테이션을 실행하려고 할 때, 직장인 K사원이 눌러야 할 단축키로 가장 적절한 것은?

① [Ctrl]+[S]　　　　　　　　　　　② [Ctrl]+[P]
③ [Ctrl]+[M]　　　　　　　　　　　④ [Shift]+[F5]
⑤ [Shift]+[F10]

09 엑셀에서 [데이터 유효성] 대화 상자의 [설정] 탭 중 제한 대상 목록에 해당하지 않는 것은?

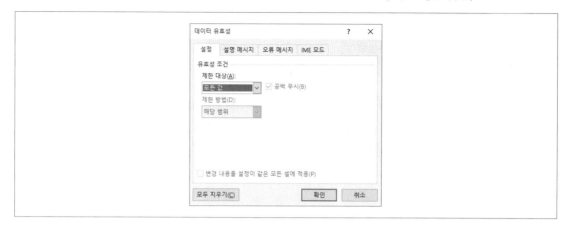

① 정수　　　　　　　　　　　② 날짜
③ 시간　　　　　　　　　　　④ 분수
⑤ 소수점

10 워드프로세서에서는 일정한 영역(Block)을 지정하여 영역 전체에 특정 명령을 일괄적으로 지정할 수 있다. 다음 중 영역의 지정에 대한 설명으로 옳은 것은?

① 문서 내의 임의의 위치에서 [Ctrl]+[E]를 누르면 문서 전체 영역 지정이 가능하다.
② 해당 단어 안에 마우스 포인터를 놓고 1번 클릭하면 한 단어 영역 지정이 가능하다.
③ 해당 문단의 임의의 위치에 마우스 포인터를 놓고 3번 클릭하면 문단 전체 영역 지정이 가능하다.
④ 문서 내의 한 행 왼쪽 끝에서 마우스 포인터가 화살표로 바뀌고 나서 2번 클릭하면 문서 전체 영역 지정이 가능하다.
⑤ 해당 줄의 왼쪽 끝으로 마우스 포인터를 이동하여 포인터가 화살표로 바뀌고 나서 2번 클릭하면 한 줄 영역 지정이 가능하다.

CHAPTER 07
기술능력

합격 Cheat Key

기술능력은 업무를 수행함에 있어 도구, 장치 등을 포함하여 필요한 기술에 어떠한 것들이 있는지 이해하고, 실제 업무를 수행함에 있어 적절한 기술을 선택하여 적용하는 능력이다. 사무직을 제외한 특수 직렬을 지원하는 수험생이 라면 전공을 포함하여 반드시 준비해야 하는 영역이다.

국가직무능력표준에 따르면 기술능력의 세부 유형은 기술이해능력·기술선택능력·기술적용능력으로 나눌 수 있다. 제품설명서나 상황별 매뉴얼을 제시하는 문제 또는 명령어를 제시하고 규칙을 대입할 수 있는지 묻는 문제가 출제되 기 때문에 이런 유형들을 공략할 수 있는 전략을 세워야 한다. 기술능력은 NCS 기반 채용을 진행한 기업 중 50% 정도가 채택했으며, 문항 수는 전체에서 평균 2% 정도 출제되었다.

01 긴 지문이 출제될 때는 보기의 내용을 미리 보자!

기술능력에서 자주 출제되는 제품설명서나 상황별 매뉴얼을 제시하는 문제에서는 기술을 이해하고, 상 황에 알맞은 원인 및 해결방안을 고르는 문제가 출제된다. 실제 시험장에서 문제를 풀 때는 시간적 여유 가 없기 때문에 보기를 먼저 읽고, 그 다음 긴 지문을 보면서 동시에 보기와 일치하는 내용이 나오면 확인해 가면서 푸는 것이 좋다.

02 모듈형에 대비하라!

모듈형 문제의 비중이 늘어나는 추세이므로 공기업을 준비하는 취업준비생이라면 모듈형 문제에 대비해 야 한다. 기술능력의 모듈형 이론 부분을 학습하고 모듈형 문제를 풀어보고 여러 번 읽으며 이론을 확실 히 익혀두면 실제 시험장에서 이론을 묻는 문제가 나왔을 때 단번에 답을 고를 수 있다.

03   전공 이론도 익혀두자!

지원하는 직렬의 전공 이론이 기술능력으로 출제되는 경우가 많기 때문에 전공 이론을 익혀두는 것이
좋다. 깊이 있는 지식을 묻는 문제가 아니더라도 출제되는 문제의 소재가 전공과 관련된 내용일 가능성
이 크기 때문에 최소한 지원하는 직렬의 전공 용어는 확실히 익혀두어야 한다.

04   포기하지 말자!

직업기초능력에서 주요 영역이 아니면 소홀한 경우가 많다. 시험장에서 기술능력을 읽어보지도 않고
포기하는 경우가 많은데 차근차근 읽어보면 지문만 잘 읽어도 풀 수 있는 문제들이 출제되는 경우가
있다. 이론을 모르더라도 풀 수 있는 문제인지 파악해보자.

┌연속출제─

귀하는 반도체 회사의 기술연구팀에서 연구원으로 근무하고 있다. 하루는 인사팀에서 기술
능력이 뛰어난 신입사원 한 명을 추천해달라는 요청을 받았다. 귀하는 추천에 앞서 먼저 해당
추천서에 필요한 평가 항목을 정하려 한다. 다음 중 추천서의 평가 항목으로 적절하지 않은
것은 무엇인가?

① 문제를 해결하기 위해 다양한 해결책을 개발하고 평가하려는 사람인가?

② 실질적 문제해결을 위해 필요한 지식이나 자원을 선택하고 적용할 줄 아는 사람인가?

❸ 아무런 제약이 없다면 자신의 능력을 최대한 발휘할 수 있는 사람인가?

④ 처리하는 기술적 문제 사항이 실제 업무에 효용성이 있는가?

⑤ 해결에 필요한 문제를 예리하게 간파할 줄 아는 사람인가?

풀이순서

1) 질문의도
  : 뛰어난 기술능력
    → 평가항목

2) 정답도출
  : 제약하에서 최대
    능력 발휘

📋 유형 분석	• NCS e-Book [기술능력]에서 설명하고 있는 이론을 토대로 출제된 문제이다.
	• 특히 기술능력이 뛰어난 사람의 특징, 지속가능한 기술, 친환경 기술 등의 주제로 자주 출제되고 있다.
📋 풀이 전략	문제에서 묻고자 하는 바를 이해하고 선택지에서 정답을 고른다. 사전에 NCS e-book [기술능력]을 미리 학습해두면 풀이시간을 줄일 수 있다.

기출유형 2

┌연속출제┐

※ P회사에서는 화장실의 청결을 위해 비데를 구매하고 화장실과 가까운 곳에 위치한 귀하의 팀원들에게 비데를 설치하도록 지시하였다. 다음 내용은 비데를 설치하기 위해 참고할 제품 설명서의 일부 내용이다. 이어지는 질문에 답하시오.

풀이순서

〈A/S 신청 전 확인 사항〉

현상	원인	조치방법
물이 나오지 않을 경우	급수밸브가 잠김	매뉴얼을 참고하여 급수밸브를 열어 주세요.
	정수필터가 막힘	매뉴얼을 참고하여 정수필터를 교체하여 주세요 (A/S상담실로 문의하세요).
	본체 급수호스 등이 동결	더운물에 적신 천으로 급수호스 등의 동결부위를 녹여 주세요.
기능 작동이 되지 않을 경우	ⓐ 수도필터가 막힘	흐르는 물에 수도필터를 닦아 주세요.
	ⓑ 착좌센서 오류	착좌센서에서 의류, 물방울, 이물질 등을 치워 주세요.
수압이 약할 경우	수도필터에 이물질이 낌	흐르는 물에 수도필터를 닦아 주세요.
	본체의 호스가 꺾임	호스의 꺾인 부분을 펴 주세요.
노즐이 나오지 않을 경우	착좌센서 오류	착좌센서에서 의류, 물방울, 이물질을 치워 주세요.
본체가 흔들릴 경우	고정 볼트가 느슨해짐	고정 볼트를 다시 조여 주세요.
비데가 작동하지 않을 경우	급수밸브가 잠김	매뉴얼을 참고하여 급수밸브를 열어 주세요.
	급수호스의 연결문제	급수호스의 연결상태를 확인해 주세요. 계속 작동하지 않는다면 A/S상담실로 문의하세요.
변기의 물이 샐 경우	급수호스가 느슨해짐	급수호스 연결부분을 조여 주세요. 계속 샐 경우 급수밸브를 잠근 후 A/S상담실로 문의하세요.

3) 원인확인
 : ⓐ ~ ⓑ

귀하는 지시에 따라 비데를 설치하였다. 일주일이 지난 뒤, 동료 K사원으로부터 비데의 기능이 작동하지 않는다는 사실을 접수하였다. 다음 중 귀하가 해당 문제점에 대한 원인을 파악하기 위해 확인해야 할 사항 으로 적절한 것은?

① 급수밸브의 잠김 여부
③ 정수필터의 청결 상태
⑤ 비데의 고정 여부
② 수도필터의 청결 상태
④ 급수밸브의 연결 상태

1) 질문의도
 : 원인 → 확인사항

2) 상황확인
 : 비데 기능 작동 ×

4) 정답도출

📋 **유형 분석**
- 제품설명서 등을 읽고 제시된 문제 상황에 적절한 해결책을 찾는 문제이다.
- 흔히 기업에서 사용하고 있는 제품이나 기계들의 설명서가 제시된다.
- 문제에서 제시하는 정보가 많고 길이가 긴 경우가 많아 실수를 하기 쉽다.

📋 **풀이 전략**
문제에서 의도한 바(문제원인, 조치사항 등)를 확인한 후, 이를 해결할 수 있는 정보를 찾아 문제를 풀어간다.

기출예상문제

기술능력

정답 및 해설 p.51

※ 다음 자료를 참고하여 이어지는 질문에 답하시오. [1~2]

스위치	기능
○	1번과 2번 기계를 시계 방향으로 90° 회전함
●	1번과 4번 기계를 시계 방향으로 90° 회전함
□	2번과 3번 기계를 시계 방향으로 90° 회전함
■	1번과 3번 기계를 시계 반대 방향으로 90° 회전함
◑	2번과 4번 기계를 시계 반대 방향으로 90° 회전함
◐	3번과 4번 기계를 시계 반대 방향으로 90° 회전함

01 처음 상태에서 스위치를 두 번 눌렀더니 화살표 모양과 같은 상태로 바뀌었다. 어떤 스위치를 눌렀는가?

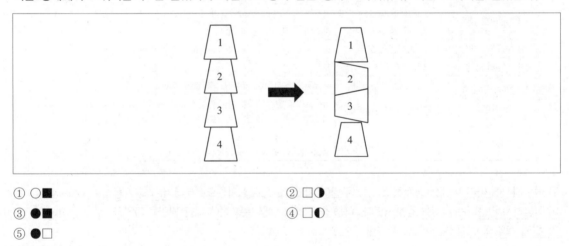

① ○■
② □◑
③ ●■
④ □◐
⑤ ●□

02 처음 상태에서 스위치를 두 번 눌렀더니 화살표 모양과 같은 상태로 바뀌었다. 어떤 스위치를 눌렀는가?

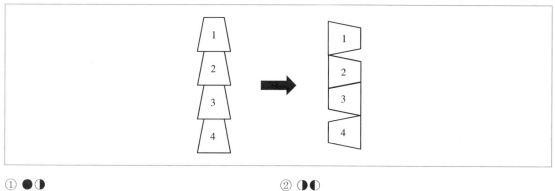

① ●◐   ② ◐●

③ ●□   ④ ■●

⑤ ○◐

03 다음 자료에서 설명하는 기술 혁신의 특성과 가장 부합하는 내용은?

> 새로운 기술을 개발하기 위한 아이디어의 원천이나 신제품에 대한 소비자의 수요, 기술 개발의 결과 등은 예측하기가 매우 어렵기 때문에 기술 개발의 목표나 일정, 비용, 지출, 수익 등에 대한 사전 계획을 세우기란 쉽지 않다. 또한, 이러한 사전 계획을 세운다 하더라도 모든 기술 혁신의 성공이 사전의 의도나 계획대로 이루어지지는 않는다. 때로는 그러한 성공들은 우연한 기회에 이루어지기도 하기 때문이다.

① 기술 혁신은 매우 불확실하다.
② 기술 혁신은 지식 집약적인 활동이다.
③ 기술 혁신은 장기간의 시간을 필요로 한다.
④ 기술 혁신은 기업 내에서 많은 논쟁을 유발한다.
⑤ 기술 혁신은 부서 단독으로 수행되지 않으며, 조직의 경계를 넘나든다.

04 B사원은 최근 K전자제품회사의 빔프로젝터를 구입하였으며, 빔프로젝터 고장 신고 전 확인사항 자료를 확인하였다. 자료를 볼 때, 빔프로젝터의 증상과 그에 따른 확인 및 조치사항이 올바른 것은?

〈빔프로젝터 고장 신고 전 확인사항〉

분류	증상	확인 및 조치사항
설치 및 연결	전원이 들어오지 않음	• 제품 배터리의 충전 상태를 확인해 주세요. • 만약 그래도 제품이 전혀 동작하지 않는다면 제품 옆면의 'Reset' 버튼을 1초간 누르시기 바랍니다.
	전원이 자동으로 꺼짐	본 제품은 약 20시간 지속 사용 시 제품의 시스템 보호를 위해 전원이 자동 차단될 수 있습니다.
	외부기기가 선택되지 않음	외부기기 연결선이 신호 단자에 맞게 연결되었는지 확인하고, 연결 상태를 점검해 주시기 바랍니다.
메뉴 및 리모컨	리모컨이 동작하지 않음	• 리모컨의 건전지 상태 및 건전지가 권장 사이즈에 부합하는지 확인해 주세요. • 리모컨 각도와 거리가(10m 이하) 적당한지, 제품과 리모컨 사이에 장애물이 없는지 확인해 주세요.
	메뉴가 선택되지 않음	메뉴의 글자가 회색으로 나와 있지 않은지 확인해 주세요. 회색의 글자 메뉴는 선택되지 않습니다.
화면 및 소리	영상이 희미함	• 리모컨 메뉴창의 초점 조절 기능을 이용하여 초점을 조절해 주세요. • 투사거리가 초점에서 너무 가깝거나 멀리 떨어져 있지 않은지 확인해 주세요(권장거리 1 ~ 3m).
	제품에서 이상한 소리가 남	이상한 소리가 계속해서 발생할 경우 사용을 중지하고 서비스센터로 문의해 주시기 바랍니다.
	화면이 안 나옴	• 제품 배터리의 충전 상태를 확인해 주세요. • 본체의 발열이 심할 경우 화면이 나오지 않을 수 있습니다.
	화면에 줄, 잔상, 경계선 등이 나타남	• 일정시간 정지된 영상을 지속적으로 표시하면 부분적으로 잔상이 발생합니다. • 영상의 상·하·좌·우의 경계선이 고정되어 있거나 빛의 투과량이 서로 상이한 영상을 장시간 시청 시 경계선에 자국이 발생할 수 있습니다.

① 영화를 보는 중에 갑자기 전원이 꺼진 것은 본체의 발열이 심해서 그런 것이므로 약 20시간 동안 사용을 중지하였다.

② 메뉴가 선택되지 않아 외부기기와 연결선이 제대로 연결되었는지 확인하였다.

③ 일주일째 이상한 소리가 나 제품 배터리가 충분히 충전된 상태인지 살펴보았다.

④ 영상이 너무 희미해 초점과 투사거리를 확인하여 조절하였다.

⑤ 언젠가부터 화면에 잔상이 나타나 제품과 리모콘 배터리의 충전 상태를 확인하였다.

05 다음 중 산업재해의 예방 대책 순서로 올바른 것은?

① 사실의 발견 → 안전 관리 조직 → 원인 분석 → 시정책 선정 → 시정책 적용 및 뒤처리

② 사실의 발견 → 원인 분석 → 시정책 선정 → 안전 관리 조직 → 시정책 적용 및 뒤처리

③ 안전 관리 조직 → 원인 분석 → 사실의 발견 → 시정책 선정 → 시정책 적용 및 뒤처리

④ 안전 관리 조직 → 사실의 발견 → 원인 분석 → 시정책 선정 → 시정책 적용 및 뒤처리

⑤ 안전 관리 조직 → 원인 분석 → 시정책 선정 → 사실의 발견 → 시정책 적용 및 뒤처리

06 다음 중 ㉠에 들어갈 내용으로 적절하지 않은 것은?

> 기술능력은 직업에 종사하기 위해 모든 사람들이 필요로 하는 능력이며, 이것을 넓은 의미로 확대해 보면 기술교양(Technical Literacy)이라는 개념으로 사용될 수 있다. 즉, 기술능력은 기술교양의 개념을 보다 구체화한 개념으로 볼 수 있다. 일반적으로 기술교양을 지닌 사람들은 _____㉠

① 기술학의 특성과 역할을 이해한다.

② 기술과 관련된 위험을 평가할 수 있다.

③ 기술과 관련된 이익을 가치화하지 않는다.

④ 기술체계가 설계·사용·통제되는 방법을 이해한다.

⑤ 기술에 의한 윤리적 딜레마에 대해 합리적으로 반응할 수 있다.

07 다음은 제품 매뉴얼과 업무 매뉴얼을 설명한 것이다. 다음 글을 이해한 내용으로 옳지 않은 것은?

> 제품 매뉴얼이란 사용자를 위해 제품의 특징이나 기능 설명, 사용방법과 고장 조치방법, 유지 보수 및 A/S, 폐기까지 제품에 관련된 모든 서비스에 대해 소비자가 알아야 할 모든 정보를 제공하는 것을 말한다.
> 다음으로 업무 매뉴얼이란 어떤 일의 진행 방식, 지켜야 할 규칙, 관리상의 절차 등을 일관성 있게 여러 사람이 보고 따라할 수 있도록 표준화하여 설명하는 지침서이다.

① 제품 매뉴얼은 제품의 설계상 결함이나 위험 요소를 대변해야 한다.

② '재난대비 국민행동 매뉴얼'은 업무 매뉴얼의 사례로 볼 수 있다.

③ 제품 매뉴얼은 제품의 의도된 안전한 사용과 사용 중 해야 할 일 또는 하지 말아야 할 일까지 정의해야 한다.

④ 제품 매뉴얼과 업무 매뉴얼 모두 필요한 정보를 빨리 찾을 수 있도록 구성되어야 한다.

⑤ 제품 매뉴얼은 혹시 모를 사용자의 오작동까지 고려하여 만들어져야 한다.

08 다음 글을 읽고 노와이(Know-Why)의 사례로 적절한 것은?

> 기술은 노하우(Know-How)와 노와이(Know-Why)로 구분할 수 있다. 노하우는 특허권을 수반하지 않는 과학자, 엔지니어 등이 가지고 있는 체화된 기술을 의미하며, 노와이는 어떻게 기술이 성립하고 작용하는가에 관한 원리적 측면에 중심을 둔 개념이다.
>
> 이 두 가지는 획득과 전수방법에 차이가 있다. 노하우는 경험적이고 반복적인 행위에 의해 얻어지는 것이며, 이러한 성격의 지식을 흔히 Technique, 혹은 Art라고 부른다. 반면, 노와이는 이론적인 지식으로서 과학적인 탐구에 의해 얻어진다.
>
> 오늘날 모든 기술과 경험이 공유되는 시대에서 노하우는 점점 경쟁력을 잃어가고 있으며, 노와이가 점차 각광받고 있다. 즉, 노하우가 구성하고 있는 환경, 행동, 능력을 벗어나 신념과 정체성, 영성 부분도 관심받기 시작한 것이다. 과거에는 기술에 대한 공급이 부족하고 공유가 잘 되지 않았기 때문에 노하우가 각광받았지만, 현재는 기술에 대한 원인과 결과에 대한 관계를 파악하고, 그것을 통해 목적과 동기를 새로 설정하는 노와이의 가치가 높아졌다. 노와이가 말하고자 하는 핵심은 왜 이 기술이 필요한지를 알아야 기술의 가치가 무너지지 않는다는 것이다.

① 요식업에 종사 중인 S씨는 영업시간 후 자신의 초밥 만드는 비법을 아들인 B군에게 전수하고 있다.

② 자판기 사업을 운영하고 있는 K씨는 이용자들의 화상을 염려하여 화상 방지 시스템을 개발하였다.

③ S사에 근무 중인 C씨는 은퇴 후 중장비학원에서 중장비 운영 기술을 열심히 공부하고 있다.

④ Z병원에서 근무 중인 의사인 G씨는 방글라데시의 의료진에게 자신이 가지고 있는 선진의술을 전수하기 위해 다음 주에 출국할 예정이다.

⑤ D사는 최근에 제조 관련 분야에서 최소 20년 이상 근무해 제조 기술에 있어 장인 수준의 숙련도를 가진 직원 4명을 D사 명장으로 선정하여 수상하였다.

09 다음 글에 제시된 벤치마킹의 종류에 대한 설명으로 옳은 것은?

> 네스프레소는 가정용 커피머신 시장의 선두주자이다. 우리는 기존의 산업 카테고리를 벗어나 랑콤, 이브로쉐 등 고급 화장품 업계의 채널 전략을 벤치마킹했다는 점을 주목해야 한다. 고급 화장품 업체들은 독립 매장에서 고객들에게 화장품을 직접 체험할 수 있는 기회를 제공하고, 이를 적극적으로 수요와 연계하고 있었다. 네스프레소는 이를 통해 신규 수요를 창출하기 위해서는 커피머신의 기능을 강조하는 것이 아니라, 즉석에서 추출한 커피의 신선한 맛을 고객에게 체험하게 하는 것이 중요하다는 인사이트를 도출했다. 이후 전 세계 유명 백화점에 오프라인 단독 매장들을 개설해 고객에게 커피를 시음할 수 있는 기회를 제공했다. 이를 통해 네스프레소의 수요는 급속도로 늘어나 매출 부문에서 30 ~ 40%의 고속성장을 거두게 됐고 전 세계로 확장되며 여전히 높은 성장세를 이어가고 있다.

① 자료수집이 쉬우며 효과가 크지만 편중된 내부 시각에 대한 우려가 있다는 단점이 있다.

② 비용 또는 시간적 측면에서 상대적으로 많이 절감할 수 있다는 장점이 있다.

③ 문화 및 제도적인 차이에 대한 검토가 부족하면 잘못된 결과가 나올 수 있다.

④ 경영성과와 관련된 정보 입수가 가능하나 윤리적인 문제가 발생할 소지가 있다.

⑤ 새로운 아이디어가 나올 가능성이 높지만 가공하지 않고 사용한다면 실패할 수 있다.

10 다음은 기술 시스템의 발전 단계를 나타낸 것이다. 빈칸에 들어갈 단계로 적절한 것은?

〈기술 시스템의 발전 단계〉

1단계 : 발명·개발·혁신의 단계

↓

2단계 : 기술 이전의 단계

↓

3단계 : _____

↓

4단계 : 기술 공고화 단계

① 기술 협조의 단계　　　　　　　② 기술 경영의 단계
③ 기술 평가의 단계　　　　　　　④ 기술 경쟁의 단계
⑤ 기술 투자의 단계

CHAPTER 08
조직이해능력

합격 Cheat Key

조직이해능력은 업무를 원활하게 수행하기 위해 조직의 체제와 경영을 이해하고 국제적인 추세를 이해하는 능력이다. 현재 많은 공사·공단에서 출제 비중을 높이고 있는 영역이기 때문에 미리 대비하는 것이 중요하며 실제 업무 능력에서 조직이해능력을 요구하기 때문에 중요도는 더욱 높아질 것이다.

국가직무능력표준에 따르면 조직이해능력의 세부 유형은 조직체제이해능력·경영이해능력·업무이해능력·국제감각으로 나눌 수 있다. 조직도를 제시하는 문제가 출제되거나 조직의 체계를 파악해 경영의 방향성을 예측하고, 업무의 우선순위를 파악하는 문제가 출제된다. 조직이해능력은 NCS 기반 채용을 진행한 기업 중 70% 정도가 채택했으며, 문항 수는 전체에서 평균 5% 정도로 상대적으로 적게 출제되었다.

01 문제 속에 정답이 있다!

경력이 없는 경우 조직에 대한 이해가 낮을 수밖에 없다. 그러나 문제 자체가 실무적인 내용을 담고 있어도 문제 안에는 해결의 단서가 주어진다. 부담을 갖지 않고 접근하는 것이 중요하다.

02 경영·경제학원론 정도의 수준은 갖추도록 하라!

지원한 직군마다 차이는 있을 수 있으나, 경영·경제이론을 접목한 문제가 꾸준히 출제되고 있다. 따라서 기본적인 경영·경제 이론은 익혀 둘 필요가 있다.

03   지원하는 공사·공단의 조직도를 파악하자!

출제되는 문제는 각 공사·공단의 세부 내용일 경우가 많기 때문에 지원하는 공사·공단의 조직도를 파악해두어야 한다. 조직이 운영되는 방법과 전략을 이해하고, 조직을 구성하는 체제를 파악하고 시험에 임한다면 조직이해능력영역에서 조직도가 출제될 경우 단시간에 문제를 풀 수 있을 것이다.

04   실제 업무에서도 요구되므로 이론을 익혀두자!

각 공사·공단의 직무 특성상 일부 영역에 중요도가 가중되는 경우가 있어서 많은 취업준비생들이 일부 영역에만 집중한다. 하지만 실제 업무 능력에서 직업기초능력 10개 영역이 골고루 요구되는 경우가 많고, 현재는 필기시험에서도 조직이해능력을 출제하는 기관의 비중이 늘어나고 있기 때문에 미리 이론을 익혀 둔다면 모듈형 문제에서 고득점을 노릴 수 있다.

┌연속출제─┐

직장생활을 하면 해외 바이어를 만날 일이 생기기도 한다. 이를 대비해 알아두어야 할 [국제매너]로 옳지 <u>않은</u> 것은?

① 악수를 한 후 명함을 건네는 것이 순서이다.

② 러시아, 라틴아메리카 사람들은 포옹으로 인사를 하는 경우도 많다.

③ 이라크 사람들은 상대방이 약속시간이 지나도 기다려 줄 것으로 생각한다.

④ 미국인들과 악수를 할 때에는 손끝만 살짝 잡아서 해야 한다.

풀이순서

1) 질문의도
   : 국제매너

2) 정답도출
   : 손끝만 ×
   → 잠시 힘주어
     잡아야 함

📑 **유형 분석**
· 국제 예절에 대한 이해를 묻는 문제이다.
· 문제에서 별다른 단서가 주어지지 않고 국제 예절을 알고 있는지 직접적으로 묻기 때문에 정확한 정리가 필수이다.

응용문제 : 국제 공통 예절과 국가별 예절을 구분해서 알아야 하고, 특히 식사예절은 필수로 알아두어야 한다.

📑 **풀이 전략**
질문에서 무엇을 묻고 있는지(옳은, 옳지 않은)를 분명히 표시해 놓고 선택지를 읽어야 한다.

CHAPTER 08 기출유형 2

┌─연속출제─┐

다음 중 경영의 4요소에 대한 설명으로 적절한 것을 모두 고르면?

> ㉠ 조직의 목적을 달성하기 위해 경영자가 수립하는 것으로 더욱 구체적인 방법과 과정이 담겨 있다. ⟶ 경영목적
>
> ㉡ 조직에서 일하는 구성원으로 경영은 이들의 직무수행에 기초하여 이루어지기 때문에 이것의 배치 및 활용이 중요하다. ⟶ 인적자원
>
> ㄷ. 생산자가 상품 또는 서비스를 소비자에게 유통하는 데 관련된 모든 체계적 경영 활동이다.
>
> ㄹ. 특정의 경제적 실체에 관하여 이해관계를 이루는 사람들에게 합리적인 경제적 의사결정을 하는 데 유용한 재무적 정보를 제공하기 위한 일련의 과정 또는 체계이다.
>
> ㉢ 경영하는 데 사용할 수 있는 돈으로 이것이 충분히 확보되는 정도에 따라 경영의 방향과 범위가 정해지게 된다. ⟶ 운영자금
>
> ㉣ 조직이 변화하는 환경에 적응하기 위하여 경영활동을 체계화하는 것으로, 목표달성을 위한 수단이다. ⟶ 경영전략

① ㄱ, ㄴ, ㄷ, ㄹ
② ㄱ, ㄴ, ㄷ, ㅁ
❸ ㄱ, ㄴ, ㅁ, ㅂ
④ ㄷ, ㄹ, ㅁ, ㅂ
⑤ ㄴ, ㄷ, ㅁ, ㅂ

풀이순서

1) 질문의도
  : 경영의 4요소

2) 선택지 분석

3) 정답도출

📋 **유형 분석**
- 경영을 구성하는 요소에 대한 이해를 묻는 문제이다.
- 지식이 없으면 어려운 문제이다. 조직의 유지에는 경영이 필수이기 때문에 이 영역(조직이해)에서 경영 이론에 대한 기본적인 내용은 정리해두어야 한다.

  응용문제 : 경영 단계와 그 특징에 대한 문제가 출제된다.

📋 **풀이 전략**
  문제를 읽어 질문을 확인한 뒤 지문을 읽는다. 지문은 묻는 질문에 대한 진술과 아닌 진술이 섞여 있는 형태이므로 키워드를 표시하면서 걸러내야 한다.

안심Touch

기출예상문제

01 다음은 Z공사의 일부 조직도와 부서별 수행 업무이다. 다음 중 Z공사의 서비스로 정보통신실과 가장 관련 있는 것은?

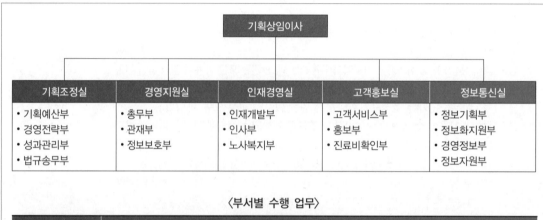

〈부서별 수행 업무〉

부서	업무
기획조정실	• 기획예산부 : 연간 사업계획 수립 및 예산 편성 • 경영전략부 : 미래전략위원회 운영, 경영혁신 관련 업무 • 성과관리부 : 내부 성과 관리 체계 운영 • 법규송무부 : 소송 및 행정심판 지원·법률 검토
경영지원실	• 총무부 : 물품의 제조·구매 및 용역 계약 • 관재부 : 사옥의 유지·보수 등 시설 및 위탁업체 관리 • 정보보호부 : 개인정보 보호 및 정보 보안 관리·운영
인재경영실	• 인재개발부 : 최고위자 과정 운영, 대내외 교육 지원 • 인사부 : 직원 채용·승진·승급·전보 및 퇴직 등 임용 • 노사복지부 : 임직원 급여 및 보수 관리에 관한 사항
고객홍보실	• 고객서비스부 : 고객 만족도 조사, 고객센터 운영 • 홍보부 : 언론 대응, 홍보 자료 발간 • 진료비확인부 : 진료비 확인 요청 업무 처리
정보통신실	• 정보기획부 : IT 전략 계획 수립 및 분석·평가 • 정보화지원부 : 요양기관 업무포털 시스템 개발 및 운영 • 경영정보부 : 기관운영시스템 개발 및 운영 • 정보자원부 : 정보통신시스템 관리 및 운영

① 고객의 소리　　　　　　　　　　　　　② 최고위자 과정

③ 요양기관 업무포털　　　　　　　　　　④ 비급여진료비 확인 신청

⑤ Z공사 스카이라운지 방문 신청

02 다음은 A회사의 L팀장이 오전 10시에 K대리에게 남긴 음성 메시지이다. L팀장의 업무 지시에 따라 K대리가 가장 먼저 해야 할 일과 가장 나중에 해야 할 일을 순서에 맞게 나열한 것은?

> K대리님, 저 L팀장입니다. 오늘 중요한 미팅 때문에 K대리님이 제 업무를 조금 도와주셔야 할 것 같습니다. 제가 미팅 후 회식을 가야 하는데 제가 회사 차를 가지고 왔습니다. 이따가 K대리님이 잠깐 들러 회사 차를 반납해 주세요. 아, 차 안에 Z은행 J팀장에게 제출해야 할 서류가 있는데 회사 차를 반납하기 전에 그 서류를 대신 제출해주시겠어요? Z은행 J팀장은 4시에 퇴근하니까 3시까지는 Z은행으로 가셔야 할 것 같습니다. 그리고 오늘 5시에 팀장 회의가 있는데 제 책상 위의 회의 자료를 영업팀 C팀장에게 전달해주시겠어요? C팀장이 오늘 오전 반차를 써서 아마 1시쯤에 출근할 것 같습니다. 급한 사안이니 최대한 빨리 전달 부탁드려요. 그런데 혹시 지금 대표님께서 출근하셨나요? 오전 중으로 대표님께 결재를 받아야 할 사항이 있는데, 제 대신 결재 좀 부탁드리겠습니다.

① 대표님께 결재 받기 – 회사 차 반납
② Z은행 J팀장에게 서류 제출 – 회사 차 반납
③ 영업팀 C팀장에게 회의 자료 전달 – 회사 차 반납
④ 대표님께 결재 받기 – 영업팀 C팀장에게 회의 자료 전달
⑤ 영업팀 C팀장에게 회의 자료 전달 – Z은행 J팀장에게 서류 제출

03 업무상 미국인 C와 만나야 하는 B대리가 알아두어야 할 예절로 적절하지 않은 것은?

> A부장 : B대리, Z기업 C씨를 만날 준비는 다 되었습니까?
> B대리 : 네, 부장님. 필요한 자료는 다 준비했습니다.
> A부장 : 그래요. 우리 회사는 해외 진출이 경쟁사에 비해 많이 늦었는데 Z기업과 파트너만 된다면 큰 도움이 될 겁니다. 아, 그런데 업무 관련 자료도 중요하지만 우리랑 문화가 다르니까 실수하지 않도록 준비 잘 하세요.
> B대리 : 네, 알겠습니다.

① 명함은 악수를 한 후 교환한다.
② 무슨 일이 있어도 시간은 꼭 지켜야 한다.
③ 악수를 할 때 눈을 똑바로 보는 것은 실례이다.
④ 어떻게 부를 것인지 상대방에게 미리 물어봐야 한다.
⑤ 인사를 하거나 이야기할 때 어느 정도의 거리(공간)를 두어야 한다.

04 A는 취업스터디에서 기업 분석을 하다가 〈보기〉에서 제시하고 있는 기업의 경영 전략을 정리하였다. 카테고리에 맞도록 배치한 것은?

- 차별화 전략 : 가격 이상의 가치로 브랜드 충성심을 이끌어 내는 전략
- 원가우위 전략 : 업계에서 가장 낮은 원가로 우위를 확보하는 전략
- 집중화 전략 : 특정 세분시장만 집중공략하는 전략

보기

ⓐ I기업은 S/W에 집중하기 위해 H/W의 한글전용 PC분야를 한국계기업과 전략적으로 제휴하고 회사를 설립해 조직체에 위양하였으며 이후 고유분야였던 S/W에 자원을 집중하였다.
ⓑ B마트는 재고 네트워크를 전산화해 원가를 절감하고 양질의 제품을 최저가격에 판매하고 있다.
ⓒ A호텔은 5성급 호텔로 하루 숙박비용이 상당히 비싸지만, 환상적인 풍경과 더불어 친절한 서비스를 제공하고 객실 내 제품이 모두 최고급으로 비치되어 있어 이용객들에게 높은 만족도를 준다.

	차별화 전략	원가우위 전략	집중화 전략
①	ⓐ	ⓑ	ⓒ
②	ⓐ	ⓒ	ⓑ
③	ⓒ	ⓑ	ⓐ
④	ⓒ	ⓐ	ⓑ
⑤	ⓑ	ⓒ	ⓐ

05 경영은 경영계획, 경영실행, 경영평가의 과정으로 이해될 수 있다. 다음 중 경영 과정에 대한 설명으로 적절하지 않은 것은?

경영계획	→	경영실행	→	경영평가

① 경영계획이란 조직의 미래상을 결정하고 이를 달성하기 위한 대안을 분석하는 과정이다.
② 경영계획의 단계에서는 조직의 목표를 수립하고, 이에 따른 실행방안을 선정한다.
③ 경영실행의 단계에서는 조직 목적을 달성하기 위한 활동을 수행한다.
④ 경영평가의 단계에서는 조직구성원을 관리하고 수행결과를 감독한다.
⑤ 경영평가에는 수행결과를 교정하여 다시 피드백하는 과정이 포함된다.

※ 다음은 조직의 유형을 나타낸 것이다. 이어지는 질문에 답하시오. **[6~7]**

06 다음 중 조직의 유형에 대해 이해한 내용으로 옳지 않은 것은?

① 기업과 같이 이윤을 목적으로 하는 조직은 영리조직이다.
② 조직 규모를 기준으로 보면 가족 소유의 상점은 소규모조직, 대기업은 대규모조직의 사례로 볼 수 있다.
③ 공식조직 내에서 인간관계를 지향하면서 비공식조직이 새롭게 생성되기도 한다.
④ 비공식조직은 조직의 구조, 기능, 규정 등이 조직화되어 있다.
⑤ 비영리조직은 공익을 목적으로 하는 단체이다.

07 다음 중 밑줄 친 비영리조직의 사례로 보기 어려운 것은?

① 정부조직　　　　　　　　　② 병원
③ 대학　　　　　　　　　　　④ 시민단체
⑤ 대기업

08 다음은 조직문화가 어떻게 구성되는지를 이해하는 데 도움을 줄 수 있는 맥킨지 7S 모델(McKinsey 7S Model)을 나타낸 것이다. 다음을 보고 이해한 내용으로 가장 옳지 않은 것은?

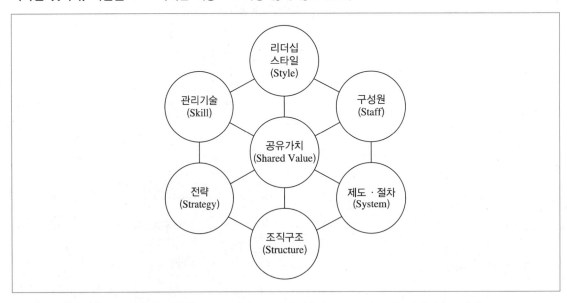

① 리더십 스타일(Style)은 관리자에 따라 민주적, 독선적, 방임적 등 다양하게 나타날 수 있다.

② 조직구조(Structure)는 구성원들이 보유하고 있는 능력, 스킬, 욕구, 태도 등을 말한다.

③ 전략(Strategy)에 따라 사업의 방향성이 달라질 수 있으며, 자원배분 과정도 결정될 수 있다.

④ 제도·절차(System)는 성과관리, 보상제도, 경영정보시스템 등 경영 각 분야의 관리제도나 절차 등을 수반한다.

⑤ 공유가치(Shared Value)는 구성원뿐만 아니라 고객이나 투자자 등 다양한 이해관계자들에게 영향을 미친다.

09 다음 중 업무수행 절차의 업무지침 확인에 대한 설명으로 적절하지 않은 것은?

① 업무와 관련된 조직의 지침을 개인의 업무지침보다 먼저 확인한다.
② 개인의 업무지침은 조직의 업무지침을 고려하여 작성한다.
③ 개인의 업무지침은 업무수행의 준거가 되고 시간을 절약하는 데 도움을 준다.
④ 조직의 목적에 따라 한 번 고정된 조직의 업무지침 내용은 되도록 수정하지 않는다.
⑤ 개인의 업무지침은 환경의 변화에 따라 신속하게 수정한다.

PART 2 직업기초능력평가

10 다음 중 업무의 특성에 대한 설명으로 적절하지 않은 것은?

① 업무는 궁극적으로 같은 목적을 지향하므로 통합되어야 한다.
② 개인이 선호하는 업무를 임의로 선택하기 어렵다.
③ 업무 간에는 서열성이 있어 순차적으로 이루어지기도 한다.
④ 개별 업무들은 요구되는 지식, 기술 등이 다르다.
⑤ 조립, 생산 등의 업무는 자율적이고 재량권이 많다.

CHAPTER 09
자기개발능력

합격 Cheat Key

자기개발능력은 직업인으로서 자신의 능력, 적성, 특성 등의 객관적 이해를 기초로 자기 발전 목표를 스스로 수립하고 자기관리를 통하여 성취해 나가는 능력을 의미한다. 또한, 직장 생활을 포함한 일상에서 스스로를 관리하고 개발하는 능력을 말한다.

국가직무능력표준에 따르면 자기개발능력의 세부 유형은 자아인식능력·자기관리능력·경력개발능력으로 나눌 수 있다. 자기개발능력은 NCS 기반 채용을 진행한 기업 중 58% 정도가 채택했으며, 문항 수는 전체의 평균 2% 정도로 출제되었다.

01 개념을 정립하자!

자기개발능력의 문제들은 대부분 어렵고 특별한 지식을 요구하는 것은 아니다. 그렇기 때문에 따로 시간을 할애해 학습하지 않아도 득점이 가능하다. 다만 매슬로의 욕구단계, 조해리(Johari)의 창 등 암기가 필요한 개념이나 키워드들은 정리해서 미리 알아둘 필요가 있다.

02 개념 + 상황을 대비하자!

자신에 대한 이해를 바탕으로 스스로를 관리하고 나아가 개발을 하는 것에 대한 질문이 이 영역의 내용인데, 상식으로 풀 수 있는 내용뿐만 아니라 지식을 알아두지 않으면 정답을 알 수 없는 내용도 많다. 그렇기 때문에 자주 출제되는 개념들은 분명히 정리해야 하고, 출제되는 유형이 지식 자체를 묻기보다는 대화나 예시를 제시하기 때문에 상황과 함께 연결해서 정리해 두어야 한다.

03 업무 사례와 연관 지어보자!

자기개발의 정의와 구성 요인을 파악하는 기본적인 이론도 중요하지만, 실제 업무 사례와 연관 짓거나 상황에 적용하는 등의 문제를 통해 자기개발 전략에 대해 이해할 필요가 있다. 스스로 자기개발 계획을 수립하여 실제 업무 수행 시 반영할 수 있어야 한다.

04 자기개발의 출제 이유를 생각하라!

공부를 굳이 하지 않아도 되는 영역이라고 생각하는 사람들이 많은 영역이다. 그럼에도 공사·공단에서 자기개발능력의 영역을 시험으로 출제하는 근본적인 이유를 생각해 볼 필요가 있다. 대부분의 수험생들이 자기개발능력에 공부 시간을 전혀 할애하지 않고 시험을 보러 간다. 그렇기 때문에 본인이 찍는 정답이 곧 본인의 가치관을 반영하는 것이라고 할 수 있다. 자기개발은 본인 스스로를 위해서 이루어지고, 직장생활에서의 자기개발은 업무의 성과를 향상시키기 위해 이루어진다. 출제자들은 그것을 파악하려고 하는 것이다. 기본적인 개념 이해와 함께 암기를 해야 할 이유이다.

┌연속출제┐

H는 외국어능력을 키우기 위해서 영어학원에 등록을 했다. 그런데 **몸이 안 좋거나 다른 약속이**ⓐ **생겨서** 뜻대로 참석하지 못하고 있다. H의 자기개발을 방해하는 요인 과 비슷한 사례 는?

① A는 외국계 회사로 이직했다. 이직 후 A는 이전과는 다른 회사 분위기에 적응하느라 2주째 동호회에 나가지 못하고 있다.

② 신입사원 B는 직장 선배에게 회사 일도 중요하지만 개인적인 능력개발도 중요하다는 이야기를 들었다. 하지만 B는 어디서부터 어떤 것을 시작해야 할지 혼란스럽다.

✓ C는 주말마다 봉사활동을 다니고 있지만 잦은 회식과 과음으로 최근엔 봉사활동에 나가지 못하고 있다. ──────→ 욕구, 감정

④ D는 입사한 지 5년이 지났지만 아직 자신이 잘하는 일이 무엇인지 알 수 없어 고민이다.

⑤ E는 대기업에서 근무하고 있지만 하고 있는 업무가 적성에 맞지 않아 고민이다. 그렇다고 적성에 맞는 일을 찾아가기에는 너무 늦은 것 같다.

풀이순서

1) 질문의도
   : 자기개발 방해요인
   → 유사사례 찾기

2) 사례확인
   : ⓐ~ⓑ
   = 욕구, 감정

3) 선택지 확인

4) 정답도출

📋 **유형**분석
- 자기관리(개발) 시, 자기개발을 방해하는 요인에 대한 이해를 묻는 문제이다.
- 지식을 단순히 암기만 하면 예가 제시되었을 때 헷갈리기 쉬우므로 꼭 해당 예를 같이 알아두도록 한다.

응용문제 : 자기개발의 필요성·목적 등을 묻는 문제가 출제되기도 하고, 자기개발을 효과적으로 하고 있는 예를 제시하고 그 이유가 무엇인지 묻기도 한다.

📋 **풀이**전략
문제를 먼저 읽고 질문을 파악한 뒤 선택지에서 질문에 해당하는 예를 찾으면 된다. 해당하는 예를 찾는 문제, 특히 위에 제시된 문제처럼 비슷한 사례를 찾는 문제는 문제에서 제시된 사례가 무엇을 말하고 있는지를 파악하는 것이 핵심이다.

기출유형 2

┌연속출제┐

경력단계는 직업 선택, 조직 입사, 경력 초기, 경력 중기, 경력 말기로 구분된다. 경력단계 중 다음의 내용과 관련 있는 것은?

> 회사의 차장으로 재직 중인 45세 P씨는 입사동기 대부분이 부장으로 승진하였거나 퇴사한 상태이다. 조금 있으면 후배 차장들이 승진할 차례이고, 점차 빠르게 변화해 가는 조직에서 적응하기도 나름 힘들다는 걸 느끼고 있다. 퇴근 후에는 마음 놓고 속을 털어놓을 동료나 후배가 없어 혼자 포장마차에서 술을 마시는 경우가 많다. 매일 반복되는 생활 속에서 새로운 변화를 꿈꾸기도 하면서 서점에서 도움이 될 만한 자격증 서적을 찾아서 구입하기도 한다.

ⓐ
ⓑ
ⓒ

풀이순서

1) 질문의도
   : 경력단계 확인

2) 지문파악
   : ⓐ ~ ⓒ
     → 경력중기

ⓥ 그동안 성취한 것을 재평가하고 생산성을 그대로 유지하는 단계이다.
② 자신에게 적합한 직업이 무엇인지를 탐색하고 이를 선택한 후, 여기에 필요한 능력을 키우는 과정이다.
③ 자신이 선택한 경력 분야에서 원하는 조직의 일자리를 얻으며 직무를 선택하는 과정이다.
④ 조직의 생산적인 기여자로 남고 자신의 가치를 지속적으로 유지하기 위하여 노력하며, 동시에 퇴직을 고려하게 되는 단계이다.
⑤ 자신이 맡은 업무 내용을 파악하고, 새로 들어간 조직의 규칙이나 규범, 분위기를 알아가는 단계이다.

3) 정답도출
   : 직위, 변화부담,
     변화모색
     = 경력중기

📋 **유형 분석**
- 자기관리(개발) 시, 자기개발을 방해하는 요인에 대한 이해를 묻는 문제이다.
- 지식을 단순히 암기만 하면 예가 제시되었을 때 헷갈리기 쉬우므로 꼭 해당 예를 같이 알아두도록 한다.

  응용문제 : 자기개발의 필요성·목적 등을 묻는 문제가 출제되기도 하고, 자기개발을 효과적으로 하고 있는 예를 제시하고 그 이유가 무엇인지 묻기도 한다.

📋 **풀이 전략**
문제를 먼저 읽고 질문을 파악한 뒤 선택지에서 질문에 해당하는 예를 찾으면 된다. 해당하는 예를 찾는 문제, 특히 위에 제시된 문제처럼 비슷한 사례를 찾는 문제는 문제에서 제시된 사례가 무엇을 말하고 있는지를 파악하는 것이 핵심이다.

01 다음은 업무수행 성과를 높이기 위한 행동전략을 정리한 자료이다. 6가지의 행동전략 중 수정해야 될 내용은 총 몇 가지인가?

〈업무수행 성과를 높이기 위한 행동전략〉

• 자기자본이익률(ROE)을 높인다.
• 일을 미루지 않는다.
• 비슷한 업무라도 업무를 나누어 처리한다.
• 다른 사람과 같은 방식으로 일한다.
• 회사와 팀의 업무 지침을 따른다.
• 역할 모델을 설정한다.

① 1가지
② 2가지
③ 3가지
④ 4가지
⑤ 5가지

02 A사원은 매사에 허둥지둥 바쁘고 정신이 없어 업무 처리에 어려움을 겪는다. 인사 평가를 앞두고 자기관리의 필요성을 깨달은 D사원은 지난번 자기개발 관련 강연을 듣고 메모한 내용을 살펴보았다. ㉠ ~ ㉤ 중 자기관리 절차와 그에 대한 사례가 잘못 연결된 것은?

9월 27일 '자기개발 어떻게 할 것인가?' 강연을 듣고….

… (중략) …

1. 자기관리란?
   자신의 행동 및 업무 수행을 통제 · 관리 · 조정하는 것
2. 자기관리 절차
   ㉠ 비전 및 목적 설정 : 책상에 자신의 목표를 적어 둔다.
   ㉡ 과제 발견 : 각 계획에 우선순위를 정한다(예 1순위 : 가장 긴급한 일).
   ㉢ 일정 수립 : 우선순위에 따라 오늘의 계획 → 이번 주 계획 → 이번 달 계획 순서로 일정을 구체적으로 수립한다.
   ㉣ 수행 : 계획한 대로 수행한다.
   ㉤ 반성 및 피드백 : 자신이 잘한 일, 결정한 일에 대한 반성 등을 적는다.

① ㉠
② ㉡
③ ㉢
④ ㉣
⑤ ㉤

03 다음 글에서 확인할 수 있는 자기개발 실패 원인을 〈보기〉에서 모두 고르면?

> 자기개발에 실패하는 이유는 무엇일까? 우리는 먼저 매슬로(A. H. Maslow)가 제안한 인간의 욕구 5단계를 살펴볼
> 필요가 있다. 매슬로는 인간은 누구나 다양한 욕구를 가지고 이를 충족시키기 위해서 행동한다고 보았으며, 인간의
> 욕구 5단계를 가장 아래 부분에 위치하는 욕구인 생리적 욕구를 시작으로, 안정의 욕구, 사회적 욕구, 존경의 욕구,
> 자기실현의 욕구로 구성하였다. 여기서 그는 인간의 욕구는 생리적 욕구부터 시작하며, 인간은 전 단계의 욕구가
> 충족이 되어야 다음 단계의 욕구가 충족되기를 원하게 된다고 보았다. 우리는 매슬로의 이론을 통해 자기실현 욕구
> 보다 더 우선적으로 여기는 욕구가 있는 경우 자기개발은 이루어지지 않을 수 있다는 점을 알 수 있다. 또한, 이와는
> 별개로 인간은 감정을 가지고 있기 때문에 긍정적 혹은 부정적 감정에 따라 자기개발에 있어 적극적이거나 소극적
> 인 태도를 보이게 되는 것이다.
> 그리고 인간의 사고는 자기중심적이다. 사람들은 자신이 한 행동에 대하여 자기합리화하려는 경향이 있으며, 자신
> 의 주장과 반대되는 주장에 대해서는 무의식적으로 배척하게 된다. 또한, 스스로 만든 인식의 틀 안에서 사고하여
> 어떤 선입견이 작용하게 되면 다음의 사고 과정도 편향되게 된다. 이러한 사고는 자신의 장단점을 객관적으로 파악
> 하는데 장애요인으로 작용하여 자기개발의 방향설정을 방해하게 된다.

보기

> ㄱ. 문화적인 장애에 부딪히기 때문이다.
> ㄴ. 자기개발 방법을 잘 모르기 때문이다.
> ㄷ. 인간의 욕구와 감정이 작용하기 때문이다.
> ㄹ. 경제적인 문제에 부딪히기 때문이다.
> ㅁ. 제한적으로 사고하기 때문이다.

① ㄱ, ㄷ   ② ㄴ, ㄷ
③ ㄴ, ㄹ   ④ ㄷ, ㄹ
⑤ ㄷ, ㅁ

04 다음은 인사팀 직원들이 경력개발을 하는 이유에 대해 나눈 대화 내용이다. 대화 내용에서 같은 이유를 이야기하
고 있는 사람끼리 묶은 것은?

> Q사원 : 경력개발은 좋은 인간관계를 위해 꼭 필요한 것 같아요.
> R대리 : 현대사회는 빠르게 변화하고 있어. 지식정보사회에 적응하려면 경력을 개발해야 해.
> S과장 : 요즘 사회에는 평생직장이라는 개념이 사라졌잖아. 우리 나이 때에도 이직하는 사람들이 늘어났을 정도니
> 까…. 이러한 이직을 준비하기 위해서라도 경력개발은 쉬지 않고 이뤄져야 해.
> T사원 : 전 자기 만족을 위해서 경력개발을 해야 한다고 생각해요. 한자리에 서 있지 않고 끊임없이 앞으로 나아간
> 다는 기쁨이 있잖아요.

① R대리, S과장   ② Q사원, S과장
③ R대리, T사원   ④ Q사원, T사원
⑤ S과장, T사원

05 자기관리는 자신을 이해하고, 목표를 성취하기 위해 자신의 행동 및 업무수행을 관리하고 조정하는 것이다. 다음은 자기관리의 과정을 5단계로 나타낸 것이다. 각 단계에 대한 설명으로 옳지 않은 것은?

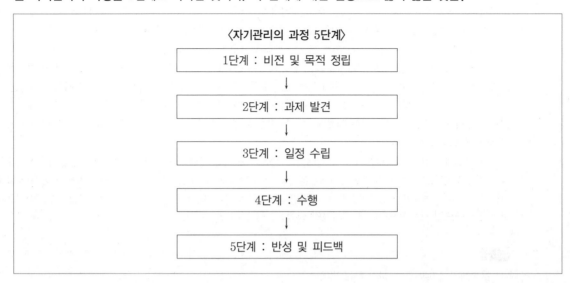

〈자기관리의 과정 5단계〉

1단계 : 비전 및 목적 정립

↓

2단계 : 과제 발견

↓

3단계 : 일정 수립

↓

4단계 : 수행

↓

5단계 : 반성 및 피드백

① 1단계 : 비전과 목적을 정립하기 위해 '나에게 가장 중요한 것은 무엇인가?', '내 삶의 목적은 어디에 있는가?' 등의 질문을 스스로 해 볼 수 있다.

② 2단계 : 자신의 활동목표를 설정하게 되며, 활동목표는 성취 가능성 이상으로 크게 설정하는 것이 중요하다.

③ 3단계 : 일의 우선순위에 따라 일정을 수립하게 되며, 빨리 해결해야 될 긴급한 문제라고 하여 우선순위를 높게 잡고 이를 중심으로 계획을 세우게 된다면, 오히려 중요한 일을 놓치게 되는 잘못을 저지를 수 있다.

④ 4단계 : 지금 내가 하려고 하는 일은 무엇인지, 이 일에 영향을 미치는 요소들은 무엇인지, 이를 관리하기 위한 방법은 어떤 방법이 있는지를 찾아 계획대로 수행하도록 한다.

⑤ 5단계 : '어떤 목표를 성취하였는가?', '일을 수행하는 동안 어떤 문제에 직면했는가?' 등의 질문으로 결과를 피드백하는 것이다.

06 다음은 K사원이 자신의 업무성과를 높이기 위해 작성한 워크시트이다. 다음 중 K사원의 업무수행 성과를 높이기 위한 전략으로 보기 어려운 것은?

〈K사원의 워크시트〉	
내가 활용할 수 있는 자원	• 업무시간 8시간 • 업무시간 외에 하루에 2시간의 자유시간 • 노트북과 스마트폰 보유
업무 지침	• 회의에서 나온 내용은 모두가 공유할 것 • 회사 신제품에 대한 고객 만족도 조사를 실시할 것 • 경쟁사 제품에 대한 조사를 실시할 것 • 신제품의 개선방안에 대해 발표 자료를 준비할 것
나의 현재 능력	• 컴퓨터 타자 속도가 매우 빠르다. • 엑셀과 파워포인트 활용 능력이 뛰어나다. • 인터넷 정보검색 능력이 뛰어나다.
상사 / 동료의 지원 정도	상사와 동료 모두 자기 업무에 바빠 업무 지침에 해당되는 업무를 지원하는 데 한계가 있다.

⇩

업무수행 성과를 높이기 위한 전략

① 자신의 자유시간에 경쟁사 제품에 대한 고객의 반응을 스마트폰으로 살핀다.
② 팀원들이 조사한 만족도 조사를 받아서, 엑셀로 통계화하여 보고서를 작성한다.
③ 아침 회의 내용을 타이핑하고, 문서화하여 팀원과 공유하도록 한다.
④ 신제품 사용 시 불편했던 점을 정리해서, 파워포인트를 통해 발표 자료를 만든다.
⑤ 고객의 리뷰를 인터넷으로 검색하여 신제품에 대한 고객의 반응을 살핀다.

07 다음 글에서 자기개발이 필요한 이유로 옳지 않은 것은?

> 자기개발이 필요한 이유를 살펴보면, 먼저 우리는 자기개발을 통해 동일한 업무의 목표에 대하여 더 높은 성과를 가져올 수 있다. 만약 본인이 컴퓨터 활용능력을 향상시켰다면, 이를 통해 업무의 질과 속도가 향상될 수 있는 것이다. 또한, 우리를 둘러싸고 있는 환경은 끊임없이 변화하고 있으며, 그 변화의 속도는 점점 빨라지고 있음을 볼 때, 우리는 가지고 있는 지식이나 기술이 과거의 것이 되지 않도록 지속적인 자기개발을 할 필요가 있다. 다음으로 자기개발을 통해 자신의 내면을 관리하고, 자신의 시간을 관리하며, 자신의 생산성을 높이게 되면 원만한 인간관계의 형성과 유지의 기반이 될 수 있다. 자신의 업무를 훌륭히 해내는 직원을 싫어할 사람은 없기 때문이다. 나아가 자기개발을 통해 자신감을 얻게 되고, 삶의 질이 향상되어 보다 보람된 삶을 살 수 있다.
> 이처럼 자기개발을 위해서는 자신의 비전을 발견하고, 장단기 목표를 설정하는 일이 선행되어야 한다. 이로 인해 자신의 비전을 위한 자기개발의 필요성을 인식하고, 자기개발의 방향과 방법을 설정할 수 있는 것이다.

① 변화하는 환경에 적응하기 위해서 필요하다.
② 주변 사람들과 긍정적인 인간관계를 형성하기 위해서 필요하다.
③ 자신의 직위와 직급을 향상시키기 위해서 필요하다.
④ 자신이 달성하고자 하는 목표를 성취하기 위해서 필요하다.
⑤ 개인적으로 보람된 삶을 살기 위해서 필요하다.

08 다음 중 조해리의 창(Johari's Window) 속 자아와 〈보기〉의 사례가 올바르게 연결된 것은?

> **보기**
>
> ㉠ A는 평소 활발하고 밝은 성격으로, 주변 사람들도 모두 A를 쾌활한 사람으로 알고 있다.
> ㉡ 그러나 A는 자신이 혼자 있을 때 그 누구보다 차분하고 냉정한 편이라고 생각한다.
> ㉢ 하지만 A를 오랫동안 알고 지낸 친구들은 A가 정이 많으며, 결코 냉정한 성격은 아니라고 말한다.

	㉠	㉡	㉢
①	눈먼 자아	숨겨진 자아	공개된 자아
②	공개된 자아	눈먼 자아	숨겨진 자아
③	공개된 자아	숨겨진 자아	눈먼 자아
④	아무도 모르는 자아	숨겨진 자아	눈먼 자아
⑤	눈먼 자아	공개된 자아	아무도 모르는 자아

09 다음은 고객으로부터 사랑받는 브랜드의 요건을 나타낸 자료이다. 다음 브랜드의 요건에 빗대어 자신을 브랜드화 하기 위한 전략을 세우고자 할 때, 옳지 않은 행동은?

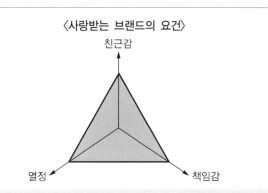

〈사랑받는 브랜드의 요건〉

- 친근감 : 오랜 기간 관계를 유지한 브랜드에 대한 친숙한 느낌을 말한다.
- 열정 : 브랜드를 소유하거나 사용해 보고 싶다는 동기를 유발하는 욕구이다.
- 책임감 : 소비자가 브랜드와 애정적 관계를 유지하겠다는 약속으로, 소비자에게 신뢰감을 주어 지속적인 소비가 가능하도록 하는 것이다.

① 자신의 내면을 관리하여 다른 사람과의 관계를 돈독히 유지해야 한다.
② 다른 사람과 같은 보편성을 가지기 위해 능력을 끊임없이 개발해야 한다.
③ 자신이 할 수 있는 범위에서 최상의 생산성을 낼 필요가 있다.
④ 자기 PR을 통하여 지속적으로 자신을 다른 사람에게 알리도록 한다.
⑤ 지속적인 자기개발이 이루어질 수 있도록 장단기 계획을 수립해야 한다.

10 A회사의 기획홍보부에 근무하는 B대리는 자신이 해야 할 일들을 아래와 같이 메모하였고, 일이 차질 없이 진행되도록 업무를 나누어 적어보려고 한다. 다음 중 업무에 해당하는 순위가 올바르게 연결된 것은?

〈해야 할 일(1월 1일 기준)〉

㉠ 기획홍보부 신입사원 사내 기본교육 및 업무 인수인계 진행(다음 주까지)
㉡ 경쟁업체 신규 매장 오픈(4월 1일)으로 인한 경영전략 수립(3월 중 유통부와 공조하여 진행)
㉢ 3월 1일에 시작하는 봄맞이 프로모션 준비 : 할인 품목 및 할인율 재점검, 프로모션 전략 자료 준비(2월 1일까지 제출)
㉣ 어학학원 수강신청 및 등록

	중요한 것	
[2순위] 계획하고 준비해야 할 문제		**[1순위]** 제일 먼저 해결해야 할 긴급하고 중요한 문제
[4순위] 상대적으로 하찮은 일		**[3순위]** 신속히 해결해야 할 문제
	중요하지 않은 것	

(긴급하지 않은 것 / 긴급한 것)

	1순위	2순위	3순위	4순위
①	㉠	㉡	㉢	㉣
②	㉡	㉢	㉠	㉣
③	㉢	㉠	㉡	㉣
④	㉢	㉡	㉠	㉣
⑤	㉣	㉢	㉠	㉡

CHAPTER 10
직업윤리

합격 Cheat Key

직업윤리는 업무를 수행함에 있어 원만한 직업생활을 위해 필요한 태도, 매너, 올바른 직업관이다. 직업윤리는 필기시험뿐만 아니라 서류를 제출하면서 자기소개서를 작성할 때와 면접을 시행할 때도 포함되는 항목으로 들어가지 않는 공사·공단이 없을 정도로 필수 능력으로 꼽힌다.

국가직무능력표준에 따르면 직업윤리의 세부능력은 근로윤리와 공동체윤리로 나눌 수 있다. 구체적인 문제 상황을 해결하기 위해 어떤 대안을 선택해야 할지에 관한 문제들이 출제된다. 직업윤리는 NCS 기반 채용을 진행한 기업 중 74% 정도가 채택했으며, 문항 수는 전체에서 평균 6% 정도로 상대적으로 적게 출제되었다.

01 오답을 통해 대비하라!

이론을 따로 정리하는 것보다는 문제에서 본인이 생각하는 모범답안을 선택하고 틀렸을 경우 그 이유를 정리하는 방식으로 학습하는 것이 효율적이다. 암기하기보다는 이해에 중점을 두고 자신의 상식으로 문제를 푸는 것이 아니라 해당 문제가 어느 영역 어떤 하위능력의 문제인지 파악하는 훈련을 한다면 답이 보일 것이다.

02 직업윤리와 일반윤리를 구분하라!

일반윤리와 구분되는 직업윤리의 특징을 이해해야 한다. 통념상 비윤리적이라고 생각하는 행동도 특정한 직업에서는 허용되는 경우가 있다. 그러므로 문제에서 주어진 상황을 판단할 때는 우선 직업의 특성을 고려해야 한다.

03 직업윤리의 하위능력을 파악해 두자!

직업윤리의 경우 직장생활 경험이 없는 수험생들은 조직에서 일어날 수 있는 구체적인 직업윤리와 관련된 내용에 흥미가 없고 이를 이해하는 데 어려움을 겪을 수 있다. 그러나 문제에서는 구체적인 상황·사례를 제시하는 문제가 나오기 때문에 직장에서의 예절을 정리하고 문제 상황에서 적절한 대처를 선택하는 연습을 하는 것이 중요하다.

04 면접에서도 유리하다!

많은 공사·공단에서 면접 시 직업윤리에 관련된 질문을 하는 경우가 많다. 직업윤리 이론 학습을 미리 해두면 본인의 가치관을 세우는 데 도움이 되고, 이는 곧 기업의 인재상과도 연결되기 때문에 미리 준비해두면 필기시험에서 합격하고 면접을 준비할 때도 수월할 것이다.

┌연속출제┐

다음 A, B의 태도와 관련 깊은 직업윤리 덕목은?

> A : 내가 하는 일은 내가 가장 잘할 수 있는 일이고, 나는 내게 주어진 사회적 역할과 책무를 충실히 하여 사회에 기여하고 공동체를 발전시켜 나간다.
> B : 내가 하는 일은 기업의 이익을 넘어 사회에 기여할 수 있는 일이라고 생각한다. 나는 이런 중요한 일을 하므로 내 직업에 있어서 성실히 임해야 한다.

	A의 직업윤리	B의 직업윤리
①	봉사의식	소명의식
②	책임의식	직분의식
③	천직의식	소명의식
④	전문가의식	직분의식
⑤	봉사의식	책임의식

(정답 체크: ②)

풀이순서

1) 질문의도
 : 직업윤리 덕목

2) 지문파악

3) 보기분석
 A : 책임의식의 태도
 B : 직분의식의 태도

4) 정답도출

📝 **유형 분석**
- 직업인으로서 갖춰야 할 덕목에 대한 이해를 묻는 유형이다.
- 쉬운 편에 속하지만, 방심해서 실수로 틀릴 가능성이 높기 때문에 주의해야 한다.

📝 **풀이 전략**
개념이 어렵지 않지만 실수하기 쉬운 영역이다. 가장 먼저, 문제에서 무엇을 묻는지 확인하고 선택지를 확인해야 한다. 선택지를 먼저 확인하면 자신만의 기준으로 판단하기 쉬운 내용(가치, 태도)들이기 때문이다.

CHAPTER

CHAPTER 10

기출유형 2

| 공동체윤리 |

┌─연속출제─┐

다음은 직장 내 성희롱과 관련된 사례들이다. 이 중 성희롱에 해당되지 않는 것은?

① 홍 부장은 사무실에서 매우 재미있는 사람으로 주로 성을 소재로 한 이야기를 시도 때도 없이 한다. 여직원 김 씨는 홍 부장의 이러한 농담이 부담스러웠지만 부서에서 여자는 자신 혼자뿐이었기 때문에 같이 어울릴 수밖에 없는 처지이다.

② 여직원 박 씨는 몇 명의 남자직원들과 함께 근무하는 팀의 홍일점이다. 그런데 박 씨에게 관심 있는 강 대리는 일을 시킬 때면 박 씨의 어깨와 손을 은근히 건드리곤 한다.

☑ 최 대리는 모든 사람에게 인사 잘하기로 유명한 남직원이다. 그는 동료 여직원인 정 씨에게 "오늘은 대단히 멋있어 보이는데요? 정 씨는 파란색을 입으면 대단히 잘 어울린단 말이야." 하고 말한다.
　　　　　　　　　　　　　　　　　　　　　　　└─→ 칭찬

④ 박 부장은 회식에 가면 옆에 앉은 여직원에게 술을 따르라고 하면서 "이런 것은 아무래도 여자가 해야 술맛이 나지, 분위기 좀 살려봐."라고 한다.

⑤ 박 과장은 이 씨를 아래위로 훑어보며 "나 보라고 그렇게 짧게 입은 거야?"라는 식의 농담을 자주 던지곤 한다.

풀이순서

1) 질문의도
　: 직장 내 성희롱

2) 선택지 분석

3) 정답도출
　: ③ – 칭찬하는 말

📋 **유형 분석**
- 근로윤리와 마찬가지로 직업인으로서 갖춰야 할 덕목에 대한 이해를 묻는 문제이다.
- 근로윤리가 개인적인 차원에서 바람직한 태도에 대한 이해를 묻는다면, 이 유형은 집단 속에서 구성원으로서 지켜야 할 도리에 대한 이해를 묻는다.
- 윤리 영역이기 때문에 좋은 말 혹은 바람직하지 않은 말만 찾아도 문제를 푸는 데 큰 무리가 없지만, 직장 내 성희롱에 대해서는 관련 지식을 필수로 알아두어야 한다.

📋 **풀이 전략**
성희롱에 관련된 지식을 머릿속에 상기하면서 선택지에서 키워드를 찾아야 한다. 그렇지 않으면 자의적인 판단을 할 가능성이 높기 때문이다.

01 다음에서 설명하는 '이것'의 사례로 적절하지 않은 것은?

> '이것'은 복지 사회를 이루기 위하여 기업이 이윤 추구에만 집착하지 않고 사회의 일원으로서 사회적 책임을 자각하고 실천하여야 할 의무로, 기업의 수익 추구와 밀접한 관련을 맺고 있다고 보는 견해도 있다.
> 윌리엄 워서(William Werther)와 데이비드 챈들러(David Chandler)는 '이것'을 기업이 제품이나 서비스를 소비자들에게 전달하는 과정인 동시에 사회에서 기업 활동의 정당성을 유지하기 위한 방안이라고 주장하였다.

① A기업은 새로운 IT 계열의 중소벤처기업을 창업한 20대 청년에게 투자하기로 결정하였다.
② B기업은 전염병이 발생하자 의료 물품을 대량으로 구입하여 지역 병원에 기부하였다.
③ C기업은 협력업체 공장에서 폐수를 불법으로 버린 것을 알고 협업과 투자를 종료하였다.
④ D기업은 자사의 제품에서 결함이 발견되자 이에 대한 사과문을 발표하였다.
⑤ E기업은 자사의 직원 복지를 위해 거액의 펀드를 만들었다.

02 직장 내 성희롱 발생 시, 사용자(회사)의 대처로 적절하지 않은 것은?

① 가해자와 피해자를 모두 공개하고 사건을 처리한다.
② 피해자가 직장을 옮기지 않고 해결할 수 있도록 돕는다.
③ 즉시 조사하되 신중하게 처리한다.
④ 상담과 사후관리에 신경 써 2차 피해를 방지한다.
⑤ 가해자 또는 제3자에 대한 사실관계 확인이 엄정하게 이루어지도록 한다.

03 다음 중 직장에서 근면한 생활을 하는 사람을 모두 고르면?

> • A사원 : 저는 이제 더 이상 일을 배울 필요가 없을 만큼 업무에 익숙해졌어요. 실수 없이 완벽하게 업무를 해결할 수 있어요.
> • B사원 : 저는 요즘 매일 운동을 하고 있어요. 일에 지장이 가지 않도록 건강 관리에 힘쓰고 있습니다.
> • C대리 : 나도 오늘 할 일을 내일로 미루지 않으려고 노력 중이야. 그래서 업무 시간에는 개인적인 일을 하지 않아.
> • D대리 : 나는 업무 시간에 잡담을 하지 않아. 대신 사적인 대화는 사내 메신저를 활용하는 편이야.

① A사원, B사원   ② A사원, C대리
③ B사원, C대리   ④ B사원, D대리
⑤ C대리, D대리

04 다음 중 직업윤리의 5대 원칙으로 볼 수 없는 것은?

> 〈직업윤리의 5대 원칙〉
>
> 1. 업무의 공공성을 바탕으로 공사구분을 명확히 하고, 모든 것을 숨김없이 투명하게 처리하는 원칙
> 2. 고객에 대한 봉사를 최우선으로 생각하고 현장중심, 실천중심으로 일하는 원칙
> 3. 자기업무에 전문가로서의 능력과 의식을 가지고 책임을 다하며, 능력을 연마하는 것
> 4. 업무와 관련된 모든 것을 숨김없이 정직하게 수행하고, 본분과 약속을 지켜 신뢰를 유지하는 것
> 5. 법규를 준수하고, 경쟁원리에 따라 공정하게 행동하는 것

① 정직과 신용의 원칙   ② 전문성의 원칙
③ 공정경쟁의 원칙   ④ 고객중심의 원칙
⑤ 주관성의 원칙

05 기업의 의사결정 과정에 공리주의, 권리, 공정성의 윤리적 기준이 적용된다고 할 때, (가) ~ (다)에 적용된 윤리적 의사결정 기준이 올바르게 연결된 것은?

(가) 회사의 이익을 극대화함으로써 회사 구성원 다수의 행복을 가져올 수 있다면 회사 직원의 10%를 해고할 수 있다.

(나) 회사는 다른 직원의 비윤리적 행위를 발견하여 이를 고발한 직원이 피해를 입지 않도록 보호해야 한다.

(다) 성과보다 연공서열을 중심으로 업무를 평가하는 회사에서는 성과의 차이에도 불구하고 사원이 대리보다 많은 보상을 받을 수 없다.

	(가)	(나)	(다)
①	공정성	공리주의	권리
②	공정성	권리	공리주의
③	공리주의	권리	공정성
④	공리주의	공정성	권리
⑤	권리	공정성	공리주의

06 다음은 X기업 신입사원 간의 대화이다. 이들이 이야기하는 직업의 의미로 적절하지 않은 것은?

① 예솔 : 나는 X기업에 들어와서 너무 행복해. 월급을 안 받아도 여기서 직업을 유지하고 싶어.

② 대영 : X기업 사원은 나에게 첫 직업이야. 직업을 위해 모든 노력을 다 하겠어.

③ 종우 : 지금까지 내가 거친 직업은 너무 짧은 시간 동안 해왔던 거라서 직업이라고 말하기 어려워. 이제는 X기업에서 지속적으로 내 직업을 유지하고 싶어.

④ 다연 : 내 직업이 나뿐만 아니라 우리 사회를 위해서도 활용되었으면 좋겠어.

⑤ 미림 : 내 능력을 활용하여 가족의 생계를 책임지고 있어. 앞으로도 계속 하고 싶어.

07 〈보기〉에서 사례와 직업의 특성이 올바르게 연결된 것은?

> **보기**
> ㉠ 단기간의 아르바이트와 달리 일정 기간 수행되어야 한다.
> ㉡ 직업을 통해 사회 구성원의 필요를 충족시키며, 사회에 봉사하게 된다.
> ㉢ 직업을 통해 일정한 수입을 얻고, 경제 발전에 기여하여야 한다.

	㉠	㉡	㉢
①	연속성	봉사성	수익성
②	연속성	봉사성	경제성
③	지속성	공공성	경제성
④	계속성	사회성	경제성
⑤	계속성	사회성	수익성

08 〈보기〉에서 비윤리적 행위에 대한 유형이 올바르게 연결된 것은?

> **보기**
> ㉠ 제약회사에서 근무하는 A사원은 자신의 매출실적을 올리기 위하여 계속해서 병원에 금품을 제공하고 있다.
> ㉡ B건설회사는 완공일자를 맞추기에 급급하여 안전수칙을 제대로 지키지 않았고, 결국 커다란 인명사고가 발생하였다.
> ㉢ C가구업체는 제품 설계 시 안전상의 고려를 충분히 하지 않아, 제품을 구매한 소비자들에게 안전사고를 유발시켰다.
> ㉣ IT회사의 D팀장은 관련 업계의 회사 간 가격담합이 이루어지고 있음을 발견하였으나, 별다른 조치를 취하지 않았다.

	도덕적 타성	도덕적 태만
①	㉠, ㉡	㉢, ㉣
②	㉠, ㉢	㉡, ㉣
③	㉠, ㉣	㉡, ㉢
④	㉡, ㉢	㉠, ㉣
⑤	㉢, ㉣	㉠, ㉡

09 (가)의 입장에서 (나)의 문제점을 해결하기 위해 제시할 수 있는 자세를 〈보기〉에서 모두 고르면?

> (가) 모든 사회구성원이 공정하게 대우받는 정의로운 공동체를 만들기 위해서는 부패 행위를 방지해야 한다. 우리 조상들은 전통적으로 청렴 의식을 중요하게 여겨, 청렴 의식을 강조하는 전통 윤리를 지켜왔다.
>
> (나) 부패 인식 지수는 공무원과 정치인이 얼마나 부패해 있는지에 대한 정도를 비교하여 국가별로 순위를 매긴 것이다. 100점 만점을 기준으로 점수가 높을수록 청렴하다. 2014년 조사한 결과 우리나라의 부패 인식 지수는 55로 조사대상국 175개국 중 43위를 기록했다.

> **보기**
> ㉠ 공동체와 국가의 공사(公事)를 넘어서 개인의 일을 우선하는 정신을 기른다.
> ㉡ 공직자들은 개인적 이익과 출세만을 추구하지 않고 바른 마음과 정성을 가진다.
> ㉢ 부당한 방법으로 공익을 추구하려 하지 않고 개인의 이익을 가장 중요하게 여긴다.
> ㉣ 공직자들은 청빈한 생활 태도를 유지하면서 국가의 일에 충심을 다하려는 정신을 지닌다.

① ㉠, ㉡   ② ㉠, ㉢
③ ㉡, ㉢   ④ ㉡, ㉣
⑤ ㉢, ㉣

10 다음은 도덕적 해이와 역선택에 관한 사례이다. 〈보기〉에서 역선택의 사례에 해당하는 것을 모두 고르면?

> **보기**
> ㉠ A사장으로부터 능력을 인정받아 대리인으로 고용된 B는 A사장이 운영에 대해 세밀히 보고를 받지 않는다는 것을 알게 되었고, 이후 보고서에 올려야 하는 중요한 사업만 신경을 쓰고 나머지 회사 업무는 신경을 쓰지 않았다.
> ㉡ C회사가 모든 사원에게 평균적으로 책정한 임금을 지급하기로 결정하자, 회사의 임금 정책에 만족하지 못한 우수 사원들이 퇴사하게 되었다. 결국 능력이 뛰어나지 않은 사람들만 C회사에 지원하게 되었고, 실제로 고용된 사원들은 우수 사원이 될 가능성이 낮았다.
> ㉢ 중고차를 구입하는 D업체는 판매되는 중고차의 상태를 확신할 수 없다고 판단하여 획일화된 가격으로 차를 구입하기로 하였다. 그러자 상태가 좋은 중고차를 가진 사람은 D업체에 차를 팔지 않게 되었고, 결국 D업체는 상태가 좋지 않은 중고차만 구입하게 되었다.
> ㉣ 공동생산체제의 E농장에서는 여러 명의 대리인이 함께 일하고, 그 성과를 나누어 갖는다. E농장의 주인은 최종 결과물에만 관심을 갖고, 대리인 개개인이 얼마나 노력하였는지는 관심을 갖지 않았다. 시간이 지나자 열심히 일하지 않는 대리인이 나타났고, 그는 최종 성과물의 분배에만 참여하기 시작하였다.

① ㉠   ② ㉡
③ ㉠, ㉣   ④ ㉡, ㉢
⑤ ㉢, ㉣

PART

3

실전모의고사

제1회
실전모의고사

※ 업무직 / 별정직 실전모의고사는 수험생의 후기를 바탕으로 구성한 것으로
실제 시험과 다소 차이가 있을 수 있습니다.

■ 취약영역 분석

번호	O/×	영역	번호	O/×	영역	번호	O/×	영역
01		의사소통능력	25		자기개발능력	49		의사소통능력
02		수리능력	26			50		
03		의사소통능력	27		조직이해능력	51		수리능력
04		수리능력	28			52		문제해결능력
5			29		대인관계능력	53		의사소통능력
6		기술능력	30		정보능력	54		수리능력
7			31			55		문제해결능력
8		자원관리능력	32		의사소통능력	56		의사소통능력
9		의사소통능력	33		문제해결능력	57		
10		수리능력	34		수리능력	58		
11		의사소통능력	35		의사소통능력	59		문제해결능력
12			36		대인관계능력	60		의사소통능력
13		문제해결능력	37		자원관리능력	61		자원관리능력
14		정보능력	38			62		
15		의사소통능력	39		문제해결능력	63		수리능력
16		직업윤리	40		수리능력	64		의사소통능력
17		기술능력	41		의사소통능력	65		
18		의사소통능력	42		대인관계능력	66		자원관리능력
19		수리능력	43		의사소통능력	67		의사소통능력
20		정보능력	44			68		
21			45		수리능력	69		
22		자원관리능력	46			70		
23			47		의사소통능력			
24		수리능력	48		문제해결능력			

평가 문항	70문항	맞힌 개수	문항	시작시간	:
평가 시간	70분	취약 영역		종료시간	:

PART 3

제**1**회

실전모의고사

모바일
OMR
답안분석
서비스

🕐 응시시간 : 70분   📋 문항 수 : 70문항

정답 및 해설 p.60

01 다음 계약서를 통해 알 수 있는 내용으로 가장 적절한 것은?

〈공사 도급 계약서〉

제10조(상세시공도면 작성)
① '을'은 건축법 제24조 제4항에 따라 공사감리자로부터 상세시공도면의 작성을 요청받은 경우에는 상세시공도면을 작성하여 공사감리자의 확인을 받아야 하며, 이에 따라 공사를 하여야 한다.
② '갑'은 상세시공도면의 작성범위에 관한 사항을 설계자 및 공사감리자의 의견과 공사의 특성을 감안하여 계약서상의 시방에 명시하고, 상세시공도면의 작성 비용을 공사비에 반영한다.

제11조(안전관리 및 재해보상)
① '을'은 산업재해를 예방하기 위하여 안전시설의 설치 및 보험의 가입 등 적정한 조치를 하여야 한다. 이때 '갑'은 계약금액에 안전관리비 및 보험료 상당액을 계상하여야 한다.
② 공사 현장에서 발생한 산업재해에 대한 책임은 '을'에게 있다. 다만, 설계상의 하자 또는 '갑'의 요구에 의한 작업으로 인한 재해에 대하여는 그렇지 아니하다.

제12조(응급조치)
① '을'은 재해 방지를 위하여 특히 필요하다고 인정될 때에는 미리 긴급조치를 취하고 즉시 이를 '갑'에게 통지하여야 한다.
② '갑'은 재해 방지 및 기타 공사의 시공상 긴급부득이하다고 인정할 때에는 '을'에게 긴급조치를 요구할 수 있다.
③ 제1항 및 제2항의 응급조치에 소요된 경비에 대하여는 제16조 제2항의 규정을 준용한다.

---

① 응급조치에 소요된 비용은 '갑'이 부담한다.
② 공사 현장에서 발생한 모든 산업재해에 대한 책임은 '을'에게 있다.
③ '을'은 공사감리자로부터 요청이 없으면 상세시공도면을 작성하지 않아도 된다.
④ '을'은 재해 방지를 위하여 미리 긴급조치를 취할 수 있고, 이를 '갑'에게 알릴 의무는 없다.
⑤ '을'은 산업재해를 예방하기 위한 조치를 해야 하고, '갑'은 계약금액에 이와 관련한 금액을 책정해야 한다.

02 B사의 공장에는 대수를 늘리면 생산량이 조금씩 증가하는 기계가 있다. 기계가 다음과 같은 생산량의 변화를 보일 때, 기계가 30대 있을 경우 생산할 수 있는 제품의 개수는?

〈기계 대수에 따른 생산 가능 제품현황〉

기계 수	1대	2대	3대	4대	5대
제품 개수	5개	7개	9개	11개	13개

① 59개
② 61개
③ 63개
④ 65개
⑤ 67개

03 다음은 헤밍웨이의 일화를 소개한 내용이다. 위스키 회사 간부가 헤밍웨이와 협상을 실패한 이유로 적절한 것은?

어느 날 미국의 한 위스키 회사 간부가 헤밍웨이를 찾아왔다. 헤밍웨이의 비서를 따라 들어온 간부는 헤밍웨이의 턱수염을 보고서 매우 감탄하며 말했다.

"선생님은 세상에서 가장 멋진 턱수염을 가지셨군요! 우리 회사에서 선생님의 얼굴과 이름을 빌려 광고하는 조건으로 4천 달러와 평생 마실 수 있는 술을 제공하려는 데 허락해 주시겠습니까?"

그 말을 들은 헤밍웨이는 잠시 생각에 잠겼다. 그 정도 조건이면 훌륭하다고 판단했던 간부는 기다리기 지루한 듯 대답을 재촉했다.

"무얼 그리 망설이십니까? 얼굴과 이름만 빌려주면 그만인데….”

그러자 헤밍웨이는 무뚝뚝하게 말했다.

"유감이지만 그럴 수 없으니 그만 당신의 회사로 돌아가 주시기 바랍니다.”

헤밍웨이의 완강한 말에 간부는 당황해하며 돌아가버렸다. 그가 돌아가자 비서는 헤밍웨이에게 왜 허락하지 않았는지를 물었고, 헤밍웨이는 대답했다.

"그의 무책임한 말을 믿을 수 없었지. 얼굴과 이름을 대수롭지 않게 생각하는 회사에 내 얼굴과 이름을 빌려준다면 어떤 꼴이 되겠나?"

① 잘못된 사람과 협상을 진행하였다.
② 자신의 특정 입장만을 고집하였다.
③ 상대방에 대해 너무 많은 염려를 하였다.
④ 협상의 통제권을 갖지 못하였다.
⑤ 협상의 대상을 분석하지 못하였다.

※ K기업에서는 업무효율을 높이기 위해 직원들의 자기계발 현황에 대하여 논의하고자 한다. 인사업무를 담당하는 S대리는 필요한 자료를 제공하기 위해 전 직원의 자기계발 투자 시간, 투자 비용, 자기계발 분야 현황을 조사하였고, 다음 자료와 같은 결과를 얻었다. 이어지는 질문에 답하시오(단, 조사대상은 500명이다). **[4~5]**

〈자기계발 투자 시간/주〉

구분	비율
1시간 이하	15.2%
1시간 초과 3시간 이하	48.4%
3시간 초과 6시간 이하	16.6%
6시간 초과	19.8%

〈자기계발 투자 비용/월〉

구분	비율
5만 원 미만	8.4%
5만 원 이상 10만 원 미만	40%
10만 원 이상 20만 원 미만	36.7%
20만 원 이상 30만 원 미만	11.4%
30만 원 이상 50만 원 미만	3.5%

〈자기계발 분야〉

구분	비율
외국어 학습	30.2%
체력단련	15.6%
해당직무 전문분야	42.6%
직무 외 분야	8.4%
인문학 교양	3.2%

04 다음 자료를 보고 S대리가 이해한 내용으로 옳은 것은?

① K기업 직원의 반 이상은 일주일에 1시간에서 3시간 사이의 자기계발 시간을 갖는다.

② 한 달에 5만 원 미만의 비용을 자기계발에 투자하는 직원의 수가 가장 적다.

③ 229명의 직원들이 외국어 학습 또는 체력단련으로 자기계발을 한다.

④ 자기계발 시간을 일주일에 3시간 초과 6시간 이하를 투자하는 직원의 수는 6시간을 초과하는 직원보다 18명 적다.

⑤ 가장 많은 비율을 차지하는 자기계발 분야의 직원 수와 가장 적은 비율을 차지하는 자기계발 분야의 직원 수의 차는 177명이다.

05 귀하는 위 자료를 상사인 P부장에게 보고하였고 P부장은 귀하에게 다음과 같은 지시를 하였다. P부장의 지시사항을 토대로 귀하가 그래프를 그린다고 할 때, 적절하지 않은 그래프는?

> P부장 : 우선 수고가 많았어요. 자료를 검토했는데 그래프를 추가로 그리면 좋을 것 같네요. 자기계발 투자 시간과 비용은 비율이 아니라 인원수로 나타내고 인원의 많고 적음을 한눈에 비교하기 쉬웠으면 좋겠어요. 그리고 자기계발 분야의 그래프는 그대로 비율로 나타내되 차지하는 비율이 큰 분야에서 작은 분야 순서로 보기 쉽게 나타내면 좋을 것 같네요.

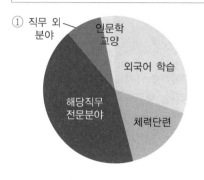

① 직무 외 분야

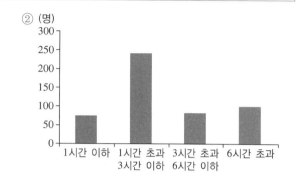

②

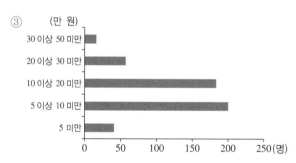

③

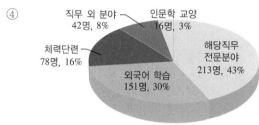

④

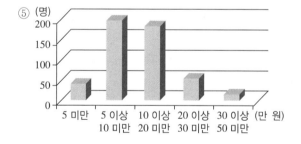

⑤

※ 귀하는 이번 달 내로 모든 사무실의 복합기를 Z복합기로 교체하라는 지시를 받았다. 모든 사무실의 복합기를 교체하였지만, 추후 문제가 생길 것을 대비해 신형 복합기의 문제 해결법을 인트라넷에 게시하였다. 이어지는 질문에 답하시오. **[6~7]**

〈문제 해결법〉

Q1. 복합기가 비정상적으로 종료됩니다.

A. 제품의 전원 어댑터가 전원 콘센트에 정상적으로 연결되었는지 확인하십시오.

Q2. 제품에서 예기치 못한 소음이 발생합니다.

A. 복합기의 자동 서비스 기능으로 프린트 헤드의 수명을 관리할 때 제품에서 예기치 못한 소음이 발생할 수 있습니다.

    ▲ 참고
- 프린트 헤드의 손상을 방지하려면, 복합기에서 인쇄하는 동안에는 복합기를 끄지 마십시오.
- 복합기의 전원을 끌 때는 반드시 전원 버튼을 사용하고, 복합기가 정지할 때까지 기다린 후 전원을 끄십시오.
- 잉크 카트리지를 모두 올바르게 장착했는지 확인합니다.
- 잉크 카트리지가 하나라도 없을 경우, 복합기는 프린트 헤드를 보호하기 위해 자동으로 서비스 기능을 수행할 수 있습니다.

Q3. 복합기가 응답하지 않습니다(인쇄되지 않음).

A. ① 인쇄 대기열에 걸려 있는 인쇄 작업이 있는지 확인하십시오.
- 인쇄 대기열을 열어 모든 문서 작업을 취소한 다음 PC를 재부팅합니다.
- PC를 재부팅한 후 인쇄를 다시 시작합니다.

② Z소프트웨어 설치를 확인하십시오.
- 인쇄 도중 복합기가 꺼지면 PC 화면에 경고 메시지가 나타납니다.
- 메시지가 나타나지 않을 경우 Z소프트웨어가 제대로 설치되지 않았을 수 있습니다.
- Z소프트웨어를 완전히 제거한 다음 다시 설치합니다. 자세한 내용은 [프린터 소프트웨어 삭제하기]를 참고하십시오.

③ 케이블 및 연결 상태를 확인하십시오.
- USB 케이블이 복합기와 PC에 제대로 연결되었는지 확인합니다.
- 복합기가 무선 네트워크에 연결되어 있을 경우 복합기와 PC의 네트워크 연결 상태를 확인합니다.
- PC에 개인 방화벽 소프트웨어가 설치되어 있는지 확인합니다.
- 개인 방화벽 소프트웨어는 외부 침입으로부터 PC를 보호하는 보안 프로그램입니다.
- 방화벽으로 인해 PC와 복합기의 통신이 차단될 수 있습니다.
- 복합기와 통신이 문제가 될 경우에는 방화벽을 일시적으로 해제하십시오. 해제 후에도 문제가 발생하면 방화벽에 의한 문제가 아닙니다. 방화벽을 다시 실행하십시오.

Q4. 인쇄 속도가 느립니다.

A. ① 인쇄 품질 설정을 확인하십시오.
- 인쇄 품질(해상도)이 최상 및 최대 DPI로 설정되었을 경우 인쇄 품질이 향상되나 인쇄 속도가 느려질 수 있습니다.

② 잉크 카트리지의 잉크 잔량을 확인하십시오.
- 잉크 카트리지에 남아 있는 예상 잉크량을 확인합니다.
- 잉크 카트리지가 소모된 상태에서 인쇄를 할 경우 인쇄 속도가 느려질 수 있습니다.
- 위와 같은 방법으로 해결되지 않을 경우 복합기에 문제가 있을 수 있으므로, Z서비스센터에 서비스를 요청하십시오.

06 A사원은 Z복합기에서 소음이 발생하자 문제 해결법을 통해 복합기의 자동 서비스 기능으로 프린트 헤드의 수명을 관리할 때 소음이 발생할 수 있다는 것을 알았다. A사원이 숙지할 수 있는 참고 사항이 아닌 것은?

① 프린트 헤드의 손상을 방지하려면, 복합기에서 인쇄하는 동안에는 복합기를 끄지 않는다.

② 복합기의 전원을 끌 때는 반드시 전원 버튼을 사용하고, 복합기가 정지할 때까지 기다린 후 전원을 끈다.

③ 잉크 카트리지를 모두 올바르게 장착했는지 확인한다.

④ 프린트 헤드 정렬 및 청소를 불필요하게 실시하면 많은 양의 잉크가 소모된다.

⑤ 잉크 카트리지가 하나라도 없을 경우, 복합기는 프린트 헤드를 보호하기 위해 자동으로 서비스 기능을 수행하게 된다.

07 팀장에게 보고서를 제출하기 위해 인쇄를 하려던 K사원은 보고서가 인쇄되지 않는다는 것을 알았다. K사원이 복합기 문제를 해결할 수 있는 방안이 아닌 것은?

① 인쇄 작업이 대기 중인 문서가 있는지 확인한다.

② 복합기 소프트웨어를 완전히 제거한 다음 다시 설치한다.

③ USB 케이블이 복합기와 PC에 연결이 되어 있는지 확인한다.

④ 잉크 카트리지에 남아 있는 예상 잉크량을 확인한다.

⑤ 대기 문서를 취소한 후 PC를 재부팅한다.

08 A공단 직원 10명이 B광역시에서 열리는 1박 2일 세미나에 참석하려고 한다. B광역시에는 목요일 점심 전에 도착하고, 이튿날 점심을 먹고 3시에 C광역시로 돌아오기로 계획했다. 다음은 호텔별 비용 현황과 호텔 선호도에 관한 자료이다. 〈조건〉을 보고 남성 직원과 여성 직원에게 지급되는 출장비는 각각 얼마인가?

〈호텔별 비용 현황〉

구분	K호텔		M호텔		H호텔		W호텔	
숙박비	평일	주말	평일	주말	평일	주말	평일	주말
	17만 원	30만 원	12만 원	23만원	15만 원	29만 원	15만 원	22만 원
식비	1만 원(중·석식) 조식은 숙박비에 포함		7,000원(조·중식) 9,000원(석식)		8,000원 (조·중·석식)		7,500원 (조·중·석식)	
거리	20분		12분		30분		10분	
비고	1인실 또는 2인실 가능		1인실만 가능		2인실 이상 가능		2인실 이상 가능	

※ 거리는 역에서 호텔까지의 버스로 이동 시간이다.

〈호텔 선호도〉

구분	K호텔	M호텔	H호텔	W호텔
남성	B	B	C	A
여성	A	B	B	C

※ A ~ C등급에서 A등급이 제일 높다.

조건

- 방은 2인 1실로 사용한다.
- 남성은 6명, 여성은 4명이다.
- 남녀 모두 식사를 가능한 다 한다.
- 남성은 선호도가 B등급 이상이고, 숙박비용과 식비가 저렴한 호텔로 정한다.
- 여성은 선호도가 B등급 이상이고, 역에서 거리가 가장 가까운 호텔로 정한다.

　　　남성 직원　　　여성 직원
① 　540,000원　　　428,000원
② 　630,000원　　　428,000원
③ 　630,000원　　　460,000원
④ 　690,000원　　　460,000원
⑤ 　690,000원　　　510,000원

09 A씨는 휴대하기 편리한 전자책 구매를 고민하는 중에 전자책 시장에 관한 기사를 접했다. A씨가 기사를 읽고 판단한 내용으로 올바르지 않은 것은?

국내에서는 종이책과 전자책이 저마다 확고한 시장을 확보하고 공존하고 있다. 출판업계 관계자들은 전자책에 대해 종이책을 밀어내는 '경쟁자'의 입장이 아닌 '보완재' 혹은 '동력자'의 관계로 보고 있다. K문고 관계자에 따르면 "종이책과 전자책은 저마다의 장점이 있다. 종이책은 책의 속성인 종이를 넘기는 경험을 주고 전자책은 갖고 다니기 편리한 점이 있다."며 "전자책의 등장으로 출판업의 형태가 변화했을 뿐 전자책과 종이책을 경쟁상대로 보는 것은 맞지 않다."고 말했다. 즉, 종이책과 전자책은 상생하고 있다는 것이다.

일주일에 한 번은 서점을 들른다는 김 모(26) 씨도 인터넷신문이 등장하면서 종이신문을 보기 힘들게 된 것처럼 전자책이 종이책을 잡아먹을 것이라고 생각했다. 그러나 "종이책 고유의 감성은 강했다."며 "종이책이 가진 감성을 전자책이 메우기는 힘들다."고 말했다. K문고 이비즈니스본부장은 "먼 미래에는 어떻게 환경이 바뀌게 될지 예측하기 어렵지만 당분간은 종이책과 전자책이 공존하면서 독서시장을 키울 것으로 보인다. 종이책의 적은 전자책이 아니며, 전자책이 전체 독서시장의 외연을 넓히는 순기능을 할 것으로 기대하고 있다."고 말했다.

현재 국내 전자책 시장은 '웹소설'과 '웹툰'을 필두로 입지를 다지고 있다. 어느 웹소설 전문사이트의 경우 지난 2008년 최초로 웹소설 판매를 시작한 이후 2009년 2억 원이던 연매출이 지난해 125억 원으로 급성장했다. 웹툰 시장은 지난해 5,840억 원에서 올해 7,240억 원으로 23% 성장했다.

한국전자출판협회 관계자는 "출판사는 전자책과 종이책 판매량을 따지지만 협회에서는 개별로 본다."며 "국내 출판산업은 전자책과 종이책을 비교할 수 없는 구조이다. 종이책을 만들지 않는 웹소설과 웹툰도 전자책으로 분류할 수 있어 시장 구분이 모호하다."라며 비교대상이 아니라고 말했다. 한편 "책이라는 큰 카테고리 안에서 전자책은 종이책과 공존해야 할 대상이라고 생각한다."라고 덧붙였다.

프랑스는 종이책의 선전(善戰)을 입증하는 나라로 꼽힌다. 한때 프랑스에 전자책이 상륙하면서 오프라인 서점과 종이책은 3년 내 멸종할 것이란 전망까지 나왔지만 뚜껑을 열고 보니 오판이었다. 전통을 중시하는 프랑스에서 전자책은 전 세계에서 가장 힘을 못 쓰고 있는 것이다.

전통을 존중하는 프랑스가 원체 유별나긴 하지만, 미국도 사실 크게 다르지 않다. 2007년 아마존이 전자책을 출시하면서 매년 급속한 성장을 이어가던 전자책은 최근 영어권 국가를 중심으로 성장률에 정체 신호가 들어왔다. 미국출판협회(AAP) 집계에 따르면, 2016년 1월부터 9월까지 도서 판매에서 전자책 매출은 18.7% 감소하고, 종이책은 7.5% 증가했다고 발표했다. 영국출판협회(PA)도 2016년 영국의 전자책 판매가 17% 감소, 종이책은 7% 증가했다고 발표했다. 전자책 전용 단말기 판매도 2011년 최고치를 기록한 이후 5년간 약 40% 정도 감소했다.

이러한 해외 전자책 시장 정체의 주요 원인으로는 이용자들의 디지털 피로도 현상과 메이저 출판사들의 전자책 가격 인상으로 나타났다. 이용자 관점에서 보았을 때 다수 독자가 느끼는 전자기기를 통한 장문 읽기의 부담감과 다양한 멀티미디어와 엔터테인먼트 콘텐츠 이용률의 증가가 정체의 원인으로 나타난 것이다.

책은 지식 정보의 전달 수단만이 아니라 인간 감성을 다루는 예술이다. 종이책은 책장 넘기는 소리, 저마다 다른 종이 재질 그리고 잉크 냄새 등 전자책이 흉내 낼 수 없는 아날로그 감수성의 결집체이다. 이것이 전자책이 출시된 지 10년이 지난 지금도 많은 인문주의자가 책의 내용만큼 책 그 자체를 아끼는 이유이다.

---

① 해외시장에서의 전자책 성장률 정체는 이용자들이 전자기기를 통한 장문 읽기에 부담을 느꼈기 때문이야.
② 해외시장의 사례를 보아 국내에서 전자책은 종이책보다 경쟁력이 뒤처질 것임을 알 수 있어.
③ 종이책이 살아남을 수 있었던 이유는 이용자의 아날로그 감성을 자극했기 때문이군.
④ 국내 시장에서 종이책과 전자책은 저마다의 확고한 시장 속에서 공존하고 있어.
⑤ 전자책이 전체 독서시장의 외연을 넓힐 것으로 기대할 수 있겠어.

10 농도를 알 수 없는 식염수 100g과 농도가 20%인 식염수 400g을 섞었더니 농도가 17%인 식염수가 되었다면, 100g의 식염수의 농도는 얼마인가?

① 4%   ② 5%
③ 6%   ④ 7%
⑤ 8%

11 다음 중 빈칸에 들어갈 말이 올바르게 연결된 것은?

경청이란 다른 사람의 말을 주의 깊게 들으며,   ㉠   하는 능력이다. 경청은 대화의 과정에서 당신에 대한   ㉡
을/를 쌓을 수 있는 최고의 방법이다. 우리가 경청하면 상대는 본능적으로 안도감을 느낀다. 그리고 우리가 말을
할 경우, 자신도 모르게 더   ㉢   하게 한다. 이런 심리적 효과로 인해 우리의 말과 메시지, 감정은 아주 효과적으
로 상대에게 전달된다.

	㉠	㉡	㉢			㉠	㉡	㉢
①	설득	인정	의지		②	설득	신뢰	의지
③	공감	신뢰	집중		④	공감	친분	집중
⑤	공감	친분	의지					

12 다음 중 빈칸에 들어갈 말이 올바르게 연결된 것은?

피드백의 효과를 극대화하기 위해서는 다음과 같은 반응의 세 가지 규칙을 지켜야 한다.
- ____㉠____ : 시간을 낭비하지 않는 것. 시간이 갈수록 피드백의 영향력은 줄어들기 때문에 상대방에게 바로 피드
  백을 주어야 한다.
- ____㉡____ : 진정한 반응뿐만 아니라 조정하고자 하는 마음 또는 보이고 싶지 않은 부정적인 느낌까지 보여주어야
  한다.
- ____㉢____ : ____㉡____ 하다고 해서 잔인해서는 안 된다. 부정적인 의견을 표현할 때도 부드럽게 표현하는 방법을
  사용하여야 한다.
이러한 쌍방적 의사소통은 화자와 청자 모두에게 도움이 된다.

	㉠	㉡	㉢
①	즉각적	진실	공감
②	즉각적	진실	지지
③	즉각적	정직	지지
④	효율적	정직	지지
⑤	효율적	정직	공감

13 희재는 수국, 작약, 장미, 카라 4종류의 꽃을 총 12송이 가지고 있다. 이 꽃들을 12명의 사람에게 한 송이씩 주려고 한다. 다음 주어진 정보가 모두 참일 때, 〈보기〉에서 옳은 것을 모두 고르면?

〈정보〉

- 꽃 12송이는 수국, 작약, 장미, 카라 4종류가 모두 1송이 이상씩 있다.
- 작약을 받은 사람은 카라를 받은 사람보다 적다.
- 수국을 받은 사람은 작약을 받은 사람보다 적다.
- 장미를 받은 사람은 수국을 받은 사람보다 많고, 작약을 받은 사람보다 적다.

보기

ㄱ. 카라를 받은 사람이 4명이면, 수국을 받은 사람은 1명이다.
ㄴ. 카라와 작약을 받은 사람이 각각 5명, 4명이면, 장미를 받은 사람은 2명이다.
ㄷ. 수국을 받은 사람이 2명이면, 작약을 받은 사람이 수국을 받은 사람보다 2명 많다.

① ㄱ
② ㄴ
③ ㄱ, ㄴ
④ ㄷ
⑤ ㄴ, ㄷ

14 C사에 근무하는 A사원은 다음 시트에서 생년월일이 표시된 [B2:B5] 영역을 이용하여 [C2:C5] 영역에 다음과 같이 팀원들의 나이를 표시하였다. [C2] 셀에 입력된 수식으로 올바른 것은?

	A	B	C
1	성명	생년월일	나이
2	김기수	19930627	27
3	최선하	19920712	28
4	이아름	19950328	25
5	강윤정	19960725	24

① =2019−LEFT(B2,4)+1
② =2019−LEFT(B2,4)
③ =2019−RIGHT(B2,4)+1
④ =2019−RIGHT(B2,4)
⑤ =2019−MID(B2,4,2)+1

15 다음 글을 읽고 작성방법을 분석한 것으로 올바른 것은?

> 교육센터는 7가지 코스로 구성된다. 먼저, 기초훈련코스에서는 자동차 특성의 이해를 통해 안전운전의 기본능력을 향상시킨다. 자유훈련코스는 운전자의 운전자세 및 공간 지각능력에 따른 안전위험 요소를 교육한다. 위험회피코스에서는 돌발 상황 발생 시 위험회피 능력을 향상시키며, 직선제동코스에서는 다양한 도로환경에 적응하여 긴급 상황 시 효과적으로 제동할 수 있도록 교육한다. 빗길제동코스에서는 빗길 주행 시 위험요인을 체득하여 안전운전 능력을 향상시키고, 곡선주행코스에서는 미끄러운 곡선주행에서 안전운전을 할 수 있도록 가르친다. 마지막으로 일반·고속주행코스에서는 속도에 따라 발생할 수 있는 다양한 위험요인의 대처 능력을 향상시켜 방어운전 요령을 습득하도록 돕는다. 이외에도 친환경 운전 방법인 '에코 드라이브'에 대해 교육하는 에코 드라이빙존, 안전한 교차로 통행방법을 가르치는 딜레마존이 있다. 안전운전의 기본은 사업용 운전자의 올바른 습관이다. 교통안전 체험교육센터에서 교육만 받더라도 교통사고 발생확률이 크게 낮아진다.

① 여러 가지를 비교하면서 그 우월성을 논하고 있다.
② 각 구조에 따른 특성을 대조하고 있다.
③ 상반된 결과를 통해 결론을 도출하고 있다.
④ 각 구성에 따른 특징과 그에 따른 기대효과를 설명하고 있다.
⑤ 의견의 타당성을 검증하기 위해 수치를 제시하고 있다.

16 다음의 상황에서 K부장에게 조언할 수 있는 말로 가장 적절한 것은?

> K부장은 얼마 전에 자신의 부서에 들어온 두 명의 신입사원 때문에 고민 중이다. 신입사원 A는 꼼꼼하고 차분하지만 대인관계가 서투르며, 신입사원 B는 사람들과 금방 친해지는 친화력이 있으나, 업무에 세심하지 못한 모습을 보이고 있다. 이러한 성격으로 인해 A는 현재 영업 업무를 맡아 자신에게 어려운 대인관계로 인해 스트레스를 받고 있으며, B는 재고 관리 업무를 하면서 재고 기록을 누락하는 등의 실수를 반복하고 있다.

① 개인의 강점을 활용해야 한다.
② 주관적인 결정을 내려야 한다.
③ 팀의 풍토를 발전시켜야 한다.
④ 조직 구조를 이해시켜야 한다.
⑤ 의견의 불일치를 해결해야 한다.

17 A회사는 유무선 공유기 HI-804A를 사내에 설치하고자 한다. 정보보안팀 B사원은 다음의 설명서를 읽은 다음 HI-804A를 설치하기 위해 몇 가지 사항들을 점검하였다. 다음 중 B사원이 점검한 내용으로 적절하지 않은 것은?

---

1. 공유기 설치 전 확인 사항
   ① 현재 사용 중인 공유기가 있다면 HI-804A의 IP 주소와 충돌을 일으킬 수 있으므로 현재 사용 중인 공유기가 있는지 확인해주세요.
   ② HI-804A 공유기의 IP 주소는 http://190.275.2.3입니다.
   ③ 사용 중인 공유기의 IP 주소가 http://190.275.2.3인 경우 사용 중인 공유기의 IP 주소를 변경한 후 설치를 시작합니다.
   ④ 사용자 이름은 admin이며, 비밀번호는 ××××××입니다.
   ⑤ 기존에 사용 중인 공유기가 없다면 바로 설치를 진행합니다.
2. 공유기 설치 시작
   ① HI-804A, 외장형 모뎀, PC의 전원을 모두 끕니다.
   ② 현재 인터넷이 되는 PC에 연결된 외장형 모뎀을 분리합니다.
   ③ 분리한 외장형 모뎀의 인터넷 케이블로 HI-804A의 INTERNET 포트에 연결합니다.
   ④ PC와 LAN 포트를 LAN 케이블로 연결합니다.
   ⑤ 외장형 모뎀을 키고 1분 정도 기다립니다.
   ⑥ HI-804A 전원을 키고 1분 정도 기다립니다.
   ⑦ PC 전원을 켜서 부팅을 합니다.
3. 공유기 설정 및 무선 설정
   ① 스마트폰에서 'HI-NETWORK' 앱을 설치합니다.
   ② 앱을 실행한 후 '기본 설정 마법사'를 실행합니다.
   ③ 자동으로 검색된 HI-804A를 터치합니다.
   ④ 장치의 비밀번호는 기본 세팅이 되어 있는데, 변경을 원하면 비밀번호 터치 후 새로 입력한 뒤 '저장' 버튼을 터치하세요.
   ⑤ 동작 방식을 [Router 방식], 연결 방식을 [유동 IP 방식]으로 설정합니다.
   ⑥ 와이파이의 이름과 비밀번호가 자동 세팅이 되는데, 변경을 원하면 새로 입력한 뒤 '저장' 버튼을 터치하세요.
   ⑦ 설정이 완료되면 '확인' 버튼을 터치하세요.

---

① HI-804A의 IP 주소를 확인하였다.
② 현재 사용 중인 공유기의 IP 주소를 확인하였다.
③ HI-804A의 사용자 이름과 비밀번호를 확인하였다.
④ IP 주소가 충돌하여 HI-804A의 IP 주소를 변경하였다.
⑤ 현재 사내에서 사용 중인 다른 공유기가 있는지 확인하였다.

18 K공단에 근무 중인 A ~ D부장은 바람직한 의사소통 방법에 대한 사내 교육 프로그램에 참여한 뒤 다음과 같은 대화를 나누었다. 다음 중 바람직한 의사소통 방법을 사용하고 있는 사람을 모두 고르면?

- A부장 : 나는 업무를 효율적으로 지시하기 위해 내가 아는 것은 당연히 상대도 알고 있다고 생각하고 업무를 지시해.
- B부장 : 나는 우리 부서원들이랑 업무에 대해 자세히 말하지 않아도 호흡이 척척 맞아.
- C부장 : 나는 부서원들에게 의견을 전달할 때, 내가 전하고자 하는 의견을 정확히 이해했는지 다시 한번 확인해.
- D부장 : 나는 부서원들의 이야기를 적극적으로 들으려고 항상 노력하면서도 최대한 감정을 배제하고 대화하려고 노력해.

① A부장, B부장
② A부장, C부장
③ B부장, C부장
④ B부장, D부장
⑤ C부장, D부장

19 다음은 어느 달의 지역별 교통위반 단속 건수에 관한 자료이다. 자료에 대한 설명으로 옳은 것은?

〈지역별 교통위반 단속 건수〉

구분	무단횡단	신호위반	과속	불법주정차	음주운전	합계
서울시	80건	960건	1,320건	240건	410건	3,010건
경기도	70건	820건	1,020건	210건	530건	2,650건
인천시	50건	870건	1,380건	240건	280건	2,820건
대구시	5건	880건	1,210건	45건	30건	2,170건
부산시	20건	950건	1,350건	550건	210건	3,080건
강원도	5건	180건	550건	15건	70건	820건
대전시	5건	220건	470건	80건	55건	830건
광주시	15건	310건	550건	180건	35건	1,090건
울산시	10건	280건	880건	55건	25건	1,250건
제주도	10건	980건	550건	140건	120건	1,800건
세종시	20건	100건	240건	90건	30건	480건
합계	290건	6,550건	9,520건	1,845건	1,795건	20,000건

※ 수도권은 서울시, 경기도, 인천시를 아우르는 권역을 가리킨다.

① 수도권의 단속 건수는 전체 단속 건수의 절반 이상이다.
② 경기도의 모든 항목에서 교통위반 단속 건수는 서울시보다 적다.
③ 신호위반이 가장 많이 단속된 지역이 과속도 가장 많이 단속되었다.
④ 울산시의 단속 건수가 전체 단속 건수에서 차지하는 비중은 6.4%이다.
⑤ 광주시의 단속 건수가 전체 단속 건수에서 차지하는 비중은 대전시보다 1.3%p 더 높다.

20 다음은 4차 산업에 관한 글이다. 다음 중 ㉠, ㉡에 들어갈 단어로 옳은 것은?

> 4차 산업혁명이란 사물인터넷, 인공지능, 빅데이터, 블록체인 등 정보통신기술의 _____㉠_____으로 새로운 서비스와 산업이 창출되는 차세대 혁명이다. 이 용어는 2016년 _____㉡_____에서 클라우스 슈밥 회장이 처음 사용하면서 이슈화됐다. 경제 산업 전반에 정보화, 자동화를 통한 생산성 증대뿐 아니라 자율주행차, 무인점포 등 일상생활에 획기적 변화를 가져다주고 있다. 예를 들면 미래 사회에는 사물과 인간, 사물과 사물 간이 자유자재로 연결되고 정보를 공유하며, 인공지능의 발달로 우리의 실생활 곳곳에 인공지능 로봇이 자리를 잡으면서 산업분야의 경계가 허물어질 수 있다.

	㉠	㉡
①	융합	IMD
②	복합	WEF
③	집합	IMD
④	융합	WEF
⑤	집합	WEF

21 다음 글을 읽고 빈칸에 들어갈 용어로 적절한 것을 고르면?

> 기업이 경쟁우위를 확보하기 위하여 구축, 이용하는 정시시스템. 기존의 정보시스템이 기업 내 업무의 합리화나 효율화에 역점을 두었던 것에 반하여, 기업이 경쟁에서 승리하여 살아남기 위한 필수적인 시스템이라는 뜻에서 _____(이)라고 한다. 그 요건으로는 경쟁 우위의 확보, 신규 사업의 창출이나 상권의 확대, 업계 구조의 변혁 등을 들 수 있다. 실례로는 금융 기관의 대규모 온라인시스템, 항공 회사의 좌석예약시스템, 슈퍼마켓(체인점) 등에서의 판매시점관리(POS)를 들 수 있다. 최근에는 대외지향적인 전략시스템뿐만 아니라 기업 구조의 재구축을 위한 업무 재설계(BPR)와 같이 경영 전략을 수립하여 그에 맞는 정보시스템을 재구축하는 접근 방식을 채용하고 있다.

① 비즈니스 프로세스 관리(BPM; Business Process Management)
② 전사적자원관리(ERP; Enterprise Resource Planning)
③ 경영정보시스템(MIS; Management Information System)
④ 전략정보시스템(SIS; Strategic Information System)
⑤ 의사결정지원시스템(DSS; Decision Support System)

※ 다음은 K회사의 직원채용절차에 대한 자료이다. 이어지는 질문에 답하시오. [22~23]

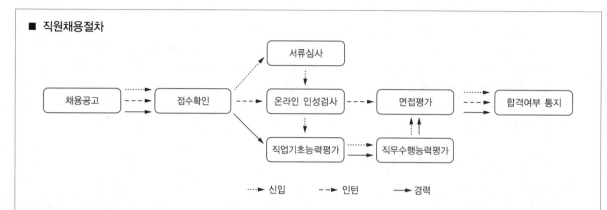

■ 직원채용절차

····▶ 신입   --▶ 인턴   ──▶ 경력

■ 채용단계별 처리비용

채용단계	1건당 처리비용	채용단계	1건당 처리비용
접수확인	500원	서류심사	1,500원
온라인 인성검사	1,000원	직업기초능력평가	3,000원
직무수행능력평가	2,500원	면접평가	3,000원
합격여부 통지	500원		

※ 단계별 1건당 처리비용은 지원유형에 관계없이 동일함

■ 2021년 상반기 지원현황

지원유형	신입	인턴	경력
접수	20건	24건	16건

22 K회사는 신입·인턴·경력직원을 채용하는 과정에서 드는 비용이 예산을 넘지 않는 수준에서 최대한 사용하려고 하였으나, 실제로 초과하였다. 예산이 50만 원이라면, 다음 중 어떤 단계를 생략했어야 하는가?(단, 접수확인과 합격여부 통지는 생략할 수 없다)

① 신입 – 온라인 인성검사
② 경력 – 직업기초능력평가
③ 인턴 – 면접평가
④ 신입 – 직무수행능력평가
⑤ 경력 – 면접평가

23 K회사의 인사부장은 채용절차를 축소하는 것보다 전형별 합불제를 도입하는 것이 예산 안에서 더 많은 지원자를 수용할 수 있다는 의견을 밝혔다. 이를 검토하기 위해 다음과 같은 〈조건〉을 세워 시뮬레이션하였다면, 예산 안에서 최대 몇 명의 지원자를 수용할 수 있는가?

조건	
Input	• 대상 : 경력직원 채용절차 • 예산 : 22만 원
Condition	• 전형별 합격률

전형	서류심사	온라인 인성검사	직업기초 능력평가	직무수행 능력평가	면접평가
합격률	80%	50%	50%	40%	50%

Condition	• 접수확인 및 합격여부 통지 비용을 함께 고려함(단, 합격여부 통지는 면접평가자에 한함)
Output	• 지원자 수 : ?? • 합격자 수 : ??

① 10명
② 20명
③ 30명
④ 40명
⑤ 50명

24 다음은 우리나라 부패인식지수(CPI) 연도별 변동 추이에 관한 자료이다. 자료에 대한 설명으로 옳지 않은 것은?

〈우리나라 부패인식지수(CPI) 연도별 변동 추이〉

구분		2014년	2015년	2016년	2017년	2018년	2019년	2020년
CPI	점수	4.5	5.0	5.1	5.1	5.6	5.5	5.4
	조사대상국	146	159	163	180	180	180	178
	순위	47	40	42	43	40	39	39
	백분율	32.2	25.2	25.8	23.9	22.2	21.6	21.9
OECD	회원국	30	30	30	30	30	30	30
	순위	24	22	23	25	22	22	22

※ CPI 0 ~ 10점 : 점수가 높을수록 청렴

① CPI를 확인해 볼 때, 우리나라는 다른 해에 비해 2018년에 가장 청렴했다고 볼 수 있다.
② CPI 순위는 2019년에 처음으로 30위권에 진입했다.
③ 청렴도가 가장 낮은 해와 2020년의 청렴도 점수의 차이는 0.9점이다.
④ 우리나라의 OECD 순위는 2014년부터 2020년까지 상위권이라 볼 수 있다.
⑤ CPI 조사대상국은 2017년까지 증가하고 이후 2019년까지 유지되었다.

25 다음 중 C가 계획 수행에 성공하지 못한 이유로 올바르지 않은 것은?

> A은행 신입사원 C씨는 회사 일도 잘하고 싶고 업무 외의 자기개발에도 욕심이 많다. 그래서 업무와 관련한 자격증을 따기 위해서 3개의 인터넷 강의도 등록하였고, 체력관리를 위해 피트니스 센터에도 등록하였으며, 친목을 다지기 위해 본인이 동호회도 만들었다. 그러나 의욕에 비해 첫 주부터 자격증 강의도 반밖에 듣지 못했고, 피트니스 센터에는 2번밖에 가지 못했다. 동호회는 자신이 만들었기 때문에 빠질 수가 없어서 참석했지만 C씨는 수행하지 못한 다른 일 때문에 기분이 좋지 않다. 단순히 귀찮아서가 아니라 회사 회식도 빠지기 난감했고, 감기에 걸려 몸도 좋지 않았기 때문인데 계획이 문제인지 본인이 문제인지 C씨는 고민이 많아졌다.

① 자기실현에 대한 욕구보다 다른 욕구가 더 강해서
② 자기합리화를 하려는 인간의 제한적인 사고 때문에
③ 자기개발에 대한 구체적인 방법을 몰라서
④ 내·외부 요인 때문에
⑤ 투자할 수 있는 시간에 비해 계획이 과해서

26 신입사원 A는 자신이 하고 있는 일에 적응하기 위하여 흥미를 높이고 자신의 재능을 개발하려고 한다. 〈보기〉에서 A가 흥미나 적성을 개발하기 위해 취할 수 있는 방법으로 옳지 않은 것을 모두 고르면?

> **보기**
> ㉠ 업무를 수행할 때 작은 단위로 나누어 수행한다.
> ㉡ 커다란 업무를 도전적으로 수행하여 성취를 높인다.
> ㉢ '나는 지금 주어진 일이 적성에 맞는다.'라고 마인드컨트롤을 한다.
> ㉣ 기업의 문화나 풍토를 파악하는 것보다는 흥미나 적성검사를 수행한다.

① ㉠, ㉢   ② ㉠, ㉡
③ ㉡, ㉣   ④ ㉠, ㉡, ㉢
⑤ ㉠, ㉡, ㉣

27 다음 중 조직변화의 과정을 올바르게 나열한 것은?

| ㄱ. 환경변화 인지 | ㄴ. 변화결과 평가 |
| ㄷ. 조직변화 방향 수립 | ㄹ. 조직변화 실행 |

① ㄱ - ㄷ - ㄹ - ㄴ   ② ㄱ - ㄹ - ㄷ - ㄴ
③ ㄴ - ㄷ - ㄹ - ㄱ   ④ ㄹ - ㄱ - ㄷ - ㄴ
⑤ ㄹ - ㄴ - ㄷ - ㄱ

28 다음은 A부서의 K대리가 업무를 효과적으로 수행하기 위해 작성한 업무 수행 시트이다. 다음 중 K대리가 작성한 업무 수행 시트에 대한 설명으로 적절하지 않은 것은?

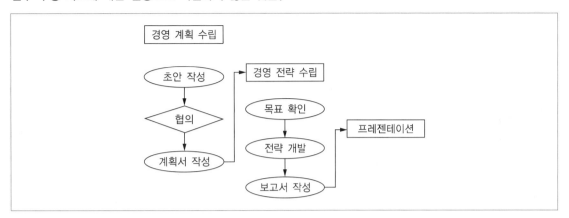

① 단계별로 소요되는 시간을 확인할 수 있다.
② 사각형의 업무는 K대리의 주요 업무를 나타낸다.
③ 타원형의 업무는 주요 업무의 세부 절차를 나타낸다.
④ K대리가 수행할 업무의 흐름을 동적으로 보여준다.
⑤ K대리는 구체적인 수행 계획을 세우기 위해 워크 플로 시트를 활용하였다.

29 신입사원 A씨는 갈등관리에 대한 책을 읽고 그 내용에 대해 정리해 보았다. 내용에 대한 이해로 적절하지 않은 것은?

① 갈등 상황을 객관적으로 이해하고 파악한다.
② 어려운 문제여도 피하지 말고 맞서야 한다.
③ 자신의 의견을 명확하게 밝히고 지속적으로 강화한다.
④ 갈등이 인지되자마자 접근할 것이 아니라 가만히 두면 자연히 가라앉는 경우도 있기 때문에 시간을 두고 지켜보는 것이 좋다.
⑤ 모두에게 좋은 최선의 해결책을 찾는 것이 목표이기 때문에 타협하려고 애써야 한다.

※ 다음은 자료, 정보, 지식을 구분해 놓은 것이다. 자료는 다음과 같은 과정을 거쳐 정보가 되고 지식이 된다. 다음 자료를 읽고, 이어지는 질문에 답하시오. [30~31]

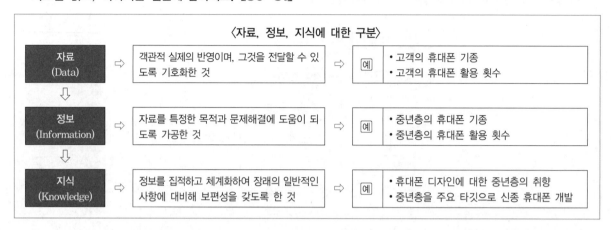

30 〈보기〉에서 정보(Information)에 대한 사례를 모두 고르면?

> **보기**
>
> ㉠ 라면 종류별 전체 판매량
> ㉡ 1인 가구의 인기 음식
> ㉢ 남성을 위한 고데기 개발
> ㉣ 다큐멘터리와 예능 시청률
> ㉤ 만보기 사용 횟수
> ㉥ 5세 미만 아동들의 선호 색상

① ㉠, ㉢ 　　　　　　　　　　　② ㉡, ㉣
③ ㉡, ㉥ 　　　　　　　　　　　④ ㉢, ㉥
⑤ ㉣, ㉤

31 〈보기〉에 나열되어 있는 자료(Data)를 통해 추론할 수 있는 지식(Knowledge)으로 적절하지 않은 것은?

> **보기**
> • 연령대별 선호 운동
> • 직장인 평균 퇴근 시간
> • 실내운동과 실외운동의 성별 비율
> • 운동의 목적에 대한 설문조사 자료
> • 선호하는 운동 부위의 성별 비율
> • 운동의 실패 원인에 대한 설문조사 자료

① 퇴근 후 부담없이 운동 가능한 운동기구 개발
② 20·30대 남성들을 위한 실내체육관 개설 계획
③ 요일마다 특정 운동부위 발달을 위한 운동 가이드 채널 편성
④ 다이어트에 효과적인 식이요법 자료 발행
⑤ 목적에 맞는 운동 프로그램 계획 설계

32 다음 중 밑줄 친 부분의 띄어쓰기가 모두 옳은 것은?

① 최선의 세계를 만들기 위해서 <u>무엇 보다</u> 이 세계에 있는 모든 대상들이 지닌 성질을 정확하게 <u>인식해야 만</u> 한다.
② 일과 여가 <u>두가지를</u> 어떻게 <u>조화시키느냐하는</u> 문제는 항상 인류의 관심대상이 되어 왔다.
③ <u>내로라하는</u> 영화배우 중 내 고향 출신도 상당수 된다. 그래서 자연스럽게 영화배우를 꿈꿨고, <u>그러다 보니</u> 영화는 내 생활의 일부가 되었다.
④ 실기시험은 까다롭게 <u>심사하는만큼</u> 준비를 철저히 해야 한다. <u>한 달 간</u> 실전처럼 연습하면서 시험에 대비하자.
⑤ 우주의 <u>삼라 만상은</u> 우리에게 온갖 경험을 제공하지만 많은 경험의 결과들이 서로 <u>모순 되는</u> 때가 많다.

33 다음은 A기업의 2020년 경영 실적에 대한 자료이다. 자료에 대한 설명으로 옳지 않은 것은?(단, 비율은 소수 이하 첫째 자리에서 반올림한다)

> A기업은 2020년 연간 26조 9,907억 원의 매출과 2조 7,127억 원의 영업이익을 달성했다고 발표했다. A기업은 지난 1년 동안 시장 변동에 대응하기 위해 선제적으로 투자와 생산량을 조정하는 등 경영 효율화에 나섰으나 글로벌 무역 갈등으로 세계 경제의 불확실성이 확대되었고, 재고 증가와 고객들의 보수적인 구매 정책으로 수요 둔화와 가격 하락이 이어져 경영 실적은 전년 대비 감소했다고 밝혔다.
>
> 2020년 4분기 매출과 영업이익은 각각 6조 9,271억 원, 2,360억 원(영업이익률 3%)을 기록했다. 4분기는 달러화의 약세 전환에도 불구하고 수요 회복에 적극 대응한 결과 매출은 전 분기 대비 소폭 상승했으나, 수요 증가에 대응하기 위해 비중을 확대한 제품군의 수익성이 상대적으로 낮았고, 신규 공정 전환에 따른 초기 원가 부담 등으로 영업이익은 직전 분기 대비 50% 감소했다. 제품별로는 D램 출하량이 전 분기 대비 8% 증가했고, 평균 판매가는 7% 하락했다. 낸드플래시는 출하량이 10% 증가했고, 평균 판매가는 직전 분기 수준을 유지했다.
>
> A기업은 올해 D램 시장에 대해 서버 D램의 수요 회복, 5G 스마트폰 확산에 따른 판매량 증가로 전형적인 상저하고의 수요 흐름을 보일 것으로 예상했다. 낸드플래시 시장 역시 PC 및 데이터센터형 SSD 수요가 증가하는 한편, 고용량화 추세가 확대될 것으로 전망했다.
>
> A기업은 이처럼 최근 개선되고 있는 수요 흐름에 대해서는 긍정적으로 보고 있지만, 과거에 비해 훨씬 높아진 복잡성과 불확실성이 상존함에 따라 보다 신중한 생산 및 투자 전략을 운영할 방침이다. 공정 전환 과정에서도 기술 성숙도를 빠르게 향상시키는 한편, 차세대 제품의 차질 없는 준비로 원가 절감을 가속화한다는 전략이다.
>
> D램은 10나노급 2세대 제품(1y 나노) 비중을 확대하고, 본격적으로 시장 확대가 예상되는 LPDDR5 제품 등의 시장을 적극 공략할 계획이다. 또한, 차세대 제품인 10나노급 3세대 제품(1z 나노)도 연내 본격 양산을 시작할 예정이다.

① 달러화의 강세는 매출액에 부정적 영향을 미친다.
② 2020년 3분기 영업이익은 4분기 영업이익의 2배이다.
③ A기업은 고용량 낸드플래시 생산에 대한 투자를 늘릴 것이다.
④ 기업이 공정을 전환하는 경우, 이로 인해 원가가 상승할 수 있다.
⑤ 영업이익률은 매출액 대비 영업이익 비율로 2020년 A기업은 약 10%를 기록했다.

34 주머니에 1부터 10까지의 숫자가 적힌 카드 10장이 들어 있다. 주머니에서 카드를 세 번 뽑는다고 할 때, 1, 2, 3이 적힌 카드 중 하나 이상을 뽑을 확률은?(단, 꺼낸 카드는 다시 넣지 않는다)

① $\dfrac{5}{8}$

② $\dfrac{17}{24}$

③ $\dfrac{7}{24}$

④ $\dfrac{7}{8}$

⑤ $\dfrac{5}{6}$

35 다음 중 ㉠~㉣에 들어갈 접속어로 적절한 것은?

> 오늘날의 민주주의는 자본주의가 성숙함에 따라 함께 성장한 것이라고 볼 수 있다. ___㉠___ 자본주의가 발달함에 따라 민주주의가 함께 발달한 것이다. ___㉡___ 이러한 자본주의의 성숙을 긍정적으로만 해석할 수는 없다. ___㉢___ 자본주의의 성숙이 민주주의와 그 성장에 부정적 영향을 끼칠 수도 있기 때문이다. 자본주의가 발달하면 돈 많은 사람이 그렇지 않은 사람보다 더 많은 권리 내지는 권력을 갖게 된다. ___㉣___ 시장에서의 권리나 권력뿐만 아니라 정치 영역에서도 그럴 수 있다는 것이 문제이다.

	㉠	㉡	㉢	㉣
①	즉	그러나	왜냐하면	비단
②	그러나	즉	비단	왜냐하면
③	비단	즉	그러나	왜냐하면
④	즉	그러나	비단	왜냐하면
⑤	왜냐하면	즉	그러나	비단

36 A대리는 평소에 입사 후배인 B사원과 점심을 자주 먹곤 한다. B사원은 A대리를 잘 따르며 업무 성과도 높아서, A대리는 B사원에게 자주 점심을 사준다. 그러나 이러한 상황이 반복되자 매번 점심을 먹을 때마다 B사원은 절대 돈을 낼 생각이 없어 보인다. A대리는 후배에게 밥을 사주는 것이 싫은 것은 아니지만 매일 B사원의 몫까지 점심값을 내려니 곤란한 것은 사실이다. 당신이 A대리라면 어떻게 하겠는가?

① B사원에게 솔직한 심정을 말하여 문제를 해결해 보고자 한다.
② 선배가 후배에게 밥을 얻어먹기는 부끄러우므로 앞으로도 계속해서 밥을 산다.
③ 앞으로는 입사 선배이자 상사인 G과장에게 밥을 얻어먹기로 한다.
④ B사원을 개인적으로 불러 혼을 내고 다시는 밥을 같이 먹지 않는다.
⑤ B사원에게 지금까지 사준 밥을 다 얻어먹겠다는 생각으로 한 틱 쏘라고 이야기한다.

※ 다음은 A기업의 직무연수 신청표와 사원번호 발급체계이다. 이어지는 질문에 답하시오. [37~38]

〈직무연수 신청표〉

이름	부서	직급	사원번호	연수 일정
A	인사	주임	1510232	2019. 03. 13
B	총무	대리	1411175	2019. 06. 28
C	마케팅	대리	1315572	2019. 03. 21
D	마케팅	사원	1825387	2019. 03. 10
E	자재	과장	0917197	2019. 03. 19
F	회계	사원	1715568	2019. 04. 02
G	지원	주임	1617375	2019. 05. 18

※ 연수 일정 전까지 연수 취소는 가능하나 취소 시 차수 연수 신청 불가능
※ 연수 시작 7일 전까지 일정 변경 가능

〈사원번호 발급체계〉

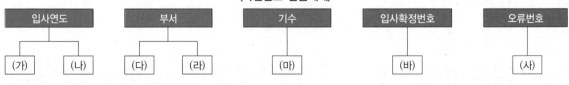

구분	인사	총무	회계	자재	지원	마케팅
부서코드	10	11	15	17	20	25

※ 입사연도는 네 자릿수 중에 뒤의 두 자리만 사용한다. 예 2017 → 17
※ 입사확정번호는 2000년도 이후 입사자부터 적용된다.

〈오류번호 연산법〉

$$0 \leq (가)+(나)+(다)+(라)+(마)+(바) < 10 \rightarrow 0$$
$$10 \leq (가)+(나)+(다)+(라)+(마)+(바) < 20 \rightarrow 값-10$$
$$20 \leq (가)+(나)+(다)+(라)+(마)+(바) < 30 \rightarrow 값-20$$

37 다음 자료의 내용을 바탕으로 옳은 것은?

① 2016년에 2기 3번으로 입사한 지원 부서 K주임은 사원번호가 1620234이다.
② 1998년에 입사한 총무 부서 L부장의 사원번호를 알 수 있다.
③ C대리는 연수 일정을 3월 17일에 취소하고 차수 연수를 들을 예정이다.
④ D사원은 3월 4일에 연수 일정을 변경해 3월 19일에 연수를 들을 예정이다.
⑤ E과장은 2008년 이전에 입사하였다.

38 직무연수 신청표의 사원번호가 올바르지 않은 사람끼리 짝지어진 것은?(단, 입사연도, 기수, 입사확정번호는 모두 맞다고 가정한다)

① B, C

② A, C

③ E, F, G

④ C, F, G

⑤ A, C, F

39 다음에서 설명하는 문제에 해당하는 사례로 옳지 않은 것은?

> 아직 일어나지 않은, 즉 눈에 보이지 않는 문제로, 잠재문제, 예측문제, 발견문제로 나눌 수 있다.
> 잠재문제는 문제를 인식하지 못하다가 결국은 문제가 확대되어 해결이 어려운 문제를 의미한다. 예측문제는 지금 현재는 문제가 없으나 앞으로 일어날 수 있는 문제가 생길 것을 알 수 있는 문제를 의미하며, 발견문제는 앞으로 개선 또는 향상시킬 수 있는 문제를 말한다.

① 어제 구입한 알람시계가 고장 났다.

② 바이러스가 전 세계적으로 확산됨에 따라 제품의 원가가 향상될 것으로 보인다.

③ 자사 제품의 생산성을 향상시킬 수 있는 프로그램이 개발되었다.

④ 자사 내부 점검 중 작년에 판매된 제품에서 문제가 발생할 수 있다는 것을 발견하였다.

⑤ 이번 달에는 물건의 품질을 10% 향상시킴으로써 매출의 5% 증대를 계획해야 한다.

40 민수가 아이들에게 노트를 나눠주려고 하는데 남는 노트가 없이 나눠주려고 한다. 7권씩 나눠주면 13명이 노트를 못 받고, 마지막으로 노트를 받은 아이는 2권밖에 받지 못해서 6권씩 나눠주었더니 10명이 노트를 못 받고, 마지막으로 노트를 받은 아이는 2권밖에 받지 못했다. 그렇다면 몇 권씩 나눠주어야 노트가 남지 않으면서 공평하게 나눠줄 수 있겠는가?

① 1권

② 2권

③ 3권

④ 4권

⑤ 5권

41 다음 상황에서 C팀장이 D부장에게 제출한 문서의 종류로 가장 적절한 것은?

> B사업의 시행을 담당하고 있는 A사원은 업무 진행 과정에서 B사업과 관련된 특이 사항을 발견하였다. 사안의 중대성을 깨닫고 혼자서 해결하기 어렵다고 생각한 A사원은 C팀장에게 이를 보고하였다. C팀장은 문제를 해결하기 위한 방안을 문서로 작성하여 결재권자인 D부장에게 제출하였다.

① 결의서   ② 품의서
③ 기안서   ④ 기획서
⑤ 보고서

42 최근 회사 생활을 하면서 대인관계에 어려움을 겪고 있는 A사원은 같은 팀 B대리에게 조언을 구하고자 면담을 신청하였다. 다음 중 B대리가 A사원에게 해 줄 조언으로 적절하지 않은 것은?

> A사원 : 지난달 팀 프로젝트를 진행하면서 같은 팀원인 C사원이 업무적으로 힘들어하는 것 같아서 C사원의 업무를 조금 도와줬습니다. 그 뒤로 타 부서 직원인 D사원의 업무 협조 요청도 거절하지 못해 함께 업무를 진행했습니다. 그러다 보니 막상 제 업무는 제시간에 끝내지 못했고, 결국에는 늘 야근을 해야만 했습니다. 앞으로는 제 업무에만 전념하기로 다짐하면서 지난주부터는 다른 직원들의 부탁을 모두 거절하였습니다. 그랬더니 동료들로부터 제가 냉정하고 업무에 비협조적이라는 이야기를 들었습니다. 이번 달에는 정말 제가 당장 처리해야 할 업무가 많아 도움을 줄 수 없는 상황입니다. 동료들의 부탁을 어떻게 거절해야 동료들이 저를 이해해줄까요?
>
> B대리 : _____

① 부탁을 거절할 때는 인간관계를 해치지 않도록 신중하게 거절하는 것이 중요합니다.
② 도움이 필요한 상대 동료의 상황을 충분히 이해하고 있음을 드러내야 합니다.
③ 현재 도움을 줄 수 없는 A사원의 상황이나 이유를 분명하게 설명해야 합니다.
④ 도움을 주지 못해 아쉬운 마음을 함께 표현해야 합니다.
⑤ 상대 동료가 미련을 갖지 않도록 단번에 거절해야 합니다.

※ 다음 발표 내용을 읽고 이어지는 질문에 답하시오. [43~44]

펀드(Fund)를 우리말로 바꾸면 '모금한 기금'을 뜻하지만 경제 용어로는 '경제적 이익을 보기 위해 불특정 다수인으로부터 모금하여 운영하는 투자 기금'을 가리키는 말로 사용합니다. 펀드는 주로 주식이나 채권에 많이 투자를 하는데, 개인이 주식이나 채권에 투자하기 위해서는 어떤 회사의 채권을 사야 하는지, 언제 사야 하는지, 언제 팔아야 하는지, 어떻게 계약을 하고 세금을 얼마나 내야 하는지, 알아야 할 게 너무 많아 복잡합니다. 이러한 여러 가지 일을 투자 전문 기관이 대행하고 일정 비율의 수수료를 받게 되는데, 이처럼 펀드에 가입한다는 것은 투자 전문 기관에게 대행 수수료를 주고 투자 활동에 참여하여 이익을 보는 일을 말합니다.

펀드는 크게 보아 주식 투자 펀드와 채권 투자 펀드로 나눌 수 있습니다. 주식 투자 펀드를 살펴보면 회사가 회사를 잘 꾸려서 영업 이익을 많이 만들면 주식 가격이 오릅니다. 그래서 그 회사의 주식을 가진 사람은 회사의 이익을 나누어 받습니다. 이처럼 주식 투자 펀드는 주식을 사서 번 이익에서 투자 기관의 수수료를 뺀 금액이 '펀드 가입자의 이익'이 되며 이 이익은 투자한 자금에 비례하여 분배받습니다. 그리고 투자자는 분배받는 금액에 따라 세금을 냅니다. 채권 투자 펀드는 회사, 지방자치단체, 국가가 자금을 조달하기 위해 이자를 지불할 것을 약속하면서 발행하는 채권을 사서 이익을 보는 것입니다. 채권을 사서 번 이익에서 투자 기관의 수수료를 뺀 금액이 수익이 됩니다. 이외에도 투자 대상에 따라, 국내 펀드, 해외 펀드, 신흥국가 대상 펀드, 선진국 펀드, 중국 펀드, 원자재 펀드 등 펀드의 종류는 아주 다양합니다.

채권 투자 펀드는 회사나 지방자치단체 그리고 국가가 망하지 않는 이상 정해진 이자를 받을 수 있어 비교적 안정적입니다. 그런데 주식 투자 펀드는 일반 주식 가격의 변동에 따라 수익을 많이 볼 수도 있지만 손해를 보는 경우도 흔합니다. 예를 들어 어떤 펀드는 10년 후 누적 수익률이 원금의 열 배나 되지만 어떤 펀드는 수익률이 나빠져 1년 만에 원금의 절반이 되어버리는 일도 발생합니다. 이렇게 수익률 차이가 심하게 나는 것은 주식이 경기 변동의 영향을 많이 받기 때문입니다. 이로 인해 펀드와 관련하여 은행을 비롯한 투자 전문 기관에 가서 상담을 하면 상품에 대한 안내만 할 뿐, 가입 여부는 고객이 스스로 판단하도록 하고 있습니다. 합리적으로 안내를 한다고 해도 소비자의 투자 목적, 시장 상황, 투자 성향에 따라 맞는 펀드가 다르기 때문입니다. 그러니까 펀드에 가입하기 전에는 펀드의 종류를 잘 알아보고 결정해야 합니다. 또, 펀드에 가입을 해도 살 때와 팔 때를 잘 구분해야 합니다. 이것이 가장 어려운 일입니다. 그래서 주식이나 펀드는 사회 경험을 쌓고 경제 지식을 많이 알고 난 후에 하는 것이 좋다는 얘기를 많이 합니다.

43 다음 중 발표내용을 통해 확인할 수 있는 질문으로 적절하지 않은 것은?

① 펀드에 가입하면 돈을 벌 수 있는가?　　　② 펀드란 무엇인가?

③ 펀드 가입 시 유의할 점은 무엇인가?　　　④ 펀드에는 어떤 종류가 있는가?

⑤ 펀드 가입 절차는 어떻게 되는가?

44 다음 중 발표내용을 통해 이해한 내용으로 적절한 것은?

① 주식 투자 펀드는 경기 변동의 영향을 많이 받게 된다.

② 주식 투자 펀드는 정해진 이자를 받을 수 있어 안정적이다.

③ 채권 투자 펀드는 투자 기관의 수수료를 더한 금액이 수익이 된다.

④ 채권 투자 펀드는 주식 가격이 오를수록 펀드 이익을 많이 분배받게 된다.

⑤ 주식 투자 펀드는 채권 투자 펀드와 달리 투자 기관의 수수료가 없다.

45 다음은 일정한 규칙에 따라 수를 배치한 것이다. 다음 중 빈칸에 들어갈 수로 옳은 것은?

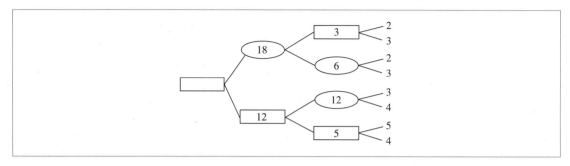

① 12
② 18
③ 30
④ 216
⑤ 251

46 다음은 실업자 및 실업률 추이에 관한 그래프이다. 2020년 11월의 실업률은 2020년 2월 대비 얼마나 증감했는가?(단, 소수점 이하 첫째 자리에서 반올림한다)

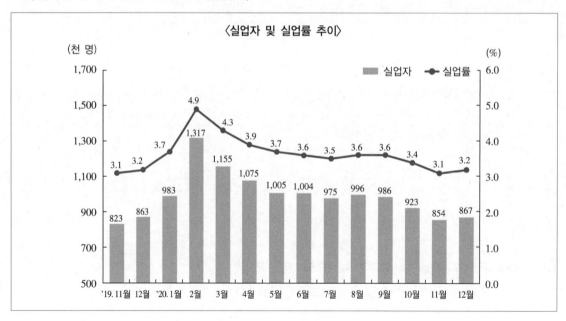

① -37%
② -36%
③ -35%
④ +37%
⑤ +38%

47 다음 중 (가) ~ (라)에 해당하는 용어를 올바르게 짝지은 것은?

> (가) 성립한 문서가 상대방에게 발신된 때 효력이 발생한다는 견해로, 신속한 거래에 적합하며 다수에게 동일한 통지를 해야 할 경우 획일적으로 효력을 발생하게 할 수 있다는 장점이 있다.
>
> (나) 상대방이 문서의 내용을 알게 되었을 때에 효력이 발생한다는 견해로, 상대방의 부주의나 고의 등으로 인해 내용을 알 수 없을 경우 발신자가 불이익을 감수해야 하는 폐단이 발생할 수 있다.
>
> (다) 문서가 상대방에게 도달해야 효력이 발생한다는 견해로, 이때 도달은 문서가 상대방의 지배범위 내에 들어가 사회 통념상 그 문서의 내용을 알 수 있는 상태가 되었다고 인정되는 것을 의미한다.
>
> (라) 문서가 성립한 때, 즉 결재로써 문서의 작성이 끝났을 때에 효력이 발생한다는 견해로, 문서 발신 지연 등 발신자의 귀책사유로 인한 불이익을 상대방이 감수해야 하는 부당함이 발생하기도 한다.

	(가)	(나)	(다)	(라)
①	표백주의	도달주의	요지주의	발신주의
②	도달주의	요지주의	발신주의	표백주의
③	도달주의	표백주의	발신주의	요지주의
④	발신주의	표백주의	도달주의	요지주의
⑤	발신주의	요지주의	도달주의	표백주의

48 〈조건〉과 A, B의 대화를 근거로 할 때, 착한 사람들을 모두 고르면?(단, 다섯 명은 착한 사람이 아니면 나쁜 사람이며, 중간적인 성향은 없다)

> **조건**
>
> 규민 : 나는 착한 사람이다.
> 윤수 : 규민이가 착한 사람이면 수연이도 착한 사람이다.
> 경화 : 수연이가 나쁜 사람이면 규민이도 나쁜 사람이다.
> 수연 : 규민이가 착한 사람이면 민환이도 착한 사람이다.
> 민환 : 규민이는 나쁜 사람이다.

> A : 다섯 명 중 세 명은 항상 진실만을 말하는 착한 사람이고, 두 명은 항상 거짓말만 하는 나쁜 사람이야. 〈조건〉만 봐도 누가 착한 사람이고, 누가 나쁜 사람인지 알 수 있지.
>
> B : 〈조건〉만 봐서는 알 수 없는 거 아냐? 아 잠시만. 알았다. 모순되지 않으면서 착한 사람이 세 명일 수 있는 경우는 하나밖에 없구나.
>
> A : 그걸 바로 알아차리다니 대단한데!

① 윤수, 경화, 민환
② 윤수, 경화, 수연
③ 규민, 윤수, 경화
④ 윤수, 수연, 민환
⑤ 규민, 수연, 민환

독일의 발명가 루돌프 디젤이 새로운 엔진에 대한 아이디어를 내고 특허를 얻은 것은 1892년의 일이었다. 1876년 오토가 발명한 가솔린 엔진의 효율은 당시에 무척 떨어졌으며, 널리 사용된 증기 기관의 효율 역시 10%에 불과했고, 가동 비용도 많이 드는 단점이 있었다. 디젤의 목표는 고효율의 엔진을 만드는 것이었고, 그의 아이디어는 훨씬 더 높은 압축 비율로 연료를 연소시키는 것이었다.

일반적으로 가솔린 엔진은 기화기에서 공기와 연료를 먼저 혼합하고, 그 혼합 기체를 실린더 안으로 흡입하여 압축한 후, 점화 플러그로 스파크를 일으켜 동력을 얻는다. 이러한 과정에서 문제는 압축 정도가 제한된다는 것이다. 만일 기화된 가솔린에 너무 큰 압력을 가하면 멋대로 점화되어 버리는데, 이것이 엔진의 노킹 현상이다.

공기를 압축하면 뜨거워진다는 것은 알려져 있던 사실이다. 디젤 엔진의 기본 원리는 실린더 안으로 공기만을 흡입하여 피스톤으로 강하게 압축시킨 다음, 그 압축 공기에 연료를 분사하여 저절로 점화가 되도록 하는 것이다. 따라서 디젤 엔진에는 점화 플러그가 필요 없는 대신, 연료 분사기가 장착되어 있다. 또 압축 과정에서 공기와 연료가 혼합되지 않기 때문에 디젤 엔진은 최대 12 : 1의 압축 비율을 갖는 가솔린보다 훨씬 더 높은 25 : 1 정도의 압축 비율을 갖는다. 압축 비율이 높다는 것은 그만큼 효율이 높다는 것을 의미한다.

사용하는 연료의 특성도 다르다. 디젤 연료인 경유는 가솔린보다 훨씬 무겁고 점성이 강하며 증발하는 속도도 느리다. 왜냐하면 경유는 가솔린보다 훨씬 더 많은 탄소 원자가 길게 연결되어 있기 때문이다. 일반적으로 가솔린은 5 ~ 10개, 경유는 16 ~ 20개의 탄소를 가진 탄화수소들의 혼합물이다. 탄소가 많이 연결된 탄화수소물에 고온의 열을 가하면 탄소 수가 적은 탄화수소물로 분해된다. 한편, 경유는 가솔린보다 에너지 밀도가 높다. 1갤런의 경유는 약 1억 5,500만 줄의 에너지를 가지고 있지만, 가솔린은 1억 3,200만 줄을 가지고 있다. 이러한 연료의 특성들이 디젤 엔진의 높은 효율과 결합되면서, 디젤 엔진은 가솔린 엔진보다 좋은 연비를 내게 되는 것이다.

발명가 디젤은 디젤 엔진이 작고 경제적인 엔진이 되어야 한다고 생각했지만, 그의 생전에는 크고 육중한 것만 만들어졌다. 하지만 그 후 디젤의 기술적 유산은 이 발명가가 꿈꾼 대로 널리 보급되었다. 디젤 엔진은 원리상 가솔린 엔진보다 더 튼튼하고 고장도 덜 난다. 디젤 엔진은 연료의 품질에 민감하지 않고 연료의 소비 면에서도 경제성이 뛰어나 오늘날 자동차 엔진용으로 확고한 자리를 잡았다. 환경론자들이 걱정하는 디젤 엔진의 분진 배출 문제도 필터 기술이 나아지면서 점차 극복되고 있다.

49 다음 중 글을 읽고 추론한 것으로 올바른 것은?

① 손으로 만지면 경유보다는 가솔린이 더 끈적끈적할 것이다.
② 가솔린과 경유를 섞으면 가솔린이 경유 아래로 가라앉을 것이다.
③ 원유에 가하는 열의 정도에 따라 원유를 경유와 가솔린으로 변화시킬 수 있을 것이다.
④ 주유할 때 차체에 연료가 묻으면 경유가 가솔린보다 더 빨리 증발할 것이다.
⑤ 같은 양의 연료를 태우면 가솔린이 경유보다 더 큰 에너지를 발생시킬 것이다.

50 다음 중 글의 내용과 일치하는 것은?

① 디젤 엔진은 가솔린 엔진보다 내구성이 뛰어나다.
② 디젤 엔진은 가솔린 엔진보다 먼저 개발되었다.
③ 가솔린 엔진은 디젤 엔진보다 분진을 많이 배출한다.
④ 디젤 엔진은 가솔린 엔진보다 연료의 품질에 민감하다.
⑤ 가솔린 엔진은 디젤 엔진보다 높은 압축 비율을 가진다.

51 다음은 A, B국가의 사회이동에 따른 계층 구성비율의 변화를 나타낸 자료이다. 2000년 대비 2020년에 대한 설명으로 옳은 것은?

〈2000년 사회이동에 따른 계층 구성비율〉

구분	A국가	B국가
상층	7%	17%
중층	67%	28%
하층	26%	55%

〈2020년 사회이동에 따른 계층 구성비율〉

구분	A국가	B국가
상층	18%	23%
중층	23%	11%
하층	59%	66%

① A국가의 상층 비율은 9%p 증가하였다.
② 중층 비율은 두 국가가 증감폭이 같다.
③ A국가 하층 비율의 증가폭은 B국가의 증가폭보다 크다.
④ B국가에서 가장 높은 비율을 차지하는 계층이 바뀌었다.
⑤ B국가의 하층 비율은 20년 동안 10% 증가하였다.

52 K공사에 근무하는 A~C는 협력업체를 방문하기 위해 택시를 타고 가고 있다. 〈조건〉을 참고할 때, 항상 옳은 것은?

> **조건**
> • 세 명의 직급은 각각 과장, 대리, 사원이다.
> • 세 명은 각각 검은색, 회색, 갈색 코트를 입었다.
> • 세 명은 기획팀, 연구팀, 디자인팀이다.
> • 택시 조수석에는 회색 코트를 입은 과장이 앉아있다.
> • 갈색 코트를 입은 연구팀 직원은 택시 뒷좌석에 앉아있다.
> • 셋 중 가장 낮은 직급의 C는 기획팀이다.

① A – 대리, 갈색 코트, 연구팀
② A – 과장, 회색 코트, 디자인팀
③ B – 대리, 갈색 코트, 연구팀
④ B – 과장, 회색 코트, 디자인팀
⑤ C – 사원, 검은색 코트, 기획팀

53 다음 중 밑줄 친 단어와 같은 의미로 쓰인 것이 아닌 것은?

> 고대 그리스의 조각 작품들을 살펴보면, 조각 전체의 자세 및 동작이 기하학적 균형을 바탕으로 나타나있음을 알 수 있다. 세부적인 묘사에 치중된 (가) 기교보다는 기하학을 바탕으로 한 전체적인 균형과 (나) 절제된 표현이 고려된 것이다. 그런데 헬레니즘기의 조각으로 넘어가면서 초기의 (다) 근엄하고 정적인 모습이나 기하학적인 균형을 중시하던 입장에서 후퇴하는 현상들이 보이게 된다. 형태들을 보다 더 (라) 완숙한 모습으로 나타내기 위해 사실적인 묘사나 장식적인 측면들에 주목하게 된 것이라 할 수 있다. 하지만 그 안에서도 여전히 기하학적인 균형을 찾아볼 수 있으며 개별적인 것들을 포괄하는 보편적인 질서인 이데아를 (마) 구현하고자 하는 고대 그리스 사람들의 생각을 엿볼 수 있다.

① (가) : 그는 당대의 쟁쟁한 바이올리니스트 중에서도 기교가 뛰어나기로 유명하다.
② (나) : 수도사들은 욕망을 절제하고 청빈한 삶을 산다.
③ (다) : 방에 들어서니 할아버지가 근엄한 표정으로 앉아 계셨다.
④ (라) : 그의 손놀림은 어느새 완숙한 경지에 이르렀다.
⑤ (마) : 그는 정의 구현을 위해 판사가 되기로 마음먹었다.

54 다음은 2021년 1 ~ 7월 서울 지하철 승차인원에 관한 자료이다. 이에 대한 설명으로 옳지 않은 것은?

〈2021년 1 ~ 7월 서울 지하철 승차인원〉

(단위 : 만 명)

구분	1월	2월	3월	4월	5월	6월	7월
1호선	818	731	873	831	858	801	819
2호선	4,611	4,043	4,926	4,748	4,847	4,569	4,758
3호선	1,664	1,475	1,807	1,752	1,802	1,686	1,725
4호선	1,692	1,497	1,899	1,828	1,886	1,751	1,725
5호선	1,796	1,562	1,937	1,910	1,939	1,814	1,841
6호선	1,020	906	1,157	1,118	1,164	1,067	1,071
7호선	2,094	1,843	2,288	2,238	2,298	2,137	2,160
8호선	548	480	593	582	595	554	566
합계	14,243	12,537	15,480	15,007	15,389	14,379	14,665

① 3월의 전체 승차인원이 가장 많았다.
② 4호선을 제외한 7월의 호선별 승차인원은 전월보다 모두 증가했다.
③ 8호선의 7월 승차인원은 1월 대비 3% 이상 증가했다.
④ 2호선과 8호선의 전월 대비 2 ~ 7월의 증감 추이는 같다.
⑤ 3호선과 4호선의 승차인원 차이는 5월에 가장 컸다.

55 8명이 앉을 수 있는 원탁에 각 지역대표가 참여하여 회의하고 있다. 〈조건〉을 근거로 할 때, 경인 지역대표의 맞은편에 앉은 사람을 올바르게 추론한 것은?

> **조건**
> • 서울, 부산, 대구, 광주, 대전, 경인, 춘천, 속초 대표가 참여하였다.
> • 서울 대표는 12시 방향에 앉아 있다.
> • 서울 대표의 오른쪽 두 번째 자리에는 대전 대표가 앉아 있다.
> • 부산 대표는 경인 대표의 왼쪽에 앉는다.
> • 대전 대표와 부산 대표 사이에는 광주 대표가 있다.
> • 광주 대표와 대구 대표는 마주 보고 있다.
> • 서울 대표와 대전 대표 사이에는 속초 대표가 있다.

① 대전 대표
② 부산 대표
③ 대구 대표
④ 속초 대표
⑤ 서울 대표

56 다음 중 밑줄 친 단어의 관계와 다른 것은?

> 물을 이용한 신재생에너지 중 조력과 조류발전은 빼놓을 수 없는 아이템이다. 특히 조력발전은 한때 우리나라의 온실가스 감축의 최고해법으로 꼽히기도 했던 기술이다. 조력발전이 하루 두 번 발생하는 밀물과 썰물을 이용한다는 점은 익히 잘 알려져 있다. 해안이나 연안에 둑을 건설해 밀물과 썰물 때 물을 가둬두고 조수간만의 차가 생기면 둑을 열어 물의 흐름으로 전기를 생산한다.

① 전진 – 후퇴
② 연결 – 단절
③ 대소 – 방소
④ 스승 – 제자
⑤ 방송 – 구금

57 다음 글의 주된 내용 전개방식으로 가장 적절한 것은?

식물명에는 몇 가지 작명 원리가 있다. 가장 흔한 건 생김새를 보고 짓는 것이다. 그중 동물에 비유해서 지어진 이름이 많다. 강아지 꼬리를 닮은 풀이면 강아지풀, 호랑이 꼬리를 닮으면 범꼬리, 잎에 털이 부숭한 모양이 노루의 귀 같아서 노루귀, 열매가 매의 발톱처럼 뾰족해서 매발톱, 마디가 소의 무릎처럼 굵어져서 쇠무릎, 호랑이 눈을 닮은 버드나무라 해서 호랑버들이라고 부르는 것들이 그렇다.

물건에 비유해 붙이기도 한다. 혼례식 때 켜는 초롱을 닮았다 하여 초롱꽃, 조롱조롱 매달린 꽃이 은방울을 닮아서 은방울꽃, 꽃이 피기 전의 꽃봉오리가 붓 같아서 붓꽃, 꽃대가 한 줄기로 올라오는 모습이 홀아비처럼 외로워 보여서 홀아비꽃대로 불리는 것이 그렇다.

생김새나 쓰임새가 아닌 다른 특징에 의해 짓기도 한다. 애기똥풀이나 피나물은 잎을 자르면 나오는 액을 보고 지은 이름이다. 식물명에 '애기'가 들어가면 대개 기본종에 비해 작거나 앙증맞은 경우를 일컫는다. 애기나리, 애기중의무릇, 애기부들, 애기메꽃처럼 말이다. 그와 달리 애기똥풀의 '애기'는 진짜 애기를 가리킨다. 자르면 나오는 노란 액이 애기의 똥 같아서 붙여진 이름인 것이다. 피나물은 잎을 자르면 정말로 핏빛 액이 나온다.

향기가 이름이 된 경우도 있다. 오이풀을 비벼보면 싱그러운 오이 향이 손에 묻어난다. 생강나무에서는 알싸한 생강 향기가 난다. 분꽃나무의 꽃에서는 여자의 화장품처럼 분내가 풍겨온다. 누리장나무는 고기의 누린내가 나서 붙여진 이름이다.

소리 때문에 지어진 경우도 있다. 한지를 만드는 데 썼던 닥나무는 가지를 꺾으면 딱 하는 소리가 나서 딱나무로 불리다가 닥나무가 됐다. 꽝꽝나무는 불 속에 던져 넣으면 "꽝꽝" 하는 소리가 난다고 해서 붙여졌다. 나무에서 정말로 그런 소리가 나는지는 몰라도 잎을 태워보면 "빵" 하는 소리가 난다. 자작나무도 소리로 인해 붙여진 이름이다. 자작나무의 껍질에는 지방분이 많아 불을 붙이면 "자자자작" 하는 소리를 내면서 탄다. 기름이 귀했던 옛날에는 자작나무 기름으로 신방의 불을 밝혔다.

① 다양한 관점들을 제시한 뒤, 예를 들어 설명하고 있다.
② 대상들을 분류한 뒤, 예를 들어 설명하고 있다.
③ 여러 가지 대상들의 원리에 대해 설명하고 있다.
④ 현상에 대한 해결방안에 대해 제시하고 있다.
⑤ 대상에 대한 옳은 예와 옳지 않은 예를 제시하고 있다.

58 다음 중 ㉠ ~ ㉢에 들어갈 말로 적절한 것은?

- 관계 ____㉠____ 을/를 위하여 노력하다.
- 악법의 ____㉡____ 에 힘쓰다.
- 노후 건물을 ____㉢____ 하다.

	㉠	㉡	㉢
①	개선(改善)	개정(改正)	개조(改造)
②	개조(改造)	개정(改正)	개선(改善)
③	개선(改善)	개조(改造)	개정(改正)
④	개조(改造)	개선(改善)	개정(改正)
⑤	개정(改正)	개조(改造)	개선(改善)

59 다음 문제해결과정이 순서대로 올바르게 나열된 것은?

ㄱ. 문제 인식   ㄴ. 실행 및 평가
ㄷ. 원인 분석   ㄹ. 문제 도출
ㅁ. 해결안 개발

① ㄱ - ㄴ - ㄷ - ㄹ - ㅁ   ② ㄱ - ㄹ - ㄷ - ㅁ - ㄴ
③ ㄴ - ㄷ - ㄹ - ㅁ - ㄱ   ④ ㄹ - ㄱ - ㄷ - ㅁ - ㄴ
⑤ ㄹ - ㄷ - ㅁ - ㄴ - ㄱ

60 다음 중 빈칸에 들어갈 내용으로 적절한 것은?

경기적 실업이란 경기 침체의 영향으로 기업 활동이 위축되고 이로 인해 노동에 대한 수요가 감소하여 고용량이 줄어들어 발생하는 실업이다. 다시 말해 경기적 실업은 노동 시장에서 노동의 수요와 공급이 균형을 이루고 있는 상태라고 가정할 때, 경기가 침체되어 물가가 하락하게 되면 _____ 경기적 실업은 다른 종류의 실업에 비해 생산량 측면에서 경제적으로 큰 손실을 발생시킬 수 있기에 경제학자들은 이를 해결하기 위한 정부의 역할에 대해 다양한 의견을 제시한다.

① 기업은 생산량을 줄이게 되고 이로 인해 노동에 대한 공급이 감소하여 발생한다.
② 기업은 생산량을 늘리게 되고 이로 인해 노동에 대한 수요가 증가하여 발생한다.
③ 기업은 생산량을 늘리게 되고 이로 인해 노동에 대한 공급이 감소하여 발생한다.
④ 기업은 생산량을 줄이게 되고 이로 인해 노동에 대한 수요가 감소하여 발생한다.
⑤ 기업은 생산량을 줄이게 되고 이로 인해 노동에 대한 수요가 증가하여 발생한다.

※ L공사는 2021년 하반기 승진후보자 중 승진자를 선발하고자 한다. 다음은 승진자 선발 방식 및 승진후보자들에 대한 평가정보이다. 자료를 읽고 이어지는 질문에 답하시오. **[61~62]**

<2021년 하반기 승진자 선발>

1. 승진자 선발 방식
- 승진점수(100)는 실적평가점수(40), 동료평가점수(30), 혁신사례점수(30)에 교육 이수에 따른 가점을 합산하여 산정한다.
- 교육 이수에 따른 가점은 다음과 같다.

교육	조직문화	전략적 관리	혁신역량	다자협력
가점	2	2	3	2

- 승진후보자 중 승진점수가 가장 높은 2인을 선발하여 승진시킨다.

2. 승진후보자 평가정보

승진후보자	실적평가점수	동료평가점수	혁신사례점수	이수교육
A	34	26	22	다자협력
B	36	25	18	혁신역량
C	39	26	24	–
D	37	21	23	조직문화, 혁신역량
E	36	29	21	–

61 승진자 선발 방식에 따라 승진후보자 A ~ E 중 2명을 승진시키고자 한다. 동점자가 있는 경우 실적평가 점수가 더 높은 후보자를 선발한다고 할 때, 승진할 2명을 고르면?

① A, B
② A, C
③ C, D
④ C, E
⑤ D, E

62 하반기 인사에 혁신의 반영률을 높이라는 내부 인사위원회의 권고에 따라 승진자 선발 방식이 다음과 같이 변경되었다. 변경된 승진자 선발 방식에 따라 승진자를 선발할 때, 승진할 2명은?

〈승진자 선발 방식 변경〉

〈변경 전〉

1. 승진점수(100) 총점 및 배점
   • 실적평가점수(40)
   • 동료평가점수(30)
   • 혁신사례점수(30)

2. 혁신역량 교육 가점

교육	혁신역량
가점	3

〈변경 후〉

1. 승진점수(115) 총점 및 배점
   • 실적평가점수(40)
   • 동료평가점수(30)
   • 혁신사례점수(45)
     – 혁신사례점수에 50%의 가중치를 부여

2. 혁신역량 교육 가점

교육	혁신역량
가점	4

① A, D
② B, C
③ B, E
④ C, D
⑤ C, E

63 갑과 을의 현재 나이의 비는 3 : 1이고, 11년 후 나이의 비는 10 : 7이 된다고 한다. 갑과 을의 현재 나이는 몇 세인가?

	갑	을		갑	을
①	9세	3세	②	6세	2세
③	3세	9세	④	2세	6세
⑤	1세	3세			

지난 12월 미국 콜로라도대 준 예 교수팀이 스트론튬(Sr) 원자시계를 개발했다고 발표했다. 스트론튬 원자시계는 현재 쓰이고 있는 세슘(Cs) 원자시계의 정밀도를 더욱 높일 것으로 기대되는 차세대 원자시계다. 아직은 세슘 원자시계 정도의 정밀도에 불과하지만 기술적인 보완이 되면 세슘 원자시계보다 훨씬 정밀하게 시간을 측정할 수 있을 것이다.

(가) 모든 시계의 표준이 되는 시계, 가장 정확하고 가장 정밀한 시계가 바로 원자시계이다. 원자시계는 수십억 분의 1초를 측정할 수 있고, 수십만 년에 1초를 틀릴까 말까 할 정도이다. 일상생활이라면 1초의 구분이면 충분할 것이고, 운동경기에서도 고작 100분의 1초로 승부를 가른다. 그럼 사람들은 왜 세슘 원자시계가 제공하는 수십억 분의 1초의 구분도 부족해 더욱 정확한 원자시계를 만들려는 것일까?

(나) 방송도 마찬가지이다. TV 화면은 겉보기엔 화면이 한 번에 뿌려지는 것 같지만 사실은 방송국으로부터 화면 한 점 한 점의 정보를 받아서 화면을 구성한다. TV에 달린 시계와 방송국에 달린 시계가 일치하지 않으면 화면을 재구성할 때 오류가 생긴다. 양쪽이 정밀한 시계를 가지면 같은 시간 동안 더 많은 정보를 보낼 수 있다. 더욱 크고 선명한 화면을 방송할 수 있게 되는 것이다.

(다) 초기에 원자시계는 지구의 자전으로 측정했던 부정확한 시간을 정확히 교정하기 위해 만들어졌다. 실제 지난 2005년과 2006년 사이인 12월 31일 12시 59분 59초 뒤에 1초를 추가하는 일이 있었는데 원자시계와 천체시계의 오차를 보완하기 위해서였다. 지구의 자전은 계속 느려지고 있어 시간을 바로잡지 않으면 수천 년 뒤 해가 떠있는데 시계는 밤을 가리키는 황당한 사건이 발생할 수도 있다.

(라) 뿐만 아니라 시간을 정밀하게 측정할 수 있으면 GPS(위성항법장치) 인공위성을 통해 위치도 정밀하게 알 수 있다. GPS 위성에는 정밀한 원자시계가 들어 있어 신호를 읽고 보내는 시각을 계산하는데, 이 시간 차이를 정밀하게 알수록 위치도 정밀하게 계산하는 것이 가능해진다. 네 개의 GPS 위성으로부터 받은 신호를 조합하면 물체의 위치가 mm 단위로 정확하게 나온다. 이런 기술은 순항 미사일 같은 정밀 유도무기에 특히 중요하다.

(마) 하지만 원자시계는 이런 표준시를 정의하는 역할에만 그치지 않는다. 시계가 정밀해질수록 한정된 시간을 더욱 값지게 사용할 수 있기 때문이다. 시간을 정확하고 정밀하게 잴 수 있다는 것은 시간을 잘게 쪼개 쓸 수 있다는 의미다. 하나의 신호를 주고받는 데 걸리는 시간을 줄일 수 있으므로, 유·무선 통신을 할 때 많은 정보를 전달할 수 있게 된다. 시간이 정밀해지면 회선 하나를 많은 사람이 공유해서 쓸 수 있다.

64 다음 중 (가) ~ (마)를 논리적 순서에 맞게 나열한 것은?

① (가) – (마) – (다) – (라) – (나)
② (가) – (다) – (마) – (나) – (라)
③ (가) – (다) – (라) – (마) – (나)
④ (다) – (가) – (마) – (라) – (나)
⑤ (다) – (라) – (나) – (마) – (가)

65 사람들이 더욱 정확한 원자시계를 만들려는 이유로 올바르지 않은 것은?

① 지구의 자전이 계속 느려지고 있기 때문

② 한정된 시간을 더욱 값지게 사용할 수 있기 때문

③ 한 번에 여러 개의 신호를 송출할 수 있기 때문

④ 더욱 크고 선명한 화면을 방송할 수 있기 때문

⑤ 보다 정확한 위치 계산을 할 수 있기 때문

66 다음 글과 A여행사 해외여행 상품을 근거로 판단할 때, 세훈이 선택할 여행지는?

> 인희 : 다음 달 셋째 주에 연휴던데, 그때 여행갈 계획 있어?
>
> 세훈 : 응, 이번에는 꼭 가야지. 월요일, 수요일, 금요일이 공휴일이잖아. 그래서 우리 회사에서는 화요일과 목요일 에만 연차를 쓰면 앞뒤 주말 포함해서 최대 9일 연휴가 되더라고. 그런데 난 연차가 하루밖에 남지 않아서 그렇게 길게는 안 돼. 그래도 이번엔 꼭 해외여행을 갈 거야.
>
> 인희 : 어디로 갈 생각이야?
>
> 세훈 : 나는 어디로 가든 상관없는데 여행지에 도착할 때까지 비행기를 오래 타면 너무 힘들더라고. 그래서 편도로 총 비행시간이 8시간 이내면서 직항 노선이 있는 곳으로 가려고.
>
> 인희 : 여행기간은 어느 정도로 할 거야?
>
> 세훈 : 남은 연차를 잘 활용해서 주어진 기간 내에서 최대한 길게 다녀오려고 해. A여행사 해외여행 상품 중에 하나 를 정해서 다녀올 거야.

〈A여행사 해외여행 상품〉

여행지	여행기간(한국시각 기준)	총 비행시간(편도)	비행기 환승 여부
두바이	4박 5일	8시간	직항
모스크바	6박 8일	8시간	직항
방콕	4박 5일	7시간	1회 환승
홍콩	3박 4일	5시간	직항
뉴욕	4박 5일	14시간	직항

① 두바이 ② 모스크바

③ 방콕 ④ 홍콩

⑤ 뉴욕

67 제시된 문단을 읽고, 이어질 내용을 논리적 순서에 맞게 나열한 것은?

> 낙수 이론(Trickle Down Theory)은 낙수 효과(Trickle Down Effect)에 의해서 경제 상황이 개선될 수 있다는 것을 골자로 하는 이론이다. 이 이론은 경제적 상위계층의 생산 혹은 소비 등의 전반적 경제활동에 따라 경제적 하위계층에게도 그 혜택이 돌아간다는 모델에 기반을 두고 있다.

> (가) 한국에서 이 낙수 이론에 의한 경제구조의 변화를 실증적으로 나타내는 것이 바로 70년대 경제 발전기의 경제 발전 방식과 그 결과물이다. 한국은 대기업 중심의 경제 발전을 통해서 경제의 규모를 키웠고, 이는 기대 수명 증가 등 긍정적 결과로 나타났다.
> (나) 그러나 낙수 이론에 기댄 경제정책이 실증인 효과를 낸 전력이 있음에도 불구하고, 낙수 이론에 의한 경제발전모델이 과연 전체의 효용을 바람직하게 증가시켰는지에 대해서는 비판들이 있다.
> (다) 사회적 측면에서는 계층 간 위화감 조성이라는 문제점 또한 제기된다. 결국 상류층이 돈을 푸는 것으로 인하여 하류층의 경제적 상황에 도움이 되는 것이므로, 상류층과 하류층의 소비력의 차이가 여실히 드러나고, 이는 사회적으로 위화감을 조성시킨다는 것이다.
> (라) 제일 많이 제기되는 비판은 경제적 상류계층이 경제활동을 할 때까지 기다려야 한다는 낙수 효과의 본질적인 문제점에서 연유한다. 결국 낙수 효과는 상류계층의 경제활동에 의해 이루어지는 것이므로, 당사자가 움직이지 않는다면 발생하지 않기 때문이다.

① (가) – (라) – (나) – (다)
② (가) – (다) – (라) – (나)
③ (가) – (나) – (라) – (다)
④ (나) – (라) – (다) – (가)
⑤ (다) – (가) – (라) – (나)

68 다음 중 ㉠ ~ ㉢에 들어갈 계회도의 구성요소로 옳은 것은?

> 조선시대의 양반관료들이 참여한 여러 형태의 회합 가운데 유독 그림을 그려 기념물로 남긴 모임들이 있었다. 그 모임을 '계회'라 불렀고, 그 장면을 그린 그림을 '계회도'라고 했다. 이러한 계회도는 시대에 따라 형식이 달라지는데, 기본 구성은 다음과 같다. 계회의 주체를 알 수 있고, 계회도의 상단에 기록하는 계회도의 제목인 ____㉠____ 와/과 계회 참석자들 자리의 차례를 적은 목록으로, 참석자들의 인적사항 및 제작시기를 알 수 있는 단서가 되는 ____㉡____ 그리고 계회가 열린 장소를 알려주고, 계회 장면을 보여주는 그림과 하단에 계회가 어떤 방법으로 열렸는지를 알려주는 내용을 간략하게 적은 글인 ____㉢____ (으)로 구성된다.

	㉠	㉡	㉢
①	발문(跋文)	좌목(座目)	표제(標題)
②	표제(標題)	발문(跋文)	좌목(座目)
③	표제(標題)	좌목(座目)	발문(跋文)
④	좌목(座目)	표제(標題)	발문(跋文)
⑤	좌목(座目)	발문(跋文)	표제(標題)

69 C사원은 사보 담당자인 G주임에게 다음 달 기고할 사설 원고를 전달하였다. G주임은 문단마다 소제목을 붙였으면 좋겠다는 의견을 보냈다. C사원이 G주임의 의견을 반영하여 소제목을 붙였을 때, 올바르지 않은 것은?

(가) 떨어질 줄 모르는 음주율은 정신건강 지표와도 연결된다. 아무래도 생활에서 스트레스를 많이 느끼는 사람들이 음주를 통해 긴장을 풀고자 하는 욕구가 많기 때문이다. 특히 퇴근 후 혼자 한적하고 조용한 술집을 찾아 맥주 1 ~ 2캔을 즐기는 혼술 문화는 젊은 연령층에서 급속히 퍼지고 있는 트렌드이기도 하다. 이렇게 혼술 문화가 대중적으로 널리 퍼지게 된 원인은 1인 가구의 증가와 사회적 관계망이 헐거워진 데 있다는 것이 지배적인 분석이다.

(나) 혼술은 간단하게 한 잔, 긴장을 푸는 데 더없이 좋은 효과를 주기도 하지만 그 이면에는 '음주 습관의 생활화'라는 문제도 있다. 혼술이 습관화되면 알코올중독으로 병원 신세를 질 가능성이 9배 늘어난다는 최근 연구결과도 있다. 실제로 가톨릭대 알코올 의존치료센터에 따르면 5년 동안 알코올 의존 상담환자 중 응답자 75.4%가 평소 혼술을 즐겼다고 답했다.

(다) 2016년 보건복지부와 국립암센터에서는 국민 암 예방 수칙의 하나인 '술은 하루 2잔 이내로 마시기' 수칙을 '하루 한두 잔의 소량 음주도 피하기'로 개정했다. 뉴질랜드 오타고대 연구진의 최신 연구에 따르면 술이 7종 암과 직접적 관련이 있는 것으로 밝혀졌고 이런 영향력은 적당한 음주에도 예외가 아닌 것으로 나타났다. 연구를 이끈 제니 코너 박사는 "음주 습관은 소량에서 적당량을 섭취했을 때도 몸에 상당한 부담으로 작용한다."고 밝혔다.

(라) 흡연과 함께 하는 음주는 1군 발암요인이기도 하다. 몸속에서 알코올과 니코틴 등의 독성물질이 만나면 더 큰 부작용과 합병증을 일으키기 때문이다. 일본 도쿄대 나카무라 유스케 교수는 '체질과 생활습관에 따른 식도암 발병률'이라는 논문에서 하루에 캔 맥주 1개 이상을 마시고 흡연을 같이할 경우 유해물질이 인체에서 상승작용을 한다는 것을 밝혀냈다. 또한 술, 담배를 함께 하는 사람의 식도암 발병 위험이 다른 사람들에 비해 190배나 높은 것으로 나타났다. 우리나라는 세계적으로도 식도암 발병률이 높은 나라이기도 하다. 이것이 우리가 음주 습관 형성에 특히 주의를 기울여야 하는 이유이다.

① (가) : 1인 가구, 혼술 문화의 유행
② (나) : 혼술습관, 알코올중독으로 발전할 수 있어
③ (다) : 가벼운 음주, 대사 촉진에 도움이 돼
④ (라) : 흡연과 음주를 동시에 즐기면 식도암 위험률 190배
⑤ (라) : 하루 한두 잔, 가벼운 음주와 흡연, 암 위험에서 벗어나지 못해

70 다음 중 ㉠~㉤의 수정 방안으로 적절한 것은?

우울증을 잘 초래하는 성향은 창조성과 결부되어 있기 때문에 생존에 유리한 측면이 있었다. 따라서 우울증과 관련이 있는 유전자는 오랜 역사를 거쳐 오면서도 사멸하지 않고 살아남아 오늘날 현대인에게도 그 유전자가 상당수 존재할 가능성이 있다. 베토벤, 뉴턴, 헤밍웨이 등 위대한 음악가, 과학자, 작가들의 상당수가 우울한 성향을 갖고 있었다. ㉠ 천재와 우울증은 어찌 보면 동전의 양면으로, 인류 문명의 진보를 이끈 하나의 동력이자 그 부산물이라 할 수 있을지도 모른다.

우울증은 일반적으로 자기 파괴적인 질환으로 인식되어 왔지만 실은 자신을 보호하고 미래를 준비하기 위한 보호 기제일 수도 있다. 달성할 수 없거나 달성하기 매우 어려운 목표에 도달하기 위해 엄청난 에너지를 소모하는 것은 에너지와 자원을 낭비할 뿐만 아니라, 정신과 신체를 소진시킴으로써 사회적 기능을 수행할 수 없게 하고 주위의 도움이 없으면 생명을 유지하기 어려운 상태에 ㉡ 이르게도 할 수 있다. 이를 막기 위한 기제가 스스로의 자존감을 낮추고 그 목표를 포기하게 만드는 것이다. 이를 통해 고갈된 에너지를 보충하고 다시 도전할 수 있는 기회를 모색할 수 있다. ㉢ 또한, 지금과 같은 경쟁 사회는 새로운 기술이나 생각에 대한 사회적 요구가 커지기 때문에 정신적 소진 상태를 초래하기 쉬운 환경이 되고 있다.

오늘날 우울증은 왜 이렇게 급격하게 늘어나는 것일까? 창조성이란 그 사회에 존재하고 있는 기술이나 생각에 대한 도전이자 대안 제시이며, 기존의 기술이나 생각을 엮어서 새로운 조합을 만들어 내는 것이다. 과거에 비해 현대 사회는 경쟁이 심화되고 혁신들이 더 가치를 인정받기 때문에 창조성이 있는 사람은 상당히 큰 선택적 이익을 갖게 된다. ㉣ 그렇지만 현대 사회처럼 기존에 존재하는 기술이나 생각이 엄청나게 많아 우리의 뇌가 그것을 담기에도 벅찬 경우에는 새로운 조합을 만들어 내는 일은 무척이나 많은 에너지를 요한다. 결국 경쟁은 창조성을 ㉤ 발휘하게 하지만 지나친 경쟁은 정신적 소진을 초래하기 때문에 우울증이 많이 발생할 수 있다.

① ㉠ : 문단과 관련 없는 내용이므로 삭제한다.
② ㉡ : 문장의 주어와 호응되지 않으므로 '이른다'로 수정한다.
③ ㉢ : 두 번째 문단의 내용과 어울리지 않으므로 세 번째 문단으로 옮긴다.
④ ㉣ : 뒤 문장이 앞 문장의 결과이므로 '그리하여'로 수정한다.
⑤ ㉤ : 문맥상의 내용과 반대되는 내용이므로 '억제하지만'으로 수정한다.

제2회
실전모의고사

※ 업무직 / 별정직 실전모의고사는 수험생의 후기를 바탕으로 구성한 것으로
실제 시험과 다소 차이가 있을 수 있습니다.

■ 취약영역 분석

번호	O/×	영역	번호	O/×	영역	번호	O/×	영역
01		직업윤리	25		조직이해능력	49		수리능력
02		의사소통능력	26		수리능력	50		문제해결능력
03		자원관리능력	27		문제해결능력	51		수리능력
04		수리능력	28		수리능력	52		
5		자기개발능력	29		의사소통능력	53		
6		의사소통능력	30		자기개발능력	54		자원관리능력
7			31		정보능력	55		
8			32		자원관리능력	56		의사소통능력
9		문제해결능력	33			57		
10			34		의사소통능력	58		
11		대인관계능력	35		직업윤리	59		
12		자원관리능력	36		수리능력	60		
13			37		문제해결능력	61		
14		의사소통능력	38		수리능력	62		수리능력
15		자원관리능력	39		의사소통능력	63		의사소통능력
16		의사소통능력	40		문제해결능력	64		
17		자기개발능력	41		수리능력	65		
18		대인관계능력	42		문제해결능력	66		
19		문제해결능력	43		수리능력	67		
20		의사소통능력	44		의사소통능력	68		조직이해능력
21			45			69		수리능력
22		수리능력	46			70		대인관계능력
23		기술능력	47		수리능력			
24			48		의사소통능력			

평가 문항	70문항	맞힌 개수	문항	시작시간	:
평가 시간	70분	취약 영역		종료시간	:

PART 3
제**2**회 실전모의고사

모바일
OMR
답안분석
서비스

🕐 응시시간 : 70분   📋 문항 수 : 70문항

정답 및 해설 p.74

01 다음 사례에서 위반하고 있는 직업윤리의 원칙으로 가장 적절한 것은?

> 한 중국인이 맨 몸으로 큰 수조 안에 들어가 몸에 김치를 범벅한 채 중국산 김치를 만드는 사진이 이슈가 되면서, 중국산 김치를 쓰는 식당들에 사람들의 발길이 끊기기 시작했다. 이에 중국산 김치를 쓰는 A식당은 손님들을 끌어 들이기 위해 국산 김치를 소량 구매해 기존에 구매했던 중국산 김치에 섞었고, 자신의 식당은 국산 김치만 쓴다고 홍보하였다. 그 결과 중국산 김치를 쓰는 식당들에는 손님이 끊긴 반면, A식당에는 손님들이 크게 몰리기 시작했다.

① 객관성의 원칙   ② 전문성의 원칙
③ 고객 중심의 원칙   ④ 공정 경쟁의 원칙
⑤ 정직과 신용의 원칙

02 다음 중 제시된 문장을 읽고, ㉠ ~ ㉣를 논리적 순서에 맞게 나열한 것은?

> 개인의 일상생활은 물론 사회생활에서도 의사소통능력은 매우 중요하지만, 과거에는 이러한 중요성에도 불구하고 의사소통능력에 대해 단순 암기 위주의 수업으로 진행해왔다.

> **보기**
> ㉠ 이러한 문제 중심 학습(PBL)은 학생들로 하여금 학습에 더 능동적이게 참여하도록 할 뿐 아니라 자기 주도적으로 문제를 해결할 수 있는 문제해결능력도 기를 수 있도록 도와준다.
> ㉡ 따라서 의사소통능력에 관한 지식은 교수자가 단순히 기존에 확립되어 있는 지식을 학습자들에게 이해시키는 강의 교수법이 아니라 실제 현장에서 일어나는 사례를 예로 들어 실제 현장에서 학습자들이 적용시킬 수 있는 문제 중심 학습(PBL)이 더 적절할 것이다.
> ㉢ 하지만 의사소통은 단순 암기 위주로 배울 수 있는 특정한 장소와 시간에 관한 단편적인 지식이 아니다. 의사소통은 본래 실제 상황에서 발생하는 현상을 잘 관찰하고 이해를 해야만 얻을 수 있는 고차원적인 지식이기 때문이다.
> ㉣ 단, 이때 교수자는 학생들이 다양한 문제해결능력을 기를 수 있도록 자신의 생각이나 행동들을 객관적 기준으로 생각하지 않게 하는 것이 중요하다.

① ㉠ - ㉡ - ㉢ - ㉣   ② ㉠ - ㉣ - ㉢ - ㉡
③ ㉡ - ㉢ - ㉠ - ㉣   ④ ㉢ - ㉠ - ㉣ - ㉡
⑤ ㉢ - ㉡ - ㉠ - ㉣

03 I사원은 회사 법인카드를 사용하여 부장 3명과 대리 2명의 제주 출장을 위해 왕복항공권을 구입하려고 한다. 다음은 항공사별 좌석에 따른 편도 비용에 관한 자료이다. 부장은 비즈니스석, 대리는 이코노미석을 이용한다고 할 때, 다음 중 가장 저렴하게 항공권을 구입할 수 있는 항공사는 어디인가?(단, 모두 같은 항공사를 이용한다)

〈항공사별 좌석 편도 비용 현황〉

항공사	비즈니스석	이코노미석	비고
A항공사	120,000원	85,000원	-
B항공사	150,000원	95,000원	법인카드 사용 시 20% 할인
C항공사	150,000원	80,000원	왕복권 구매 시 10% 할인
D항공사	130,000원	75,000원	-
E항공사	130,000원	70,000원	-

① A항공사
② B항공사
③ C항공사
④ D항공사
⑤ E항공사

04 다음은 OECD 6개국의 행복지수와 경제지수를 제시한 것이다. 경제지수 대비 행복감을 가장 크게 느끼는 나라는?

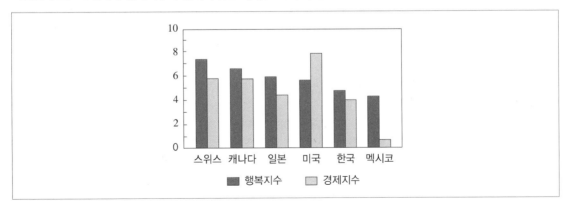

① 스위스
② 미국
③ 한국
④ 멕시코
⑤ 일본

05 C대리는 입사 4년 차이다. 회사 업무도 익숙해졌고 업무에도 별다른 문제가 없다. 하지만 C대리는 이런 익숙함 때문에 점점 업무에 대한 흥미를 잃어가고 있다. 그러다 보니 잔실수가 많아졌고 심지어 신입사원에게까지 실수 지적을 받기도 했다. 이런 문제를 해결하고자 C대리가 할 수 있는 행동은 무엇인가?

① 선임인 D과장에게 상담을 요청한다.
② 신입사원에게 신입사원의 업무성과를 자신에게 넘겨 달라고 부탁한다.
③ 이직한다.
④ 혼자 해결하려고 노력한다.
⑤ 다른 부서로 옮긴다.

06 다음 글과 가장 관련 있는 한자성어는?

> 서로 다른 산업 분야의 기업 간 협업이 그 어느 때보다 절실해진 상황에서 기업은 '협업'과 '소통'을 고민하지 않을 수 없다. 협업과 소통의 중요성은 기업의 경쟁력 강화를 위해 항상 강조되어 왔지만, 한 기업 내에서조차 성공적으로 운영하기가 쉽지 않았다. 그런데 이제는 서로 다른 산업 분야에서 기업 간의 원활한 협업과 소통까지 이뤄내야 하니, 기업의 고민은 깊어질 수밖에 없다.
> 협업과 소통의 문화 · 환경을 성공적으로 정착시키는 길은 결코 쉽게 갈 수 없다. 하지만 그 길을 가기 위해 첫걸음을 내디딜 수만 있다면 절반의 성공은 담보할 수 있다. 우선 직원 개인에게 '혼자서 큰일을 할 수 있는 시대는 끝이 났음'을 명확하게 인지시키고, 협업과 소통을 통한 실질적 성공 사례들을 탐구하여 그 가치를 직접 깨닫게 해야 한다. 그런 다음에는 협업과 소통을 위한 시스템을 갖추는 데 힘을 쏟아야 한다. 당장 협업 시스템을 전사 차원에서 적용하라는 것은 결코 아니다. 작은 변화를 통해 직원들 간 또는 협력업체 간, 고객들 간의 협업과 소통을 조금이나마 도울 수 있는 노력을 시작하라는 것이다. 동시에 시스템을 십분 활용할 수 있도록 독려하는 노력도 간과하지 말아야 한다.

① 장삼이사(張三李四)
② 하석상대(下石上臺)
③ 등고자비(登高自卑)
④ 주야장천(晝夜長川)
⑤ 내유외강(內柔外剛)

07 다음 중 빈칸에 들어갈 내용으로 가장 적절한 것은?

> 자율주행차란 운전자가 핸들과 가속페달, 브레이크 등을 조작하지 않아도 정밀한 지도, 위성항법시스템(GPS) 등 차량의 각종 센서로 상황을 파악해 스스로 목적지까지 찾아가는 자동차를 말한다. 국토교통부는 자율주행차의 상용화를 위해 '부분자율주행차(레벨 3)' 안전기준을 세계 최초로 도입했다고 밝혔다. 이에 따라 7월부터는 자동 차로 유지기능이 탑재된 레벨 3 자율주행차의 출시와 판매가 가능해진다. 국토부가 마련한 안전기준에 따르면 레벨 3 부분자율주행차는 운전자 탑승이 확인된 후에만 작동할 수 있다. 자동 차로 유지기능은 운전자가 직접 운전하지 않아도 자율주행시스템이 차선을 유지하면서 주행하고 긴급 상황 등에 대응하는 기능이다. 기존 '레벨 2'는 차로 유지기능을 작동했을 때 차량이 차선을 이탈하면 경고 알람이 울리는 정도여서 운전자가 직접 운전을 해야 했다. 레벨 3 안전기준이 도입되면 지정된 작동영역 안에서는 자율주행차의 책임 아래 _____

① 운전자가 탑승하지 않더라도 자율주행이 가능해진다.
② 운전자가 직접 조작하지 않더라도 자동으로 속도 조절이 가능해진다.
③ 운전자가 운전대에서 손을 떼고도 차로를 유지하며 자율주행이 가능해진다.
④ 운전자가 직접 조작하지 않더라도 차량 간 일정한 거리 유지가 가능해진다.
⑤ 운전자가 차선을 이탈할 경우 경고 알람이 울리므로 운전자의 집중이 요구된다.

08 다음 중 빈칸에 들어가지 않는 단어는?

> • 곤충이란 것은 모두 그렇게 _____을/를 거쳐서 자란다.
> • 그 기관이 예산을 _____(으)로 운영한 것으로 알려졌다.
> • 밀봉은 용기 내의 식품을 외부의 공기와 미생물 침입으로부터 차단하여 식품의 _____을/를 방지한다.
> • 충신으로 알려진 그의 _____은/는 뜻밖이었다.

① 변칙(變則)　　　　　　　　　② 변절(變節)
③ 변고(變故)　　　　　　　　　④ 변태(變態)
⑤ 변질(變質)

09 다음 글의 내용이 참일 때 항상 거짓인 것을 고르면?

노나카 이쿠지로는 지식에 대한 폴라니의 탐구를 실용적으로 응용해 지식 경영론을 펼쳤다. 그는 폴라니의 '암묵지'를 신체 감각, 상상 속 이미지, 지적 관심 등과 같이 객관적으로 표현하기 어려운 주관적 지식으로 파악했다. 또한, '명시지'를 문서나 데이터베이스 등에 담긴 지식과 같이 객관적이고 논리적으로 형식화된 지식으로 파악하고, 이것이 암묵지에 비해 상대적으로 지식의 공유 가능성이 높다고 보았다.

암묵지와 명시지의 분류에 기초해 노나카는 개인, 집단, 조직 수준에서 이루어지는 지식 변환 과정을 네 가지로 유형화했다. 암묵지가 전달되어 타자의 암묵지로 변환되는 것은 대면 접촉을 통한 모방과 개인의 숙련 노력에 의해 이루어지는 것으로서 '공동화'라 한다. 암묵지에서 명시지로의 변환은 암묵적 요소 중 일부가 형식화되어 객관화되는 것으로서 '표출화'라 한다. 또한, 명시지들을 결합해 새로운 명시지를 형성하는 것은 '연결화'라 하고, 명시지가 숙련 노력에 의해 암묵지로 전환되는 것은 '내면화'라 한다. 노나카는 이러한 변환 과정이 원활하게 일어나 기업의 지적 역량이 강화되도록 기업의 조직 구조도 혁신되어야 한다고 주장했다.

이러한 주장대로 지식 경영이 실현되기 위해서는 지식 공유 과정에 대한 구성원들의 참여가 전제되어야 한다. 하지만 인간에게 체화된 무형의 지식을 공유하는 것은 쉬운 일이 아니다. 단순한 정보와 유용한 지식을 구분하기도 쉽지 않고, 이를 계량화해 평가하는 것도 어렵다. 따라서 지식 경영의 성패는 지식의 성격에 대한 정확한 이해에 기초해 구성원들이 지식 공유와 확산 과정에 자발적으로 참여하도록 하는 방안을 마련하는 것에 달려 있다고 할 수 있다.

① 암묵지와 명시지는 쉽게 구별되지 않는다.
② 명시지는 암묵지에 비해 공유 가능성이 높다.
③ 여러 개의 명시지가 모여 새로운 지식을 만들어낼 수 있다.
④ 표출화를 통해 암묵지를 형식적인 지식으로 변환할 수 있다.
⑤ 내면화 과정을 이용하면 무형의 지식을 쉽게 공유할 수 있다.

10 세미나에 참석한 A사원, B사원, C주임, D주임, E대리는 각자 숙소를 배정받았다. A사원, D주임은 여자이고, B사원, C주임, E대리는 남자이다. 〈조건〉과 같이 숙소가 배정되었을 때, 항상 참이 아닌 것은?

> **조건**
> • 숙소는 5층이며 각 층마다 1명씩 배정한다.
> • E대리의 숙소는 D주임의 숙소보다 위층이다.
> • 1층에는 주임을 배정한다.
> • 1층과 3층에는 남직원을 배정한다.
> • 5층에는 사원을 배정한다.

① D주임은 2층에 배정된다.
② 5층에 A사원이 배정되면 4층에 B사원이 배정된다.
③ 5층에 B사원이 배정되면 4층에 A사원이 배정된다.
④ C주임은 1층에 배정된다.
⑤ 5층에 B사원이 배정되면 3층에 E대리가 배정된다.

11 다음은 협상과정을 5단계로 구분한 것이다. (A) ~ (E)에 들어갈 내용으로 적절하지 않은 것은?

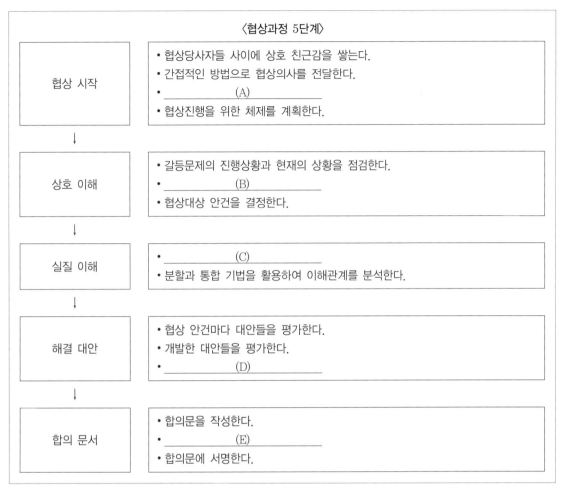

① (A) : 상대방의 협상의지를 확인한다.
② (B) : 최선의 대안에 대해서 합의하고 선택한다.
③ (C) : 겉으로 주장하는 것과 실제로 원하는 것을 구분하여 실제로 원하는 것을 찾아낸다.
④ (D) : 대안 이행을 위한 실행계획을 수립한다.
⑤ (E) : 합의내용, 용어 등을 재점검한다.

※ A공사는 하반기에 기술개발 분야에서 우수한 성과를 보인 협력사에게 포상을 수여하고자 한다. 포상수여 기준과 각 협력사에 대한 정보는 다음과 같다. 자료를 읽고 이어지는 질문에 답하시오. **[12~13]**

〈하반기 포상수여 기준〉

- 하반기 포상점수가 가장 높은 협력사 두 곳에 포상을 수여한다.
- 포상점수는 기술개선점수(35점), 실용화점수(30점), 경영점수(15점), 성실점수(20점)를 합산하여 산출한다.
- 기술개선점수
  - 기술개선점수는 출원점수와 등록점수를 합산하여 산출한다.

출원특허개수	0개	1 ~ 10개	11 ~ 20개	21개 이상
출원점수	0점	5점	10점	15점
등록특허개수	0개	1 ~ 5개	6 ~ 10개	11개 이상
등록점수	0점	10점	15점	20점

- 실용화점수
  - 실용화점수는 상품화 단계에 따라 부여한다.

상품화 단계	연구단계	상품개발단계	국내출시단계	수출개시단계
실용화점수	5점	15점	25점	30점

- 경영점수
  - 경영점수는 건전성 등급에 따라 부여한다.

건전성 등급	A등급	B등급	C등급	D등급
경영점수	20점	15점	10점	0점

- 성실점수
  - 성실점수는 하반기 성과제출 성실도에 따라 부여한다.

성과제출 성실도	기한 내 제출	기한 미준수	미제출
성실점수	20점	10점	0점

〈하반기 협력사 정보〉

구분	출원특허개수	등록특허개수	상품화 단계	건전성 등급	성과제출 성실도
A사	13개	11개	상품개발단계	B등급	기한 내 제출
B사	8개	5개	연구단계	A등급	기한 미준수
C사	21개	9개	상품개발단계	B등급	기한 미준수
D사	3개	3개	수출개시단계	C등급	기한 내 제출
E사	16개	9개	국내출시단계	A등급	미제출

12 하반기 포상수여 기준에 따라 협력사 중 두 곳에 포상을 수여할 때, 포상을 받을 협력사로만 올바르게 연결된 것은?

① A사, B사   ② A사, D사

③ B사, C사   ④ B사, E사

⑤ D사, E사

13 하반기 포상수여 기준에서 기술개선점수, 성실점수 부분이 다음과 같이 수정되고, 동점업체 처리기준이 추가되었다고 한다. 수정된 포상수여 기준에 따라 포상을 수여할 협력사 두 곳을 선정할 때, 포상을 받을 협력사로만 올바르게 연결된 것은?

- 기술개선점수
  - 기술개선점수는 출원점수와 등록점수를 합산하여 산출한다.

출원특허개수	0개	1 ~ 5개	6 ~ 15개	16개 이상
출원점수	0점	10점	15점	20점
등록특허개수	0개	1 ~ 10개	11 ~ 20개	20개 이상
등록점수	0점	5점	10점	15점

- 성실점수
  - 성실점수는 하반기 성과제출 성실도에 따라 부여한다.

성과제출 성실도	기한 내 제출	기한 미준수	미제출
성실점수	20점	15점	10점

- 포상점수가 동점인 경우, 기술개선점수가 더 높은 협력사를 선정한다.

① A사, D사   ② A사, E사

③ B사, C사   ④ B사, D사

⑤ D사, E사

14 다음 중 글을 통해 알 수 있는 내용으로 가장 적절한 것은?

> 상업 광고는 기업은 물론이고 소비자에게도 요긴하다. 기업은 마케팅 활동의 주요한 수단으로 광고를 적극적으로 이용하여 기업과 상품의 인지도를 높이려 한다. 소비자는 소비 생활에 필요한 상품의 성능, 가격, 판매 조건 등의 정보를 광고에서 얻으려 한다. 광고를 통해 기업과 소비자가 모두 이익을 얻는다면 이를 규제할 필요는 없을 것이다. 그러나 광고에서 기업과 소비자의 이익이 상충하는 경우도 있고 광고가 사회 전체에 폐해를 낳는 경우도 있어, 다양한 규제 방식이 모색되었다.
>
> 이때 문제가 된 것은 과연 광고로 인한 피해를 책임질 당사자로서 누구를 상정할 것인가였다. 초기에는 '소비자 책임 부담 원칙'에 따라 광고 정보를 활용한 소비자의 구매 행위에 대해 소비자가 책임을 져야 한다고 보았다. 여기에는 광고 정보가 정직한 것인지와는 상관없이 소비자는 이성적으로 이를 판단하여 구매할 수 있어야 한다는 전제가 있었다. 그래서 기업은 광고에 의존하여 물건을 구매한 소비자가 입은 피해에 대하여 책임을 지지 않았고, 광고의 기만성에 대한 입증 책임도 소비자에게 있었다.
>
> 책임 주체로 기업을 상정하여 '기업 책임 부담 원칙'이 부상하게 된 배경은 복합적이다. 시장의 독과점 상황이 광범위해지면서 소비자의 자유로운 선택이 어려워졌고, 상품에 응용된 과학 기술이 복잡해지고 첨단화되면서 상품 정보에 대한 소비자의 정확한 이해도 기대하기 어려워졌다. 또한, 다른 상품 광고와의 차별화를 위해 통념에 어긋나는 표현이나 장면도 자주 활용되었다. 그리하여 경제적, 사회·문화적 측면에서 광고로부터 소비자를 보호해야 한다는 당위를 바탕으로 기업이 광고에 대해 책임을 져야 한다는 공감대가 확산되었다.
>
> 오늘날 행해지고 있는 여러 광고 규제는 이런 공감대에서 나온 것인데, 이는 크게 보아 법적 규제와 자율 규제로 나눌 수 있다. 구체적인 법 조항을 통해 광고를 규제하는 법적 규제는 광고 또한 사회적 활동의 일환이라는 점에 근거한다. 특히 자본주의 사회에서는 기업이 시장 점유율을 높여 다른 기업과의 경쟁에서 승리하기 위하여 사실에 반하는 광고나 소비자를 현혹하는 광고를 할 가능성이 높다. 법적 규제는 허위 광고나 기만 광고 등을 불공정 경쟁의 수단으로 간주하여 정부 기관이 규제를 가하는 것이다.
>
> 자율 규제는 법적 규제에 대한 기업의 대응책으로 등장했다. 법적 규제가 광고의 역기능에 따른 피해를 막기 위한 강제적 조치라면, 자율 규제는 광고의 순기능을 극대화하기 위한 자율적 조치이다. 광고에 대한 기업의 책임감에서 비롯된 자율 규제는 법적 규제를 보완하는 효과가 있다.

① 광고 주체의 자율 규제가 잘 작동될수록 광고에 대한 법적 규제의 역할도 커진다.

② 기업의 이익과 소비자의 이익이 상충하는 정도가 클수록 법적 규제와 자율 규제의 필요성이 약화된다.

③ 시장 독과점 상황이 심각해지면서 기업 책임 부담 원칙이 약화되고 소비자 책임부담 원칙이 부각되었다.

④ 첨단 기술을 강조한 상품의 광고일수록 소비자가 광고 내용을 정확히 이해하지 못한 채 상품을 구매할 가능성이 커진다.

⑤ 광고의 기만성을 입증할 책임을 소비자에게 돌리는 경우, 그 이유는 소비자에게 이성적 판단 능력이 있다는 전제를 받아들이지 않기 때문이다.

15 K공사의 총무팀 4명은 해외출장을 계획하고 있다. 총무팀은 출장지에서의 이동수단 한 가지를 결정하려고 한다. 〈조건〉을 통해 이동수단을 선택할 때, 총무팀이 최종적으로 선택하게 될 이동수단의 종류와 그 비용을 옳게 짝지은 것은?

조건

- 이동수단은 경제성, 용이성, 안전성의 총 3가지 요소를 고려하여 최종점수가 가장 높은 이동수단을 선택한다.
- 각 고려요소의 평가결과 '상' 등급을 받으면 3점을, '중' 등급을 받으면 2점을, '하' 등급을 받으면 1점을 부여한다. 단, 안전성을 중시하여 안전성 점수는 2배로 계산한다.
- 경제성은 이동수단별 최소비용이 적은 것부터 상, 중, 하로 평가한다.
- 각 고려요소의 평가점수를 합하여 최종점수를 구한다.

〈이동수단별 평가표〉

이동수단	경제성	용이성	안전성
렌터카	?	상	하
택시	?	중	중
대중교통	?	하	중

〈이동수단별 비용계산식〉

이동수단	비용계산식
렌터카	[(렌트비)+(유류비)]×(이용 일수) • 1일 렌트비 : $50(4인승 차량) • 1일 유류비 : $10(4인승 차량)
택시	1마일×[이동거리($1/1마일)] ※ 최대 4명까지 탑승가능
대중교통	[대중교통패스 3일권($40/1인)]×(인원수)

〈해외출장 일정〉

출장 일정	이동거리(마일)
11월 1일	100
11월 2일	50
11월 3일	50

	이동수단	비용		이동수단	비용
①	렌터카	$180	②	택시	$200
③	택시	$400	④	대중교통	$140
⑤	대중교통	$160			

16 다음 글을 읽고 '한국인의 수면 시간'과 관련된 글을 쓴다고 할 때, 글의 주제로 적절하지 않은 것은?

인간은 평생 3분의 1 정도를 잠으로 보낸다. 잠은 낮에 사용한 에너지를 보충하고, 피로를 회복하는 중요한 과정이다. 하지만 한국인은 잠이 부족하다. 한국인의 수면 시간은 7시간 41분밖에 되지 않으며, 2016년 기준 경제협력개발기구(OECD) 회원국 가운데 꼴찌를 차지했다. 한 조사에 따르면, 전 국민의 17% 정도가 주 3회 이상 불면 증상을 갖고 있으며, 이는 연령이 높아짐에 따라 늘어났다.

이에 따라 불면증, 기면증, 수면무호흡증 등 수면장애로 병원을 찾는 사람은 2016년 기준 291만 8,976명으로 5년 새 13% 증가했다. 수면장애를 방치하면 삶의 질 저하는 물론 만성 두통, 심혈관계질환 등이 발생할 수 있다. 불면증은 수면 질환의 대명사로, 가장 흔하고 복합적인 질환이다. 불면증은 면역기능 저하, 인지감퇴뿐만 아니라 일상생활에 장애를 초래할 수 있으며, 우울증, 인지장애 등을 유발할 수 있다.

코를 골며 자다가 몇 초에서 몇 분 동안 호흡을 멈추는 수면무호흡증도 있다. 이 역시 인지기능 저하와 심혈관계질환 등 합병증을 일으킨다. 특히 수면무호흡증은 비만과 관계가 깊고, 졸음운전의 원인이 되기도 한다.

최근 고령 인구 증가로 뇌 퇴행성 질환인 렘수면 행동장애(RBD; Rem Sleep Behavior Disorder)도 늘고 있다. 이 병은 잠자는 동안 악몽을 꾸면서 소리를 지르고, 팔다리를 움직이고, 벽을 치고, 침대에서 뛰어내리는 등 난폭한 행동을 한다. 이 병을 앓는 상당수는 파킨슨병, 치매 환자로 이어진다. 또한, 잠들기 전에 다리에 이상 감각이나 통증이 생기는 하지불안증후군도 수면의 질을 떨어뜨리는 병이다. 낮 동안 졸리는 기면증(嗜眠症) 역시 일상생활에 심각한 장애를 초래한다.

한 정신건강의학과 교수는 "수면 문제는 결국 심혈관계질환, 치매와 파킨슨병 등의 퇴행성 질환, 우울증, 졸음운전의 원인이 되므로 전문적인 치료를 받아야 한다."고 했다.

① 한국인의 부족한 수면 시간　　　　　　② 수면 마취제의 부작용
③ 수면장애의 종류　　　　　　　　　　　④ 수면장애의 심각성
⑤ 전문 치료가 필요한 수면장애

17 키슬러(Kiesler)의 대인관계 양식에 따라 의사소통 유형을 지배형, 실리형, 냉담형, 고립형, 복종형, 순박형, 친화형, 사교형의 8가지 유형으로 나눌 수 있다. S부장이 자신의 의사소통 유형을 검사한 결과 실리형에 해당한다고 할 때, 다음 중 S부장에게 필요한 자세로 가장 적절한 것은?

① 타인의 의견을 경청하고 수용하는 자세가 필요하다.
② 타인의 감정 상태에 관심을 가지고 긍정적 감정을 표현하는 것이 필요하다.
③ 적극적인 자기표현과 주장이 필요하다.
④ 타인과의 정서적인 거리를 유지하는 노력이 필요하다.
⑤ 타인의 입장을 배려하고 관심을 갖는 자세가 필요하다.

18 다음은 접경도로 개선에 대하여 조정합의가 이루어진 사례와 관련한 내용이다. A시에서 취한 방법과 가장 관계있는 내용은?

A시와 B시의 경계 부근에 위치한 중소기업 C의 사장이 민원을 제기하였다. A시와 B시의 접경 지역에는 8개의 중소기업 및 인근 경작지 $300{,}000\text{m}^2$의 통행을 위한 농로가 있지만, 도로폭이 좁아서 차량 사고의 위험이 높고, 기업 운영에 애로가 크니 이에 대한 대책을 마련해 달라는 내용이었다.

A시의 위원회에서는 세 차례의 현지 조사를 통해 8개 중소기업의 기업 활동에 애로가 많다고 판단하고 문제의 해결을 위해 A시에서 도로 정비 및 개선에 필요한 부지를 B시와 2분의 1씩 나누어 부담하고, A시에서는 도로 정비 및 개선에 필요한 설계 및 확장·포장 공사를 맡아서 진행하기로 했다. B시는 이에 대해 공사비 60%를 부담하는 것을 대안으로 제시했다. 이후 수십 차례 문제 해결안을 협의하고, 세 차례의 업무 회의 등을 거쳐 피신청기관의 의견을 계속적으로 조율한 결과, A시 위원회가 작성한 조정서의 내용대로 접경 도로 개선을 추진하기로 의견을 모았고, A시 위원회가 현지 조정 회의를 개최해 조정서를 작성하고 조정에 합의했다.

① 나는 이기고 너는 지는 방법(I Win, You Lose)
② 나는 지고 너는 이기는 방법(I Lose, You Win)
③ 갈등 상황을 회피하면서 위협적인 상황을 피하는 데 사용하는 방법
④ 서로가 받아들일 수 있는 결정을 하기 위하여 타협적으로 주고받는 방식
⑤ 서로 간에 정보를 교환하면서 모두의 목표를 달성할 수 있는 방법(Win-win)

19 형준, 연재, 영호, 소정이는 언어영역, 수리영역, 외국어영역으로 구성된 시험을 본 뒤 채점을 해 보니 〈조건〉과 같은 결과가 나타났다. 〈조건〉을 참고했을 때, 항상 참인 것은?

> **조건**
> ㉠ 형준이는 언어영역에서 1등이고, 수리영역에서는 연재보다 잘했다.
> ㉡ 연재는 수리영역 4위가 아니다.
> ㉢ 소정이는 외국어영역에서 형준이보다 못했다.
> ㉣ 형준이는 외국어영역에서 영호와 연재에게만 뒤처졌다.
> ㉤ 영호는 언어영역에서 4위를 했고, 수리영역은 연재보다 못했다.
> ㉥ 동점자는 존재하지 않는다.
> ㉦ 형준이는 수리영역에서 소정이보다 못했다.
> ㉧ 소정이의 외국어영역 순위는 연재의 수리영역 순위에 1을 더한 것과 같다.
> ㉨ 평소에 소정이의 언어영역 점수는 연재의 언어영역 점수보다 좋지 않은 편이었다.

① 언어영역 2위는 연재이다.
② 외국어영역 3위는 형준이다.
③ 영호는 세 과목에서 모두 4위이다.
④ 연재의 언어영역 순위에 1을 더한 값은 형준이의 외국어영역 순위와 같다.
⑤ 소정이는 영호보다 모든 과목에서 순위가 높다.

휴리스틱(Heuristic)은 문제를 해결하거나 불확실한 사항에 대해 판단을 내릴 필요가 있지만 명확한 실마리가 없을 경우에 사용하는 편의적·발견적인 방법이다. 우리말로는 쉬운 방법, 간편법, 발견법, 어림셈 또는 지름길 등으로 표현할 수 있다. 1905년 알버트 아인슈타인은 노벨 물리학상 수상 논문에서 휴리스틱을 '불완전하지만 도움이 되는 방법'이라는 의미로 사용했다. 수학자인 폴리아는 휴리스틱을 '발견에 도움이 된다.'는 의미로 사용했고, 수학적인 문제 해결에도 휴리스틱 방법이 매우 유효하다고 했다.

휴리스틱에 반대되는 것이 알고리즘(Algorithm)이다. 알고리즘은 일정한 순서대로 풀어나가면 정확한 해답을 얻을 수 있는 방법이다. 삼각형의 면적을 구하는 공식이 알고리즘의 좋은 예이다.

휴리스틱을 이용하는 방법은 거의 모든 경우에 어느 정도 만족스럽고, 경우에 따라서는 완전한 답을 재빨리, 그것도 큰 노력 없이 얻을 수 있다는 점에서 사이먼의 '만족화' 원리와 일치하는 사고방식인데, 가장 전형적인 양상이 '이용가능성 휴리스틱(Availability Heuristic)'이다. 이용가능성이란 어떤 사상(事象)이 출현할 빈도나 확률을 판단할 때, 그 사상과 관련해서 쉽게 알 수 있는 사례를 생각해내고 그것을 기초로 판단하는 것을 뜻한다.

그러나 휴리스틱은 완전한 답이 아니므로 때로는 터무니없는 실수를 자아내는 원인이 되기도 한다. 불확실한 의사결정을 이론화하기 위해서는 확률이 필요하기 때문에 사람들이 확률을 어떻게 다루는지 중요하다. 확률은, 이를테면 어떤 사람이 선거에 당선될지, 경기가 좋아질지, 시합에서 어느 편이 우승할지 따위를 '전망'할 때 이용된다. 대개 그러한 확률은 어떤 근거를 기초로 객관적인 판단을 내리기도 하지만, 대부분은 직감적으로 판단을 내리게 된다. 그런데 직감적인 판단에서 오는 주관적인 확률은 과연 정확한 것일까?

카너먼과 트버스키는 일련의 연구를 통해 인간이 확률이나 빈도를 판단할 때 몇 가지 휴리스틱을 이용하지만, 그에 따라 얻게 되는 판단은 객관적이며 올바른 평가와 상당한 차이가 있다는 의미로 종종 '바이어스(Bias)'가 동반되는 것을 확인했다. 이용가능성 휴리스틱이 일으키는 바이어스 가운데 하나가 '사후 판단 바이어스'이다. 우리는 어떤 일이 벌어진 뒤에 '그렇게 될 줄 알았어.' 또는 '그렇게 될 거라고 처음부터 알고 있었어.'와 같은 말을 자주 한다. 이렇게 결과를 알고 나서 마치 사전에 그것을 예견하고 있었던 것처럼 생각하는 바이어스를 '사후 판단 바이어스'라고 한다.

20 다음 중 글의 논지 전개 방식에 대한 설명으로 가장 적절한 것은?

① 분석 대상과 관련되는 개념들을 연쇄적으로 제시하며 정보의 확대를 꾀하고 있다.

② 인과 관계를 중심으로 분석 대상에 대한 논리적 접근을 시도하고 있다.

③ 핵심 개념을 설명하면서 그와 유사한 개념들과 비교함으로써 이해를 돕고 있다.

④ 전달하고자 하는 정보를 다양한 맥락에서 재구성하여 반복적으로 제시하고 있다.

⑤ 핵심 개념의 속성을 잘 보여주는 사례들을 통해 구체적인 설명을 시도하고 있다.

21 다음 중 글에서 설명하고 있는 '휴리스틱'과 '바이어스'의 관계를 보여주기에 가장 적절한 것은?

① 평소에 30분 정도 걸리기에 느긋하게 출발했는데 갑자기 교통사고가 나는 바람에 늦어졌다.

② 그녀는 살을 빼려고 운동을 시작했는데 밥맛이 좋아지면서 오히려 몸무게가 늘었다.

③ 최근 한 달 동안 가장 높은 타율을 기록한 선수를 4번 타자에 기용했는데 4타수 무(無)안타를 기록하였다.

④ 동네 마트에서 추첨 세일을 한다기에 식구들이 다 나섰는데 한 집에 한 명만 참여할 수 있다고 한다.

⑤ 작년에 텃밭에서 수확량이 제일 좋았던 채소를 집중적으로 심었는데 유례없이 병충해가 돌아 올해 농사를 모두 망치고 말았다.

22 다음 자료를 해석한 것으로 올바르지 않은 것은?

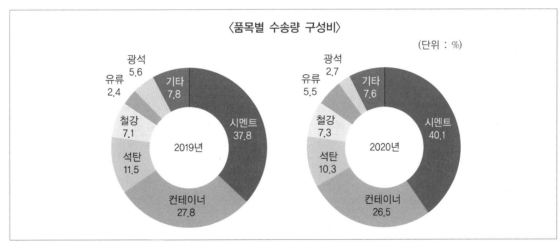

① 2020년에 2019년 대비 구성비가 증가한 품목은 3개이다.

② 컨테이너 수송량은 2019년에 비해 2020년에 감소하였다.

③ 구성비가 가장 크게 변화한 품목은 유류이다.

④ 2019년과 2020년에 가장 큰 비율을 차지하는 품목은 같다.

⑤ 2019년엔 유류가, 2020년엔 광석이 단일 품목 중 가장 작은 비율을 차지한다.

※ 사내 급식소를 운영하는 A는 냉장고를 새로 구입했다. 다음의 설명서를 읽고 이어지는 질문에 답하시오. [23~24]

1. 설치할 때 주의할 사항
   ① 바닥이 튼튼하고 고른지 확인해 주세요(진동과 소음의 원인이 되며, 문의 개폐 시 냉장고가 넘어져 다칠 수 있습니다).
   ② 주위와 적당한 간격을 유지해 주세요(주위와의 간격이 좁으면 냉각력이 떨어지고 전기료가 많이 나오게 됩니다).
   ③ 열기가 있는 곳은 피해 주세요(주위 온도가 높으면 냉각력이 떨어지고 전기료가 많이 나오게 됩니다).
   ④ 습기가 적고 통풍이 잘되는 곳에 설치해 주세요(습한 곳이나 물이 묻기 쉬운 곳은 제품이 녹이 슬거나 감전의 원인이 됩니다).
   ⑤ 누전으로 인한 사고를 방지하기 위해 반드시 접지해 주세요.

   > ※ 접지단자가 있는 경우 : 별도의 접지가 필요 없습니다.
   > ※ 접지단자가 없는 경우 : 접지단자가 없는 AC220V의 콘센트에 사용할 경우는 구리판에 접지선을 연결한 후 땅속에 묻어 주세요.
   > ※ 접지할 수 없는 장소의 경우 : 식당이나 지하실 등 물기가 많거나 접지할 수 없는 곳에는 누전차단기(정격전류 15mA, 정격부동작 전류 7.5mA)를 구입하여 콘센트에 연결해 사용하세요.

2. 고장 신고 전 확인 사항

증상	확인	해결
냉동·냉장이 전혀 되지 않을 때	정전이 되지 않았나요?	다른 제품의 전원을 확인하세요.
	전원 플러그가 콘센트에서 빠져 있지 않습니까?	전원코드를 콘센트에 바르게 연결해 주세요.
냉동·냉장이 잘 되지 않을 때	냉장실 온도 조절이 '약'으로 되어 있지 않습니까?	온도 조절을 '중' 이상으로 맞춰 주세요.
	직사광선을 받거나 가스레인지 등 열기구 근처에 있지 않습니까?	설치 장소를 확인해 주세요.
	뜨거운 식품을 식히지 않고 넣지 않았습니까?	뜨거운 음식은 곧바로 넣지 마시고 식혀서 넣어 주세요.
	식품을 너무 많이 넣지 않았습니까?	식품은 적당한 간격을 두고 넣어 주세요.
	문은 완전히 닫혀 있습니까?	보관 음식이 문에 끼이지 않게 한 후 문을 꼭 닫아 주세요.
	냉장고 주위에 적당한 간격이 유지되고 있습니까?	주위에 적당한 간격을 주세요.
냉장실에 있는 식품이 얼 때	냉장실 온도 조절이 '강'에 있지 않습니까?	온도 조절을 '중' 이하로 낮춰 주세요.
	수분이 많고 얼기 쉬운 식품을 냉기가 나오는 입구에 넣지 않았습니까?	수분이 많고 얼기 쉬운 식품은 선반의 바깥쪽에 넣어주세요.
소음이 심하고 이상한 소리가 날 때	냉장고 설치 장소의 바닥이 약하거나, 불안정하게 설치되어 있습니까?	바닥이 튼튼하고 고른 곳에 설치하세요.
	냉장고 뒷면이 벽에 닿지 않았습니까?	주위에 적당한 간격을 주세요.
	냉장고 뒷면에 물건이 떨어져 있지 않습니까?	물건을 치워 주세요.
	냉장고 위에 물건이 올려져 있지 않습니까?	무거운 물건을 올리지 마세요.

23 A는 설명서를 참고해 냉장고를 급식소에 설치하고자 한다. 다음 중 장소 선정 시 고려해야 할 사항으로 적절한 것은?

① 냉장고 설치 주변의 온도가 어느 정도인지 확인한다.
② 빈틈없이 냉장고가 들어갈 수 있는 공간이 있는지 확인한다.
③ 습기가 적고, 외부의 바람이 완전히 차단되는 곳인지 확인한다.
④ 충격 방지를 위해 설치할 바닥이 부드러운지 확인한다.
⑤ 접지단자가 있는지 확인하고, 접지할 수 없는 장소일 경우 구리판을 준비한다.

24 A는 냉장고 사용 중에 심한 소음과 함께 이상한 소리를 들었다. 설명서를 참고할 때 소음이 심하고 이상한 소리가 나는 원인이 될 수 있는 것은?

① 냉장고 뒷면이 벽에 닿아 있다.
② 뜨거운 식품을 식히지 않고 넣었다.
③ 냉장실 온도 조절이 '약'으로 되어 있다.
④ 냉장실 온도 조절이 '강'으로 되어 있다.
⑤ 보관 음식이 문에 끼여서 문이 완전히 닫혀 있지 않다.

25 다음 중 조직문화가 갖는 특징으로 적절하지 않은 것은?

① 구성 요소에는 리더십 스타일, 제도 및 절차, 구성원, 구조 등이 있다.
② 조직 구성원들에게 일체감과 정체성을 준다.
③ 조직의 안정성을 유지하는 데 기여한다.
④ 조직 몰입도를 향상시킨다.
⑤ 구성원들 개개인의 다양성을 강화해준다.

26 다음은 물질 1 ~ 4에 대한 측정결과이다. 자료에 대한 설명으로 옳지 않은 것은?

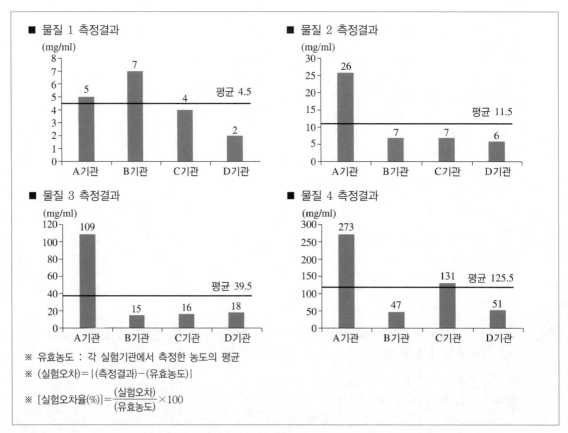

■ 물질 1 측정결과

■ 물질 2 측정결과

■ 물질 3 측정결과

■ 물질 4 측정결과

※ 유효농도 : 각 실험기관에서 측정한 농도의 평균
※ (실험오차)=|(측정결과)−(유효농도)|
※ [실험오차율(%)]=$\dfrac{(실험오차)}{(유효농도)}$×100

① 물질 1에 대한 B기관과 D기관의 실험오차율은 동일하다.
② 물질 3에 대한 실험오차율은 A기관이 가장 크다
③ 물질 1에 대한 B기관의 실험오차율은 물질 2에 대한 A기관의 실험오차율보다 작다.
④ 물질 2에 대한 A기관의 실험오차율은 물질 2에 대한 B ~ D기관의 실험오차율 합보다 크다.
⑤ A기관의 실험 결과를 제외하면, 4개 물질의 유효농도 값은 제외하기 이전보다 작아진다.

27 A ~ D는 한 판의 가위바위보를 한 후 그 결과에 대해 각각 두 가지의 진술을 하였다. 두 가지의 진술 중 하나는 반드시 참이고, 하나는 반드시 거짓이라고 할 때, 항상 참인 것은?

> A : C는 B를 이길 수 있는 것을 냈고, B는 가위를 냈다.
> B : A는 C와 같은 것을 냈지만, A가 편 손가락의 수는 나보다 적었다.
> C : B는 바위를 냈고, 그 누구도 같은 것을 내지 않았다.
> D : A, B, C 모두 참 또는 거짓을 말한 순서가 동일하다. 이 판은 승자가 나온 판이었다.

① B와 같은 것을 낸 사람이 있다.
② 보를 낸 사람은 1명이다.
③ D는 혼자 가위를 냈다.
④ B가 기권했다면 가위를 낸 사람이 지는 판이다.
⑤ 바위를 낸 사람은 2명이다.

28 연경이와 효진이의 현재 연령비는 3 : 1이고, 5년 후의 연령비는 7 : 4가 된다고 한다. 연경이와 효진이의 현재 나이는 몇 살인가?

	연경	효진		연경	효진
①	9살	3살	②	6살	2살
③	3살	9살	④	2살	6살
⑤	4살	12살			

29 다음은 기안문 작성 시 유의해야 할 사항에 관한 자료이다. (가) ~ (라)에 대한 유의사항을 〈보기〉에서 찾아 올바르게 연결한 것은?

〈기안문 작성 시 유의사항〉

올바른 문서 작성은 정확한 의사소통을 위하여 필요할 뿐만 아니라 문서 자체의 품격을 높이고, 그 기관의 대외적인 권위와 신뢰도를 높여 준다. 문서의 올바른 작성을 위하여 다음과 같은 사항에 유의할 필요가 있다.

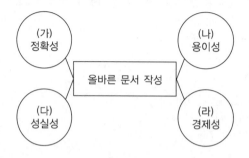

보기

㉠ 서식을 통일하여 규정된 서식을 사용하는 것이 경제적이다.
㉡ 상대방의 입장에서 이해하기 쉽게 작성한다.
㉢ 애매모호하거나 과장된 표현에 의하여 사실이 왜곡되지 않도록 한다.
㉣ 감정적이고 위압적인 표현을 쓰지 않는다.

	(가)	(나)	(다)	(라)
①	㉠	㉡	㉢	㉣
②	㉠	㉢	㉣	㉡
③	㉡	㉢	㉠	㉣
④	㉢	㉡	㉣	㉠
⑤	㉢	㉣	㉡	㉠

30 다음은 조셉과 해리의 두 심리학자에 의해 만들어진 '조해리의 창(Johari's Window)'을 나타낸 것이다. K사원은 자신이 생각하는 자신의 모습과 주변 동료들이 생각하는 자신의 모습을 정리하여 다음과 같이 조해리의 창으로 정리하였다. 다음 중 K사원이 이해한 내용으로 적절하지 않은 것은?

구분	내가 아는 나	내가 모르는 나
타인이 아는 나	• 활달하고 개방적이다. • 사람들과 원만하게 잘 지내려고 한다. • 센스가 있는 편이다.	• 감정 기복이 심한 편이다. • 간혹 소심하고 내성적인 모습도 보인다. • 과시하고 싶어 한다.
타인이 모르는 나	• 불의를 보면 참을 수 없다. • 다혈질적이다. • 혼자 있는 것을 싫어한다.	(A)

〈K사원이 작성한 조해리의 창〉

① 자신이 감정 기복이 심한 편인지 스스로 생각해 볼 필요가 있다.
② 혼자 있는 것을 싫어하는 점을 상대방에게 조금씩 알려주는 것도 좋다.
③ 자신이 다혈질적인지 스스로 생각해볼 필요가 있다.
④ 자신이 매사에 과시하는 모습을 보이지 않았는지 반성할 필요가 있다.
⑤ (A)는 K사원 자신도 모르고, 타인도 모르는 미지의 영역으로 볼 수 있다.

31 다음 대화를 읽고 K사원이 안내할 엑셀함수로 가장 적절한 것은?

> P과장 : K씨, 제품 일련번호가 짝수인 것과 홀수인 것을 구분하고 싶은데, 일일이 찾아 분류하자니 데이터가 너무 많아 번거로울 것 같아. 엑셀로 분류할 수 있는 방법이 없을까?
> K사원 : 네, 과장님. (   ) 함수를 사용하면 편하게 분류할 수 있습니다. 이 함수는 지정한 숫자를 특정 숫자로 나눈 나머지를 알려줍니다. 만약 제품 일련번호를 2로 나누면 나머지가 0 또는 1이 나오는데, 여기서 나머지가 0이 나오는 것은 짝수이고 나머지가 1이 나오는 것은 홀수이기 때문에 분류가 쉽고 빠르게 됩니다. 분류하실 때는 필터기능을 함께 사용하면 더욱 간단해집니다.
> P과장 : 그렇게 하면 간단히 처리할 수 있겠어. 정말 큰 도움이 되었네.

① SUMIF   ② MOD
③ INT   ④ NOW
⑤ VLOOKUP

안심Touch

※ A대리는 자택의 전력소비량을 감축하고자 한다. A대리가 소유한 가전기기별 전력소비량과 월 전력소비량 산출방법은 다음과 같다. 자료를 읽고 이어지는 질문에 답하시오. **[32~33]**

〈가전기기별 전력소비량〉

TV	에어컨		컴퓨터		냉장고	
	원통형	벽걸이형	일반형	절전형	일반모드 시	절전모드 시
0.5kWh	1.0kWh	0.8kWh	0.4kWh	0.2kWh	1.7kWh	1.4kWh

〈월 전력소비량 산출방법〉

• (월 전력소비량)=(시간당 소비전력)×(1일 사용시간)×(한 달 중 사용일)

※ 한 달은 30일이라고 가정한다.

32 A대리가 현재 자택에 보유하고 있는 가전기기와 사용방식은 다음과 같다. A대리가 다음 달에 가전기기와 사용방식을 다음과 같이 바꾼다면, 다음 달에 이번 달 대비 절감 가능한 월 전력량은?

현재		다음 달	
가전기기	사용방식	가전기기	사용방식
원통형 에어컨 1대	하루 4시간	벽걸이형 에어컨 1대	하루 4시간
TV 1대	하루 2시간	TV 1대	하루 1시간
일반형 컴퓨터 2대	하루 3시간	절전형 컴퓨터 2대	하루 2시간
냉장고 1대	일반모드 24시간	냉장고 1대	절전모드 24시간

① 280kWh
② 303kWh
③ 312kWh
④ 470kWh
⑤ 520kWh

33 A대리는 곧 이사하실 부모님을 위해 가전기기를 사드릴 생각이다. 〈조건〉에 맞추어 필요한 가전기기를 구입한다고 할 때, 가능한 월 최소 전력소비량은?

> **조건**
>
> • A대리의 부모님은 에어컨 2대, TV 1대, 컴퓨터 1대, 냉장고 1대가 필요하다.
> • A대리의 부모님은 하루에 에어컨 1대당 각각 4시간을 사용한다.
> • A대리의 부모님은 TV와 컴퓨터를 하루에 각각 2시간씩 사용한다.
> • 냉장고는 24시간 가동해야 한다.

① 1,032kWh
② 1,152kWh
③ 1,205kWh
④ 1,242kWh
⑤ 1,392kWh

34 제시된 문단을 읽고, 이어질 문단을 논리적 순서에 맞게 나열한 것은?

> PTSD(Post Traumatic Stress Disorder)는 '외상 후 스트레스 장애'로서, 외부로부터 피해를 당한 사람에게서 나타나는 일종의 정신질환이다. 성폭행 피해자, 화재를 진압한 소방관, 참전 군인 등에게 상대적으로 많이 발생한다고 한다.

> (가) 현대에 와서야 PTSD를 겁쟁이로 보지 않고 일종의 정신질환으로 보기 시작했다. 가장 가까운 시기로는 이라크 전쟁에 파병되었다가 온 병사들의 사례가 있다. 이들은 PTSD 때문에 매일 약을 먹으며 살고 있다고 한다.
>
> (나) 사실 과거에 PTSD는 정신질환으로 인정되지 않았다. 잔혹한 임무수행을 해야 하는 군대에서 그러한 경우가 많이 나타나는데, PTSD에 걸린 병사를 정신질환자가 아니라 겁쟁이로 생각했다.
>
> (다) 이렇게 충동억제장애 등으로 나타나는 PTSD가 다른 정신질환보다 더 문제가 되는 것은 전쟁에 의한 PTSD 질환자들이 건장한 병사 출신으로서, 정신이상 상태로 타인에게 큰 피해를 줄 수 있다는 점도 한몫을 할 것이다.
>
> (라) 전술한 것처럼 PTSD는 약을 먹어야만 하는 질환이다. PTSD가 발병하였을 때 적절한 치료가 이루어지지 않는다면, 일반적으로 생각되는 정신질환이 발생하게 되며 그 종류도 다양하다. 보통 PTSD는 분노조절장애, 충동억제장애 등의 양상을 보이며, 이외에 우울증이나 공황장애와 함께 발병한다.

① (가) - (나) - (라) - (다) 　　② (가) - (나) - (다) - (라)
③ (나) - (가) - (다) - (라) 　　④ (나) - (가) - (라) - (다)
⑤ (나) - (다) - (가) - (라)

PART 3 실전모의고사

35 최근 K공단에 입사한 Y사원은 며칠 전 민원상담을 진행하는 데 어려움을 겪었다고 선임인 Z대리에게 토로하였다. Z대리는 Y사원이 민원상담을 잘 수행할 수 있도록 민원처리 매뉴얼에 대해 설명하고자 한다. 다음 중 Z대리의 발언으로 적절하지 않은 것은?

① 고객이 민원을 제기할 때는 주장하는 내용을 정확하게 파악할 수 있도록 경청하는 것이 중요해. 만약 부정확한 내용이 있다면 반드시 다시 확인해야 해.

② 사실을 확인한 민원에 대해서는 적절한 해결책이 무엇인지 모색하여야 하는데, 만약 공단의 과실에 대한 것이라면 이를 인정하고 먼저 사과해야 해.

③ 적절한 해결책이 있다면 고객에게 제시하여 해결하도록 하고, 향후 반복적인 문제가 발생하지 않도록 개인 업무 노트에 기록해 두고 수시로 확인하는 것이 중요해.

④ 민원처리 결과에 대하여 고객의 의견 및 만족 여부를 확인하여 공단의 신뢰를 조성하도록 노력해야 해.

⑤ 민원처리 시 감정이 상한 고객이 있다면 먼저 공감하는 자세로 고객의 마음을 헤아리도록 노력해야 해.

36 면접 시험에서 〈조건〉에 따라 평가 점수가 가장 높은 6명이 합격할 때, 합격자를 높은 점수 순서대로 나열한 것은?(단, 동점인 경우 순서는 상관없다)

〈지원자 면접 점수〉

구분	면접관 1	면접관 2	면접관 3	면접관 4	면접관 5	보훈 가점
A지원자	80점	85점	70점	75점	90점	–
B지원자	75점	90점	85점	75점	100점	5점
C지원자	70점	95점	85점	85점	85점	–
D지원자	75점	80점	90점	85점	80점	–
E지원자	80점	90점	95점	100점	85점	5점
F지원자	85점	75점	95점	90점	80점	–
G지원자	80점	75점	95점	90점	95점	10점
H지원자	90점	80점	80점	85점	100점	–
I지원자	70점	80점	80점	75점	85점	5점
J지원자	85점	80점	100점	75점	85점	–
K지원자	85점	100점	70점	75점	75점	5점
L지원자	75점	90점	70점	100점	70점	–

조건

• 소수점 이하 셋째 자리에서 반올림한다.
• 최고점과 최저점이 2개 이상일 때는 1명의 점수만 제외한다.
• 면접관 5명이 부여한 점수 중 최고점과 최저점을 제외한 나머지 면접관 3명이 부여한 점수의 평균과 보훈 가점의 합으로 평가한다.

① E - I - J - L - F - H
② G - A - C - F - B - H
③ E - G - B - C - K - H
④ G - E - B - C - F - H
⑤ G - H - C - C - F - D

37 G공장에서 H제품을 생산하고 있으며, 최대한 비용과 시간을 절약하려고 한다. H제품은 A~F부품 중 3가지 부품으로 구성되고, 다음 자료는 부품별 1개당 가격, H제품에 부품 조립 시 소요 시간과 필요 개수이다. 다음 중 H제품을 완성할 경우 A~F부품에서 〈조건〉에 부합하는 부품 구성으로 옳은 것은?

〈부품 1개당 가격 및 조립 시간〉

부품	1개당 가격	조립 시간	필요 개수	부품	1개당 가격	조립 시간	필요 개수
A	20원	8분	4개	D	50원	10분	3개
B	35원	7분	2개	E	90원	9분 30초	2개
C	40원	7분 30초	3개	F	120원	12분 30초	1개

조건

㉠ '가격 – 개수 – 소요 시간' 순서로 중요하다.
㉡ 완제품을 만들 때 총 소요 시간이 짧아야 한다.
㉢ 완제품을 만들 때 부품의 총개수가 적어야 한다.
㉣ 완제품을 만들 때 부품의 총 가격이 가장 저렴해야 한다.
㉤ 총 가격의 차액이 100원 이하일 경우 구성의 총개수, 총 소요 시간 순서로 비교한다.

① A, B, C
② A, C, F
③ B, C, E
④ A, D, F
⑤ B, D, E

38 원우는 자신을 포함한 8명의 친구와 부산에 놀러 가기 위해 일정한 금액을 걷었다. 원우가 경비를 계산해 보니, 총 금액의 30%는 숙박비에 사용하고, 숙박비 사용 금액의 40%는 외식비로 사용한다. 그리고 남은 경비가 92,800원이라면, 각자 얼마씩 돈을 냈는가?

① 15,000원
② 18,000원
③ 20,000원
④ 22,000원
⑤ 24,000원

39 다음 글로부터 알 수 있는 내용으로 적절하지 않은 것은?

모든 동물들은 생리적 장치들이 제대로 작동하기 위해서 체액의 농도를 어느 정도 일정하게 유지해야 한다. 이를 위해 수분의 획득과 손실의 균형을 조절하는 작용을 삼투 조절이라 한다. 동물은 서식지와 체액의 농도, 특히 염도 차이가 있을 경우, 삼투 현상에 따라 체내 수분의 획득과 손실이 발생하기 때문에, 이러한 상황에서 체액의 농도를 일정하게 유지하는 것이 중요한 생존 과제이다.

삼투 현상이란 반(半)투과성 막을 사이에 두고 농도가 다른 양쪽의 용액 중, 농도가 낮은 쪽의 용매가 농도가 높은 쪽으로 옮겨 가는 현상이다. 소금물에서는 물에 녹아 있는 소금을 용질, 그 물을 용매라고 할 수 있는데, 반투과성 막의 양쪽에 농도가 다른 소금물이 있다면, 농도가 낮은 쪽의 물이 높은 쪽으로 이동하게 된다. 이때 양쪽의 농도가 같다면, 용매의 순이동은 없다고 한다.

동물들은 이러한 삼투 현상에 대응하여 수분 균형을 어떻게 유지하느냐에 따라 삼투 순응형과 삼투 조절형으로 분류된다. 먼저 삼투 순응형 동물은 모두 해수(海水) 동물로 체액과 해수의 염분 농도, 즉 염도가 같기 때문에 수분의 순이동은 없다. 게나 홍합, 갯지네 등이 여기에 해당한다. 이와 달리 삼투 조절형 동물은 체액의 염도와 서식지의 염도가 달라, 체액의 염도가 변하지 않도록 삼투 조절을 하며 살아간다.

삼투 조절형 동물 중 해수에 사는 대다수 어류의 체액은 해수에 비해 염도가 낮기 때문에 체액의 수분이 빠져나갈 수 있다. 그래서 표피는 비투과성이지만, 아가미의 상피세포를 통해 물을 쉽게 빼앗긴다. 이렇게 삼투 현상에 의해 빼앗긴 수분을 보충하기 위하여 이들은 계속 바닷물을 마시게 된다. 이로 인해 이들의 창자에서 바닷물의 70 ~ 80%가 혈관 속으로 흡수되는데, 이때 염분도 혈관 속으로 들어간다. 그러면 아가미의 상피 세포에 있는 염분 분비 세포를 작동시켜 과도해진 염분을 밖으로 내보낸다.

담수에 사는 동물들이 직면한 삼투 조절의 문제는 해수 동물과 정반대이다. 담수 동물의 체액은 담수에 비해 염도가 높기 때문에 아가미를 통해 수분이 계속 유입될 수 있다. 그래서 담수 동물들은 물을 거의 마시지 않고 많은 양의 오줌을 배출하여 문제를 해결하고 있다. 이들의 비투과성 표피는 수분의 유입을 막기 위한 것이다.

한편 육상에 사는 동물들 또한 다양한 경로를 통해 수분이 밖으로 빠져나간다. 오줌, 대변, 피부, 가스교환 기관의 습한 표면 등을 통해 수분을 잃기 때문이다. 그래서 육상 동물들은 물을 마시거나 음식을 통해, 그리고 세포호흡으로 물을 생성하여 부족한 수분을 보충한다.

① 동물들은 체액의 농도가 크게 달라지면 생존하기 어렵다.
② 동물들이 삼투 현상에 대응하는 방법은 서로 다를 수 있다.
③ 동물의 체액과 서식지 물의 농도가 같으면 삼투 현상에 의한 수분의 순이동은 없다.
④ 담수 동물은 육상 동물과 마찬가지로 많은 양의 오줌을 배출하여 체내 수분을 일정하게 유지한다.
⑤ 육상 동물들은 세포호흡을 통해서도 수분을 보충할 수 있다.

40 다음은 I섬유에 대한 SWOT 분석 자료이다. 분석에 따른 대응 전략으로 적절한 것을 〈보기〉에서 고르면?

첨단 신소재 관련 특허 다수 보유		• 신규 생산 설비 투자 미흡 • 브랜드의 인지도 부족
	S 강점	W 약점
	O 기회	T 위협
• 고기능성 제품에 대한 수요 증가 • 정부 주도의 문화 콘텐츠 사업 지원		• 중저가 의류용 제품의 공급 과잉 • 저임금의 개발도상국과 경쟁 심화

> **보기**
>
> ㄱ. SO전략으로 첨단 신소재를 적용한 고기능성 제품을 개발한다.
> ㄴ. ST전략으로 첨단 신소재 관련 특허를 개발도상국의 경쟁업체에 무상 이전한다.
> ㄷ. WO전략으로 문화 콘텐츠와 디자인을 접목한 신규 브랜드 개발을 통해 적극적 마케팅을 한다.
> ㄹ. WT전략으로 기존 설비에 대한 재투자를 통해 대량생산 체제로 전환한다.

① ㄱ, ㄷ   ② ㄱ, ㄹ
③ ㄴ, ㄷ   ④ ㄷ, ㄹ
⑤ ㄴ, ㄹ

41 홍보실에서 근무하고 있는 K대리는 월간 사보의 표지에 쓰일 두 후보 시안에 대한 의사를 내부 투표 결과로 결정하고자 한다. 홍보실 구성원 32명에게 파란색 스티커와 검은색 스티커를 교부하고 시안이 마음에 들면 파란색 스티커를, 나머지 시안에는 검은색 스티커를 붙이도록 안내하였다. 파란색 스티커에 +5, 검은색 스티커에 +2의 가중치를 부여하여 내부 투표 결과를 산출하였더니 두 시안의 가중치 차이가 24가 되었다. 최종안으로 선택될 시안의 가중치는 얼마인가?

① 100   ② 112
③ 124   ④ 148
⑤ 160

42 A ~ G는 다음 주 당직근무 순서를 정하기 위해 모였다. 〈조건〉에 따를 때, D가 근무하는 전날과 다음 날 당직근무자는 누구인가?(단, 한 주의 시작은 월요일이다)

> **조건**
> • A가 가장 먼저 근무한다.
> • F는 E보다 먼저 근무한다.
> • G는 A와 연이어 근무한다.
> • F가 근무하고 3일 뒤에 C가 근무한다.
> • C가 B보다 먼저 근무한다.
> • E는 목요일에 근무한다.

	전날 당직근무자	다음 날 당직근무자
①	C	F
②	E	C
③	F	B
④	A	G
⑤	G	C

43 귤 2상자에 각각 귤이 들어 있다고 한다. 한 상자당 안 익은 귤이 있을 확률이 10%, 썩은 귤이 있을 확률이 15%이고 나머지는 잘 익은 귤일 때, 두 사람이 각각 다른 상자에서 귤을 꺼낼 때 한 사람은 잘 익은 귤을 꺼내고, 다른 한 사람은 썩거나 안 익은 귤을 꺼낼 확률은 몇 %인가?

① 31.5%   ② 33.5%

③ 35.5%   ④ 37.5%

⑤ 39.5%

44 다음 중 글의 내용과 일치하지 않는 것은?

시간 예술이라고 지칭되는 음악에서 템포의 완급은 대단히 중요하다. 동일곡이지만 템포의 기준을 어떻게 잡아서 재현해 내느냐에 따라서 그 음악의 악상은 달라진다. 그런데 이처럼 중요한 템포의 인지 감각도 문화권에 따라, 혹은 민족에 따라서 상이할 수 있으니, 동일한 속도의 음악을 듣고도 누구는 빠르게 느끼는 데 비해서 누구는 느린 것으로 인지하는 것이다. 결국 문화권에 따라서 템포의 인지 감각이 다를 수도 있다는 사실은 바꿔 말해서 서로 문화적 배경이 다르면 사람에 따라 적절하다고 생각하는 모데라토의 템포도 큰 차이가 있을 수 있다는 말과 같다. 한국의 전통 음악은 서양 고전 음악에 비해서 비교적 속도가 느린 것이 분명하다. 대표적 정악곡(正樂曲)인 '수제천(壽齊天)'이나 '상령산(上靈山)' 등의 음악을 들어보면 수긍할 것이다. 또한, 이 같은 구체적인 음악의 예가 아니더라도 국악의 첫인상을 일단 '느리다'고 간주해 버리는 일반의 통념을 보더라도 전래의 한국 음악이 보편적인 서구 음악에 비해서 느린 것은 틀림없다고 하겠다.

그런데 한국의 전통 음악이 서구 음악에 비해서 상대적으로 속도가 느린 이유는 무엇일까? 이에 대한 해답도 여러 가지 문화적 혹은 민족적인 특질과 연결해서 생각할 때 결코 간단한 문제가 아니겠지만, 여기서는 일단 템포의 계량적 단위인 박(beat)의 준거를 어디에 두느냐에 따라서 템포 관념의 차등이 생겼다는 가설 하에 설명을 하기로 한다. 한국의 전통 문화를 보면 그 저변의 잠재의식 속에는 호흡을 중시하는 징후가 역력함을 알 수 있는데, 이 점은 심장의 고동을 중시하는 서양과는 상당히 다른 특성이다. 우리의 문화 속에는 호흡에 얽힌 생활 용어가 한두 가지가 아니다. 숨을 한 번 내쉬고 들이마시는 동안을 하나의 시간 단위로 설정하여 일식간(一息間) 혹은 이식간(二息間)이니 하는 양식척(量息尺)을 써 왔다. 그리고 감정이 격양되었을 때는 긴 호흡을 해서 감정을 누그러뜨리거나 건강을 위해 단전 호흡법을 수련한다. 이것은 모두 호흡을 중시하고 호흡에 뿌리를 둔 문화 양식의 예들이다. 더욱이 심장의 정지를 사망으로 단정하는 서양과는 달리 우리의 경우에는 '숨이 끊어졌다.'는 말로 유명을 달리했음을 표현한다. 이와 같이 확실히 호흡의 문제는 모든 생리 현상에서부터 문화 현상에 이르기까지 우리의 의식 저변에 두루 퍼져있는 민족의 공통적 문화소가 아닐 수 없다.

이와 같은 동서양 간의 상호 이질적인 의식 성향을 염두에 두고 각자의 음악을 관찰해 보면, 서양의 템포 개념은 맥박, 곧 심장의 고동에 기준을 두고 있으며, 우리의 그것은 호흡의 주기, 즉 폐부의 운동에 뿌리를 두고 있음을 알 수 있다. 서양의 경우 박자의 단위인 박을 비트(Beat), 혹은 펄스(Pulse)라고 한다. 펄스라는 말이 곧 인체의 맥박을 의미하듯이 서양음악은 원초적으로 심장을 기준으로 출발한 것이다. 이에 비해 한국의 전통 음악은 모음 변화를 일으켜 가면서까지 길게 끌며 호흡의 리듬을 타고 있음을 볼 때, 근원적으로 호흡에 뿌리를 둔 음악임을 알 수 있다. 결국 한국음악에서 안온한 마음을 느낄 수 있는 모데라토의 기준 속도는, 1분간의 심장 박동 수와 호흡의 주기와의 차이처럼, 서양 음악의 그것에 비하면 무려 3배쯤 느린 것임을 알 수 있다.

① 각 민족의 문화에는 민족의식이 반영되어 있다.
② 서양 음악은 심장 박동 수를 박자의 준거로 삼았다.
③ 템포의 완급을 바꾸어도 동일곡의 악상은 변하지 않는다.
④ 우리 음악은 서양 음악에 비해 상대적으로 느리다.
⑤ 우리 음악의 박자는 호흡 주기에 뿌리를 두고 있다.

45 다음 사례에 나타난 의사소통 활동 중 성격이 다른 하나는?

> 제약회사에 근무 중인 P팀장은 오늘 오전 내로 ㉠ 구매 견적서를 작성하여 병원으로 발송해야 한다. 출근하자마자 급하게 업무를 처리하던 중 어제 퇴근 전에 처리한 일에 문제가 생겨 ㉡ 병원으로부터 문의 전화가 걸려왔고, 이를 처리하느라 오전 시간을 정신없이 보내야 했다. 회의에 참석 중인 K대리의 책상에 오늘 ㉢ 회의 관련 자료를 정리해 줄 것을 부탁한 메모를 올려두었는데, 점심을 먹고 메일함을 확인하니 K대리의 메일이 벌써 도착해 있었다. P팀장은 K대리에게 ㉣ 답변 메일을 작성한 후 오후 회의에 참석했고, 회의가 끝난 후 ㉤ 회의 내용을 종합한 회의록을 작성하여 N부장에게 제출하였다.

① ㉠
② ㉡
③ ㉢
④ ㉣
⑤ ㉤

46 다음 〈보기〉에서 문서별 작성 요령에 대한 설명으로 옳지 않은 것을 모두 고르면?

> **보기**
>
> ㄱ. 업무지시서 : 우선 협조가 가능한지 개괄적인 내용만을 담아 상대방의 의사를 확인하여야 한다.
> ㄴ. 설명서 : 소비자들의 오해 없는 정확한 이해를 위하여 전문용어를 이용하여 작성하여야 한다.
> ㄷ. 공문서 : 정해진 양식과 격식을 엄격하게 준수하여 작성하여야 한다.

① ㄱ
② ㄴ
③ ㄱ, ㄴ
④ ㄴ, ㄷ
⑤ ㄱ, ㄴ, ㄷ

47 명함을 필요로 하는 경력직 사원은 총 2명으로 각 350장씩 제공하려고 한다. 명함의 40%는 VIP고객용 명함으로 고급 용지로 제작하고 나머지 60%는 일반 용지로 제작한다. 명함 제작에 드는 비용은 총 얼마인가?

〈명함 인쇄 가격〉

구분	가격표	비고
일반 용지	• 100장 단위 : 10,000원 • 낱장 단위 : 장당 150원	총 400장 이상 인쇄주문 시 10% 할인 (단, 동일 용지에 한함)
고급 용지	• 100장 단위 : 15,000원 • 낱장 단위 : 장당 200원	

① 84,700원   ② 89,000원

③ 92,500원   ④ 100,500원

⑤ 112,500원

48 다음 중 ㉠ ~ ㉢에 들어갈 단어를 올바르게 나열한 것은?

• 풍경화, 인물화, 정물화라는 ___㉠___ 이/가 이 전시회의 형식이나 내용으로 판별되던 때는 이미 지났다.
• 소유와 경영은 ___㉡___ 되어야 한다.
• 서정시와 서사시의 ___㉢___ 은/는 상대적일 뿐이다.

	㉠	㉡	㉢
①	분류	구분	분리
②	분별	분리	구분
③	분류	분리	구분
④	분리	분별	분류
⑤	구분	분리	분별

49 A금융기관에 근무하는 귀하는 명절을 맞이하여 자사의 금융상품을 구매한 고객에게 사은품을 나누어 주는 이벤트를 실시하고자 한다. 본사로부터 할당받은 예산은 총 500만 원이고, 1개의 사은품 상자에는 두 개의 상품이 들어가며 당사 규정상 고객 1인당 2만 원 이상의 사은품은 제공하지 않는다. 또한 비용 대비 고객 만족도가 높은 상품들로 물량을 최대한 확보하여 많은 고객들에게 전달하고자 한다. 다음 자료를 참고할 때 최대 몇 명의 고객에게 사은품을 전달할 수 있는가?

상품명	개당 구매비용	확보 가능한 최대물량	상품에 대한 고객 만족도
차량용 방향제	7,000원	300개	5점
식용유 세트	10,000원	80개	4점
유리용기 세트	6,000원	200개	6점
32GB USB	5,000원	180개	4점
머그컵 세트	10,000원	80개	5점
육아 관련 도서	8,800원	120개	4점
핸드폰 충전기	7,500원	150개	3점

① 360명   ② 370명
③ 380명   ④ 390명
⑤ 400명

50 K씨는 로봇청소기를 합리적으로 구매하기 위해 모델별로 성능을 비교·분석하였다. 다음 〈보기〉에 따라 K씨가 선택할 로봇청소기 모델은?

〈로봇청소기 모델별 성능 분석표〉

모델	청소 성능		주행 성능			소음 방지	자동 복귀	안전성	내구성	경제성
	바닥	카펫	자율주행 성능	문턱 넘김	추락 방지					
A	★★★	★	★★	★★	★★	★★★	★★★	★★★	★★★	★★
B	★★	★★★	★★★	★★★	★	★★★	★★	★★★	★★★	★★
C	★★★	★★★	★★★	★	★★★	★★★	★★★	★★★	★★★	★
D	★★	★★	★★★	★★	★	★★	★★	★★★	★★	★★
E	★★★	★★★	★★	★★★	★★	★★★	★★	★★★	★★★	★★★

※ ★★★ : 적합, ★★ : 보통, ★ : 미흡

> **보기**
>
> K씨 : 로봇청소기는 내구성과 안전성이 1순위이고 집에 카펫은 없으니 바닥에 대한 청소 성능이 2순위야. 글을 쓰는 아내를 위해서 소음도 중요하겠지, 문턱이나 추락할 만한 공간은 없으니 자율주행성능만 좋은 것으로 살펴보면 되겠네. 나머지 기준은 크게 신경 안 써도 될 것 같아.

① A모델   ② B모델
③ C모델   ④ D모델
⑤ E모델

※ 일정한 규칙으로 수를 나열할 때, 빈칸에 들어갈 수로 옳은 것을 고르시오. [51~53]

51

| 8 2 4 1 3 3 2 1 2 6 2 ( ) |

① 2   ② 4

③ 6   ④ 8

⑤ 10

52

| ( ) 18 35 52 69 86 |

① 0   ② 1

③ 2   ④ 3

⑤ 4

53

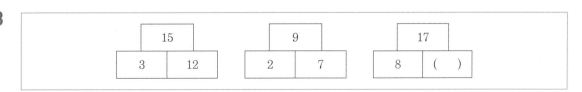

① 3   ② 5

③ 9   ④ 11

⑤ 17

※ K공사는 임직원들의 체력증진과 단합행사 장소를 개선하기 위해 노후된 운동장 및 체육관 개선 공사를 실시하고자 입찰 공고를 하였다. 자료를 읽고 이어지는 질문에 답하시오. **[54~55]**

〈입찰 참여 건설사 정보〉

업체	최근 3년 이내 시공규모	기술력 평가	친환경 설비 도입비중	경영 건전성	입찰가격
A	700억 원	A등급	80%	2등급	85억 원
B	250억 원	B등급	72%	1등급	78억 원
C	420억 원	C등급	55%	3등급	60억 원
D	1,020억 원	A등급	45%	1등급	70억 원
E	720억 원	B등급	82%	2등급	82억 원
F	810억 원	C등급	61%	1등급	65억 원

〈항목별 점수 산정 기준〉

• 기술력 평가, 친환경 설비 도입비중, 경영 건전성은 등급 혹은 구간에 따라 점수로 환산하여 반영한다.
• 기술력 평가 등급별 점수(기술점수)

등급	A등급	B등급	C등급
점수	30점	20점	15점

• 친환경 설비 도입비중별 점수(친환경점수)

친환경 설비 도입중비	90% 이상 100% 이하	75% 이상 90% 미만	60% 이상 75% 미만	60% 미만
점수	30점	25점	20점	15점

• 경영 건전성 등급별 점수(경영점수)

등급	1등급	2등급	3등급	4등급
점수	30점	26점	22점	18점

54 K공사는 다음의 선정 기준에 따라 시공업체를 선정하고자 한다. 다음 중 선정될 업체는?

〈운동장 및 체육관 개선 공사 시공업체 선정 기준〉

• 최근 3년 이내 시공규모가 500억 원 이상인 업체를 대상으로 선정한다.
• 입찰가격이 80억 원 미만인 업체를 대상으로 선정한다.
• 입찰점수는 기술점수, 친환경점수, 경영점수를 1 : 1 : 1의 가중치로 합산하여 산정한다.
• 입찰점수가 가장 높은 업체 1곳을 선정한다.

① A업체
② B업체
③ D업체
④ E업체
⑤ F업체

55 K공사는 더 많은 업체의 입찰 참여를 위해 시공업체 선정 기준을 다음과 같이 변경하였다. 다음 중 선정될 업체는?

〈운동장 및 체육관 개선 공사 시공업체 선정 기준(개정)〉

• 최근 3년 이내 시공규모가 400억 원 이상인 업체를 대상으로 선정한다.
• 입찰가격을 다음과 같이 가격점수로 환산하여 반영한다.

입찰가격	60억 원 이하	60억 원 초과 70억 원 이하	70억 원 초과 80억 원 이하	80억 원 초과
점수	15점	12점	10점	8점

• 입찰점수는 기술점수, 친환경점수, 경영점수, 가격점수를 1 : 1 : 1 : 2의 가중치로 합산하여 산정한다.
• 입찰점수가 가장 높은 업체 1곳을 선정한다.

① A업체
② C업체
③ D업체
④ E업체
⑤ F업체

56 다음의 대화에서 설명하는 의사소통의 특성은?

보라 : (독백) 매일 야근에 프로젝트 팀원들은 잘 도와주지도 않고, 남자친구와도 싸우고, 왜 이렇게 힘든 일이 많지? 너무 지치네.
정식 : 오, 보라야. 거기서 뭐해? 이번에 승진한 거 축하한다. 잘 지내고 있지?
보라 : 그럼요 과장님. 잘 지내고 있습니다. 감사합니다.
정식 : 보라는 항상 밝아서 좋아. 오늘 하루도 힘내고! 이따가 보자.
보라 : 네 감사합니다. 오후 미팅 때 봴게요!

① 반성적 사고
② 고유성
③ 측정불가능성
④ 대화가능성
⑤ 체계성

여러 가지 센서 정보를 이용해 사람의 심리상태를 파악할 수 있는 기술을 '감정인식(Emotion Reading)'이라고 한다. 음성 인식 기술에 이 기술을 더할 경우 인간과 기계, 기계와 기계 간의 자연스러운 대화가 가능해진다. 사람의 감정 상태를 기계가 진단해 보고 기초적인 진단 자료를 내놓을 수도 있다. 경찰 등 수사기관에서도 활용이 가능하다. 최근 실제로 상상을 넘어서는 수준의 놀라운 감정인식 기술이 등장하고 있다. 러시아 모스크바에 본사를 두고 있는 벤처기업 '엔테크랩 (NTechLab)'은 뛰어난 안면인식 센서를 활용해 사람의 감정 상태를 상세히 읽어낼 수 있는 기술을 개발했다. 그리고 이 기술을 모스크바시 경찰 당국에 공급할 계획이다.

현재 모스크바시 경찰은 엔테크랩과 이 기술을 수사현장에 어떻게 도입할지 효과적인 방법을 모색하고 있다. 도입이 완료될 경우 감정인식 기술을 수사 현장에 활용하는 세계 최초 사례가 된다. 이 기술을 활용하면 수백만 명이 모여 있는 사람들 가운데서 특정 인상착의가 있는 사람을 찾아낼 수 있다. 또한, 찾아낸 사람의 성과 나이 등을 모니터한 뒤 그 사람이 화가 났는지, 스트레스를 받았는지 혹은 불안해하는지 등을 판별할 수 있다.

엔테크랩의 공동창업자인 알렉산드르 카바코프(Alexander Kabakov)는 "번화가에서 수초 만에 테러리스트나 범죄자, 살인 자 등을 찾아낼 수 있는 기술"이라며 "경찰 등 수사기관에서 이 기술을 도입할 경우 새로운 차원의 수사가 가능하다."고 말했다. _____ 그는 이 기술이 러시아 경찰 어느 부서에 어떻게 활용될 것인지에 대해 밝히지 않았다. 카바코프는 "현재 CCTV 카메라에 접속하는 방안 등을 협의하고 있지만 아직까지 결정된 내용은 없다."고 말했다.

이 기술이 처음 세상에 알려진 것은 2015년 미국 워싱턴 대학에서 열린 얼굴인식 경연대회에서다. 이 대회에서 엔테크랩의 안면인식 기술은 100만 장의 사진 속에 들어 있는 특정인의 사진을 73.3%까지 식별해냈다. 이는 대회에 함께 참여한 구글 의 안면인식 알고리즘을 훨씬 앞서는 기록이었다. 여기서 용기를 얻은 카바코프는 아르템 쿠크하렌코(Artem Kukharenko) 와 함께 SNS상에서 연결된 사람이라면 누구든 추적할 수 있는 앱 '파인드페이스(Find Face)'를 만들었다.

57 다음 중 글을 읽고 이해한 것으로 옳지 않은 것은?

① 엔테크랩의 감정인식 기술은 모스크바시 경찰이 범죄 용의자를 찾는 데 큰 기여를 하고 있다.

② 음성인식 기술과 감정인식 기술이 결합되면 기계가 사람의 감정을 진단할 수도 있다.

③ 감정인식 기술을 이용하면 군중 속에서 특정인을 쉽게 찾을 수 있다.

④ 엔테크랩의 안면인식 기술은 구글의 것보다 뛰어나다.

⑤ 카바코프는 쿠크하렌코와 함께 SNS상에서 연결된 사람이라면 누구든 찾아낼 수 있는 앱을 개발하였다.

58 다음 중 빈칸에 들어갈 접속어로 적절한 것은?

① 또한   ② 게다가

③ 그래서   ④ 그러나

⑤ 말하자면

※ 불법개조 자동차로 인한 피해가 늘어남에 따라 K공사에서는 불법자동차 연중 상시 단속을 시행하고 있다. 글을 읽고, 이어지는 질문에 답하시오. **[59~60]**

(가) 자동차를 타고 도로를 운행하다 보면 귀에 거슬릴 정도의 배기 소음 소리, 차 실내의 시끄러운 음악 소리, 야간 운전 시 마주 오는 차량의 시야 확보를 곤란하게 하는 밝은 전조등, 정지를 알리는 빨간색의 제동등을 검게 코팅을 하거나 푸른색 등화를 장착해서 앞차의 급정차를 미처 알지 못해 후방 추돌 사고의 위험을 초래하는 자동차, 방향지시등의 색상을 바꾸어 혼란을 주는 행위, 자동차 사고 시 인체 또는 상대방 차량에 심각한 손상을 줄 수 있는 철재 범퍼 설치, 자동차의 차체 옆으로 타이어 또는 휠이 튀어나와 보행자에게 피해를 줄 수 있는 자동차, 자동차등록번호판이 훼손되거나 봉인이 없이 운행되어 자동차관리 및 불법에 이용될 소지가 있는 자동차, 화물자동차의 적재장치를 임의변경하여 화물을 과다하게 적재하고 다니는 자동차 등 우리 주변에서 불법개조 자동차를 심심찮게 접할 수 있다.

(나) 현재 우리나라 자동차문화지수는 국민 1인당 차량 보유 대수와는 무관하게 선진국보다 못 미치는 것이 사실이다. 이는 급속한 경제 발전과 발맞춘 자동차관리, 교통법규준수 등 교통문화정착에 대한 국가차원의 홍보 부족 및 자동차 소유자들의 무관심에 기인한 것으로 보인다. 실제 우리나라 차량 소유자들은 자동차 사용에 따른 의무나 타인에 대한 배려, 환경오염에 따른 피해 등에 관련된 사항보다는 '어떤 자동차를 운행하는가?'를 더 중요하게 생각하고 있는 실정이다.

(다) 하지만 지금까지 불법자동차에 대한 단속이 체계적으로 이루어지지 않아 법령위반 자동차가 급증하는 추세이며, 선량한 일반 자동차 소유자를 자극하여 모방 사례가 확산되는 실정이다. 이에 따라 2004년 국정감사 시에도 교통사고 발생 및 환경오염 유발 등 불법자동차 운행으로 발생하는 문제점에 대하여 논의된 바가 있다. 이러한 문제점을 해결하기 위해 정부에서는 자동차검사 전문기관인 K공단이 주관이 되어 법령위반 자동차의 연중 수시 단속을 시행하게 되었다. 이번 불법자동차 연중 상시 단속은 K공단에서 위법차량 적발 시 증거를 확보하여 관할 관청에 통보하고, 해당 지방자치단체는 임시검사명령 등의 행정조치를 하고 자동차 소유자는 적발된 위반사항에 대하여 원상복구 등의 조치를 하여야 한다.

59 다음 중 (가) ~ (다)를 논리적 순서에 맞게 나열한 것은?

① (가) – (나) – (다)
② (가) – (다) – (나)
③ (나) – (가) – (다)
④ (나) – (다) – (가)
⑤ (다) – (가) – (나)

60 다음 중 K공사의 단속 대상에 해당하지 않는 자동차는?

① 화물자동차 물품적재장치 높이를 임의로 개조한 자동차
② 제동등과 방향지시등의 색을 파랗게 바꾼 자동차
③ 철재 범퍼를 착용한 자동차
④ 스피커를 개조하여 음악을 크게 틀어놓은 자동차
⑤ 자동차를 새로 구입하여 등록 전 임시번호판을 달아놓은 자동차

61 ㉠ ~ ㉤ 중 어법상 옳지 않은 것은?

현대인은 대인 관계에 있어서 가면을 쓰고 살아간다. 물론 그것이 현대 사회를 살아가기 위한 인간의 기본적인 조건인지도 모른다. 사회학자들은 사람이 다른 사람과 교제를 ㉠ 할 때, 상대방에 대한 자신의 인상을 관리하려는 속성이 있다는 점에 동의한다. 즉, 사람들은 대체로 남 앞에 나설 때는 가면을 쓰고 연기를 하는 배우와 같이 행동한다는 것이다.

왜 그런 상황이 발생하는 것일까? 그것은 주로 대중문화의 속성에 기인한다. 사실 20세기의 대중문화는 과거와는 다른 새로운 인간형을 탄생시키는 배경이 되었다고 말할 수 있다. 특히, 광고는 내가 다른 사람의 눈에 어떻게 보일 것인가 하는 점을 ㉡ 끊임없이 반복하고 ㉢ 강조하므로써 그 광고를 보는 사람들에게 조바심이나 공포감을 불러일으키기까지 한다.

그중에서도 외모와 관련된 제품의 광고는 개인의 삶의 의미가 '자신이 남에게 어떤 존재로 보이느냐.'라는 것을 ㉣ 쉴 새 없이 주입시킨다. 역사학자들도 '연기하는 자아'의 개념이 대중문화의 부상과 함께 더욱 의미 있는 것이 되었다고 말한다. 그들은 적어도 20세기 초부터 '성공'은 무엇을 잘하고 열심히 하는 것이 아니라 '인상 관리'를 어떻게 하느냐에 달려 있다고 한다. 이렇게 자신의 일관성을 잃고 상황에 따라 적응하게 되는 현대인들은 대중매체가 ㉤ 퍼뜨리는 유행에 민감하게 반응하는 과정에서 자신의 취향을 형성해 가고 있다.

① ㉠
② ㉡
③ ㉢
④ ㉣
⑤ ㉤

62 다음은 1년 동안 Z병원을 찾은 당뇨병 환자에 대한 자료이다. 다음 중 자료에 대한 해석으로 옳지 않은 것은?

〈당뇨병 환자 수〉

(단위 : 명)

당뇨병 나이	경증		중증	
	여성	남성	여성	남성
50세 미만	9	13	8	10
50세 이상	10	18	8	24

① 여성 환자 중 중증 환자의 비율은 45% 이상이다.
② 경증 환자 중 남성 환자의 비율은 중증 환자 중 남자 환자의 비율보다 높다.
③ 50세 이상 환자 수는 50세 미만 환자 수의 1.5배이다.
④ 중증 여성 환자의 비율은 전체 당뇨병 환자의 16%이다.
⑤ 50세 미만 남성 중 경증 환자 비율은 50세 이상 여성 중 경증 환자 비율보다 높다.

63 다음 글의 빈칸에 들어갈 문장을 〈보기〉에서 찾아 순서대로 나열한 것은?

한 조사 기관에 따르면, 해마다 척추 질환으로 병원을 찾은 청소년들이 연평균 5만 명에 이르며 그 수가 지속적으로 증가하고 있다. 청소년의 척추 질환은 성장을 저해하고 학업의 효율성을 저하시킬 수 있다. ____(가)____ 따라서 청소년 척추 질환의 원인을 알고 예방하기 위한 노력이 필요하다.

전문가들은 앉은 자세에서 척추에 가해지는 하중이 서 있는 자세에 비해 1.4배 정도 크기 때문에 책상 앞에 오래 앉아 있는 청소년들의 경우, 척추 건강에 적신호가 켜질 가능성이 매우 높다고 말한다. 또한, 전문가들은 청소년들의 운동 부족도 청소년 척추 질환의 원인이라고 강조한다. 척추 건강을 위해서는 기립근과 장요근 등을 강화하는 근력 운동이 필요하다. 그런데 실제로 질병관리본부의 조사에 따르면, 청소년들 가운데 주 3일 이상 근력 운동을 하고 있다고 응답한 비율은 남성이 약 33%, 여성이 약 9% 정도밖에 되지 않았다.

청소년들이 생활 속에서 비교적 쉽게 척추 질환을 예방할 수 있는 방법은 무엇일까? 첫째, 바른 자세로 책상 앞에 앉아 있는 습관을 들여야 한다. ____(나)____ 또한, 책을 보기 위해 고개를 아래로 많이 숙이는 행동은 목뼈가 받는 부담을 크게 늘려 척추 질환을 유발하므로 책상 높이를 조절하여 목과 허리를 펴고 반듯하게 앉아 책을 보는 것이 좋다. 둘째, 틈틈이 척추 근육을 강화하는 운동을 해 준다. ____(다)____

그리고 발을 어깨보다 약간 넓게 벌리고 서서 양손을 허리에 대고 상체를 서서히 뒤로 젖혀 준다. 이러한 동작들은 척추를 지지하는 근육과 인대를 강화시켜 척추가 휘어지거나 구부러지는 것을 막아 준다. 따라서 이런 운동은 척추 건강을 위해 반드시 필요하다.

> **보기**
>
> ㉠ 허리를 곧게 펴고 앉아 어깨를 뒤로 젖히고 고개를 들어 하늘을 본다.
> ㉡ 그렇기 때문에 적절한 대응 방안이 마련되지 않으면 문제가 더욱 심각해질 것이다.
> ㉢ 의자에 앉아 있을 때는 엉덩이를 의자 끝까지 밀어 넣고 등받이에 반듯하게 상체를 기대 척추를 꼿꼿하게 유지해야 한다.

	(가)	(나)	(다)
①	㉡	㉠	㉢
②	㉡	㉢	㉠
③	㉢	㉠	㉡
④	㉢	㉡	㉠
⑤	㉠	㉡	㉢

안심Touch

개인의 자아실현은 사회·문화적 환경의 영향에서 자유로울 수 없다. 정도의 차이는 있겠지만, 모든 사회는 개인의 자아실현을 쉽게 이룰 수 없게 하는 여러 장애 요인들을 안고 있다. 우리가 살고 있는 시대도 마찬가지이다. 그중에서도 모든 사람들에게 커다란 영향을 미치면서 그 전모가 쉽게 드러나지 않는 것이 있다. 그것은 바로 남성과 여성에 대한 편견, 그리고 그에 근거한 차별이라 할 수 있다. 이 오래된 편견은 사람들의 마음속에 고정관념으로 자리 잡고 있으면서 수많은 남성과 여성의 삶을 제약하고 자아실현을 방해하고 있다.

성에 대한 고정관념을 지닌 사회에서 태어난 사람은 태어나는 순간부터 성별에 따라 다른 대우를 받게 된다. 여자 아기에게는 분홍색, 남자 아기에게는 파란색을 주로 입히거나 아기의 성별에 따라 부모가 서로 다른 행동을 하는 것 등이 대표적인 예가 될 수 있다. 아기가 커 가면서 이러한 구별은 더욱 엄격해져서 아동은 성별에 따라 해도 되는 행동과 해서는 안 되는 행동의 내용이 다르다는 것을 알게 된다. 타고난 호기심으로 성별과 무관하게 새로운 행동을 탐색해 나가는 과정에서, 아동은 자신의 성별에 적합한 행동을 할 때 칭찬, 상, 은근한 미소 등으로 격려를 받는 반면, 부적합한 행동을 할 때에는 꾸중, 벌, 무관심 등의 제지를 당하면서 자신의 풍성한 잠재력의 한 부분을 일찍이 잠재워 버리게 된다.

아동이 이러한 성 역할과 성적 고정관념을 보상과 처벌, 그리고 일정한 역할 모델을 통하여 습득하면 이는 아동의 자아 개념의 중요한 일부분을 형성하게 된다. 그리고 이렇게 자아 개념이 형성되면, 그 이후에는 외부로부터의 보상과 처벌에 관계없이도 자아 개념에 부합하도록 행동함으로써 스스로 심리적 보상을 받게 된다. 이는 초기에 형성된 고정관념을 계속 유지·강화하는 역할을 하게 된다. 이렇게 되면, 아동은 자신이 가진 무한한 잠재력을 다 발휘할 기회를 갖지 못하고 성별에 따라 제한된 영역에서만 활동하고 그에 만족을 느끼는 것이 옳다고 생각하게 된다. 최근에는 이러한 장벽을 무너뜨려 모든 사람들이 좀 더 자유롭게 살 수 있게 하기 위한 노력이 다방면에서 이루어지고 있다. 그러한 노력의 하나로 심리학에서 제안한 것이 양성성(兩性性)이라는 개념이다. 이것은 모든 여성은 '여성답고' 모든 남성은 '남성다운' 것이 바람직하다고 여겼던 고정관념과는 달리, 모든 인간은 각자의 고유한 특성에 따라 지금까지 여성적이라고 규정되어 왔던 바람직한 특성과 남성적이라고 규정되어 왔던 바람직한 특성을 동시에 지닐 수 있다고 보는 것이다.

미래 사회는 어떤 모습이 될 것인가? 생활양식과 가족 구조에 급격한 변화가 올 것은 자명하다. 사람들이 지향하는 가치관에도 변화가 올 것이다. 이런 사회가 도래했을 때, 지금도 유지되고 있는 전통적 성 역할 규범은 골동품이 되고 말 것이다. 남녀 모두가 집에서도 업무를 볼 수 있게 되고 함께 자녀를 돌보고 키우게 됨으로써 '남자는 일터에, 여자는 가정에'라는 케케묵은 공식은 더 이상 성립하지 않게 될 것이다. 여성다움이나 남성다움을 넘어 모든 인간이 자신이 가지고 있는 고유한 특성에 따라 자아를 실현할 수 있는 사회를 기대해 본다.

64 다음 중 글의 내용과 일치하지 않는 것은?

① 사회·문화적 환경의 영향 중 커다란 영향력을 미치면서도 전모가 쉽게 드러나지 않는 것은 성차별이다.
② 전통적 성 역할 규범이 여전히 생활양식과 가족 구조에 큰 영향을 끼칠 것이다.
③ 성 역할의 규범은 성에 대한 고정관념을 지닌 사회에서 더 뚜렷이 나타난다.
④ 아동의 자아 개념 형성에 성 역할과 성적 고정관념이 중요한 역할을 한다.
⑤ 성차별은 남성과 여성에 관한 오래된 고정관념에 근거한 것이다.

65 다음 중 글의 제목으로 가장 적절한 것은?

① 편견, 자아실현의 방해 요소
② 성(性), 인간의 행동의 결과
③ 미래 사회의 가치관 변화
④ 양성성, 남성다움과 여성다움을 넘어
⑤ 성적 고정관념의 장·단점

66 〈보기〉에서 밑줄 친 단어와 동일한 의미로 사용된 것은?

> **보기**
> 자기의 재주를 인정해 주지 않을 때면 공연이 계속되는 중이라도 그는 마술 도구가 든 가방 하나를 들고 <u>거칠</u> 것 없이 단체를 떠났다.

① 고등학교를 <u>거쳐</u> 대학을 간다.
② 칡덩굴이 밭에 <u>거친다</u>.
③ 기숙사 학생들의 편지는 사감 선생님의 손을 <u>거쳐야</u> 했다.
④ 가장 어려운 문제를 해결했으니 특별히 <u>거칠</u> 문제는 없다.
⑤ 대구를 <u>거쳐</u> 부산으로 간다.

제약회사에서 근무하는 귀하는 의약품 특허출원과 관련하여 다음과 같이 보고서를 작성하였고, 상사에게 보고서를 제출하기 전에 최종 검토를 하고자 한다. 보고서를 작성할 때 참고한 자료가 다음과 같다면, 보고서 내용 중 수정이 필요한 부분은 무엇인가?

〈보고서 내용 일부〉

2018년부터 2020년까지 의약품의 특허출원은 (A) 매년 감소하였다. 그러나 기타 의약품이 전체 의약품 특허출원에서 차지하는 비중은 매년 증가하여 2020년에는 전체 의약품 특허출원의 (B) 25% 이상을 차지하였다. 다국적기업의 의약품별 특허출원 현황을 살펴보면, 원료 의약품에서 다국적기업 특허출원이 차지하는 비중은 다른 의약품에 비해 매년 그 비중이 높아져 2020년에는 (C) 20% 이상을 차지하게 되었다. 한편 2020년 다국적기업에서 출원한 완제 의약품 특허출원 중 다이어트제 출원은 (D) 11%였다.

[참고자료]

〈표 1〉 의약품별 특허출원 현황

구분 \ 연도	2018년	2019년	2020년
완제 의약품	7,137건	4,394건	2,999건
원료 의약품	1,757건	797건	500건
기타 의약품	2,236건	1,517건	1,220건
합계	11,130건	6,708건	4,719건

〈표 2〉 의약품별 특허출원 중 다국적기업 출원 현황

구분 \ 연도	2018년	2019년	2020년
완제 의약품	404건	284건	200건
원료 의약품	274건	149건	103건
기타 의약품	215건	170건	141건
합계	893건	603건	444건

〈표 3〉 완제 의약품 특허출원 중 다이어트제 출원 현황

구분	2018년	2019년	2020년
출원 건수	53건	32건	22건

① (A)
② (B)
③ (C)
④ (D)
⑤ 없음

68 다음은 협상전략의 유형을 설명한 것이다. 다음 중 (가) ~ (라)에 들어갈 용어로 옳은 것은?

> ___(가)___ 은 상대방이 제시하는 것을 일방적으로 수용하여 협상의 가능성을 높이려는 전략이다. 즉, 상대방의 욕구와 주장에 자신의 욕구와 주장을 조정하고 순응시켜 굴복한다.
> ___(나)___ 은 자신이 상대방보다 힘에 있어서 우위를 점유하고 있을 때 자신의 이익을 극대화하기 위한 공격적 전략이다. 즉, 상대의 주장을 무시하고 자신의 힘으로 일방적으로 밀어붙여 상대방에게 자신의 입장을 강요하는 전략이다.
> ___(다)___ 은 무행동전략이며, 협상으로부터 철수하는 철수전략이다. 협상을 피하거나 잠정적으로 중단하거나 철수하는 전략이다.
> ___(라)___ 은 협상 참여자들이 협동과 통합으로 문제를 해결하고자 하는 협력적 문제해결전략이다. 문제를 해결하는 합의에 이르기 위해서 협상 당사자들이 서로 협력하는 것이다.

	(가)	(나)	(다)	(라)
①	유화전략	협력전략	강압전략	회피전략
②	회피전략	강압전략	유화전략	협력전략
③	유화전략	강압전략	협력전략	회피전략
④	회피전략	협력전략	강압전략	유화전략
⑤	유화전략	강압전략	회피전략	협력전략

69 전교생이 1,000명이고 이 중 남학생이 여학생보다 200명이 많은 어느 학교에서 안경 낀 학생 수를 조사하였다. 안경 낀 학생은 안경을 끼지 않은 학생보다 300명이 적었다. 안경 낀 남학생은 안경 낀 여학생의 1.5배였다면 안경 낀 여학생은 몇 명인가?

① 120명
② 140명
③ 160명
④ 180명
⑤ 200명

70 K회사에서는 연말에 사내 공모전을 시행하였다. 팀 회식 중 팀장님이 공모전에 대해 이야기하며, 옆 팀 B사원이 낸 아이디어가 참신하다고 이야기하였다. A사원은 그 이야기를 듣고 자신의 아이디어와 너무 비슷하다고 생각하여 당황하였다. 생각해 보니 입사 동기인 B사원과 점심 식사 중 공모전 아이디어에 대해 이야기를 하며 의견을 물은 적이 있었다. 이때 A사원이 취할 행동은?

① 회식 중에 사실관계에 대해 정확히 이야기한다.
② 다음 날 B사원에게 어떻게 된 일인지 이야기해 본다.
③ 다음 날 감사팀에 바로 이의제기를 한다.
④ 다른 입사 동기들에게 B사원이 아이디어를 따라 했다고 이야기한다.
⑤ 공모전 주최 부서에 연락해 자신이 제안한 아이디어는 폐기 처리해 달라고 한다.

I wish you the best of luck!

PART 4

채용 가이드

블라인드 채용 소개

| 01 | 블라인드 채용

1. 블라인드 채용이란?

채용 과정에서 편견이 개입되어 불합리한 차별을 야기할 수 있는 출신지, 가족관계, 학력, 외모 등의 편견요인은 제외하고, 직무능력만을 평가하여 인재를 채용하는 방식입니다.

2. 블라인드 채용의 필요성

- 채용의 공정성에 대한 사회적 요구
  - 누구에게나 직무능력만으로 경쟁할 수 있는 균등한 고용기회를 제공해야 하나 아직도 채용의 공정성에 대한 불신이 존재
  - 채용상 차별금지에 대한 법적 요건이 권고적 성격에서 처벌을 동반한 의무적 성격으로 강화되는 추세
  - 시민의식과 지원자의 권리의식 성숙으로 차별에 대한 법적 대응 가능성 증가
- 우수 인재 채용을 통한 기업의 경쟁력 강화 필요
  - 직무능력과 무관한 학벌, 외모 위주의 선발로 우수인재 선발기회 상실 및 기업경쟁력 약화
  - 채용 과정에서 차별 없이 직무능력중심으로 선발한 우수인재 확보 필요
- 공정한 채용을 통한 사회적 비용 감소 필요
  - 편견에 의한 차별적 채용은 우수인재 선발을 저해하고 외모·학벌 지상주의 등의 심화로 불필요한 사회적 비용 증가
  - 채용에서의 공정성을 높여 사회의 신뢰수준 제고

3. 블라인드 채용의 특징

편견 요인을 요구하지 않는 대신 직무능력을 평가합니다.

※ 직무능력중심 채용이란?

기업의 역량 기반 채용, NCS 기반 능력중심 채용과 같이 직무수행에 필요한 능력과 역량을 평가하여 선발하는 채용방식을 통칭합니다.

4. 블라인드 채용의 평가요소

직무수행에 필요한 지식, 기술, 태도 등을 과학적인 선발기법을 통해 평가합니다.

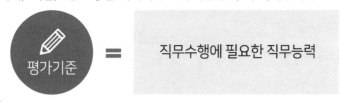

평가기준 = 직무수행에 필요한 직무능력

※ 과학적 선발기법이란?
　직무분석을 통해 도출된 평가요소를 서류, 필기, 면접 등을 통해 체계적으로 평가하는 방법으로 입사지원서, 자기소개서, 직무수행능력
　평가, 구조화 면접 등이 해당됩니다.

5. 블라인드 채용 주요 도입 내용

- 입사지원서에 인적사항 요구 금지
  - 인적사항에는 출신지역, 가족관계, 결혼여부, 재산, 취미 및 특기, 종교, 생년월일(연령), 성별, 신장 및 체중, 사진, 전공, 학교명, 학점, 외국어 점수, 추천인 등이 해당
  - 채용 직무를 수행하는 데 있어 반드시 필요하다고 인정될 경우는 제외
    예 특수경비직 채용 시 : 시력, 건강한 신체 요구
    　　연구직 채용 시 : 논문, 학위 요구 등
- 블라인드 면접 실시
  - 면접관에게 응시자의 출신지역, 가족관계, 학교명 등 인적사항 정보 제공 금지
  - 면접관은 응시자의 인적사항에 대한 질문 금지

6. 블라인드 채용 도입의 효과성

- 구성원의 다양성과 창의성이 높아져 기업 경쟁력 강화
  - 편견을 없애고 직무능력 중심으로 선발하므로 다양한 직원 구성 가능
  - 다양한 생각과 의견을 통하여 기업의 창의성이 높아져 기업경쟁력 강화
- 직무에 적합한 인재선발을 통한 이직률 감소 및 만족도 제고
  - 사전에 지원자들에게 구체적이고 상세한 직무요건을 제시함으로써 허수 지원이 낮아지고, 직무에 적합한 지원자 모집 가능
  - 직무에 적합한 인재가 선발되어 직무이해도가 높아져 업무효율 증대 및 만족도 제고
- 채용의 공정성과 기업이미지 제고
  - 블라인드 채용은 사회적 편견을 줄인 선발 방법으로 기업에 대한 사회적 인식 제고
  - 채용과정에서 불합리한 차별을 받지 않고 실력에 의해 공정하게 평가를 받을 것이라는 믿음을 제공하고, 지원자들은 평등한 기회와 공정한 선발과정 경험

서류전형 가이드

| 01 | 채용공고문

1. 채용공고문의 변화

기존 채용공고문	변화된 채용공고문
• 취업준비생에게 불충분하고 불친절한 측면 존재 • 모집분야에 대한 명확한 직무관련 정보 및 평가기준 부재 • 해당분야에 지원하기 위한 취업준비생의 무분별한 스펙 쌓기 현상 발생	• NCS 직무분석에 기반한 채용공고를 토대로 채용전형 진행 • 지원자가 입사 후 수행하게 될 업무에 대한 자세한 정보 공지 • 직무수행내용, 직무수행 시 필요한 능력, 관련된 자격, 직업기초능력 제시 • 지원자가 해당 직무에 필요한 스펙만을 준비할 수 있도록 안내
• 모집 부문 및 응시자격 • 지원서 접수 • 전형절차 • 채용조건 및 처우 • 기타사항	• 채용절차 • 채용유형별 선발분야 및 예정인원 • 전형방법 • 선발분야별 직무기술서 • 우대사항

2. 지원 유의사항 및 지원요건 확인

채용 직무에 따른 세부사항을 공고문에 명시하여 지원자에게 적격한 지원 기회를 부여함과 동시에 채용과정에서의 공정성과 신뢰성을 확보합니다.

구성	내용	확인사항
모집분야 및 규모	고용형태(인턴 계약직 등), 모집분야, 인원, 근무지역 등	채용직무가 여러 개일 경우 본인이 해당되는 직무의 채용규모 확인
응시자격	기본 자격사항, 지원조건	지원을 위한 최소자격요건을 확인하여 불필요한 지원을 예방
우대조건	법정·특별·자격증 가점	본인의 가점 여부를 검토하여 가점 획득을 위한 사항을 사실대로 기재
근무조건 및 보수	고용형태 및 고용기간, 보수, 근무지	본인이 생각하는 기대수준에 부합하는지 확인하여 불필요한 지원을 예방
시험방법	서류·필기·면접전형 등의 활용방안	전형방법 및 세부 평가기법 등을 확인하여 지원전략 준비
전형일정	접수기간, 각 전형 단계별 심사 및 합격자 발표일 등	본인의 지원 스케줄을 검토하여 차질이 없도록 준비
제출서류	입사지원서(경력·경험기술서 등), 각종 증명서 및 자격증 사본 등	지원요건 부합 여부 및 자격 증빙서류 사전에 준비
유의사항	임용취소 등의 규정	임용취소 관련 법적 또는 기관 내부 규정을 검토하여 해당여부 확인

| 02 | 직무기술서

직무기술서란 직무수행의 내용과 필요한 능력, 관련 자격, 직업기초능력 등을 상세히 기재한 것으로 입사 후 수행하게 될 업무에 대한 정보가 수록되어 있는 자료입니다.

1. 채용분야

설명

NCS 직무분류 체계에 따라 직무에 대한「대분류 – 중분류 – 소분류 – 세분류」체계를 확인할 수 있습니다.
채용직무에 대한 모든 직무기술서를 첨부하게 되며 실제 수행 업무를 기준으로 세부적인 분류정보를 제공합니다.

채용분야	분류체계			
사무행정	대분류	중분류	소분류	세분류
분류코드	02. 경영 · 회계 · 사무	03. 재무 · 회계	01. 재무	01. 예산
				02. 자금
			02. 회계	01. 회계감사
				02. 세무

2. 능력단위

설명

직무분류 체계의 세분류 하위능력단위 중 실질적으로 수행할 업무의 능력만 구체적으로 파악할 수 있습니다.

능력단위	(예산)	03. 연간종합예산수립 04. 추정재무제표 작성 05. 확정예산 운영 06. 예산실적 관리	
	(자금)	04. 자금운용	
	(회계감사)	02. 자금관리 04. 결산관리 05. 회계정보시스템 운용 06. 재무분석 07. 회계감사	
	(세무)	02. 결산관리 05. 부가가치세 신고 07. 법인세 신고	

3. 직무수행내용

설명

세분류 영역의 기본정의를 통해 직무수행내용을 확인할 수 있습니다. 입사 후 수행할 직무내용을 구체적으로 확인할 수 있으며, 이를 통해 입사서류 작성부터 면접까지 직무에 대한 명확한 이해를 바탕으로 자신의 희망직무인지 아닌지, 해당 직무가 자신이 알고 있던 직무가 맞는지 확인할 수 있습니다.

직무수행내용	(예산) 일정기간 예상되는 수익과 비용을 편성, 집행하며 통제하는 일
	(자금) 자금의 계획 수립, 조달, 운용을 하고 발생 가능한 위험 관리 및 성과평가
	(회계감사) 기업 및 조직 내 · 외부에 있는 의사결정자들이 효율적인 의사결정을 할 수 있도록 유용한 정보를 제공, 제공된 회계정보의 적정성을 파악하는 일
	(세무) 세무는 기업의 활동을 위하여 주어진 세법범위 내에서 조세부담을 최소화시키는 조세전략을 포함하고 정확한 과세소득과 과세표준 및 세액을 산출하여 과세당국에 신고 · 납부하는 일

4. 직무기술서 예시

태도	(예산) 정확성, 분석적 태도, 논리적 태도, 타 부서와의 협조적 태도, 설득력
	(자금) 분석적 사고력
	(회계 감사) 합리적 태도, 전략적 사고, 정확성, 적극적 협업 태도, 법률준수 태도, 분석적 태도, 신속성, 책임감, 정확한 판단력
	(세무) 규정 준수 의지, 수리적 정확성, 주의 깊은 태도
우대 자격증	공인회계사, 세무사, 컴퓨터활용능력, 변호사, 워드프로세서, 전산회계운용사, 사회조사분석사, 재경관리사, 회계관리 등
직업기초능력	의사소통능력, 문제해결능력, 자원관리능력, 대인관계능력, 정보능력, 조직이해능력

5. 직무기술서 내용별 확인사항

항목	확인사항
모집부문	해당 채용에서 선발하는 부문(분야)명 확인 예 사무행정, 전산, 전기
분류체계	지원하려는 분야의 세부직무군 확인
주요기능 및 역할	지원하려는 기업의 전사적인 기능과 역할, 산업군 확인
능력단위	지원분야의 직무수행에 관련되는 세부업무사항 확인
직무수행내용	지원분야의 직무군에 대한 상세사항 확인
전형방법	지원하려는 기업의 신입사원 선발전형 절차 확인
일반요건	교육사항을 제외한 지원 요건 확인(자격요건, 특수한 경우 연령)
교육요건	교육사항에 대한 지원요건 확인(대졸 / 초대졸 / 고졸 / 전공 요건)
필요지식	지원분야의 업무수행을 위해 요구되는 지식 관련 세부항목 확인
필요기술	지원분야의 업무수행을 위해 요구되는 기술 관련 세부항목 확인
직무수행태도	지원분야의 업무수행을 위해 요구되는 태도 관련 세부항목 확인
직업기초능력	지원분야 또는 지원기업의 조직원으로서 근무하기 위해 필요한 일반적인 능력사항 확인

| 03 | 입사지원서

1. 입사지원서의 변화

기존지원서		능력중심 채용 입사지원서
직무와 관련 없는 학점, 개인신상, 어학점수, 자격, 수상경력 등을 나열하도록 구성	VS	해당 직무수행에 꼭 필요한 정보들을 제시할 수 있도록 구성

기존지원서 항목		능력중심 채용 입사지원서 항목	
직무기술서	➡	인적사항	성명, 연락처, 지원분야 등 작성(평가 미반영)
직무수행내용		교육사항	직무지식과 관련된 학교교육 및 직업교육 작성
요구지식 / 기술		자격사항	직무관련 국가공인 또는 민간자격 작성
관련 자격증		경력 및 경험사항	조직에 소속되어 일정한 임금을 받거나(경력) 임금 없이(경험) 직무와 관련된 활동 내용 작성
사전직무경험			

2. 교육사항

- 지원분야 직무와 관련된 학교 교육이나 직업교육 혹은 기타교육 등 직무에 대한 지원자의 학습 여부를 평가하기 위한 항목입니다.
- 지원하고자 하는 직무의 학교 전공교육 이외에 직업교육, 기타교육 등을 기입할 수 있기 때문에 전공 제한 없이 직업교육과 기타교육을 이수하여 지원이 가능하도록 기회를 제공합니다.

(기타교육 : 학교 이외의 기관에서 개인이 이수한 교육과정 중 지원직무와 관련이 있다고 생각되는 교육내용)

구분	교육과정(과목)명	교육내용	과업(능력단위)

3. 자격사항

- 채용공고 및 직무기술서에 제시되어 있는 자격 현황을 토대로 지원자가 해당 직무를 수행하는 데 필요한 능력을 가지고 있는지를 평가하기 위한 항목입니다.
- 채용공고 및 직무기술서에 기재된 직무관련 필수 또는 우대자격 항목을 확인하여 본인이 보유하고 있는 자격사항을 기재합니다.

자격유형	자격증명	발급기관	취득일자	자격증번호

4. 경력 및 경험사항

- 직무와 관련된 경력이나 경험 여부를 표현하도록 하여 직무와 관련한 능력을 갖추었는지를 평가하기 위한 항목입니다.
- 해당 기업에서 직무를 수행함에 있어 필요한 사항만을 기록하게 되어 있기 때문에 직무와 무관한 스펙을 갖추지 않아도 됩니다.
- 경력 : 금전적 보수를 받고 일정기간 동안 일했던 경우
- 경험 : 금전적 보수를 받지 않고 수행한 활동

※ 기업에 따라 경력 / 경험 관련 증빙자료 요구 가능

구분	조직명	직위 / 역할	활동기간(년 / 월)	주요과업 / 활동내용

Tip

입사지원서 작성 방법

○ 경력 및 경험사항 작성
- 직무기술서에 제시된 지식, 기술, 태도와 지원자의 교육사항, 경력(경험)사항, 자격사항과 연계하여 개인의 직무역량에 대해 스스로 판단 가능

○ 인적사항 최소화
- 개인의 인적사항, 학교명, 가족관계 등을 노출하지 않도록 유의

부적절한 입사지원서 작성 사례
- 학교 이메일을 기입하여 학교명 노출
- 거주지 주소에 학교 기숙사 주소를 기입하여 학교명 노출
- 자기소개서에 부모님이 재직 중인 기업명, 직위, 직업을 기입하여 가족관계 노출
- 자기소개서에 석 · 박사 과정에 대한 이야기를 언급하여 학력 노출
- 동아리 활동에 대한 내용을 학교명과 더불어 언급하여 학교명 노출

| 04 | 자기소개서

1. 자기소개서의 변화

- 기존의 자기소개서는 지원자의 일대기나 관심 분야, 성격의 장·단점 등 개괄적인 사항을 묻는 질문으로 구성되어 지원자가 자신의 직무능력을 제대로 표출하지 못합니다.
- 능력중심 채용의 자기소개서는 직무기술서에 제시된 직업기초능력(또는 직무수행능력)에 대한 지원자의 과거 경험을 기술하게 함으로써 평가 타당도의 확보가 가능합니다.

1. 우리 회사와 해당 지원 직무분야에 지원한 동기에 대해 기술해 주세요.

2. 자신이 경험한 다양한 사회활동에 관해 기술해 주세요.

3. 지원 직무에 대한 전문성을 키우기 위해 받은 교육과 경험 및 경력사항에 대해 기술해 주세요.

4. 인사업무 또는 팀 과제 수행 중 발생한 갈등을 원만하게 해결해 본 경험이 있습니까? 당시 상황에 대한 설명과 갈등의 대상이 되었던 상대방을 설득한 과정 및 방법을 하단에 기술해 주세요.

5. 과거에 있었던 일 중 가장 어려웠었던(힘들었었던) 상황을 고르고, 어떤 방법으로 그 상황을 해결했는지를 하단에 기술해 주세요.

자기소개서 작성 방법

① 자기소개서 문항이 묻고 있는 평가 역량 추측하기

예시

- 팀 활동을 하면서 갈등 상황 시 상대방의 니즈나 의도를 명확히 파악하고 해결하여 목표 달성에 기여했던 경험에 대해서 작성해 주시기 바랍니다.
- 다른 사람이 생각해내지 못했던 문제점을 찾고 이를 해결한 경험에 대해 작성해 주시기 바랍니다.

② 해당 역량을 보여줄 수 있는 소재 찾기(시간×역량 매트릭스)

예시

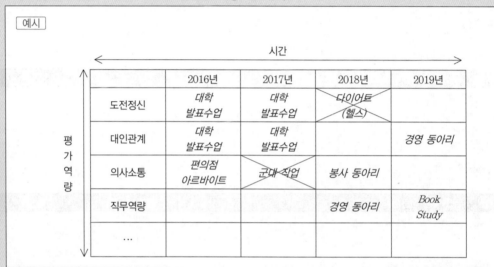

평가역량 \ 시간	2016년	2017년	2018년	2019년
도전정신	*대학 발표수업*	*대학 발표수업*	*다이어트 (헬스)* ~~×~~	
대인관계	*대학 발표수업*	*대학 발표수업*		*경영 동아리*
의사소통	*편의점 아르바이트*	~~*군대 작업*~~	*봉사 동아리*	
직무역량			*경영 동아리*	*Book Study*
…				

③ 자기소개서 작성 Skill 익히기

- 두괄식으로 작성하기
- 구체적 사례를 사용하기
- '나'를 중심으로 작성하기
- 직무역량 강조하기
- 경험 사례의 차별성 강조하기

03 인성검사 소개 및 모의테스트

| 01 | 인성검사 유형

인성검사는 지원자의 성격특성을 객관적으로 파악하고 그것이 각 기업에서 필요로 하는 인재상과 가치에 부합하는가를 평가하기 위한 검사입니다. 인성검사는 KPDI(한국인재개발진흥원), K-SAD(한국사회적성개발원), KIRBS(한국행동과학연구소), SHR(에스에이치알) 등의 전문기관을 통해 각 기업의 특성에 맞는 검사를 선택하여 실시합니다. 대표적인 인성검사의 유형에는 크게 다음과 같은 세 가지가 있으며, 채용 대행업체에 따라 달라집니다.

1. KPDI 검사

조직적응성과 직무적합성을 알아보기 위한 검사로, 인성검사, 인성역량검사, 인적성검사, 직종별 인적성검사 등의 다양한 검사 도구를 구현합니다. KPDI는 성격을 파악하고 정신건강 상태 등을 측정하고, 직무검사는 해당 직무를 수행하기 위해 기본적으로 갖추어야 할 인지적 능력을 측정합니다. 역량검사는 특정 직무 역할을 효과적으로 수행하는 데 직접적으로 관련 있는 개인의 행동, 지식, 스킬, 가치관 등을 측정합니다.

2. KAD(Korea Aptitude Development) 검사

K-SAD(한국사회적성개발원)에서 실시하는 적성검사 프로그램입니다. 개인의 성향, 지적 능력, 기호, 관심, 흥미도를 종합적으로 분석하여 적성에 맞는 업무가 무엇인가 파악하고, 직무수행에 있어서 요구되는 기초능력과 실무능력을 분석합니다.

3. SHR 직무적성검사

직무수행에 필요한 종합적인 사고 능력을 다양한 적성검사(Paper and Pencil Test)로 평가합니다. SHR의 모든 직무능력검사는 표준화 검사입니다. 표준화 검사는 표본집단의 점수를 기초로 규준이 만들어진 검사이므로 개인의 점수를 규준에 맞추어 해석·비교하는 것이 가능합니다. S(Standardized Tests), H(Hundreds of Version), R(Reliable Norm Data)을 특징으로 하며, 직군·직급별 특성과 선발 수준에 맞추어 검사를 적용할 수 있습니다.

| 02 | 인성검사와 면접

인성검사는 특히 면접질문과 관련성이 높습니다. 면접관은 지원자의 인성검사 결과를 토대로 질문을 하기 때문입니다. 일관적이고 이상적인 답변을 하는 것이 가장 좋지만, 실제 시험은 매우 복잡하여 전문가라 해도 일정 성격을 유지하면서 답변을 하는 것이 힘듭니다. 또한, 인성검사에는 라이 스케일(Lie Scale) 설문이 전체 설문 속에 교묘하게 섞여들어가 있으므로 겉치레적인 답을 하게 되면 회답태도의 허위성이 그대로 드러나게 됩니다. 예를 들어 '거짓말을 한 적이 한 번도 없다.'에 '예'로 답하고, '때로는 거짓말을 하기도 한다.'에 '예'라고 답하여 라이 스케일의 득점이 올라가게 되면 모든 회답의 신빙성이 사라지고 '자신을 돋보이게 하려는 사람'이라는 평가를 받을 수 있으므로 주의해야 합니다. 따라서 모의테스트를 통해 인성검사의 유형과 실제 시험 시 어떻게 문제를 풀어야 하는지 연습해 보고 체크한 부분 중 자신의 단점과 연결되는 부분은 면접에서 질문이 들어왔을 때 어떻게 대처해야 하는지 생각해 보는 것이 좋습니다.

| 03 | 유의사항

1. 기업의 인재상을 파악하라!

인성검사를 통해 개인의 성격 특성을 파악하고 그것이 기업의 인재상과 가치에 부합하는지를 평가하는 시험이기 때문에 해당 기업의 인재상을 먼저 파악하고 시험에 임하는 것이 좋습니다. 모의테스트에서 인재상에 맞는 가상의 인물을 설정하고 문제에 답해 보는 것도 많은 도움이 됩니다.

2. 일관성 있는 대답을 하라!

짧은 시간 안에 다양한 질문에 답을 해야 하는데, 그 안에는 중복되는 질문이 여러 번 나옵니다. 이때 앞서 자신이 체크했던 대답을 잘 기억해뒀다가 일관성 있는 답을 하는 것이 중요합니다.

3. 모든 문항에 대답하라!

많은 문제를 짧은 시간 안에 풀려다 보니 다 못 푸는 경우도 종종 생깁니다. 하지만 대답을 누락하거나 끝까지 다 못했을 경우 좋지 않은 결과를 가져올 수도 있으니 최대한 주어진 시간 안에 모든 문항에 답할 수 있도록 해야 합니다.

| 04 | KPDI 모의테스트

※ 모의테스트는 질문 및 답변 유형 연습을 위한 것으로 실제 시험과 다를 수 있습니다.

번호	내용	예	아니오
001	나는 솔직한 편이다.	☐	☐
002	나는 리드하는 것을 좋아한다.	☐	☐
003	법을 어겨서 말썽이 된 적이 한 번도 없다.	☐	☐
004	거짓말을 한 번도 한 적이 없다.	☐	☐
005	나는 눈치가 빠르다.	☐	☐
006	나는 일을 주도하기보다는 뒤에서 지원하는 것을 선호한다.	☐	☐
007	앞일은 알 수 없기 때문에 계획은 필요하지 않다.	☐	☐
008	거짓말도 때로는 방편이라고 생각한다.	☐	☐
009	사람이 많은 술자리를 좋아한다.	☐	☐
010	걱정이 지나치게 많다.	☐	☐
011	일을 시작하기 전 재고하는 경향이 있다.	☐	☐
012	불의를 참지 못한다.	☐	☐
013	처음 만나는 사람과도 이야기를 잘 한다.	☐	☐
014	때로는 변화가 두렵다.	☐	☐
015	나는 모든 사람에게 친절하다.	☐	☐
016	힘든 일이 있을 때 술은 위로가 되지 않는다.	☐	☐
017	결정을 빨리 내리지 못해 손해를 본 경험이 있다.	☐	☐
018	기회를 잡을 준비가 되어 있다.	☐	☐
019	때로는 내가 정말 쓸모없는 사람이라고 느낀다.	☐	☐
020	누군가 나를 챙겨주는 것이 좋다.	☐	☐
021	자주 가슴이 답답하다.	☐	☐
022	나는 내가 자랑스럽다.	☐	☐
023	경험이 중요하다고 생각한다.	☐	☐
024	전자기기를 분해하고 다시 조립하는 것을 좋아한다.	☐	☐
025	감시받고 있다는 느낌이 든다.	☐	☐

026	난처한 상황에 놓이면 그 순간을 피하고 싶다.	☐	☐
027	세상엔 믿을 사람이 없다.	☐	☐
028	잘못을 빨리 인정하는 편이다.	☐	☐
029	지도를 보고 길을 잘 찾아간다.	☐	☐
030	귓속말을 하는 사람을 보면 날 비난하고 있는 것 같다.	☐	☐
031	막무가내라는 말을 들을 때가 있다.	☐	☐
032	장래의 일을 생각하면 불안하다.	☐	☐
033	결과보다 과정이 중요하다고 생각한다.	☐	☐
034	운동은 그다지 할 필요가 없다고 생각한다.	☐	☐
035	새로운 일을 시작할 때 좀처럼 한 발을 떼지 못한다.	☐	☐
036	기분 상하는 일이 있더라도 참는 편이다.	☐	☐
037	업무능력은 성과로 평가받아야 한다고 생각한다.	☐	☐
038	머리가 맑지 못하고 무거운 느낌이 든다.	☐	☐
039	가끔 이상한 소리가 들린다.	☐	☐
040	타인이 내게 자주 고민상담을 하는 편이다.	☐	☐

| 05 | SHR 모의테스트

※ 모의테스트는 질문 및 답변 유형 연습을 위한 것으로 실제 시험과 다를 수 있습니다.

※ 이 성격검사의 각 문항에는 서로 다른 행동을 나타내는 네 개의 문장이 제시되어 있습니다. 이 문장들을 비교하여,
   자신의 평소 행동과 가장 가까운 문장을 'ㄱ' 열에 표기하고, 가장 먼 문장을 'ㅁ' 열에 표기하십시오.

01   나는 _____

	ㄱ	ㅁ
A. 실용적인 해결책을 찾는다.	☐	☐
B. 다른 사람을 돕는 것을 좋아한다.	☐	☐
C. 세부 사항을 잘 챙긴다.	☐	☐
D. 상대의 주장에서 허점을 잘 찾는다.	☐	☐

02   나는 _____

	ㄱ	ㅁ
A. 매사에 적극적으로 임한다.	☐	☐
B. 즉흥적인 편이다.	☐	☐
C. 관찰력이 있다.	☐	☐
D. 임기응변에 강하다.	☐	☐

03   나는 _____

	ㄱ	ㅁ
A. 무서운 영화를 잘 본다.	☐	☐
B. 조용한 곳이 좋다.	☐	☐
C. 가끔 울고 싶다.	☐	☐
D. 집중력이 좋다.	☐	☐

04 나는 _____

	ㄱ	ㅁ
A. 기계를 조립하는 것을 좋아한다.	☐	☐
B. 집단에서 리드하는 역할을 맡는다.	☐	☐
C. 호기심이 많다.	☐	☐
D. 음악을 듣는 것을 좋아한다.	☐	☐

05 나는 _____

	ㄱ	ㅁ
A. 타인을 늘 배려한다.	☐	☐
B. 감수성이 예민하다.	☐	☐
C. 즐겨하는 운동이 있다.	☐	☐
D. 일을 시작하기 전에 계획을 세운다.	☐	☐

06 나는 _____

	ㄱ	ㅁ
A. 타인에게 설명하는 것을 좋아한다.	☐	☐
B. 여행을 좋아한다.	☐	☐
C. 정적인 것이 좋다.	☐	☐
D. 남을 돕는 것에 보람을 느낀다.	☐	☐

07 나는 _____

	ㄱ	ㅁ
A. 기계를 능숙하게 다룬다.	☐	☐
B. 밤에 잠이 잘 오지 않는다.	☐	☐
C. 한 번 간 길을 잘 기억한다.	☐	☐
D. 불의를 보면 참을 수 없다.	☐	☐

08 나는 _____

	ㄱ	ㅁ
A. 종일 말을 하지 않을 때가 있다.	☐	☐
B. 사람이 많은 곳을 좋아한다.	☐	☐
C. 술을 좋아한다.	☐	☐
D. 휴양지에서 편하게 쉬고 싶다.	☐	☐

09 나는 _____

	ㄱ	ㅁ
A. 뉴스보다는 드라마를 좋아한다.	☐	☐
B. 길을 잘 찾는다.	☐	☐
C. 주말엔 집에서 쉬는 것이 좋다.	☐	☐
D. 아침에 일어나는 것이 힘들다.	☐	☐

안심Touch

10 나는 _____

	ㄱ	ㅁ
A. 이성적이다.	☐	☐
B. 할 일을 종종 미룬다.	☐	☐
C. 어른을 대하는 게 힘들다.	☐	☐
D. 불을 보면 매혹을 느낀다.	☐	☐

11 나는 _____

	ㄱ	ㅁ
A. 상상력이 풍부하다.	☐	☐
B. 예의 바르다는 소리를 자주 듣는다.	☐	☐
C. 사람들 앞에 서면 긴장한다.	☐	☐
D. 친구를 자주 만난다.	☐	☐

12 나는 _____

	ㄱ	ㅁ
A. 나만의 스트레스 해소 방법이 있다.	☐	☐
B. 친구가 많다.	☐	☐
C. 책을 자주 읽는다.	☐	☐
D. 활동적이다.	☐	☐

면접전형 가이드

| 01 | 면접유형 파악

1. 면접전형의 변화

기존 면접전형에서는 일상적이고 단편적인 대화나 지원자의 첫인상 및 면접관의 주관적인 판단 등에 의해서 입사결정 여부를 판단하는 경우가 많았습니다. 이러한 면접전형은 면접 내용의 일관성이 결여되거나 직무 관련 타당성이 부족하였고, 면접에 대한 신뢰도에 영향을 주었습니다.

기존 면접(전통적 면접)	능력중심 채용 면접(구조화 면접)

• 일상적이고 단편적인 대화
• 인상, 외모 등 외부 요소의 영향
• 주관적인 판단에 의존한 총점 부여
 	
⇩
 	
• 면접 내용의 일관성 결여
• 직무관련 타당성 부족
• 주관적인 채점으로 신뢰도 저하
	• 일관성
	  – 직무관련 역량에 초점을 둔 구체적 질문 목록
	  – 지원자별 동일 질문 적용
	• 구조화
	  – 면접 진행 및 평가 절차를 일정한 체계에 의해 구성
	• 표준화
	  – 평가 타당도 제고를 위한 평가 Matrix 구성
	  – 척도에 따라 항목별 채점, 개인 간 비교
	• 신뢰성
	  – 면접진행 매뉴얼에 따라 면접위원 교육 및 실습

VS (기존 면접 ↔ 능력중심 채용 면접)

2. 능력중심 채용의 면접 유형

① 경험 면접
- • 목적 : 선발하고자 하는 직무 능력이 필요한 과거 경험을 질문합니다.
- • 평가요소 : 직업기초능력과 인성 및 태도적 요소를 평가합니다.

② 상황 면접
- • 목적 : 특정 상황을 제시하고 지원자의 행동을 관찰함으로써 실제 상황의 행동을 예상합니다.
- • 평가요소 : 직업기초능력과 인성 및 태도적 요소를 평가합니다.

③ 발표 면접
- • 목적 : 특정 주제와 관련된 지원자의 발표와 질의응답을 통해 지원자 역량을 평가합니다.
- • 평가요소 : 직무수행능력과 인지적 역량(문제해결능력)을 평가합니다.

④ 토론 면접
- • 목적 : 토의과제에 대한 의견수렴 과정에서 지원자의 역량과 상호작용능력을 평가합니다.
- • 평가요소 : 직무수행능력과 팀워크를 평가합니다.

| 02 | 면접유형별 준비 방법

1. 경험 면접

① 경험 면접의 특징

• 주로 직업기초능력에 관련된 지원자의 과거 경험을 심층 질문하여 검증하는 면접입니다.

> • 능력요소, 정의, 심사 기준
>   – 평가하고자 하는 능력요소, 정의, 심사기준을 확인하여 면접위원이 해당 능력요소 관련 질문을 제시합니다.
> • Opening Question
>   – 능력요소에 관련된 과거 경험을 유도하기 위한 시작 질문을 합니다.
> • Follow-up Question
>   – 지원자의 경험 수준을 구체적으로 검증하기 위한 질문입니다.
>   – 경험 수준 검증을 위한 상황(Situation), 임무(Task), 역할 및 노력(Action), 결과(Result) 등으로 질문을 구분합니다.

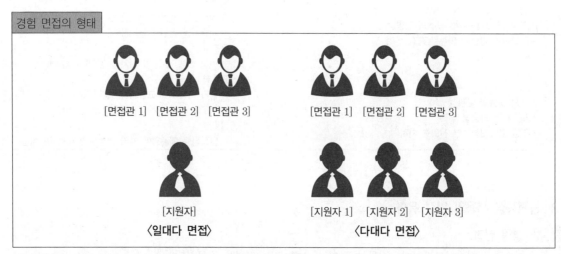

경험 면접의 형태

[면접관 1]　[면접관 2]　[면접관 3]　　　[면접관 1]　[면접관 2]　[면접관 3]

[지원자]　　　　　　　　[지원자 1]　[지원자 2]　[지원자 3]

〈일대다 면접〉　　　　　　　　〈다대다 면접〉

• 직무능력과 관련된 과거 경험을 평가하기 위해 심층 질문을 하며, 이 질문은 지원자의 답변에 대하여 '꼬리에 꼬리를 무는 형식'으로 진행됩니다.

② 경험 면접의 구조

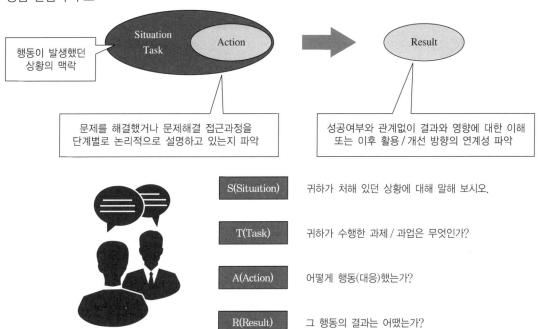

S(Situation)	귀하가 처해 있던 상황에 대해 말해 보시오.
T(Task)	귀하가 수행한 과제 / 과업은 무엇인가?
A(Action)	어떻게 행동(대응)했는가?
R(Result)	그 행동의 결과는 어땠는가?

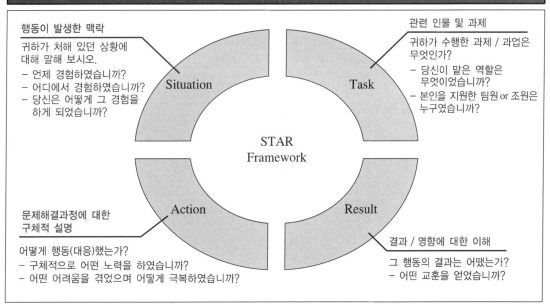

③ 경험 면접 질문 예시(직업윤리)

시작 질문	
1	남들이 신경 쓰지 않는 부분까지 고려하여 절차대로 업무(연구)를 수행하여 성과를 낸 경험을 구체적으로 말해 보시오.
2	조직의 원칙과 절차를 철저히 준수하며 업무(연구)를 수행한 것 중 성과를 향상시킨 경험에 대해 구체적으로 말해 보시오.
3	세부적인 절차와 규칙에 주의를 기울여 실수 없이 업무(연구)를 마무리한 경험을 구체적으로 말해 보시오.
4	조직의 규칙이나 원칙을 고려하여 성실하게 일했던 경험을 구체적으로 말해 보시오.
5	타인의 실수를 바로잡고 원칙과 절차대로 수행하여 성공적으로 업무를 마무리하였던 경험에 대해 말해 보시오.

후속 질문		
상황 (Situation)	상황	구체적으로 언제, 어디에서 경험한 일인가?
		어떤 상황이었는가?
	조직	어떤 조직에 속해 있었는가?
		그 조직의 특성은 무엇이었는가?
		몇 명으로 구성된 조직이었는가?
	기간	해당 조직에서 얼마나 일했는가?
		해당 업무는 몇 개월 동안 지속되었는가?
	조직규칙	조직의 원칙이나 규칙은 무엇이었는가?
임무 (Task)	과제	과제의 목표는 무엇이었는가?
		과제에 적용되는 조직의 원칙은 무엇이었는가?
		그 규칙을 지켜야 하는 이유는 무엇이었는가?
	역할	당신이 조직에서 맡은 역할은 무엇이었는가?
		과제에서 맡은 역할은 무엇이었는가?
	문제의식	규칙을 지키지 않을 경우 생기는 문제점 / 불편함은 무엇인가?
		해당 규칙이 왜 중요하다고 생각하였는가?
역할 및 노력 (Action)	행동	업무 과정의 어떤 장면에서 규칙을 철저히 준수하였는가?
		어떻게 규정을 적용시켜 업무를 수행하였는가?
		규정은 준수하는 데 어려움은 없었는가?
	노력	그 규칙을 지키기 위해 스스로 어떤 노력을 기울였는가?
		본인의 생각이나 태도에 어떤 변화가 있었는가?
		다른 사람들은 어떤 노력을 기울였는가?
	동료관계	동료들은 규칙을 철저히 준수하고 있었는가?
		팀원들은 해당 규칙에 대해 어떻게 반응하였는가?
		규칙에 대한 태도를 개선하기 위해 어떤 노력을 하였는가?
		팀원들의 태도는 당신에게 어떤 자극을 주었는가?
	업무추진	주어진 업무를 추진하는 데 규칙이 방해되진 않았는가?
		업무수행 과정에서 규정을 어떻게 적용하였는가?
		업무 시 규정을 준수해야 한다고 생각한 이유는 무엇인가?

결과 (Result)	평가	규칙을 어느 정도나 준수하였는가?
		그렇게 준수할 수 있었던 이유는 무엇이었는가?
		업무의 성과는 어느 정도였는가?
		성과에 만족하였는가?
		비슷한 상황이 온다면 어떻게 할 것인가?
	피드백	주변 사람들로부터 어떤 평가를 받았는가?
		그러한 평가에 만족하는가?
		다른 사람에게 본인의 행동이 영향을 주었다고 생각하는가?
	교훈	업무수행 과정에서 중요한 점은 무엇이라고 생각하는가?
		이 경험을 통해 느낀 바는 무엇인가?

2. 상황 면접

① 상황 면접의 특징

직무 관련 상황을 가정하여 제시하고 이에 대한 대응능력을 직무관련성 측면에서 평가하는 면접입니다.

- 상황 면접 과제의 구성은 크게 2가지로 구분
  - 상황 제시(Description) / 문제 제시(Question or Problem)
- 현장의 실제 업무 상황을 반영하여 과제를 제시하므로 직무분석이나 직무전문가 워크숍 등을 거쳐 현장성을 높임
- 문제는 상황에 대한 기본적인 이해능력(이론적 지식)과 함께 실질적 대응이나 변수 고려능력(실천적 능력) 등을 고르게 질문해야 함

상황 면접의 형태

[면접관 1]　[면접관 2]

[연기자 1]　[연기자 2]　　　　　　　　[면접관 1]　[면접관 2]

[지원자]　　　　　　　[지원자 1]　[지원자 2]　[지원자 3]

〈시뮬레이션〉　　　　　　　　〈문답형〉

② 상황 면접 예시

상황 제시	인천공항 여객터미널 내에는 다양한 용도의 시설(사무실, 통신실, 식당, 전산실, 창고 면세점 등)이 설치되어 있습니다.	실제 업무 상황에 기반함
	금년에 소방배관의 누수가 잦아 메인 배관을 교체하는 공사를 추진하고 있으며, 당신은 이번 공사의 담당자입니다.	배경 정보
	주간에는 공항 운영이 이루어져 주로 야간에만 배관 교체 공사를 수행하던 중, 시공하는 기능공의 실수로 배관 연결 부위를 잘못 건드려 고압배관의 소화수가 누출되는 사고가 발생하였으며, 이로 인해 인근 시설물에 누수에 의한 피해가 발생하였습니다.	구체적인 문제 상황
문제 제시	일반적인 소방배관의 배관연결(이음)방식과 배관의 이탈(누수)이 발생하는 원인에 대해 설명해 보시오.	문제 상황 해결을 위한 기본 지식 문항
	담당자로서 본 사고를 현장에서 긴급히 처리하는 프로세스를 제시하고, 보수완료 후 사후적 조치가 필요한 부분 및 재발방지 방안에 대해 설명해 보시오.	문제 상황 해결을 위한 추가 대응 문항

3. 발표 면접

① 발표 면접의 특징

- 직무관련 주제에 대한 지원자의 생각을 정리하여 의견을 제시하고, 발표 및 질의응답을 통해 지원자의 직무 능력을 평가하는 면접입니다.
- 발표 주제는 직무와 관련된 자료로 제공되며, 일정 시간 후 지원자가 보유한 지식 및 방안에 대한 발표 및 후속 질문을 통해 직무적합성을 평가합니다.

> - 주요 평가요소
>   - 설득적 말하기 / 발표능력 / 문제해결능력 / 직무관련 전문성
> - 이미 언론을 통해 공론화된 시사 이슈보다는 해당 직무분야에 관련된 주제가 발표면접의 과제로 선정되는 경우가 최근 들어 늘어나고 있음
> - 짧은 시간 동안 주어진 과제를 빠른 속도로 분석하여 발표문을 작성하고 제한된 시간 안에 면접관에게 효과적인 발표를 진행하는 것이 핵심

발표 면접의 형태

　　[면접관 1]　[면접관 2]　　　　　　　[면접관 1]　[면접관 2]

　　　　[지원자]　　　　　　　[지원자 1]　[지원자 2]　[지원자 3]

　　〈개별과제 발표〉　　　　　　　　〈팀 과제 발표〉

※ 면접관에게 시각적 효과를 사용하여 메시지를 전달하는 쌍방향 커뮤니케이션 방식
※ 심층면접을 보완하기 위한 방안으로 최근 많은 기업에서 적극 도입하는 추세

② 발표 면접 예시

1. 지시문

　　당신은 현재 A사에서 직원들의 성과평가를 담당하고 있는 팀원이다. 인사팀은 지난주부터 사내 조직문화관련 인터뷰를 하던 도중 성과평가제도에 관련된 개선 니즈가 제일 많다는 것을 알게 되었다. 이에 팀장님은 인터뷰 결과를 종합하려 성과평가제도 개선 아이디어를 A4용지에 정리하여 신속 보고할 것을 지시하셨다. 당신에게 남은 시간은 1시간이다. 자료를 준비하는 대로 당신은 팀원들이 모인 회의실에서 5분 간 발표할 것이며, 이후 질의응답을 진행할 것이다.

2. 배경자료

<성과평가제도 개선에 대한 인터뷰>

　　최근 A사는 회사 사세의 급성장으로 인해 작년보다 매출이 두 배 성장하였고, 직원 수 또한 두 배로 증가하였다. 회사의 성장은 임금, 복지에 대한 상승 등 긍정적인 영향을 주었으나 업무의 불균형 및 성과보상의 불평등 문제가 발생하였다. 또한 수시로 입사하는 신입직원과 경력직원, 퇴사하는 직원들까지 인원들의 잦은 변동으로 인해 평가해야 할 대상이 변경되어 현재의 성과평가제도로는 공정한 평가가 어려운 상황이다.

[생산부서 김상호]
우리 팀은 지난 1년 동안 생산량이 급증했기 때문에 수십 명의 신규인력이 급하게 채용되었습니다. 이 때문에 저희 팀장님은 신규 입사자들의 이름조차 기억 못할 때가 많이 있습니다. 성과평가를 제대로 하고 있는지 의문이 듭니다.

[마케팅 부서 김흥민]
개인의 성과평가의 취지는 충분히 이해합니다. 그러나 현재 평가는 실적기반이나 정성적인 평가가 많이 포함되어 있어 객관성과 공정성에는 의문이 드는 것이 사실입니다. 이러한 상황에서 평가제도를 재수립하지 않고, 인센티브에 계속 반영한다면, 평가제도에 대한 반감이 커질 것이 분명합니다.

[교육부서 홍경민]
현재 교육부서는 인사팀과 밀접하게 일하고 있습니다. 그럼에도 인사팀에서 실시하는 성과평가제도에 대한 이해가 부족한 것 같습니다.

[기획부서 김경호 차장]
저는 저의 평가자 중 하나가 연구부서의 팀장님인데, 일 년에 몇 번 같이 일하지 않는데 어떻게 저를 평가할 수 있을까요? 특히 연구팀은 저희가 예산을 배정하는데, 저에게는 좋지만….

4. 토론 면접

① 토론 면접의 특징

- 다수의 지원자가 조를 편성해 과제에 대한 토론(토의)을 통해 결론을 도출해가는 면접입니다.
- 의사소통능력, 팀워크, 종합인성 등의 평가에 용이합니다.

---

1. 주요 평가요소
   - 설득적 말하기, 경청능력, 팀워크, 종합인성
2. 의견 대립이 명확한 주제 또는 채용분야의 직무 관련 주요 현안을 주제로 과제 구성
3. 제한된 시간 내 토론을 진행해야 하므로 적극적으로 자신 있게 토론에 임하고 본인의 의견을 개진할 수 있어야 함

토론 면접의 형태

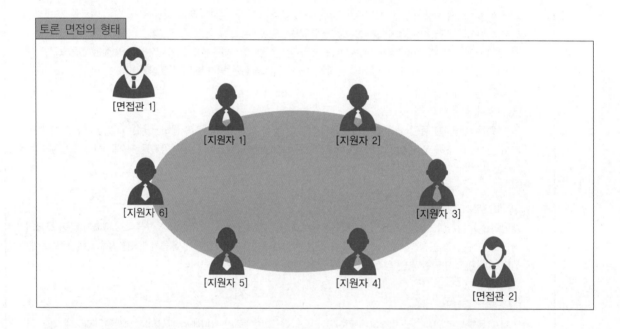

② 토론 면접 예시

고객 불만 고충처리

1. 들어가며

최근 우리 상품에 대한 고객 불만의 증가로 고객고충처리 TF가 만들어졌고 당신은 여기에 지원해 배치받았다. 당신의 업무는 불만을 가진 고객을 만나서 애로사항을 듣고 처리해 주는 일이다. 주된 업무로는 고객의 니즈를 파악해 방향성을 제시해 주고 그 해결책을 마련하는 일이다. 하지만 경우에 따라서 고객의 주관적인 의견으로 인해 제대로 된 방향으로 의사결정을 하지 못할 때가 있다. 이럴 경우 설득이나 논쟁을 해서라도 의견을 관철시키는 것이 좋을지 아니면 고객의 의견대로 진행하는 것이 좋을지 결정해야 할 때가 있다. 만약 당신이라면 이러한 상황에서 어떤 결정을 내릴 것인지 여부를 자유롭게 토론해 보시오.

2. 1분 자유 발언 시 준비사항

• 당신은 의견을 자유롭게 개진할 수 있으며 이에 따른 불이익은 없습니다.

• 토론의 방향성을 이해하고, 내용의 장점과 단점이 무엇인지 문제를 명확히 말해야 합니다.

• 합리적인 근거에 기초하여 개선방안을 명확히 제시해야 합니다.

• 제시한 방안을 실행 시 예상되는 긍정적·부정적 영향요인도 동시에 고려할 필요가 있습니다.

3. 토론 시 유의사항

• 토론 주제문과 제공해드린 메모지, 볼펜만 가지고 토론장에 입장할 수 있습니다.

• 사회자의 지정 또는 발표자가 손을 들어 발언권을 획득할 수 있으며, 사회자의 통제에 따릅니다.

• 토론회가 시작되면, 팀의 의견과 논거를 정리하여 1분간의 자유발언을 할 수 있습니다. 순서는 사회자가 지정합니다. 이후에는 자유롭게 상대방에게 질문하거나 답변을 하실 수 있습니다.

• 핸드폰, 서적 등 외부 매체는 사용하실 수 없습니다.

• 논제에 벗어나는 발언이나 지나치게 공격적인 발언을 할 경우, 위에서 제시한 유의사항을 지키지 않을 경우 불이익을 받을 수 있습니다.

1. 면접 Role Play 편성

- 교육생끼리 조를 편성하여 면접관과 지원자 역할을 교대로 진행합니다.
- 지원자 입장과 면접관 입장을 모두 경험해 보면서 면접에 대한 적응력을 높일 수 있습니다.

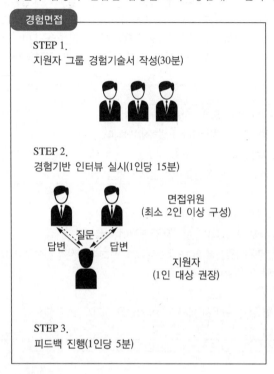

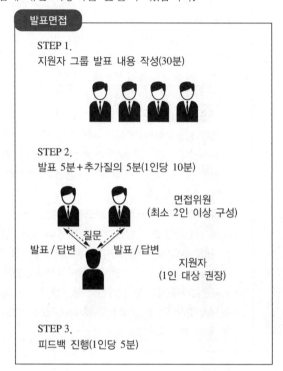

> **Tip**
>
> 면접 준비하기
> 1. 면접 유형 확인 필수
>   - 기업마다 면접 유형이 상이하기 때문에 해당 기업의 면접 유형을 확인하는 것이 좋음
>   - 일반적으로 실무진 면접, 임원면접 2차례를 거쳐 면접을 실시하는 기업이 많고 실무진 면접과 임원 면접에서 평가 요소가 다르기 때문에 유형에 맞는 준비방법이 필요
> 2. 후속 질문에 대한 사전 점검
>   - 블라인드 채용 면접에서는 주요 질문과 함께 후속 질문을 통해 지원자의 직무능력을 판단
>   → STAR 기법을 통한 후속 질문을 미리 대비하는 것이 필요

현재 나의 실력을 객관적으로 파악해 보자!

모바일 OMR
답안채점 / 성적분석 서비스

도서에 수록된 모의고사에 대한 객관적인 결과(정답률, 순위)를 종합적으로 분석하여 제공합니다.

OMR 입력   **성적분석**   **채점결과**

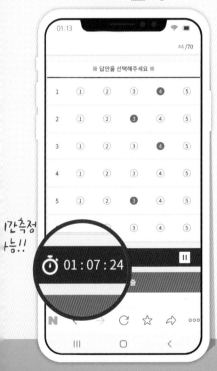 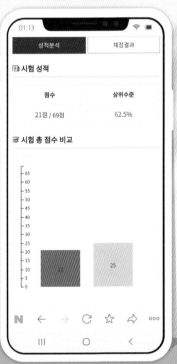 

※OMR 답안채점 / 성적분석 서비스는 등록 후 30일간 사용 가능합니다.

**참여
방법**

도서 내 모의고사
우측 상단에 위치한
QR코드 찍기

→

로그인
하기

→

'시작하기'
클릭

→

'응시하기'
클릭

→

나의 답안을
모바일 OMR
카드에 입력

→

'성적분석 & 채점결과'
클릭

→

현재 내 실력
확인하기

2023 최신판

무기계약직·업무협력직·업무지원직·공무직 채용 대비

공사공단

업무직 / 별정직

모바일 OMR
답안채점/성적분석
서비스

NCS 대표유형
분석자료
PDF

[합격시대]
온라인 모의고사
무료쿠폰

[WiN시대로]
AI면접
무료쿠폰

NCS직무능력연구소 편저

+ 무료
NCS특강

NCS 기출예상문제 + 실전모의고사 5회

PART 1

기출복원문제

정답 및 해설

CHAPTER 01 2022 ~ 2020년 업무직 / 별정직 기출복원문제

CHAPTER 02 2022년 주요 공기업 NCS 기출복원문제

잠깐!

도서 관련 최신 정보 및 정오사항이 있는지
우측 QR을 통해 확인해 보세요!

01	02	03	04	05	06	07	08	09	10	11	12	13	14	15	16	17	18	19	20
③	④	②	①	①	③	⑤	①	⑤	②	④	④	①	③	③	②	③	③	①	②
21	22	23	24	25	26	27	28	29	30	31	32	33	34	35					
②	④	①	②	⑤	②	③	③	③	①	③	④	④	②	④					

01
정답 ③

황열의 항체 형성 기간은 약 10일이다. 따라서 A는 X국에서 5일 동안(10월 12 ~ 16일) 머무른 후에 Z국으로 가야 하므로 한국에서 출국하기 전에 미리 예방접종을 하는 것이 가장 바람직하다.

오답분석

① A는 5일 동안 X국에서 일하고 나서 Z국으로 이동한 후 1개월가량 머무를 예정이므로 광견병 예방접종을 하는 것이 바람직하다.
② A는 X국 건설 현장에서 현지인들과 접촉할 계획이므로 미리 B형 간염 예방접종을 하는 것이 바람직하다.
④ A는 출장 기간에 렌터카를 이용할 예정이므로 국제면허증의 필요 여부를 조사해 보고 미리 발급받아 놓아야 한다.
⑤ 천식 같은 만성 호흡기 질환이나 심부전이나 당뇨 등을 앓고 있는 사람들은 귀국 후에 병원에서 건강 상태를 점검해 보아야 한다.

02
정답 ④

ⓒ 말라리아 예방약은 전문 의약품이기 때문에 반드시 의사의 처방을 받아야 구입할 수 있고, 최소 7일 전부터 복용해야 한다.
ⓒ 장티푸스는 경구용 백신과 주사용 백신을 통해 예방할 수 있는데, 경구용 백신의 경우 5년 동안 주사용 백신은 3년 동안 유효하다.
ⓔ 콜레라의 경우 개인 위생지침을 철저히 지키면 충분히 예방할 수 있지만, 예방접종을 하고자 할 때에는 기초 접종 2회 이후 추가 접종을 시행하는 것이 바람직하므로 1회의 예방주사로 평생 예방할 수 있다는 진술은 타당하지 않다.

오답분석

ⓐ 해외에서 음식을 먹을 때는 식사 전에 반드시 비누로 손을 씻어야 하며, 길거리에서 파는 음식이나 수돗물·얼음은 피해야 한다.
ⓓ 해외에서 동물에게 물린 경우에는 귀국 이후 병원에서 건강 상태를 점검해야 하며, 귀국 7일 이내에 열이나 설사·구토 등의 증상이 생기는 경우에도 즉시 병원에 가야 한다.

03
정답 ②

ⓐ 효과(效果) : 어떤 목적을 지닌 행위에 의해 드러나는 보람이나 좋은 결과. 또는 소리나 영상 등으로 그 장면에 알맞은 분위기를 인위적으로 만들어 실감을 자아내는 일
ⓑ 활용(活用) : 충분히 잘 이용함. 또는 용언의 어간이나 서술격 조사에 변하는 말이 붙어 문장의 성격을 바꾸는 일
ⓒ 사용(使用) : 일정한 목적이나 기능에 맞게 씀. 또는 사람을 다루어 이용함
ⓓ 효율(效率) : 들인 노력과 얻은 결과의 비율. 또는 기계의 일한 양과 공급되는 에너지와의 비율

오답분석

• 효용(效用) : 보람 있게 쓰거나 쓰임. 또는 그런 보람이나 쓸모. 또는 인간의 욕망을 만족시킬 수 있는 재화의 효능
• 원용(援用) : 자기의 주장이나 학설을 세우기 위하여 문헌이나 관례 따위를 끌어다 씀. 또는 자기의 이익을 위해 어떤 특정한 사실을 다른 데서 끌어다가 주장하는 일

- 운용(運用) : 무엇을 움직이게 하거나 부리어 씀
- 효능(效能) : 효험(＝일의 좋은 보람. 어떤 작용의 결과)을 나타내는 능력

04

정답 ①

'나뉘다'는 '나누다'에 피동의 뜻을 더하는 접미사 '-이-'가 더해진 피동사 '나누이다'의 준말이다. 그러므로 '나뉘다'에 피동의 뜻을 더하는 '(-어)지다'를 결합하면 이중 피동이 되어 우리말 어법에 어긋난다. 따라서 ⊙은 '나뉘어' 또는 '나누어져'가 바른 표현이다.

05

정답 ①

⊙ 함량(含量) : 물질이 어떤 성분을 포함하고 있는 분량
ⓒ 성분(成分) : 유기적인 통일체를 이루고 있는 것의 한 부분
ⓒ 원료(原料) : 어떤 물건을 만드는 데 들어가는 재료
ⓔ 함유(含有) : 물질이 어떤 성분을 포함하고 있음

[오답분석]
- 분량(分量) : 수효, 무게 따위의 많고 적음이나 부피의 크고 작은 정도
- 성질(性質) : 사물이나 현상이 가지고 있는 고유의 특성
- 원천(源泉) : 사물의 근원
- 내재(內在) : 어떤 사물이나 범위의 안에 들어 있음. 또는 그런 존재

06

정답 ③

ⓒ에는 관심이나 영향이 미치지 못하는 범위를 비유적으로 이르는 말인 '사각(死角)'이 사용되어야 한다.
- 사각(四角) : 네 개의 각으로 이루어진 모양. 또는 그런 도형

[오답분석]
① 창안(創案) : 어떤 방안, 물건 따위를 처음으로 생각하여 냄. 또는 그런 생각이나 방안
② 판정(判定) : 판별하여 결정함
④ 종사(從事) : 어떤 일을 일삼아서 함
⑤ 밀집(密集) : 빈틈없이 빽빽하게 모임

07

정답 ⑤

전화를 처음 발명한 사람으로 알려진 알렉산더 그레이엄 벨이 전화에 대한 특허를 받았음을 이야기하는 (라) 문단이 첫 번째 문단으로 적절하며, 다음으로 벨이 특허를 받은 뒤 치열한 소송전이 이어졌다는 (다) 문단이 오는 것이 적절하다. 이후 벨은 그레이와의 소송에서 무혐의 처분을 받으며 마침내 전화기의 발명자는 벨이라는 판결이 났다는 (나) 문단과 지금도 벨의 전화 시스템이 세계 통신망에 뿌리를 내리고 있다는 (가) 문단이 차례로 오는 것이 적절하다.

08

정답 ①

누가 먼저 전화를 발명했는지에 대한 치열한 소송이 있었지만, (나) 문단의 1887년 재판에서 전화의 최초 발명자는 벨이라는 판결에 따라 법적으로 전화를 처음으로 발명한 사람은 벨임을 알 수 있다.

[오답분석]
② 벨과 그레이는 1876년 2월 14일 같은 날 특허를 신청했으며, 누가 먼저 신청서를 제출했는지는 글을 통해 알 수 없다.
③ 무치는 1871년 전화에 대한 임시특허만 신청하였을 뿐, 정식 특허로 신청하지 못하였다.
④ 벨이 만들어낸 전화 시스템은 현재 세계 통신망에 뿌리를 내리고 있다.
⑤ 소송 결과 그레이가 전화의 가능성을 처음 인지하기는 하였으나, 전화를 완성하기 위한 후속 조치를 취하지 않았다고 판단되었다.

09

최대 10일을 유급으로 사용할 수 있기 때문에 모두 사용하여도 통상임금에 변화는 없다.

오답분석

① 다태아가 아니면 최대 90일 중 출산 이후 45일 이상의 기간이 보장되어야 하기 때문에 50일 전에 사용할 수 없다.
② 같은 자녀에 대해 부부 동시 육아휴직이 가능하다.
③ 가족 돌봄 휴직에서 자녀 양육 사유 중 손자녀가 해당되므로 신청할 수 있다.
④ 하루 1시간까지 통상임금이고 그 외의 시간은 80%를 받는다. 하루 최대 5시간 주 25시간까지 가능하기 때문에 100%를 받는 시간은 5시간, 80%를 받는 시간은 20시간이다. 따라서 최대 $5 \times 10,000 + 20 \times 8,000 = 210,000$원을 지원받을 수 있다.

10

- ㉠ : 남편의 출산 전후 휴가는 최대 10일까지 사용할 수 있다.
- ㉡ : 육아기 근로시간 단축은 육아 휴직을 포함하여 최대 2년까지 가능하므로 총 22개월을 신청할 수 있다.
- ㉢ : 남편은 출산한 날로부터 90일 이내에 청구해야 하므로 63일을 이내에 청구해야 한다.
- ㉣ : 출산 전후 휴가 중 통상임금의 100%가 지급되기 때문에 100만 원을 받을 수 있다.

따라서 ㉠ ~ ㉣에 들어갈 수의 총합은 $10+22+63+100=195$이다.

11

(가) 문단에 따르면 미국의 박물관은 일반 대중에게 봉사한다는 취지로 미술품 애호가들이나 개인 법인에 의해 설립되었다. 또한, 20세기 이후 미국에서는 미술품 구입 시 세제 혜택을 주어 미술의 발전을 도모하였을 뿐, 박물관을 통해 경제적 이윤을 추구한 것은 아니다.

12

미술품을 구입하는 개인 또는 법인에게 세제상의 혜택을 주는 미국의 정책을 통해 1930 ~ 1940년대 미국의 재력가들은 본격적으로 박물관 후원의 주체가 되기 시작했고, 이들의 지원을 통해 미국에 많은 박물관이 설립될 수 있었다. 따라서 '1930 ~ 1940년대 미국 박물관의 특징'은 (라) 문단의 주제로 적절하다.

오답분석

① (가) 문단에서는 박물관(Museum)이라는 용어의 등장 배경과 유럽과 미국의 서로 다른 박물관의 발전 양상에 대해 설명하고 있다.
② (나) 문단에서는 19세기 이전과 다른 19세기 이후 박물관의 성격에 대해 이야기하고 있다.
③ 전문 박물관의 등장 배경은 이미 (나) 문단에서 이야기하고 있으며, (다) 문단에서는 1850년대 이후 박물관의 전체적인 발전 모습에 대해 이야기하고 있다.
⑤ (마) 문단에서는 경제 대공황 이후 미국 박물관이 동시대 예술 작품을 왜곡하고 있다는 비판을 받기도 하였지만, 이후 신흥 재벌의 후원으로 박물관을 건립하여 현대 미술을 일반에게 알리는 데 기여하였다고 이야기하고 있다.

13

㉠ 조성(造成) : 무엇이 만들어져서 이룸
㉡ 명시(明示) : 분명하게 드러내 보임
㉢ 반영(反映) : 다른 것에 영향을 받아 어떤 현상이 나타남. 또는 어떤 현상을 나타냄

오답분석

- 조장(助長) : 바람직하지 않은 일을 더 심해지도록 부추김
- 암시(暗示) : 넌지시 알림. 또는 그 내용
- 투입(投入) : 사람이나 물자, 자본 따위를 필요한 곳에 넣음

4 • NCS 공사공단 업무직 / 별정직

14

정답 ③

• 간헐적(間歇的) : 얼마 동안의 시간 간격을 두고 되풀이하여 일어나는
• 이따금 : 얼마쯤씩 있다가 가끔

오답분석
① 근근이 : 어렵사리 겨우
② 자못 : 생각보다 매우
④ 빈번히 : 번거로울 정도로 도수(度數)가 잦게
⑤ 흔히 : 보통보다 더 자주 있거나 일어나서 쉽게 접할 수 있게

15

정답 ③

임대인이란 주택이나 상가 등을 조건에 의해 타인에게 빌려주고 대가를 받는 사람을 뜻하며 임차인은 주택이나 상가를 빌려 대가를 지불하는 자이다. 원상회복청구권에서 임대를 할 당시의 모습으로 돌려줄 것을 요구할 수 있는 사람은 임대인이므로 ㉠은 임대인, ㉡은 임차인이 적절하다. 유익비는 집의 개량을 목적으로 지출한 비용을 뜻하며 집의 가치를 높이는 데 사용된다. 유익비상환청구권은 임차인이 임대차 기간 동안 집의 가치를 높이는 데 사용되었다는 증명을 통해 자신이 사용한 유익비를 임대인에게 청구할 수 있는 것이므로 ㉢은 임차인이다.

16

정답 ②

오답분석
① 지급 : 돈이나 물품 따위를 정하여진 몫만큼 내줌
③ 원상복구 : 원래 처음의 본디 상태로 돌리는 것
④ 매수 : 물건을 사들임
⑤ 보존 : 잘 보호하고 간수하여 남김

17

정답 ③

제시문에서는 멸균에 대해 언급하며, 멸균 방법을 물리적・화학적으로 구분하여 다양한 멸균 방법에 대해 설명하고 있다. 따라서 글의 주제로 ③이 가장 적절하다.

18

정답 ③

빈칸 앞 문장에서 변혁적 리더는 구성원의 욕구 수준을 상위 수준으로 끌어올린다고 하였으므로 구성원에게서 기대되었던 성과만을 얻어내는 거래적 리더십을 발휘하는 리더와 달리 변혁적 리더는 구성원에게서 보다 더 높은 성과를 얻어낼 수 있을 것임을 추론해 볼 수 있다. 따라서 빈칸에 들어갈 내용으로는 ③이 가장 적절하다.

19

정답 ①

합리적 사고와 이성에 호소하는 거래적 리더십과 달리 변혁적 리더십은 감정과 정서에 호소하는 측면이 크다. 따라서 변혁적 리더십을 발휘하는 변혁적 리더는 구성원의 합리적 사고와 이성이 아닌 감정과 정서에 호소한다.

20

정답 ②

임대보증금 전환은 연 1회 가능하므로 다음 해에 전환할 수 있다. 1년 동안 A대학생이 내는 월 임대료는 500,000×12=6,000,000원이고, 이 금액의 최대 56%까지 보증금으로 전환이 가능하므로 6,000,000×0.56=3,360,000원을 보증금으로 전환할 수 있다. 보증금에 전환이율 6.72%를 적용하여 환산한 환산보증금은 3,360,000÷0.0672=50,000,000원이 된다. 즉, 월세를 최대로 낮췄을 때의 월세는 500,000×(1-0.56)=220,000원이며, 보증금은 환산보증금 5천만 원을 추가하여 8천만 원이 된다.

21

정답 ②

A사원이 콘퍼런스에 제시간에 도착하지 못할 확률은 공항버스를 못타거나 비행기를 놓치거나 시외버스를 못 탔을 때의 확률을 모두 더한 값으로, 여사건을 이용하여 풀면 전체에서 A사원이 콘퍼런스에 도착할 확률을 빼준다. 따라서 A사원이 콘퍼런스에 제시간에 도착하지 못할 확률은 [1−(0.95 ×0.88×0.92)]×100=23.088% → 23%(∵ 소수점 이하 버림)이다.

22

정답 ④

1시간 동안 만들 수 있는 상품의 개수는 $\frac{1 \times 60 \times 60}{15}$ =240개이다. 안정성 검사와 기능 검사를 동시에 받는 상품은 12와 9의 최소공배수인 3×3×4 =36번째 상품마다 시행된다. 따라서 1시간 동안 240÷36=6.66⋯, 총 6개의 상품이 안정성 검사와 기능 검사를 동시에 받는다.

23

정답 ①

세 번째 조건에서 중앙값이 28세이고, 최빈값이 32세라고 했으므로 신입사원 5명 중 2명은 28세보다 어리고, 28세보다 많은 사람 2명은 모두 32세가 되어야 한다. 또한, 두 번째 조건에서 신입사원 나이의 총합은 28.8×5=144세라 하였으므로 27세 이하인 2명의 나이 합은 144−(28+32+32)=52 세가 된다. 그러므로 2명의 나이는 (27세, 25세), (26세, 26세)가 가능하지만 최빈값이 32세이기 때문에 26세는 불가능하다. 따라서 28세보다 어린 2명은 25세와 27세이며, 가장 어린 사람과 가장 나이가 많은 사람의 나이 차는 32−25=7세이다.

24

정답 ②

자료에서 제시한 환전 수수료 공식을 미국달러(USD) 및 유로(EUR)에 적용한다.
• (환전 수수료)=(매수 매도차액)×[1−(우대율)]×(환전금액)
• 미국달러 : (1,300−1,100)×(1−0.7)×660=39,600원
• 유로 : (1,520−1,450)×(1−0.5)×550=19,250원
따라서 A가 내야 하는 환전 수수료 총액은 39,600+19,250=58,850원이다.

25

정답 ⑤

각 사진별로 개수에 따른 총 용량을 구하면 다음과 같다.
• 반명함 : 150×8,000=1,200,000KB
• 신분증 : 180×6,000=1,080,000KB
• 여권 : 200×7,500=1,500,000KB
• 단체사진 : 250×5,000=1,250,000KB
사진 용량 단위 KB를 MB로 전환하면 다음과 같다.
• 반명함 : 1,200,000÷1,000=1,200MB
• 신분증 : 1,080,000÷1,000=1,080MB
• 여권 : 1,500,000÷1,000=1,500MB
• 단체사진 : 1,250,000÷1,000=1,250MB
따라서 모든 사진의 총 용량을 더하면 1,200+1,080+1,500+1,250=5,030MB이고, 5,030MB는 5.03GB이므로 필요한 USB 최소 용량은 5GB이다.

26

정답 ②

ⓒ A는 모든 종목에서 아시아 최고 기록을 넘어선 적이 없다.

[오답분석]

㉠ 100m 종목의 경우 2019년과 2021년 기록은 전년에 비해 단축되지 않았다.
ⓒ 2021년 A의 기록에서 아시아 평균 기록을 넘어선 종목은 200m 한 종목뿐이다.

② 1,500m 종목의 평균 기록은 아시아 기록이 세계 기록보다 높다.

27

© A의 400m 경기 2016년의 기록은 47.1초이고, 2021년 기록은 45.3초이다. 따라서 $\frac{47.1-45.3}{47.1}\times100 ≒ 3.8\%$ 감소하였다.

◎ 모든 종목에서 아시아 최고 기록과 평균 기록이 세계 최고 기록보다 좋지 않다.

[오답분석]

㉠ A의 100m 기록은 2019년과 2021년 총 두 번 주춤했다.

㉡ A의 100m 최고 기록은 2018년에 세운 10.3초이다.

② 2021년 A의 기록과 아시아 최고 기록과의 종목별 차이는 100m 0.8초, 200m 0.5초, 400m 1.4초, 800m 2.7초, 1,500m 9.5초, 5,000m 51초이다. 200m 종목의 경우 100m보다 경기 거리가 길지만, 기록의 차이는 오히려 감소했다.

28

70점을 가평균으로 하고 각 점수와의 편차를 이용하여 실제 평균을 구하면 다음과 같다.

점수	편차	인원	점수	편차	인원
55	$55-70=-15$	9	80	$80-70=10$	5
60	$60-70=-10$	7	85	$85-70=15$	4
65	$65-70=-5$	0	90	$90-70=20$	6
70	$70-70=0$	6	95	$95-70=25$	3
75	$75-70=5$	8	100	$100-70=30$	2

따라서 평균은 $\frac{(-15\times9)+(-10\times7)+(-5\times0)+(0\times6)+(5\times8)+(10\times5)+(15\times4)+(20\times6)+(25\times3)+(30\times2)}{50}+70=74$점이다.

29

A~E회사의 사용 언어를 정리하면 다음과 같다.

구분	한국어	중국어	영어	일본어	러시아어
A	○	○	○	○	
B		○			○
C	○		○		
D				○	○
E		○	○		○

사용하는 언어 중 공통되는 언어가 없는 B와 C회사, C와 D회사는 서로 언어가 통하지 않는다. 따라서 언어가 통하지 않는 회사끼리 연결된 것은 ③이다.

[오답분석]

① 중국어가 공통된다.

② 한국어, 영어가 공통된다.

④ 중국어, 러시아어가 공통된다.

⑤ 러시아어가 공통된다.

30

먼저 두 번째 조건에 따라 D는 가장 먼저인 월요일에 야근을 하고, 세 번째 조건에 따라 C는 목요일에 야근을 한다. 남은 요일에는 첫 번째 조건에 따라 E, B가 각각 화요일, 수요일에 야근을 하고, A가 가장 마지막으로 금요일에 야근을 한다.

월요일	화요일	수요일	목요일	금요일
D	E	B	C	A

따라서 가장 마지막에 야근을 하는 팀원은 A이다.

31

정답 ③

머신러닝 알고리즘의 문서정리 건수는 수열 점화식으로 나타낼 수 있다. 7월 29일이 첫 번째 날로 10건이 진행되고, 30일은 29일에 정리한 양의 2배보다 10건 더 진행했으므로 $2 \times 10 + 10 = 30$건이 된다. 30일부터 전날 정리한 양의 2배보다 10건 더 문서를 정리하는 건수를 점화식으로 나타내면 $a_{n+1} = 2a_n + 10$, $a_1 = 10$이다. 점화식을 정리하면 $a_{n+1} = 2a_n + 10 \rightarrow a_{n+1} + 10 = 2(a_n + 10)$이고, 수열 $(a_n + 10)$의 공비는 2, 첫째항은 $(a_1 + 10) = 10 + 10 = 20$인 등비수열이다. 일반항$(a_n)$을 구하면 $a_n = (20 \times 2^{n-1}) - 10$이 되고, 7월 29일이 첫째항 a_1이므로 8월 4일은 7번째 항이 된다. 따라서 8월 4일에 머신러닝 알고리즘이 문서정리한 건수는 $a_7 = 20 \times 2^{7-1} - 10 = 20 \times 64 - 10 = 1,280 - 10 = 1,270$건이다.

32

정답 ④

선택 1~4의 3가지 변인 적용에 따른 독감 여부를 정리하면 다음과 같다.

구분	수분섭취	영양섭취	예방접종	독감 여부
선택 1	○	×	×	×
선택 2	×	○	○	×
선택 3	○	○	○	×
선택 4	○	○	×	○

ㄴ. 선택 1·4를 비교해 보면 수분섭취와 예방접종의 차이는 없으나, 영양섭취에서 차이가 있음을 알 수 있다. 이때, 영양섭취를 한 선택 4와 달리 영양섭취를 하지 않은 선택 1에서 독감에 걸리지 않았으므로 영양섭취를 하지 않아 독감에 걸리지 않았을 것으로 추정할 수 있다.

ㄹ. 선택 3·4를 비교해 보면 수분섭취와 영양섭취의 차이는 없으나, 예방접종에서 차이가 있음을 알 수 있다. 이때, 예방접종을 하지 않은 선택 4와 달리 예방접종을 한 선택 3에서 독감에 걸리지 않았으므로 예방접종을 하면 독감에 걸리지 않는 것으로 추정할 수 있다.

오답분석

ㄱ. 선택 1·2를 비교해 보면 수분섭취 여부와 관계없이 모두 독감에 걸리지 않았으므로 수분섭취와 독감의 상관관계는 알 수 없다.

ㄷ. 선택 2·4를 비교해 보면 수분섭취와 예방접종에서 차이가 있음을 알 수 있다. 따라서 독감에 걸리는 원인을 예방접종 한 가지로만 볼 수 없다. 게다가 예방접종을 한 선택 2에서 독감에 걸리지 않았으므로 예방접종을 하여 독감에 걸렸을 것이라는 추정은 옳지 않다.

33

정답 ④

주어진 조건을 정리하면 다음과 같다.

구분	영어(3명)	중국어(2명)	일본어(1명)	프랑스어(1명)	독일어(1명)
A	○	×	×	×	○
B	○	○	×		×
C	×	○	○	×	×
D	○	×	×		×

프랑스어에 능통한 사원이 D인지 B인지 알 수 없으므로, D가 어느 국가로 파견 근무를 떠나는지 또한 알 수 없다.

오답분석

① A는 영어와 독일어 두 가지의 외국어를 능통하게 할 수 있다.

② B는 영어와 중국어를 능통하게 하지만, 프랑스어도 능통하게 하는지 알 수 없다.

③ C는 일본어를 능통하게 하므로 일본으로 파견 근무를 떠난다.
⑤ A는 영어·독일어를 능통하게 하고, C는 중국어·일본어를 능통하게 하기 때문에 동일하게 능통하게 하는 외국어는 없다.

34

정답 ②

B는 작년 겨울부터 올해 가을까지 여인숙에서 거주하고 있으므로 3개월 이상 거주하고 있는 것이고, 3인 가구 소득 기준(2,813,449원)도 충족하므로 입주 대상이다. 이때 B의 월 임대료는 8,000만 원의 1%인 80만 원이다.

[오답분석]
• A의 경우 최근 1년간 각 시설의 거주기간을 합산하여 3개월 이상 거주해야 하지만, 만화방 1개월, 노숙인 시설 1개월로 2달만 거주하여 입주 대상에 해당되지 않는다.
• C의 경우 월 소득(2,200,000원)이 2인 가구의 소득 기준(2,189,905원)보다 많으므로 입주 대상에 해당되지 않는다.

35

정답 ④

조건에 따라 선반에 놓여 있는 사무용품을 정리하면 다음과 같다.

5층	보드마카, 접착 메모지
4층	스테이플러, 볼펜
3층	2공 펀치, 형광펜
2층	서류정리함, 북엔드
1층	인덱스 바인더, 지우개

따라서 보드마카와 접착 메모지는 5층 선반에 놓여 있으므로, 선반의 가장 높은 층에 놓여 있음을 알 수 있다.

PART 1 기출복원문제

2022년 주요 공기업
NCS 기출복원문제 정답 및 해설

01	02	03	04	05	06	07	08	09	10
③	③	③	②	④	④	③	④	③	⑤
11	12	13	14	15	16	17	18	19	20
④	③	③	③	⑤	④	④	②	①	①
21	22	23	24	25	26	27	28	29	30
①	④	④	③	④	②	④	①	③	②
31	32	33	34	35	36	37	38	39	40
③	③	③	③	③	④	③	②	⑤	③
41	42	43	44	45					
④	②	④	②	②					

01 정답 ③

문장의 형태소 중에서 조사나 선어말어미, 어말어미 등으로 쓰인 문법적 형태소의 개수를 파악해야 한다.
이, 니, 과, 에, 이, 었, 다 → 총 7개

오답분석
① 이, 을, 었, 다 → 총 4개
② 는, 가, 았, 다 → 총 4개
④ 는, 에서, 과, 를, 았, 다 → 총 6개
⑤ 에, 이, 었, 다 → 총 4개

02 정답 ③

'피상적(皮相的)'은 '사물의 판단이나 파악 등이 본질에 이르지 못하고 겉으로 나타나 보이는 현상에만 관계하는 것'을 의미한다. 제시된 문장에서는 '표면적(表面的)'과 반대되는 뜻의 단어를 써야 하므로 '본질적(本質的)'이 적절하다.

오답분석
① 정례화(定例化) : 어떤 일이 일정하게 정하여진 규칙이나 관례에 따르도록 하게 하는 것
② 중장기적(中長期的) : 길지도 짧지도 않은 중간쯤 되는 기간에 걸치거나 오랜 기간에 걸치는 긴 것
④ 친환경(親環境) : 자연환경을 오염하지 않고 자연 그대로의 환경과 잘 어울리는 일. 또는 그런 행위나 철학
⑤ 숙려(熟慮) : 곰곰이 잘 생각하는 것

03 정답 ③

'서슴다'는 '행동이 선뜻 결정되지 않고 머뭇대며 망설이다. 또는 선뜻 결정하지 못하고 머뭇대다'는 뜻으로, '서슴치 않다'가 아닌 '서슴지 않다'가 어법상 옳다.

오답분석
① '잠거라'가 아닌 '잠가라'가 되어야 어법상 옳은 문장이다.
② '담궈'가 아니라 '담가'가 되어야 어법상 옳은 문장이다.
④ '염치 불구하고'가 아니라 '염치 불고하고'가 되어야 어법상 옳은 문장이다.
⑤ '뒷뜰'이 아니라 '뒤뜰'이 되어야 어법상 옳은 문장이다.

04 정답 ②

제시문의 시작은 '2022 K - 농산어촌 한마당'에 대해 처음 언급하며 화두를 던지는 (가)가 적절하다. 이후 K - 농산어촌 한마당 행사에 대해 자세히 설명하는 (다)가 오고, 행사에서 소개된 천일염과 관련 있는 음식인 김치에 대해 언급하는 (나)가 오는 것이 자연스럽다.

05 정답 ④

실험실의 수를 x개라 하면, 학생의 수는 $20x+30$명이다. 실험실 한 곳에 25명씩 입실시킬 경우 $x-3$개의 실험실은 모두 채워지고 2개의 실험실에는 아무도 들어가지 않는다. 그리고 나머지 실험실 한 곳에는 최소 1명에서 최대 25명이 들어간다. 이를 표현하면 다음과 같다.
$25(x-3)+1 \leq 20x+30 \leq 25(x-2) \rightarrow 16 \leq x \leq 20,8$
위의 식을 만족하는 범위 내에서 가장 작은 홀수는 17이므로 최소한의 실험실은 17개이다.

06 정답 ④

기존 사원증은 가로와 세로의 길이 비율이 $1 : 2$이므로 가로 길이를 x cm, 세로 길이를 $2x$cm라 하자. 기존 사원증 대비 새 사원증의 가로 길이 증가폭은 $(6-x)$cm, 세로 길이 증가폭은 $(9-2x)$cm이다. 문제에 주어진 디자인 변경 비용을 적용하여 식으로 정리하면 다음과 같다.
$2,800+(6-x)\times 12 \div 0.1cm+(9-2x)\times 22 \div 0.1cm=2,420$원
$2,800+720-120x+1,980-440x=2,420$원
$560x$원$=3,080$원 $\rightarrow x=5.5$
따라서 기존 사원증의 가로 길이는 5.5cm, 세로 길이는 11cm이며, 둘레는 $(5.5\times 2)+(11\times 2)=33$cm이다.

07

정답 ③

A공장에서 45시간 동안 생산된 제품은 총 45,000개이고, B공장에서 20시간 동안 생산된 제품은 총 30,000개로 두 공장에서 생산된 제품은 총 75,000개이다. 또한, 두 공장에서 생산된 불량품은 총 $(45+20)\times45=2,925$개이다. 따라서 생산된 제품 중 불량품의 비율은 $2,925\div75,000\times100=3.9\%$이다.

08

정답 ④

연속교육은 하루 안에 진행되어야 하므로 4시간 연속교육으로 진행되어야 하는 문제해결능력 수업은 하루 전체를 사용해야 한다. 따라서 5일 중 1일은 문제해결능력 수업만 진행되며, 나머지 4일에 걸쳐 나머지 3과목의 수업을 진행한다. 수리능력 수업은 3시간 연속교육, 자원관리능력 수업은 2시간 연속교육이며, 하루 수업은 총 4교시로 구성되므로 수리능력 수업과 자원관리능력 수업은 같은 날 진행되지 않는다. 수리능력 수업의 총 교육시간은 9시간으로, 최소 3일이 필요하므로 자원관리능력 수업은 하루에 몰아서 진행해야 한다. 그러므로 문제해결능력 수업과 수리능력 수업을 배정하는 경우의 수는 $5\times4=20$가지이다. 문제해결능력 수업과 자원관리능력 수업이 진행되는 이틀을 제외한 나머지 3일간은 매일 수리능력 수업 3시간과 의사소통능력 수업 1시간이 진행되며, 수리능력 수업 후에 의사소통능력 수업을 진행하는 경우와 의사소통능력 수업을 먼저 진행하고 수리능력 수업을 진행하는 경우로 나뉜다. 따라서 이에 대한 경우의 수는 $2^3=8$가지이다. 그러므로 주어진 규칙을 만족하는 경우의 수는 모두 $5\times4\times2^3=160$가지이다.

09

정답 ③

보기의 정부 관계자들은 향후 청년의 공급이 줄어들게 되는 인구구조의 변화가 문제해결에 유리한 조건을 형성한다고 말하였다. 그러나 기사에 따르면 이러한 인구구조의 변화가 곧 문제해결이나 완화로 이어지지 않는다고 설명하고 있으므로, 정부 관계자의 태도로 ③이 가장 적절하다.

오답분석
①·② 올해부터 3 ~ 4년간 인구 문제가 부정적으로 작용할 것이라고 말하였으나, 올해가 가장 좋지 않다거나 현재 문제가 해결 중에 있다는 언급은 없다.
④ 에코세대의 노동시장 진입으로 인한 청년 공급 증가에 대응해야 함을 인식하고 있다.
⑤ 일본의 상황을 참고하여 한국도 점차 좋아질 것이라고 예측하고 있을 뿐, 한국의 상황이 일본보다 낫다고 평가하는지는 알 수 없다.

10

정답 ⑤

제시문에서 지하철역 주변, 대학교, 공원 등을 이용한 현장 홍보와 방송, SNS 등을 이용한 온라인 홍보를 진행한다고 하였으며, 이러한 홍보 방식은 특정한 계층군이 아닌 일반인들을 대상으로 하는 홍보 방식이다.

오답분석
① 제시문에 등장하는 협의체에는 산업부가 포함되어 있지 않다. 포함된 기관은 국무조정실, 국토부, 행안부, 교육부, 경찰청이다.
② 전동킥보드인지 여부에 관계없이 안전기준을 충족한 개인형 이동장치여야 자전거도로 운행이 허용된다.
③ 개인형 이동장치로 인한 사망사고는 최근 3년간 지속적으로 증가하였다.
④ 13세 이상인 사람 중 원동기 면허 이상의 운전면허를 소지한 사람에 한해 개인형 이동장치 운전이 허가된다.

11

정답 ④

'에너지효율화, 특화사업, 지능형 전력그리드 등 3개 분과로 운영된다. 또한 ㈜한국항공조명, ㈜유진테크노, ㈜미래아이앤아이가 분과 리더 기업으로 각각 지정돼 커뮤니티 활성화를 이끌 예정이다.'라고 하였으므로 2개의 리더 그룹이라는 내용은 적절하지 않다.

오답분석
① '나주시와 한국전력공사는 협약을 통해 기업 판로 확보와 에너지산업 수요·공급·연계 지원 등 특구기업과의 동반성장 플랫폼 구축에 힘쓸 계획이다.'라고 하였으므로 옳은 내용이다.
② '나주시는 혁신산업단지에 소재한 에너지신기술연구원에서'라고 하였으므로 옳은 내용이다.
③ '한국전력공사, 강소특구 44개 기업과 전남 나주 강소연구개발특구 기업 커뮤니티 협약을 체결했다.'라고 하였으므로 옳은 내용이다.
⑤ '협약 주체들은 강소특구 중장기 성장모델과 전략수립 시 공동으로 노력을 기울이고, 적극적인 연구개발(R&D) 참여를 통해'라고 하였으므로 옳은 내용이다.

12

정답 ③

섭씨 510도라는 환경에서 zT가 3.1이라고 하였으므로 '어떤 환경에서든'이라는 조건은 옳지 않다.

오답분석
① 화성 탐사 로버 '퍼시비어런스'는 '열을 전기로 바꾸는 변환 효율은 4 ~ 5%에 머물고 있다.'라고 하였으므로 옳은 내용이다.
② '국내 연구팀이 오랫동안 한계로 지적된 열전 발전의 효율을 20% 이상으로 끌어올린 소재를 개발했다. 지금까지 개발된 열전 소재 가운데 세계에서 가장 효율이 높다는 평가.'라고 하였으므로 옳은 내용이다.
④ 열이 '전도성 물질인 산화물을 따라 흐르면서 열전효율이 떨어진 것이다.'라는 언급이 있으므로 옳은 내용이다.
⑤ 발전의 효율을 20% 이상으로 끌어올려 기존의 4 ~ 5%보다 4배 이상 높다.

13
정답 ③

넛지효과란 직접적인 규제, 처벌 등을 제외하고 부드러운 개입으로 사람들의 변화를 유도하는 것을 말한다. 그렇기 때문에 ③과 같이 직접적인 문구를 통해 사람들의 행동을 바꾸려는 것은 넛지효과의 예시로 적절하지 않다.

14
정답 ③

220V 이용 시 가정에서 전기에 노출될 경우 위험성은 더 높을 수 있다고 언급하였다.

오답분석
① '한국도 처음 전기가 보급될 때는 11자 모양 콘센트의 110V를 표준 전압으로 사용했다.'라고 하였으므로 옳은 내용이다.
② 일본과 미국이 220V로 전환하지 못하는 이유 중 하나가 다수의 민영 전력회사로 운영되기 때문이라고 하였기 때문에 옳은 내용이다.
④ '전압이 높을수록 저항으로 인한 손실도 줄어들고 발전소에서 가정으로 보급하는 데까지의 전기 전달 효율이 높아진다.'라고 하였으므로 옳은 내용이다.
⑤ 전압이 다른 콘센트와 제품을 연결해 사용하면 제품이 망가지고 화재나 폭발이 일어나거나, 정상적으로 작동하지 않는 문제가 있을 수 있다고 언급하였다.

15
정답 ⑤

(다)에서 '부산 국제원자력산업전'에 대한 전반적인 설명과 함께 처음 언급한 후, (나)에서 한전이 국제원자력산업전에 무엇을 출품했는지를 서술하고, (가)에서 플랫폼과 구체적인 내용에 대해 상세히 서술하는 것으로 마무리하는 것이 적절하다.

16
정답 ④

각 직원의 항목별 평가점수의 합과 그에 따른 급여대비 성과급 비율은 다음과 같다.

직원	평가점수	비율	성과급
A	82	200%	320만 원×200%=640만 원
B	74	100%	330만 원×100%=330만 원
C	67	100%	340만 원×100%=340만 원
D	66	100%	360만 원×100%=360만 원
E	79	150%	380만 원×150%=570만 원
F	84	200%	370만 원×200%=740만 원

따라서 수령하는 성과급의 차이가 A와 가장 적은 직원은 E이다.

17
정답 ④

평가기준에 따라 각 사람이 받는 점수는 다음과 같다.
• A : 20(석사)+5(스페인어 구사 가능)+20(변호사 자격 보유)+10(장애인)=55점
• B : 10(대졸)+20(일본어 구사 가능)=30점
• C : 10(대졸)+20(경력 3년)+10(국가유공자)=40점
• D : 60(경력 7년)+5(아랍어 구사 가능)=65점
• E : 30(박사)+10(이학 석사 이상)+20(독일어 구사 가능)=60점
따라서 서류전형 점수가 가장 높은 사람은 D지원자이다.

18
정답 ②

연보라색을 만들기 위해서는 흰색과 보라색이 필요하다. 흰색은 주어진 5가지 물감 중 하나이며, 보라색은 빨강색과 파랑색 물감의 혼합으로 만들 수 있는데, 빨강색은 주어지는 물감이지만 파랑색은 주어지지 않았으며, 다른 물감의 조합으로도 만들어 낼 수 없는 색상이다. 따라서 연보라색은 만들 수 없다.

오답분석
① 고동색은 주어진 5가지 물감 중 빨강색, 검정색의 두 가지 물감을 섞어서 만들 수 있다.
③ 살구색은 흰색과 주황색을 섞어서 만들 수 있는데 흰색은 주어진 5가지 물감 중 하나이며, 주황색은 빨강색과 노랑색을 섞어서 만들 수 있다.
④ 카키색은 주어진 물감 중 초록색과 검정색을 섞어서 만들 수 있다.
⑤ 옥색은 주어진 물감 중 초록색과 흰색을 섞어서 만들 수 있다.

19
정답 ①

모든 직원들이 각기 다른 부서를 희망하였으므로 희망부서가 밝혀지지 않은 직원들의 희망부서는 다음과 같다.

구분	기존부서	희망부서	배치부서
A	회계팀	인사팀	?
B	국내영업팀	해외영업팀	?
C	해외영업팀	국내영업팀, 회계팀, 홍보팀 중 1	?
D	홍보팀	국내영업팀, 회계팀 중 1	홍보팀
E	인사팀	국내영업팀, 회계팀, 홍보팀 중 1	해외영업팀

인사이동 후 각 부서에 1명의 직원이 근무하게 되었으므로, A, B, C는 각각 인사팀, 국내영업팀, 회계팀에 1명씩 배치되었다. B는 다른 1명과 근무부서를 맞바꾸었는데, E가 인사팀에서 해외영업팀으로 이동하였고, D는 홍보팀에 그대로 근무하기 때문에 C, D, E는 그 상대가 될 수 없다. 따라서 B는 A가 근무하던 회계팀으로 이동하였고, A는 B가 근무하던 국내영업팀으로 이동하였음을 알 수 있다. 그리고 C는 남은 인사팀에 배치된다. 이를 정리하면 다음의 표와 같다.

구분	기존부서	희망부서	배치부서
A	회계팀	인사팀	국내영업팀
B	국내영업팀	해외영업팀	회계팀
C	해외영업팀	국내영업팀, 회계팀, 홍보팀 중 1	인사팀
D	홍보팀	국내영업팀, 회계팀 중 1	홍보팀
E	인사팀	국내영업팀, 회계팀, 홍보팀 중 1	해외영업팀

따라서 본인이 희망한 부서에 배치된 사람은 없다.

20　　정답 ①

차장 직급에 지급되는 기본 교통비는 26,000원이며, 출장지까지의 거리가 204km이므로 추가 여비 20,000원이 책정된다. 출장지인 세종특별자치시는 구체적인 기준이 명시되지 않은 지역으로 기본 교통비와 추가여비의 합산 금액에 5%를 가산한 금액이 국내출장여비 기준금액이므로 다음과 같은 식이 성립한다.

$(26,000+20,000) \times 1.05 = 48,300$원

지급액을 백 원 단위에서 올림하면 김차장이 받을 수 있는 여비는 49,000원이다.

21　　정답 ①

토론이란 어떤 주제에 대하여 찬성하는 측과 반대하는 측이 서로 맞서, 각자 해당 주제에 대한 논리적인 의견을 제시함으로써, 상대방의 근거가 이치에 맞지 않다는 것을 증명하는 논의이다.

오답분석

② 토론은 상호 간의 주장에 대한 타협점을 찾아가는 것이 아닌, 반대 측의 논리에 대한 오류를 증명해내면서 자신의 의견이 논리적으로 타당함을 밝히는 말하기 방식이다.

③ 주어진 주제에 대한 자신의 의견을 밝히면서 상대방 또는 청중을 설득하는 것은 맞으나, 자신의 의견을 뒷받침할 추론적인 근거가 아닌 논리적인 근거를 제시하여야 한다.

④ 주어진 주제에 대하여 제시된 의견을 분석하면서 해결방안을 모색하는 말하기 방식은 토론이 아닌 토의에 해당하며, 승패가 없이 협의를 통해 결론을 내리는 토의와 달리 토론은 승패가 있으며 이때 패한 측은 상대방의 의견에 설득당한 측을 의미한다.

⑤ 토론에서는 반대 측의 의견을 인정하고 존중하기보다는, 반대 측 의견이 논리적으로 타당하지 않음을 증명해내는 말하기이다.

22　　정답 ④

개인의 인맥은 핵심 인맥, 또 핵심 인맥으로부터 연결되거나 우연한 사건으로 연결되어진 파생 인맥, 또 그러한 파생 인맥을 통하여 계속하여 연결되어지는 인맥 등 끝없이 확장할 수 있는 영역이다.

오답분석

① 개인 차원에서의 인적자원관리란 정치적, 경제적 또는 학문적으로 유대관계가 형성된 사람들과의 관계뿐만 아니라 더 나아가 자신이 알고 있는 모든 사람들과의 관계를 관리하는 것을 의미한다.

② 자신과 직접적으로 관계가 형성된 사람들을 핵심 인맥, 이러한 핵심 인맥을 통해 관계가 형성되거나 우연한 계기로 관계가 형성된 사람들을 파생 인맥이라 지칭한다.

③ 개인은 핵심 인맥뿐만 아니라 파생 인맥을 통해서도 다양한 정보를 획득할 수 있으며, 정보를 전파하는 것은 개인 차원에서의 인적자원관리 외의 것에 해당한다.

⑤ 인적자원관리를 위해 능동성, 개발가능성, 전략적 자원을 고려하는 것은 개인 차원에서의 인적자원관리가 아닌 조직 차원에서 조직의 실적을 높이기 위해 고려해야 하는 사항에 해당한다.

23　　정답 ④

ㄴ. 능동적이고 반응적인 성격의 인적자원은 기업의 관리 여하에 따라 기업 성과에 기여하는 정도도 확연히 달라진다.

ㄹ. 기업의 성과는 자원을 얼마나 효율적으로 잘 활용하였는지에 따라 달려있다. 따라서 기업의 성과를 높이기 위해 전략적으로 인적자원을 활용하여야 한다.

오답분석

ㄱ. 자원 자체의 양과 질에 의해 기업 성과 기여도가 달라지는 수동적 성격의 물적자원과 달리, 인적자원은 개인의 욕구와 동기, 태도와 행동 및 만족감에 따라 그 기여도가 달라지는 능동적 성격의 자원에 해당한다.

ㄷ. 인적자원은 자연적인 성장뿐만 아니라 장기간에 걸쳐 개발될 수 있는 잠재력과 자질을 지니고 있다.

24　　정답 ③

기술경영자는 기술개발 과제의 세부적인 내용까지 파악해 전 과정에 대해 조망할 수 있는 능력을 갖춤은 물론, 사람을 중심으로 하여 기술개발이 결과 지향적으로 진행될 수 있도록 이끌 수 있는 지휘력을 갖춘 인재를 말한다. 반면, 중간급 매니저인 기술관리자는 기술경영자와는 달리 다음과 같은 능력이 필요하다.

기술관리자에게 요구되는 능력
• 기술을 사용하거나 문제를 해결하는 것
• 기술직과 소통하고, 기술팀을 하나로 합치는 것
• 기술이나 추세를 파악하고 새로운 환경을 만들어내는 것
• 기술적 · 사업적 · 인간적인 능력을 통합하고 시스템적인 관점에서 판단하는 것
• 공학적 도구나 지원방식을 이해하는 것

따라서 기술 전문 인력을 운용하는 능력은, 기술을 중심으로 하는 기술관리자보다는 사람을 중심으로 기술개발을 이끄는 기술경영자에게 필요한 능력에 해당한다.

25

지식재산권은 재산적 가치가 구현될 수 있는 지식·정보·기술이나 표현·표시 등의 무형적인 것만을 말하며, 이에 대해 주어지는 권리를 말한다.

오답분석
① 지식재산권은 최초로 만들거나 발견한 것 중 재산상 가치가 있는 것에 부여되는 권리를 말한다.
③ 형체가 있는 상품과 달리, 지식재산권은 형체가 없는 무형의 권리를 말한다.
④ 기술개발의 성과인 독점적인 권리를 부여받음으로써, 더 나은 기술개발이 이루어질 수 있도록 장려한다.
⑤ 국가 간의 기술 제휴와 같은 기술의 협력이 이루어지면서 세계화가 이루어지고 있다.

26

사구체의 혈압은 동맥의 혈압에 따라 변화가 있을 수 있지만, 생명 유지를 위해서 일정하게 유지된다고 하였으므로 혈액 속 성분에 따라 유동적으로 변화한다는 내용은 옳지 않다.

오답분석
① 내피세포에 있는 구멍보다 작은 단백질은 단백질과 같이 음전하를 띠는 당단백질에 의해 여과된다.
③ 사구체의 모세 혈관에는 다른 신체 기관의 모세 혈관보다 높은 혈압이 발생한다고 하였으므로 옳은 내용이다.
④ 혈액을 통해 운반된 노폐물이나 독소는 주로 콩팥의 사구체를 통해 일차적으로 여과된다고 하였으므로 사구체가 우리 몸의 여과를 전적으로 담당하는 것은 아니다.

27

종이 접는 횟수는 산술적으로 늘어나는 데 비해 이로 인해 생기는 반원의 호 길이의 합은 기하급수적으로 커지기 때문에 종이의 길이가 한정되어 있다면, 종이를 무한하게 접는 것은 불가능하다.

28

강제 부동산 경매는 채무자의 동의 과정 없이 채권자의 신청으로 시작된다. 다만 채무자에게 경매가 개시되었다는 사실을 알려야 한다는 내용만 언급되어 있다.

오답분석
② 강제 부동산 경매 절차에 경매개시결정 정본을 채무자에게 보내야 하는 과정이 있으므로 이 과정이 없다면, 제대로 진행되고 있다고 보기 어렵다.
③ 기일입찰방법은 매각 기일과 매각 장소가 모두 정해져있기 때문에 옳은 내용이다.

④ 매각 기일에 매수 신청인이 정해진 장소로 가야 하는 것은 기일입찰 방법에 대한 설명이며, 기간입찰방식에서는 정해진 장소에 가 있지 않아도 된다고 하였으므로 옳은 내용이다.

29

(나)에서 물벗 나눔 장터 행사에 대한 소개와 취지를 언급한 뒤, (다)에서 행사의 구체적인 내용을 설명하고, 마지막으로 (가)에서 지난 물벗 나눔 장터 행사에 대해 설명하며 글을 마무리하는 순서가 가장 적절하다.

30

참석자 수를 x명, 테이블의 수를 y개라 하면 x와 y의 관계는 다음과 같다.
$x=3y+15 \cdots \bigcirc$
5명씩 앉게 할 경우 테이블이 2개가 남으므로 다음과 같은 부등식 역시 성립한다.
$5(y-3)+1 \leq x \leq 5(y-2) \cdots \bigcirc$
$\bigcirc$과 $\bigcirc$을 연립하면 $5(y-3)+1 \leq 3y+15 \leq 5(y-2)$이며, 모든 변에서 $5y$를 빼면 $-14 \leq -2y+15 \leq -10$이므로 $12.5 \leq y \leq 14.5$이다. 해당 범위 내 짝수는 14가 유일하므로 테이블은 14개이며, 참석자 수는 $(3 \times 14)+15=57$명이다.

31

오답분석
① 마가 1등 혹은 6등이 아니기 때문에 옳지 않다.
② 가가 나의 바로 다음에 결승선을 통과하지 않았기 때문에 옳지 않다.
④ 다와 바의 등수가 2 이상 차이 나지 않고, 가가 나보다 먼저 결승선을 통과하였기 때문에 옳지 않다.

32

오답분석
①·② 나와 라가 다른 섹션에 앉았기 때문에 옳지 않다.
④ 바와 마가 다른 섹션에 앉았고, 다가 2명 있는 섹션에 배정받았기 때문에 옳지 않다.

33

각 부서에서 회신한 내용에 따르면 각 부서별 교육 가능 일자는 다음과 같다.
• 기획부문 : 5/31, 6/2, 6/3 중 1일. 6/8, 6/9 중 1일
• 경영부문 : 5/30, 6/3, 6/7, 6/8, 6/9
• 수자원환경부문 : 6/8
• 수도부문 : 6/7, 6/8, 6/9
• 그린인프라부문 : 6/2, 6/3, 6/7, 6/8, 6/9

수자원환경부문은 가능한 날이 6/8 하루뿐이므로 기획부문의 교육 2주 차 일정이 6/9, 수도부문의 교육일정이 6/7로 정해진다.

일	월	화	수	목	금	토
5/29 휴일	5/30	5/31	6/1 지방 선거일	6/2	6/3	6/4 휴일
6/5 휴일	6/6 현충일	6/7 수도	6/8 수자원 환경	6/9 기획	6/10 걷기 행사	6/11 휴일

교육 2주 차 일정이 모두 확정된 가운데 아직 배정되어야 하는 일정은 경영부문 교육 2회와 기획부문, 그린인프라부문 교육 각 1회이다. 이 부서들의 1주 차 가능일정은 다음과 같다.
• 기획부문 : 5/31, 6/2, 6/3
• 경영부문 : 5/30, 6/3
• 그린인프라부문 : 6/2, 6/3
경영부문은 이틀의 일정이 필요하므로 5/30, 6/3에는 경영부문이 배정된다. 이에 따라 그린인프라부문의 일정이 6/2, 기획부문의 일정이 5/31이 된다.

일	월	화	수	목	금	토
5/29 휴일	5/30 경영	5/31 기획	6/1 지방 선거일	6/2 그린 인프라	6/3 경영	6/4 휴일
6/5 휴일	6/6 현충일	6/7 수도	6/8 수자원 환경	6/9 기획	6/10 걷기 행사	6/11 휴일

34 정답 ②

K공사의 2021년 인건비는 매월 42,300,000원이다. 이 중 대표이사의 급여 6,000,000원을 제외한 36,300,000원에 대해 물가상승률의 60%인 3%를 인상하기로 합의하였으므로 총 인상액은 1,089,000원이고, 2022년에는 매월 43,389,000원을 인건비로 지출하게 된다. K공사의 임직원 총원은 12명이므로 임직원 1인당 평균 인건비는 3,615,750원이다.

35 정답 ③

• 신입직원이 7명인데, 20대가 30대보다 많으므로 최소 4명 이상이 20대이다. 7명 중 30대 3명의 나이가 알려져 있으므로 나이를 알 수 없는 B, D는 모두 20대이다. 영업팀으로 배속될 두 직원의 전공이 같으므로 가능한 조합은 (A, B), (A, F), (B, F), (C, D), (E, G)의 다섯 가지이다.
• 7명의 신입직원 중 G는 영업팀이 아닌 인사팀에 배속될 예정이므로 (E, G)는 제외된다. (C, D)는 두 사람 모두 20대로만, (B, F)는 두 사람 모두 남성으로만 구성되므로 제외된다.

• 조건 3에 따라 A의 성별이 여성임을 알 수 있다. (A, B) 조합의 경우 A가 30대 여성이며, B는 20대 남성이므로 이 조합은 조건 5를 만족하지 않는데, (A, F) 조합의 경우는 A가 30대 여성, F가 30대 남성이므로 조건 5를 만족한다.
따라서 영업팀에 배속될 직원은 A, F이다.

36 정답 ④

기업이 고객을 상대로 몇 가지의 대안을 미리 만들어 제시하는 것은 2급 가격차별의 방식에 해당한다.

오답분석
① '완전경쟁시장은 다수의 수요자와 공급자가 존재하고 상품의 동질성을 전제'한다고 하였으므로 옳은 설명이다.
② 1급 가격차별은 '개별 소비자들이 지불할 수 있는 금액인 지불용의 금액을 알고 있어 소비자 각각에게 최대 가격을 받고 판매를 하는 것'이라고 하였으므로 옳은 설명이다.
③ '소비자가 상품을 소량 구매할 때보다 대량 구매할 때 단위당 가격을 깎아주는 방식이 2급 가격차별에 해당한다.'라고 하였으므로 옳은 설명이다.
⑤ '독점기업은 시장 전체에서 유일한 공급자'라고 하였으므로 옳은 설명이다.

37 정답 ③

국토교통부 소속 공무원 본인뿐만 아니라 배우자, 직계존비속 등 이해관계에 얽힌 사람들도 일부 예외를 제외하고는 제재의 대상이라고 하였으므로 제시문의 내용으로 적절하지 않다.

오답분석
① 각 부서별로 제한받는 부동산은 다르다고 하였으므로 옳은 내용이다.
② 근무 또는 결혼 등 일상생활에 필요한 부동산의 취득은 허용하고 있다고 하였으므로 결혼으로 인한 부동산 취득은 일상생활에 필요한 취득으로 보고 있으므로 옳은 내용이다.
④ '국토부 소속 공무원은 직무상 알게 된 부동산에 대한 정보를 이용해 재물이나 재산상 이익을 취득하거나 그 이해관계자에게 재물이나 재산상 이익을 취득하게 해서는 안 된다.'고 지침에 명시되어 있으므로 옳은 내용이다.
⑤ 감사담당관은 부당한 부동산 취득을 적발했을 경우 6개월 이내 자진 매각 권고, 직위변경 및 전보 등 조치 요구 등 적절한 조치를 취할 수 있다고 하였으므로 옳은 내용이다.

38

정답 ②

2021년과 2020년 휴직자 수를 구하면 다음과 같다.
- 2021년 : 550,000×0.2=110,000명
- 2020년 : 480,000×0.23=110,400명

따라서 2021년 휴직자 수는 2020년 휴직자 수보다 적다.

오답분석
① 2017년부터 2021년까지 연도별 전업자의 비율은 68%, 62%, 58%, 52%, 46%로 감소하는 반면에, 겸직자의 비율은 8%, 11%, 15%, 21%, 32%로 증가하고 있다.
③ 연도별 전업자 수를 구하면 다음과 같다.
- 2017년 : 300,000×0.68=204,000명
- 2018년 : 350,000×0.62=217,000명
- 2019년 : 420,000×0.58=243,600명
- 2020년 : 480,000×0.52=249,600명
- 2021년 : 550,000×0.46=253,000명

따라서 전업자 수가 가장 적은 연도는 2017년이다.
④ 2020년과 2017년의 겸직자 수를 구하면 다음과 같다.
- 2020년 : 480,000×0.21=100,800명
- 2017년 : 300,000×0.08=24,000명

따라서 2020년 겸직자 수는 2017년의 $\frac{100,800}{24,000}=4.2$배이다.
⑤ 2017년과 2021년의 휴직자 수를 구하면 다음과 같다.
- 2017년 : 300,000×0.06=18,000명
- 2021년 : 550,000×0.2=110,000명

따라서 2017년 휴직자 수는 2021년 휴직자 수의 $\frac{18,000}{110,000}\times100$ ≒16%이다.

39

정답 ⑤

전체 입사자 중 고등학교 졸업자 수와 대학원 졸업자 수를 정리하면 다음과 같다.
- 2017년 : 고등학교 10+28=38명, 대학원 36+2=38명
- 2018년 : 고등학교 2+32=34명, 대학원 55+8=63명
- 2019년 : 고등학교 35+10=45명, 대학원 14+2=16명
- 2020년 : 고등학교 45+5=50명, 대학원 5+4=9명
- 2021년 : 고등학교 60+2=62명, 대학원 4+1=5명

전체 입사자 중 고등학교 졸업자 수는 2018년까지 감소하다가 그 이후 증가하였고, 대학원 졸업자 수는 2018년까지 증가하다가 그 이후 감소하였음을 알 수 있다. 따라서 두 수치는 서로 반비례하고 있다.

오답분석
① 2017년부터 2021년까지 연도별 여성 입사자 수는 각각 50명, 80명, 90명, 100명, 110명으로 매년 증가하고 있는 반면에, 남성 입사자 수는 150명, 140명, 160명, 160명, 170명으로 2018년(140명)에는 전년(150명) 대비 감소하였고, 2020년(160명)에는 전년(160명)과 동일하였다.

② 연도별 전체 입사자 수를 정리하면 다음과 같다.
- 2017년 : 150+50=200명
- 2018년 : 140+80=220명(전년 대비 20명 증가)
- 2019년 : 160+90=250명(전년 대비 30명 증가)
- 2020년 : 160+100=260명(전년 대비 10명 증가)
- 2021년 : 170+110=280명(전년 대비 20명 증가)

따라서 전년 대비 전체 입사자 수가 가장 많이 증가한 연도는 2019년이다.
③ 전체 입사자 중 여성이 차지하는 비율을 구하면 다음과 같다.
- 2017년 : $\frac{50}{150+50}\times100=25\%$
- 2018년 : $\frac{80}{140+80}\times100≒36\%$
- 2019년 : $\frac{90}{160+90}\times100=36\%$
- 2020년 : $\frac{100}{160+100}\times100≒38\%$
- 2021년 : $\frac{110}{170+110}\times100≒39\%$

따라서 전체 입사자 중 여성이 차지하는 비율이 가장 높은 연도는 2021년이다.
④ 연도별 남성 입사자 수와 여성 입사자 수의 대학교 졸업자 수를 정리하면 다음과 같다.
- 2017년 : 남성 80명, 여성 5명
- 2018년 : 남성 75명, 여성 12명
- 2019년 : 남성 96명, 여성 64명
- 2020년 : 남성 100명, 여성 82명
- 2021년 : 남성 102명, 여성 100명

따라서 여성 입사자 중 대학교 졸업자 수는 매년 증가하고 있는 반면에, 남성 입사자 중 대학교 졸업자 수는 2018년까지는 전년 대비 감소하다가 이후 다시 증가하고 있음을 알 수 있다.

40

정답 ③

2020년과 2018년의 20·30대의 자차 보유자 수는 다음과 같다.
- 2020년 : 550+300+420+330=1,600천 명
- 2018년 : 320+180+300+200=1,000천 명

따라서 2020년 20·30대의 자차 보유자 수는 2018년의 $\frac{1,600}{1,000}=1.6$배이다.

오답분석
① 연도별 20대 남성과 여성의 자차 보유자 수의 차이를 구하면 다음과 같다.
- 2017년 : 200-120=80천 명
- 2018년 : 320-180=140천 명
- 2019년 : 450-220=230천 명
- 2020년 : 550-300=250천 명
- 2021년 : 680-380=300천 명

따라서 20대 남성과 여성의 자차 보유자 수의 차이는 매년 증가하고 있음을 알 수 있다.

② 2017년과 2021년의 연령대별 남성의 자차 보유자 수를 표로 정리하면 다음과 같다.

구분	2017년	2021년
20세 이상 30세 미만	200	680
30세 이상 40세 미만	280	640
40세 이상 50세 미만	320	580
50세 이상 60세 미만	350	550
60세 이상	420	520

따라서 2017년에는 연령대가 증가할수록 자차 보유자 수가 높은 반면, 2021년에는 그 반대임을 알 수 있다.

④ 2018년 여성의 자차 보유자 수는 $180+200+320+330+170=1,200$천 명이다. 따라서 2018년 전체 자차 보유자 중 여성의 비율은 $\frac{1,200}{3,600} \times 100 = 33.3\%$이다.

⑤ 연도별 전체 자차 보유자 중 40대 여성이 차지하는 비율을 구하면 다음과 같다.

- 2017년 : $\frac{300}{3,000} \times 100 = 10\%$
- 2018년 : $\frac{320}{3,600} \times 100 = 8.9\%$
- 2019년 : $\frac{450}{4,050} \times 100 = 11.1\%$
- 2020년 : $\frac{300}{4,000} \times 100 = 7.5\%$
- 2021년 : $\frac{400}{4,500} \times 100 = 8.9\%$

따라서 그 비율이 가장 높은 연도와 가장 낮은 연도의 차이는 $11.1-7.5=3.6\%$p이다.

41
정답 ④

- 각 국가에는 최소 1명의 직원이 꼭 방문해야 하며, 그중 1개의 국가에는 2명의 직원이 방문해야 한다. 2명이 방문하는 국가는 조건 ㄴ에 따라 미국이며, 방문자 중 1명은 B이다. 각 직원은 1개의 국가만 방문하므로 B는 일본, 중국, 독일을 방문하지 않는다.
- 조건 ㄱ에 따라 A는 중국을 방문하지 않고, 조건 ㄷ에 따라 C는 일본과 중국 중 한 국가를 방문하므로 미국과 독일에는 방문하지 않는다. 또한 조건 ㄹ에 따라 D는 일본과 독일에는 방문하지 않으며, 마지막으로 조건 ㅁ에 따라 E는 미국과 독일에는 방문하지 않는다. 이를 정리하면 다음 표와 같다.

구분	A	B	C	D	E
미국		○	×		×
일본		×		×	
중국	×	×			
독일		×	×	×	×

- 모든 국가에는 1명 이상의 직원이 방문해야 하는데, 독일의 경우 B, C, D, E 모두 방문할 수 없다. 따라서 A가 독일로 출장을 가게 된다.

- A의 출장지가 독일로 정해짐에 따라 B와 함께 미국으로 출장을 가는 직원은 D로 정해진다. 그리고 C와 E는 각각 일본과 중국으로 1명씩 출장을 가게 된다.

구분	A	B	C	D	E
미국	×	○	×	○	×
일본	×	×		×	
중국	×	×		×	
독일	○	×	×	×	×

오답분석
①·② A는 독일을 방문한다.
③·⑤ D는 B와 함께 미국을 방문한다.

42
정답 ②

시트에서 평균값 중 가장 큰 값을 구하려면 「=MAX(범위에 있는 값 중 가장 큰 값을 찾아서 반환함)」함수를 사용해야 한다.

43
정답 ④

~연산자는 피연산자가 -1일 때, 0을 반환한다. -1은 피연산자의 모든 비트가 1이므로 비트 반전으로 0이 반환된다.

44
정답 ②

직접비용이란 제품의 생산이나 서비스 창출에 직접적으로 소요된 비용을 말하는 것으로 재료비, 원료와 장비, 시설비, 인건비 등이 여기에 포함된다. 이와 달리 직접비용의 반대 개념인 간접비용은 제품의 생산이나 서비스 창출에 직접적으로 관여하진 않지만 간접적으로 사용되는 지출인 보험료, 건물관리비, 광고비, 통신비, 사무비품비, 각종 공과금 등이 이에 해당한다. 제시된 자료에서 직접비용 항목만 구분하여 정리하면 다음과 같다.

	4월			5월	
번호	항목	금액(원)	번호	항목	금액(원)
1	원료비	680,000	1	원료비	720,000
2	재료비	2,550,000	2	재료비	2,120,000
4	장비 대여비	11,800,000	4	장비 구매비	21,500,000
8	사내 인건비	75,000,000	8	사내 인건비	55,000,000
–	–	–	9	외부 용역비	28,000,000
–	합계	90,030,000	–	합계	107,340,000

따라서 J사의 4월 대비 5월의 직접비용은 17,310,000원 증액되었다.

45

분산자원 통합 관리 시스템과 분산자원 관리 센터는 지난해에 마련했다고 하였으므로 올해 신설한다는 것은 옳지 않다.

오답분석

① 올해 1월부터 전력중개 예측제도에 참여한 발전사업자들은 수익을 받을 수 있다고 하였으므로 옳은 내용이다.

③ '특히 날씨 변동이 심해 발전량 예측이 어려운 제주지역'이라고 하였으므로 옳은 내용이다.

④ '전력중개사업은 ~ 발전량 예측제도에 참여로 수익을 창출하는 에너지플랫폼 사업이다.'라고 하였으므로 옳은 내용이다.

PART

2

직업기초능력평가
정답 및 해설

기출예상문제 정답 및 해설

의사소통능력

01	02	03	04	05	06	07	08	09	10
③	③	②	④	④	④	④	②	②	④
11	12	13	14	15	16	17	18	19	20
①	①	①	④	②	①	④	①	①	③
21	22	23	24	25	26	27	28	29	30
④	③	⑤	⑤	④	④	⑤	③	⑤	③
31	32	33	34	35	36	37	38	39	40
④	②	③	③	⑤	④	③	①	⑤	④
41	42	43	44	45					
④	④	③	④	③					

01 　　　　정답 ③

'언쟁하기'는 단지 논쟁을 위해서 상대방의 말을 듣는 것으로, 상대방이 무슨 주제를 꺼내든지 설명하는 것을 무시하고 자신의 생각만을 늘어놓기 쉬운 것이다. 하지만 C사원은 K사원과 언쟁을 하려고 하기보다는 K사원의 말에 귀 기울이며 동의하고 있다. 또한, K사원이 앞으로 취할 수 있는 적절한 행동에 관해 자신의 생각을 조언하고 있다.

오답분석
① '짐작하기'는 상대방의 말을 듣고 받아들이기보다 자신의 생각에 들어맞는 단서들을 찾아 자신의 생각을 확인하는 것이며, A사원의 경우 K사원의 말을 수용하기보다는 M부장이 매일 체크한다는 것을 단서로 보아 K사원에게 문제점이 있다고 생각하고 있다.
② '판단하기'는 상대방에 대한 부정적인 선입견 때문에 또는 상대방을 비판하기 위해 상대방의 말을 듣지 않는 것이다. B사원은 K사원이 예민하다는 선입견 때문에 M부장의 행동보다 K사원의 행동을 문제시하고 있다.
④ '슬쩍 넘어가기'는 대화가 너무 사적이거나 위협적이면 주제를 바꾸거나 농담으로 넘기려 하는 것으로, 문제를 회피하려 해 상대방의 진정한 고민을 간과하는 것을 말한다. D사원의 경우 K사원의 부정적인 감정을 회피하기 위해 다른 주제로 대화 방향을 바꾸고 있다.
⑤ '비위 맞추기'는 상대방을 위로하기 위해 또는 상대방의 기분에 맞추기 위해 너무 빨리 동의하는 것을 말한다. E사원은 K사원을 지지하고 동의하는 것에만 치중함으로써 K사원이 충분히 자신의 감정과 상황을 표현할 시간을 주지 못하고 있다.

02 　　　　정답 ③

제시문은 말하는 사람과 듣는 사람이 각각 잘 전달했는지, 잘 이해했는지를 서로 확인하지 않고 그 순간을 넘겨버려 엇갈린 정보를 갖게 되는 상황이다. 따라서 이러한 현상은 서로 간의 상호작용이 부족한 것으로 볼 수 있다.

오답분석
① 서로가 엇갈린 정보를 가진 것은 맞지만, 책임에 대한 내용은 제시문에서 찾을 수 없다.
② 의사소통에 대한 잘못된 선입견은 말하지 않아도 안다는 것으로, 제시문의 내용과 맞지 않다.
④ 서로 모순된 내용이 문제가 아니라 서로 상호작용이 부족한 것으로 인한 문제이다.
⑤ 많은 정보를 담는 복잡한 메시지로 인한 문제가 아닌 서로의 상호작용이 부족해 발생하는 문제이다.

03 　　　　정답 ②

자기의 사상이나 감정에 관하여 말하는 것은 연설에 대한 설명으로, 제시문에서 설명하는 인상적 의사소통의 한 방법으로 보기는 어렵다.

인상적인 의사소통을 위한 노력
• 자신이 자주 사용하는 표현을 찾아내 다른 표현으로 바꿔 본다.
• 언제나 '다른 표현은 없을까?' 생각하고, 새로운 표현을 검토해 본다.
• 언제나 주위의 언어 정보에 민감하게 반응하고, 자신이 활용할 수 있도록 노력한다.

오답분석
① 다양한 표현법을 덧붙일 경우 상대의 마음을 끌어당길 수 있다.
③ 새로운 고객을 만나는 직업이더라도 같은 말을 되풀이하기보다 새로운 표현법을 씀으로써 더 인상적으로 자신의 의견을 전달할 수 있다.
④ 신체 언어를 사용하여 의사소통을 할 경우 보다 효과적으로 관심을 끌 수 있다.
⑤ 익숙한 표현법보다 새로운 표현법을 사용할 경우에 더 인상 깊게 전달할 수 있다.

04

정답 ④

과거에는 의사소통을 기계적인 정보의 전달만으로 이해하였다. 그러나 의사소통은 정보 전달 이상의 것으로, 일방적인 언어나 문서를 통해 의사를 전달하는 것은 의사소통이라고 할 수 없다. 의사소통은 상대방에게 메시지를 전달하는 과정이 아니라 상대방과의 상호작용을 통해 메시지를 다루는 과정이다. 따라서 성공적인 의사소통을 위해서는 상대방이 어떻게 받아들일 것인가에 대한 고려를 바탕으로 메시지를 구성하여야 한다.

05

정답 ④

제시문과 ④의 '사이'는 '어떤 일에 들이는 시간적인 여유나 겨를'의 의미이다.

오답분석

① 어떤 한정된 모임이나 범위 안
② 사람과 사람과의 관계
③ 어떤 때에서 다른 한때까지의 시간적인 동안
⑤ 사이를 두다.

06

정답 ④

제시문과 ④의 '기르다'는 '습관 따위를 몸에 익게 하다.'의 의미이다.

오답분석

① 동식물을 보살펴 자라게 하다.
② 아이를 보살펴 키우다.
③ 머리카락이나 수염 따위를 깎지 않고 길게 자라도록 하다.
⑤ 병을 제때에 치료하지 않고 증세가 나빠지도록 내버려 두다.

07

정답 ④

'자극'과 '반응'은 조건과 결과의 관계이다.

오답분석

① 개별과 집합의 관계
② 대등 관계이자 상호보완 관계
③ 존재와 생존의 조건 관계
⑤ 미확정과 확정의 관계

08

정답 ②

다각도로 '사고'하는 과정을 통해 '진실'이 밝혀진다고 했으므로, ㉠과 ㉡의 관계는 과정과 결과의 관계이다. 또한, '사고'는 '진실'을 밝혀내기 위한 수단으로 볼 수도 있으므로 ㉠과 ㉡의 관계를 수단과 목적의 관계로도 볼 수 있다. ②의 경우도 '운동'하는 과정을 통해 '건강'을 얻을 수 있다. 또한, '운동'은 '건강'을 얻기 위한 수단이므로, 둘 사이의 관계는 ㉠과 ㉡ 사이의 관계와 유사하다.

09

정답 ②

가옥(家屋)은 집을 의미하는 한자어이므로 ㉠과 ㉡의 관계는 동일한 의미를 지니는 한자어와 고유어의 관계이다. ②의 수확(收穫)은 익은 농작물을 거두어들이는 것 또는 거두어들인 농작물의 의미를 가지므로 벼는 수확의 대상이 될 뿐 수확과 동일한 의미를 지니지 않는다.

10

정답 ④

'맹점'과 '무결'은 반의 관계이다.
• 맹점(盲點) : 미처 생각이 미치지 못한, 모순되는 점이나 틈
• 무결(無缺) : '무결하다(결함이나 흠이 없다)'의 어근
이와 같은 반의 관계를 갖는 단어는 '기정'과 '미정'이다.
• 기정(旣定) : 이미 결정되어 있음
• 미정(未定) : 아직 정하지 못함

오답분석

①·②·③·⑤는 모두 유의 관계이다.

11

정답 ①

'어렵사리 겨우'를 뜻하는 말은 '근근이'로 쓴다.

12

정답 ①

오답분석

② 은익한 → 은닉한
③ 남존녀비 → 남존여비
④ 잎 → 닢
⑤ 년도 → 연도

13

정답 ①

첩어, 준첩어인 명사 뒤에는 '이'로 적는다. 따라서 '번번이'로 고쳐야 한다.

14

정답 ④

㉠ 확인, ㉡ 구별, ㉢ 비교, ㉣ 통합, ㉤ 추론이다.

> 우리는 직업생활에 있어 자신에게 주어진 각종 문서나 자료에 수록된 정보를 확인하여, 알맞은 정보를 구별하고 비교하여 통합할 수 있어야 한다. 또한, 문서에서 주어진 문장이나 정보를 읽고 이해하여 자신에게 필요한 행동이 무엇인지 추론할 수 있어야 한다.

15

정답 ②

상대방의 이야기를 들을 때에는 각각의 어휘를 들으려고 노력하기보다는 의미 파악에 집중해야 한다.

16

정답 ①

제시문의 마지막 문장을 통해, 이어질 내용이 초콜릿의 기원임을 유추할 수 있으므로 역사적 순서에 따라 나열하면 (나) → (다) → (라)가 되고, 그러한 초콜릿의 역사가 한국에서 나타났다는 내용은 각론에 해당하므로 (가)는 마지막에 위치한다.

17

정답 ④

제시문은 온난화 기체 저감을 위한 습지 건설 기술에 대한 내용으로, (나) 인공 습지 개발 가정 → (다) 그에 따른 기술적 성과 → (가) 개발 기술의 활용 → (라) 기술 이전에 따른 기대 효과 순서로 나열해야 한다.

18

정답 ①

오답분석

② 계몽(啓蒙) : 지식수준이 낮거나 인습에 젖은 사람을 가르쳐서 깨우침
③ 개발(開發) : 토지나 천연자원 따위를 개척하여 유용하게 만듦
④ 계책(戒責) : 허물이나 잘못을 꾸짖어 각성하는 마음이 생기게 함
⑤ 개변(改變) : 생각 등을 고쳐 바꿈. 또는 상태나 시설 등을 근본적으로 바꾸거나 발전적인 방향으로 고침

19

정답 ①

빈칸 앞 문장은 '문학이 보여주는 세상은 실제의 세상 그 자체가 아니며'라고 하였고, 빈칸 뒤 문장은 '문학 작품 안에 있는 세상이나 실제로 존재하는 세상이나 그 본질에 있어서는 다를 바가 없다.'고 하였다. 따라서 앞의 내용과 뒤의 내용이 상반되는 접속어 '그러나'가 적절하다.

20

정답 ③

빈칸의 뒤 문장은 빈칸 앞의 사실에 대하여 별로 의미를 부여할 여지가 없다는 의미이다. 따라서 주로 부정적인 뜻을 가진 문장에 쓰이는 '설혹'이 적절하다.

21

정답 ④

법은 우리의 자유를 막고 때로는 신체적 구속을 행사하는 경우도 있지만 법이 없으면 안전한 생활을 할 수 없다는 점에서 없어서는 안될 존재이다. 이와 마찬가지로 울타리는 우리의 시야를 가리고 때로는 바깥출입의 자유를 방해하지만 한편으로는 안전하고 포근한 삶을 보장한다는 점에서 고마운 존재이다. 제시문은 법과 울타리의 '양면성'이라는 공통점을 근거로 내용을 전개하고 있다.

22

정답 ③

제시문에서는 법조문과 관련된 '반대 해석'과 '확장 해석'의 개념을 일상의 사례를 들어 설명하고 있다.

23

정답 ⑤

⑤는 경쟁사 간의 갈등으로, 다른 사회적 기반을 가진 집단 사이의 갈등이 아니다.

오답분석

① 노사 갈등
② 세대 갈등
③ 빈부 갈등
④ 지역 갈등

24

정답 ⑤

사이버 중독에 빠지는 근본적인 원인은 갈수록 사이버 공간을 현실도피의 수단으로 삼는 사람들이 늘어나고 있는 현상과 사이버 공간이 갖는 부정적 속성인 '권력욕'과 '소영웅심리'를 부추기는 점 등이다. 따라서 해결방안은 이 두 가지 문제점을 모두 아우르는 것이어야 한다. 사이버 공간에 의존하는 현대인의 생활 자체를 막을 수 없는 상황에서는 '인터넷 사용 시간의 축소'와 '현실에서 충족되지 못한 욕구를 해소할 수 있는 문화 공간의 확대' 정도가 적절하다.

25

정답 ④

제시문의 첫 번째 문장에서 '대중문화는 일시적인 유행에 그친다고 생각하고 있지만 이러한 판단은 근거가 확실치 않다.'를 통해 대중문화가 일시적인 유행에 그칠지 여부를 판단할 수 없음을 알 수 있다.

26

정답 ④

오답분석

①은 두 번째 문장, ②는 제시문의 흐름, ③과 ⑤는 마지막 문장에서 각각 확인할 수 있다.

27

정답 ⑤

탄원서를 제출한 A대학의 교수와 교직원들은 판사에게 제출된 자료에는 P이사장의 더 많은 비리가 있을 것이라고 생각하고 있다.

[오답분석]

① 서두의 내용에 따르면 A대학에 근무하고 있는 교수 및 교직원들이 P이사장의 부도덕하고 파렴치한 행태 때문에 교권이 무너지는 것을 더는 두고 볼 수 없다고 생각해 탄원서를 제출했다.

② 2009년 건립한 평생교육센터는 법인에서 지원하는 운영비가 전무한 가운데 파행 운영되어 연간 10억 원에 이르는 적자가 발생하고 있다.

③ 탄원서에 따르면 P이사장은 B시(市) 소재 가족 명의로 되어 있는 개인 부동산을 시세보다 몇 배나 되는 가격으로 A대학에 전매하는 수법을 통해서 수십억 원의 부당 이득을 취했다.

④ P이사장은 '내부적인 협의를 통해서 제2캠퍼스 건립을 추진 중이었다.'고 주장하지만, A대학의 교수와 교직원들 중에서 '제2캠퍼스 건립을 위한 내부적인 협의'와 관련한 이야기를 들은 사람은 없다.

28

정답 ③

제시문에서는 책을 사거나 빌리는 것만으로는 책을 진정으로 소유할 수 없으며, 책을 진정으로 소유하기 위한 독서의 방법과 책을 고르는 기준을 제시하고 있다.

[오답분석]

①·②는 전체 문단을 포괄하지 못하며, ④·⑤는 제시문의 논점에서 벗어난 내용이다.

29

정답 ⑤

기사는 미세먼지 특별법 제정과 시행 내용에 대해 설명하고 있다. 따라서 ⑤가 기사의 제목으로 가장 적절하다.

30

정답 ③

하향식 방법에 대한 설명에 이어 상향식 방법에 대한 설명이 나와야 하므로 바로 뒤에 이어질 내용으로 ③이 가장 적절하다.

31

정답 ④

범죄 보도가 가져오는 법적·윤리적 논란에 관하여 설명하고 있으므로 지나친 범죄 보도가 문제가 될 수 있다는 내용이 이어져야 한다.

32

정답 ②

빈칸 앞에서는 제3세계 환자들과 제약회사 간의 신약 가격에 대한 딜레마를 이야기하며 제3의 대안이 필요하다고 한다. 빈칸 뒤에서는 그 대안이 실현되기 어려운 이유는 '자신의 주머니에 손을 넣어 거기에 필요한 비용을 꺼내는 순간' 알게 될 것이라고 하였으므로 개인 차원의 대안을 제시했음을 추측할 수 있다. 따라서 ②가 적절하다.

33

정답 ③

여가생활의 질을 높이기 위한 문제를 개인적인 차원으로 보지 말자는 빈칸 앞에 제시된 내용을 고려하였을 때 국가적인 문제로 보자는 내용이 들어가는 것이 적절함을 알 수 있다.

34

정답 ③

㉠은 기업들이 더 많은 이익을 내기 위해 '디자인의 향상'에 몰두하는 것이 바람직하다는 판단이다. 즉, '상품의 사회적 마모를 짧게 해서 소비를 계속 증가시키기 위한' 방안인데, 이것에 대한 반론이 되기 위해서는 ㉠의 주장이 지니고 있는 문제점을 비판하여야 한다. ㉠이 지니고 있는 가장 큰 문제점은 '과연 성능 향상 없는 디자인 변화가 소비를 촉진시킬 수 있는 것인가.'가 되어야 한다. 디자인 변화는 분명히 상품의 소비를 촉진시킬 수 있는 효과적 방법 중의 하나이지만 '성능이나 기능, 내구성'의 향상이 전제되지 않았을 때는 효과를 내기 힘들기 때문이다.

35

정답 ⑤

노화로 인한 신체 장애는 어쩔 수 없는 현상으로, 이를 해결하기 위해서는 헛된 자존심으로 부추기는 것이 아닌 노인들에 대한 사회적 배려와 같은 인식이 필요하다는 맥락으로 이어져야 한다.

36

정답 ④

시대착오란 '시대의 趨勢(추세)를 따르지 아니하는 착오'를 의미한다. ④는 상황에 따른 적절한 대응으로 볼 수 있으며, 시대착오와는 거리가 멀다.

[오답분석]

① 출신 고교를 확인하는 학연에 얽매이는 모습을 보여줌으로써 시대착오적인 모습을 보여주고 있다.

② 승진을 통해 지위가 높아지면 고급차를 타야 한다는 시대착오적인 모습을 보여주고 있다.

③ 두발 규제를 학생들의 효율적인 생활지도의 방법으로 보는 시대착오적인 모습을 보여주고 있다.

⑤ 창의적 업무 수행을 위해 직원들의 복장을 획일적으로 통일해야 한다는 시대착오적인 모습을 보여주고 있다.

37

채권을 발행한 기업의 경영 환경이 악화되면 지급 불능 위험이 높아지므로, 채권가격은 상대적으로 낮게 형성된다.

38

빈칸 앞 문장의 '금리는 현재가치에 반대 방향으로 영향을 준다.'와 빈칸 뒤 문장의 '금리가 상승하면 채권의 현재가치가 하락하게 된다.'는 논리적 모순 없이 인과관계를 이룬다. 그러므로 빈칸에 들어갈 접속어로 '따라서'가 가장 적절하다.

39

'교양 있는' 사람을 문화인이라고 사용하는 예를 들었지만, 문화 자체가 교양 있는 사람이 이해하고 지켜 나가는 것으로 좁게 규정하지는 않았다.

40

과학의 진보로 인한 창조적 업적으로 볼 수 있으나, 인명 살상이라는 부정적 내용을 가졌으므로 ⊙에서 지적하는 사례에 부합한다.

41

제시문의 전체적인 맥락으로 볼 때, 제시문의 핵심 내용은 과학자의 역할 및 그 중요성이다.

42

과학자는 과학의 소산물이 잘못 이용될 때에 생기는 예기치 못한 위험 상황을 위정자들에게 자세히 알려 줄 의무가 있음을 언급하고 있으나, 위정자들의 정치관을 바로잡아야 한다는 내용은 없다.

43

제시문의 내용을 살펴보면 민속음악이 가지는 특징에 대해 설명하고 있음을 알 수 있다.

44

민속음악은 곱고 예쁘게 다듬어내는 음이 아니라 힘있고 역동적으로 표출되는 음이 아름답다고 여긴다. 판소리 명창이 고함치듯 질러대는 높은 소리에 청중들은 기다렸다는 듯이 '얼씨구'라는 추임새로 호응한다.

45

개정 무한계설은 법 규범이 가지는 실질적인 규범력의 차이는 외면한 채 헌법 개정에 있어서 형식적 합법성만을 절대시한다는 비판을 받는다.

[오답분석]
① 개정 한계설에서는 헌법 제정 권력과 헌법 개정 권력을 다른 것으로 본다.
② 개정 무한계설은 헌법에 규정된 개정 절차를 밟으면 어떠한 조항이나 사항이더라도 개정할 수 있다는 입장이다.
④ 개정 무한계설에서는 헌법 규범과 헌법 현실 사이의 틈을 해소할 수 있는 유일한 방법은 헌법 개정을 무제한 허용하는 것이라고 주장한다.
⑤ 개정 한계설은 헌법 위에 존재하는 자연법의 원리에 어긋나는 헌법 개정은 허용되지 않는다고 본다.

기출예상문제 정답 및 해설

수리능력

01	02	03	04	05	06	07	08	09	10	11	12	13	14	15	16	17	18	19	20
⑤	①	①	①	④	③	⑤	②	③	①	③	④	③	②	④	②	⑤	③	①	①
21	22	23	24	25	26	27	28	29	30										
②	①	②	④	⑤	②	④	①	②	⑤										

01
정답 ⑤

첫 항은 220개이고 n시간($n \geq 1$) 경과할 때마다 2^{n-1}개가 증가한다. n시간 경과했을 때의 세포 수를 a_n개라고 하면 $a_n = 220 + \sum_{k=1}^{n} 2^{k-1}$이고

$\sum_{k=1}^{n} 2^{k-1} = \dfrac{2^n - 1}{2 - 1} = 2^n - 1$이므로 $a_n = 220 + 2^n - 1 = 219 + 2^n$이다. 따라서 9시간 경과 후인 a_9는 $219 + 2^9 = 731$개이다.

02
정답 ①

홀수 항에는 2를 곱하고 짝수 항에는 3을 곱하는 수열이다.

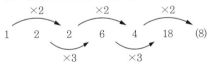

03
정답 ①

$\underline{A\ B\ C\ D} \rightarrow A + B = C + D$
$\therefore 9 + 4 = 3 + (10)$

04
정답 ①

분자는 36부터 1씩 더하고, 분모는 2의 거듭제곱 형태, 즉 $2,\ 2^2,\ 2^3,\ 2^4,\ 2^5,\ 2^6$인 수열이다.
$\therefore \dfrac{40}{32}$

05

$S = a \times d - b \times c$

$\square = 4 \times 10 - 8 \times 1$

$\therefore \square = 32$

06

$2a \times b = c$

$\therefore 2 \times 5 \times 6 = 60$

07

첫 번째 숫자 묶음에서 가장자리의 4가지 숫자 중 가장 작은 수가 가운데 숫자가 되고, 두 번째 묶음에서는 두 번째로 작은 수, 세 번째 묶음에서는 세 번째로 작은 수가 가운데 숫자이다. 따라서 네 번째 묶음에서는 가장자리의 숫자 중 네 번째로 작은 수인 8이 가운데에 들어간다.

08

두 열차 사이의 거리는 6km이다. 이때 두 열차가 이동한 시간을 x시간이라고 하면 KTX와 새마을호 속도의 비는 7 : 5이므로 KTX와 새마을호가 이동한 거리는 각각 $7x$ km, $5x$ km이다.

$7x + 5x = 6$

$\therefore x = 0.5$

따라서 새마을호가 이동한 거리는 2.5km, KTX가 이동한 거리는 3.5km이다.

09

• $a\%$ 소금물에 녹아 있는 소금의 양 : $\dfrac{a}{100} \times 300 = 3a$

• bg 소금물에 들어 있는 소금의 양 : $\dfrac{24}{100} \times b$

• 전체 소금물의 양 : $300 + b$

$\therefore$ 소금물의 농도 $= \dfrac{3a + \dfrac{24}{100}b}{300 + b} \times 100$

10

정답 ①

미국산 자동차의 평균 연비는 휘발유 1갤런당 20마일이고, 이를 환산하면 4L당 32km이다. 즉, 미국산 자동차의 평균 연비는 1L당 8km이다. 미국산 자동차보다 한국산 자동차의 평균 연비가 20% 높다고 했으므로, 한국산 자동차의 평균 연비는 $8 \times 1.2 = 9.6$km/L이다.

11

정답 ③

작년 남성 지원자 수를 x명, 여성 지원자 수를 y명이라고 하면 작년 전체 지원자 수는 1,000명이므로

$x + y = 1,000$ … ㉠

작년에 비하여 남성과 여성의 지원율이 각각 2%, 3% 증가하여 총 24명이 증가하였으므로

$\dfrac{2}{100}x + \dfrac{3}{100}y = 24 \rightarrow 2x + 3y = 2,400$ … ㉡

㉠과 ㉡을 연립하면 $x = 600$, $y = 400$이다.

따라서 올해 남성 지원자 수는 $600 \times (1 + 0.02) = 612$명이다.

12

정답 ④

(적어도 1개는 하얀 공을 꺼낼 확률)$=1-$(모두 빨간 공을 꺼낼 확률)

• 전체 공의 개수 : $4 + 6 = 10$

• 2개의 공 모두 빨간 공을 꺼낼 확률 : $\dfrac{_4C_2}{_{10}C_2} = \dfrac{2}{15}$

∴ (적어도 1개는 하얀 공을 꺼낼 확률)$=1 - \dfrac{2}{15} = \dfrac{13}{15}$

13

정답 ③

B지역 유권자의 수를 x명(단, $x > 0$)이라고 하면, A지역 유권자의 수는 $4x$명이다.

• A지역 찬성 유권자 수 : $4x \times \dfrac{3}{5} = \dfrac{12}{5}x$

• B지역 찬성 유권자 수 : $\dfrac{1}{2}x$

따라서 A, B 두 지역의 헌법 개정 찬성률은 $\dfrac{\dfrac{12}{5}x + \dfrac{1}{2}x}{4x + x} \times 100 = \dfrac{\dfrac{29}{10}x}{5x} \times 100 = 58\%$이다.

14

정답 ②

x의 최댓값과 최솟값은 A와 B가 각각 다리의 양쪽 경계에서 마주쳤을 때이다. 즉, 최솟값은 A로부터 7.6km 떨어진 지점, 최댓값은 A로부터 8.0km 떨어진 지점에서 마주쳤을 때이므로 식을 세우면 다음과 같다.

• 최솟값 : $\dfrac{7.6}{6} = \dfrac{x}{60} + \dfrac{20 - 7.6}{12} \rightarrow \dfrac{x}{60} = \dfrac{15.2 - 12.4}{12} = \dfrac{2.8}{12}$

∴ $x = 14$분

• 최댓값 : $\dfrac{8}{6} = \dfrac{x}{60} + \dfrac{20 - 8}{12} \rightarrow \dfrac{x}{60} = \dfrac{16 - 12}{12} = \dfrac{1}{3}$

∴ $x = 20$분

따라서 A와 B가 다리 위에서 마주치기 위한 x의 범위는 $14 \leq x \leq 20$이고, 최댓값과 최솟값의 차는 $20 - 14 = 6$이다.

15

정답 ④

빈자리가 있는 버스는 없으므로 한 대에 45명씩 n대 버스에 나누어 탈 때와 한 대에 40명씩 $(n+2)$대 버스에 나누어 탈 때의 전체 학생 수는 같아야 한다. $45n=40(n+2)$ → $5n=80$

∴ $n=16$

따라서 이 학교의 학생 수는 $16\times45=720$명이다.

16

정답 ②

• 개업하기 전 초기 입점 비용(단위 : 만 원) : (매매가)+(중개 수수료)+(리모델링 비용)
  - A상가 : $92,000+(92,000\times0.006)=92,552$만 원
  - B상가 : $88,000+(88,000\times0.007)+(2\times500)=89,616$만 원
  - C상가 : $90,000+(90,000\times0.005)=90,450$만 원
  - D상가 : $95,000+(95,000\times0.006)=95,570$만 원
  - E상가 : $87,000+(87,000\times0.007)+(1.5\times500)=95,109$만 원
• 개업 한 달 후 최종 비용(단위 : 만 원) : 초기 입점 비용−(초기 입점 비용×0.03×병원 입점 수)
  - A상가 : $92,552-(92,552\times0.03\times2)≒86,999$만 원
  - B상가 : $89,616-(89,616\times0.03\times3)≒81,551$만 원
  - C상가 : $90,450-(90,450\times0.03\times1)≒87,737$만 원
  - D상가 : $95,570-(95,570\times0.03\times1)≒92,703$만 원
  - E상가 : $95,109-(95,109\times0.03\times2)≒89,402$만 원
따라서 최종적으로 B상가에 입점하는 것이 가장 이득이다.

17

정답 ⑤

• 술에 부과되는 세금
  - 종가세 부과 시 : $2,000\times20\times0.2=8,000$원
  - 정액세 부과 시 : $300\times20=6,000$원
• 담배에 부과되는 세금
  - 종가세 부과 시 : $4,500\times100\times0.2=90,000$원
  - 정액세 부과 시 : $800\times100=80,000$원
따라서 조세 수입을 극대화시키기 위해서 술과 담배 모두 종가세를 부여해야 하며, 종가세 부과 시 조세 총수입은 $8,000+90,000=98,000$원이다.

18

정답 ③

기타 해킹 사고가 가장 많았던 연도는 2019년이고, 전년 대비 감소했으므로 증감률은 $\dfrac{16,135-21,230}{21,230}\times100≒-24\%$이다.

19

정답 ①

설문에 응한 총 고객 수를 x명이라고 하면, 연비를 장점으로 선택한 260명의 고객은 전체의 13%이므로 $\dfrac{13}{100}x=260$ → $x=2,000$

따라서 설문에 응한 총 고객 수는 2,000명이다.

20

정답 ①

화재피해액은 매년 증가하지만, 화재발생건수는 감소와 증가를 반복한다.

[오답분석]

② 화재피해액은 매년 증가한다.
③ 화재발생건수는 2019년이 4.9만 건으로 가장 높다.
④ 화재피해액은 2018년까지는 2.8천억 원이었지만, 2019년에 4.3천억 원으로 4천억 원을 넘어섰다.
⑤ 화재발생건수는 2019년이 가장 높지만, 화재피해액은 2020년이 가장 높다.

21

정답 ②

ㄱ. D의 평균 숙면시간은 26÷5=5.2시간이므로 평균 숙면시간이 긴 수면제부터 순서대로 나열하면 C－D－A－B 순서이다.
ㄷ. B수면제와 D수면제의 숙면시간 차이는 갑은 6－4=2시간이고, 을, 병, 정, 무는 동일하므로 숙면시간 차이가 가장 큰 환자는 갑이다.

[오답분석]

ㄴ. B수면제와 C수면제를 복용했을 때 을의 숙면시간은 각각 4시간, 5시간이며, 무의 경우 6시간, 5.6×5－22=6시간이다. 따라서 B수면제의 경우 숙면시간 차이는 6－4=2시간이고, C수면제의 경우는 6－5=1시간이므로 B수면제의 차이가 더 크다.
ㄹ. C수면제의 평균 숙면시간은 5.6시간이며, 이보다 숙면시간이 긴 환자는 갑, 정, 무로 3명이다.

22

정답 ①

구분	공회전 발생률(%)	공회전 시 연료소모량(cc)	탄소포인트의 총합(P)
A	$\frac{20}{200}\times100=10$	$20\times20=400$	$100+0=100$
B	$\frac{15}{30}\times100=50$	$15\times20=300$	$50+25=75$
C	$\frac{10}{50}\times100=20$	$10\times20=200$	$80+50=130$
D	$\frac{5}{25}\times100=20$	$5\times20=100$	$80+75=155$
E	$\frac{25}{50}\times100=50$	$25\times20=500$	$50+0=50$

$\therefore$ D ＞ C ＞ A ＞ B ＞ E

23

정답 ②

제시된 자료를 이용해 원격훈련 지원금 계산에 필요한 수치를 정리하면 다음과 같다.

구분	원격훈련 종류별 지원금	시간	수료인원	기업 규모별 지원 비율
X기업	5,400원	6시간	7명	100%
Y기업	3,800원	3시간	4명	70%
Z기업	11,000원	4시간	6명	50%

세 기업의 원격훈련 지원금을 계산하면 다음과 같다.
- X기업 : 5,400×6×7×1=226,800원
- Y기업 : 3,800×3×4×0.7=31,920원
- Z기업 : 11,000×4×6×0.5=132,000원

따라서 올바르게 짝지어진 것은 ②이다.

24
정답 ④

ⓛ 자료는 구성비를 나타내는 비율로서, 유실 및 유기 동물 중 분양된 동물의 비율은 조사 기간 내 매년 감소하였으나, 그 수와 증감 여부는 알 수 없다.

② 2018년에 보호 중인 동물의 수와 인도된 동물의 수의 합은 4.7+14.5=19.2로 30.1%인 분양된 동물의 수보다 적으며, 2019년에도 11.7+13.0 =24.7로, 27.6%인 분양된 동물의 수보다 적다.

오답분석

㉠ 2016년 대비 2018년 반려 동물 신규 등록 건수의 증가율은 $\frac{10.5만-9.1만}{9.1만}×100≒15.4$이므로 10%를 초과한다.

ⓒ 반려 동물 신규 등록 건수의 전년 대비 증가율은 다음과 같다.
- 2017년 : $\frac{9.2-9.1}{9.1}×100≒1.1\%$
- 2018년 : $\frac{10.5-9.2}{9.2}×100≒14.1\%$
- 2019년 : $\frac{14.7-10.5}{10.5}×100=40\%$
- 2020년 : $\frac{79.7-14.7}{14.7}×100≒442.2\%$

따라서 전년 대비 증가율이 두 번째로 높은 연도는 2019년이다.

25
정답 ⑤

2020년 항공 화물 수송량의 2018년 대비 변동비율은 $\frac{3,209-3,327}{3,327}×100≒-3.5$이므로, 4% 미만으로 감소하였다.

오답분석

① 2016년부터 2020년 항공 여객 수송량 평균은 $\frac{(35,341+33,514+40,061+42,649+47,703)}{5}≒39,853.6$천 명이다.

② 주어진 표에서 분담률을 비교하면, 여객 수송은 항공이 절대적인 비중을 차지하고, 화물 수송은 해운이 절대적인 비중을 차지한다.

③ 총수송량은 해운과 항공의 수송량의 합으로 구할 수 있으며, 여객과 화물의 총수송량은 2017년부터 꾸준히 증가하고 있다.

④ 2020년 해운 여객 수송량의 2017년 대비 변동비율은 $\frac{2,881-2,089}{2,089}×100≒37.9$이므로, 37% 이상 증가하였다.

26
정답 ②

(가) A유형의 시험체 강도 평균은 24.2MPa이며, 기준강도는 24MPa이다. 그러므로 각 시험체 강도가 모두 기준강도에서 3.5MPa을 뺀 값(20.5MPa) 이상이어야 한다. A유형의 3개의 시험체는 모두 이 조건을 충족하므로 판정결과는 합격이다.

(나) C유형의 시험체 강도 평균은 35.1MPa이며, 기준강도는 35MPa이다. 그러므로 각 시험체 강도가 모두 기준강도에서 3.5MPa을 뺀 값(31.5MPa) 이상이어야 한다. C유형의 3개의 시험체는 모두 이 조건을 충족하므로 판정결과는 합격이다.

(다) E유형의 시험체 강도 평균은 45.5MPa이며, 기준강도는 45MPa이다. 그러므로 각 시험체 강도가 모두 기준강도의 90%(40.5MPa) 이상이어야 한다. 그러나 E유형의 시험체 1은 이 조건을 충족하지 못하므로 판정결과는 불합격이다.

27

A, B, E구의 1인당 소비량을 각각 a, b, e라고 하고, 〈조건〉을 식으로 나타내면 다음과 같다.

• 첫 번째 조건 : $a+b=30$ … ㉠
• 두 번째 조건 : $a+12=2e$ … ㉡
• 세 번째 조건 : $e=b+6$ … ㉢

㉢을 ㉡에 대입하여 식을 정리하면, $a+12=2(b+6)$ → $a-2b=0$ … ㉣

㉠－㉣을 하면 $3b=30$ → $b=10$, $a=20$, $e=16$

A ~ E구의 변동계수를 구하면 다음과 같다.

• A구 : $\dfrac{5}{20} \times 100 = 25\%$

• B구 : $\dfrac{4}{10} \times 100 = 40\%$

• C구 : $\dfrac{6}{30} \times 100 = 20\%$

• D구 : $\dfrac{4}{12} \times 100 ≒ 33.33\%$

• E구 : $\dfrac{8}{16} \times 100 = 50\%$

따라서 변동계수가 3번째로 큰 구는 D구이다.

28

오답분석

② 10세 남녀 체중 모두 그래프의 수치가 자료보다 높다.
③ 4 ~ 5세 남자 표준 키 수치가 자료보다 낮다.
④ 12 ~ 13세 여자 표준 키 및 체중이 자료보다 높다.
⑤ 11 ~ 13세 남자 표준 키의 차가 자료보다 낮다.

29

ㄱ. 트위터와 블로그의 성별 이용자 수는 다음과 같다.
 • 트위터 이용자 남자 : $2,000 \times 0.532 = 1,064$명
 • 트위터 이용자 여자 : $2,000 \times 0.468 = 936$명
 • 블로그 이용자 남자 : $1,000 \times 0.534 = 534$명
 • 블로그 이용자 여자 : $1,000 \times 0.466 = 466$명
ㄷ. 블로그 이용자와 트위터 이용자의 소득수준별 구성비는 표에서 쉽게 확인할 수 있다.

오답분석

ㄴ. 교육수준별 트위터 이용자 대비 블로그 이용자 비율은 다음과 같다.

 • 중졸 이하 : $\dfrac{1,000 \times 0.02}{2,000 \times 0.016} \times 100 = 62.5\%$

 • 고졸 : $\dfrac{1,000 \times 0.234}{2,000 \times 0.147} \times 100 ≒ 79.6\%$

 • 대졸 : $\dfrac{1,000 \times 0.661}{2,000 \times 0.744} \times 100 ≒ 44.4\%$

 • 대학원 이상 : $\dfrac{1,000 \times 0.085}{2,000 \times 0.093} \times 100 ≒ 45.7\%$

ㄹ. 연령별 블로그 이용자의 구성비는 표에서 쉽게 확인할 수 있다.

- A본부 : 6×1.2=7.2명, 즉 8명 이상으로 모든 회의실이 가능하나 빔 프로젝터가 있는 제2회의실과 제4회의실만 가능하다.
- B본부・C본부 : 회의를 같이 하므로 (22+10)×1.2=38.4명, 즉 39명 이상인 제4회의실만 가능하다.
- D본부 : 〈조건〉의 세 번째 내용에 따라 다른 부서와의 회의를 위해 기존 인원의 50% 이상 잔여석이 필요하므로 수용 인원이 11×1.5=16.5명, 즉 17명 이상인 제3회의실과 제4회의실이 가능하다.
- E본부 : 32×1.2=38.4명, 즉 39명 이상으로 제4회의실만 가능하다.
- F본부 : 8×1.2=9.6명, 즉 10명 이상의 인원 수용이 가능하고, 빔 프로젝터와 음향 기기가 있는 제2회의실과 제4회의실이 적절하다.
- G본부 : 5×1.2=6명 이상으로 전 회의실 모두 가능하지만, 음향 기기와 보드가 필요하므로 제3회의실과 제4회의실만 가능하다.

따라서 회의실별로 지정할 수 있는 부서를 정리하면 다음과 같다.

회의실	대여 가능 부서
1회의실	-
2회의실	A본부, F본부
3회의실	D본부, G본부
4회의실	A본부, B본부・C본부, D본부, E본부, F본부, G본부

기출예상문제 정답 및 해설

문제해결능력

01	02	03	04	05	06	07	08	09	10	11	12	13	14	15	16	17	18	19	20
①	④	①	④	④	④	③	①	④	①	③	④	②	②	②	①	③	③	③	③

21	22	23	24	25	26	27	28	29	30										
④	①	④	③	③	③	④	④	⑤	⑤										

01
정답 ①

문제란 발생한 상황 자체를 의미하는 것으로 그 상황이 발생한 원인인 문제점과 구분된다. 따라서 사례에서 발생한 상황은 '아이의 화상' 자체이다.

[오답분석]
②·③·④·⑤는 모두 '아이의 화상'이라는 문제가 발생한 것에 대한 원인을 나타내는 것으로 문제점에 해당한다.

02
정답 ④

• A직원 : 문제점을 제대로 파악하지 못한 채 무계획적이고 과도하게 자료를 수집하였다. 이러한 경우 수집된 자료 역시 제대로 파악하기 어렵다.
• B직원 : 일반적·통념적인 고정관념에 얽매여 새로운 가능성을 무시하고 있다.
• C직원 : 누구나 쉽게 떠오르는 단순한 생각을 말하고 있다. 이는 문제의 해결에 장해가 될 뿐만 아니라 오류를 범할 가능성이 높아진다.

03
정답 ①

SWOT 분석은 내부 환경요인과 외부 환경요인의 2개의 축으로 구성되어 있다. 내부 환경요인은 자사 내부의 환경을 분석하는 것으로 자사의 강점과 약점으로 분석된다. 외부 환경요인은 자사 외부의 환경을 분석하는 것으로, 기회와 위협으로 구분된다.

04
정답 ④

내년 식사 순서의 규칙을 살펴보면, 첫 번째 규칙은 모든 부서가 올해 식사 순서와는 달리 새로운 순서로 식사를 하기로 했다는 것이다. 예를 들면, A부서는 첫 번째가 아닌 순서에서 식사하고 B부서도 두 번째가 아닌 순서에서 식사해야 한다. 두 번째 규칙은 E부서 식사 후에는 C부서가 바로 이어서 식사하게 된다는 것이다. 이러한 두 규칙을 적용하여 가능한 경우의 수를 살펴보면 다음과 같다.
• 식사 순서 경우의 수
 – B부서 → A부서 → D부서 → E부서 → C부서
 – B부서 → A부서 → E부서 → C부서 → D부서
 – B부서 → D부서 → A부서 → E부서 → C부서
 – B부서 → D부서 → E부서 → C부서 → A부서
 – D부서 → A부서 → B부서 → E부서 → C부서
 – D부서 → A부서 → E부서 → C부서 → B부서
 – E부서 → C부서 → A부서 → B부서 → D부서
 – E부서 → C부서 → B부서 → A부서 → D부서
 – E부서 → C부서 → D부서 → A부서 → B부서
 – E부서 → C부서 → D부서 → B부서 → A부서

D부서가 가장 먼저 식사를 한다고 가정하면, 두 번째 순서에는 B부서가 자신의 원래 순서이므로 위치하지 못한다. C부서는 E부서 뒤에 위치해야 하므로 두 번째 순서에 위치하지 못한다. 또한, E부서가 올 경우 C부서는 자신의 원래 위치하게 되므로 적절하지 않다. 따라서 D부서가 첫 번째 순서라면 A부서만이 두 번째 순서에 위치할 수 있다.

05

정답 ④

(가) 강제연상법 : 각종 힌트에서 강제적으로 연결 지어서 발상하는 방법이다.
(나) 자유연상법 : 어떤 생각에서 다른 생각을 떠올리는 작용을 통해 어떤 주제에서 생각나는 것을 열거해 나가는 방법이다.
(다) 비교발상법 : 주제가 본질적으로 닮은 것을 힌트로 하여 새로운 아이디어를 얻는 방법이다.

06

정답 ④

첫 번째 조건에 따라 K연구원은 인재개발원을 방문하고, 네 번째 조건에 따라 경영지원처는 방문하지 않는다. 여섯 번째 조건에 따라 설비진단처와 ICT인프라처는 반드시 방문하게 된다. 세 번째 조건에 따라 전력기반센터는 방문하지 않는다. 두 번째 조건의 대우 명제에 따라 생활연구원은 방문하지 않는다. 다섯 번째 조건에 따라 자재검사처는 방문하지 않는다. 따라서 K연구원은 인재개발원, 설비진단처, ICT인프라처는 방문하고, 경영지원처, 전력기반센터, 생활연구원, 자재검사처는 방문하지 않는다.

07

정답 ③

네 번째ㆍ다섯 번째 명제에 의해, A와 C는 각각 2종류의 동물을 키운다. 또한, 첫 번째ㆍ두 번째ㆍ세 번째 명제에 의해 A는 토끼를 키우지 않는다. 따라서 A는 개와 닭, C는 고양이와 토끼를 키운다. 첫 번째 조건에 의해 D는 닭을 키우므로 C는 키우지 않지만 D가 키우는 동물은 닭이다.

[오답분석]
① 세 번째 명제에 의해 B는 개를 키운다.
② B는 토끼는 키우지 않지만, 고양이는 키울 수도 있다. 하지만 주어진 조건만 가지고 확신할 수 없다.
④ A, B, D 또는 B, C, D는 같은 동물을 키울 수 있다.
⑤ B 또는 D는 3가지 종류의 동물을 키울 수 있다.

08

정답 ①

• 설치할 대지의 면적은 1,500m² 이며 2대를 설치한다. 즉 1대당 필요 면적은 750m² 이하여야 하므로 B를 제외한다.
• 세 번째 요건에 따라 탄소 배출량이 가장 많은 D를 제외한다.
• 1,000kWh당 생산 단가가 97,500원을 초과하지 않으려면 에너지 발전 단가가 97.5원/kWh 미만이어야 하므로 C를 제외한다.
• 1대당 중량 요건에 따라 3톤을 초과하는 E를 제외한다.
따라서 후보 발전기 중 모든 요건을 충족하는 발전기인 A가 설치된다.

09

정답 ④

두 번째ㆍ네 번째 조건에 의해, B는 치통에 사용되는 약이고, A는 세 번째ㆍ네 번째 조건에 의해 몸살에 사용되는 약이다.
∴ A – 몸살, B – 치통, C – 배탈, D – 피부병
두 번째ㆍ다섯 번째 조건에 의해, 은정이의 처방전은 B, 희경이의 처방전은 C에 해당된다. 또한, 마지막 조건에 의해 소미의 처방전은 D에 해당된다.
∴ A – 정선, B – 은정, C – 희경, D – 소미
따라서 희경이는 배탈이 났음을 알 수 있다.

[오답분석]
① 은정이의 치통 환자이다.
② 정선이는 몸살이 났고, 이에 해당하는 약은 A이다.
③ㆍ⑤ 소미는 피부병 환자이며, 이에 해당하는 약은 D이다.

10

먼저 사과 사탕만을 먹은 B, 사과 사탕을 먹지 않은 C, 한 종류의 사탕만 먹은 D는 사과 사탕 1개와 딸기 사탕 1개를 함께 먹은 사람이 아님을 알 수 있다. 따라서 사과 사탕 1개와 딸기 사탕 1개를 함께 먹은 사람은 A 또는 E가 된다.

만약 E가 사과 사탕과 딸기 사탕을 각각 1개씩 먹었다면 A∼D 중 1명은 반드시 딸기 사탕 1개만을 먹어야 한다. 이때, 남은 사과 사탕 1개는 B가 먹었으므로 포도 사탕을 먹지 않은 A가 남은 딸기 사탕 1개를 먹었음을 알 수 있게 된다. 따라서 E는 딸기 사탕을 먹은 두 사람을 모두 알 수 있다. 그러나 E는 딸기 사탕을 먹은 두 명 다 알 수는 없다고 진술하였으므로 사과 사탕 1개와 딸기 사탕 1개를 함께 먹은 사람은 E가 아닌 A가 된다.

구분	A	B	C	D	E
사과	○	○	×	×	×
포도	×	×			
딸기	○	×			

또한 마찬가지로 E가 남은 포도 사탕과 딸기 사탕 중 딸기 사탕을 먹었다면, A가 딸기 사탕 1개를 먹었음을 알 수 있으므로 자신을 포함하여 딸기 사탕을 먹은 사람을 모두 알 수 있다. 따라서 E는 딸기 사탕이 아닌 포도 사탕 1개를 먹었음을 알 수 있다.

11

ⅰ) 월요일에 진료를 하는 경우 첫 번째 명제에 의해, 수요일에 진료를 하지 않는다. 그러면 네 번째 명제에 의해, 금요일에 진료를 한다. 또한 세 번째 명제의 대우에 의해, 화요일에 진료를 하지 않는다. 따라서 월요일, 금요일에 진료를 한다.

ⅱ) 월요일에 진료를 하지 않는 경우 두 번째 명제에 의해, 화요일에 진료를 한다. 그러면 세 번째 명제에 의해, 금요일에 진료를 하지 않는다. 또한 네 번째 명제의 대우에 의해, 수요일에 진료를 한다. 따라서 화요일, 수요일에 진료를 한다.

12

㉠은 Logic Tree 방법에 대한 설명으로, 문제 도출 단계에서 사용되며, ㉡은 3C 분석 방법에 대한 설명으로, 문제 인식 단계의 환경 분석 과정에서 사용된다. ㉢은 Pilot Test에 대한 설명으로, 실행 및 평가 단계에서 사용된다. 마지막으로 ㉣ 해결안을 그룹화하는 방법은 해결안을 도출하는 해결안 개발 단계에서 사용된다. 따라서 문제해결절차에 따라 문제해결방법을 나열하면 ㉡ → ㉠ → ㉣ → ㉢의 순서가 된다.

13

• A : 비판적 사고의 목적은 단순히 주장의 단점을 찾아내는 것이 아니라, 종합적인 분석과 검토를 통해 그 주장이 타당한지 그렇지 않은지를 밝혀내는 것이다.
• D : 비판적 사고는 논증, 추론에 대한 문제의 핵심을 파악하는 방법을 통해 배울 수 있으며, 타고난 것이라고 할 수 없다.

14

해결안별 세부실행내용을 구체적으로 작성하는 것은 실행의 목적과 과정별 진행 내용을 일목요연하게 파악하도록 하는 것으로써 '실행계획 수립' 단계에 해당한다.

오답분석
①・③・④・⑤는 실행 및 'Follow Up' 단계에서 모니터 시 고려할 사항이다.

15

초고령화 사회는 실버산업(기업)을 기준으로 외부환경 요소로 볼 수 있으며, 따라서 기회 요인으로 적절하다.

오답분석

① 제품의 우수한 품질은 기업의 내부환경 요소로 볼 수 있으며, 강점 요인이다.
③ 기업의 비효율적인 업무 프로세스는 기업의 내부환경 요소로 볼 수 있으며, 약점 요인이다.

16

정답 ①

브레인스토밍은 자유연상법의 한 유형으로, 어떤 문제의 해결책을 찾기 위해 여러 사람이 생각나는 대로 아이디어를 제안하는 방식으로 진행된다. 보령시에서 개최한 보고회는 각 부서의 업무에 국한하지 않고 가능한 많은 양의 아이디어를 자유롭게 제출하는 방식으로 진행되었으므로 브레인스토밍 방법이 사용되었음을 알 수 있다.

오답분석

② SCAMPER 기법 : 아이디어를 얻기 위해 의도적으로 시험할 수 있는 대체, 결합, 적용, 변경, 제거, 재배치, 다른 용도로 활용 등 7가지 규칙이다.
③ NM법 : 비교발상법의 한 유형으로, 대상과 비슷한 것을 찾아내 그것을 힌트로 새로운 아이디어를 생각해내는 방법이다.
④ Synectics법 : 비교발상법의 한 유형으로, 서로 관련이 없어 보이는 것들을 조합하여 새로운 것을 도출해내는 아이디어 발상법이다.
⑤ 육색사고모자 기법 : 한정된 역할을 제시하는 여섯 가지 색의 모자를 차례대로 바꾸어 쓰면서 모자 유형대로 생각해 보는 방법이다.

17

정답 ③

문제해결을 위한 방법으로 소프트 어프로치, 하드 어프로치, 퍼실리테이션(Facilitation)이 있다. 그중 마케팅 부장은 연구소 소장과 기획팀 부장 사이에서 의사결정에 서로 공감할 수 있도록 도와주는 일을 하고 있다. 또한, 상대의 입장에서 공감을 해주며, 서로 타협점을 좁혀 생산적인 결과를 도출할 수 있도록 대화를 하고 있다. 따라서 마케팅 부장이 취하는 문제해결방법은 ③이다.

오답분석

① 소프트 어프로치 : 대부분의 기업에서 볼 수 있는 전형적인 스타일로 조직 구성원들은 같은 문화적 토양으로 가지고 이심전심으로 서로를 이해하는 상황을 가정하면, 직접적인 표현보다 무언가를 시사하거나 암시를 통한 의사전달로 문제를 해결하는 방법이다.
② 하드 어프로치 : 다른 문화적 토양을 가지고 있는 구성원을 가정하고, 서로의 생각을 직설적으로 주장하며 논쟁이나 협상을 하는 방법으로 사실과 원칙에 근거한 토론이다.
④ 비판적 사고 : 어떤 주제나 주장 등에 대해 적극적으로 분석하고 종합하며 평가하는 능동적인 사고로 어떤 논증, 추론, 증거, 가치를 표현한 사례를 타당한 것으로 받아들일 것인지 결정을 내릴 때 요구되는 사고력이다.
⑤ 창의적 사고 : 당면한 문제를 해결하기 위해 이미 알고 있는 경험과 지식을 해체하여 다시 새로운 정보로 결합함으로써 가치 있고 참신한 아이디어를 산출하는 사고이다.

18

정답 ③

기존 커피믹스가 잘 팔리고 있어 새로운 것에 도전하지 않는 것으로 보인다. 또한, 기존에 가지고 있는 커피를 기준으로 틀에 갇혀 블랙커피 커피믹스는 만들기 어렵다는 부정적인 시선으로 보고 있기 때문에 '발상의 전환'이 필요하다.

오답분석

① 전략적 사고 : 지금 당면하고 있는 문제와 해결방법에만 국한되어 있지 말고, 상위 시스템 및 다른 문제와 관련이 있는지 생각해 봐야 한다.
② 분석적 사고 : 전체를 각각의 요소로 나누어 그 요소의 의미를 도출한 다음 우선순위를 부여하고 구체적인 문제해결방법을 실행하는 것이다.
④ 내·외부자원의 효과적 활용 : 문제해결 시 기술·재료·방법·사람 등 필요한 자원 확보 계획을 수립하고, 내·외부자원을 활용하는 것을 말한다.
⑤ 성과지향 사고 : 분석적 사고의 하나로 기대하는 결과를 명시하고, 효과적으로 달성하는 방법을 사전에 구상하고 실행에 옮기는 것이다.

19

2월 8일의 날씨 예측 점수를 x점, 2월 16일의 날씨 예측 점수를 y점이라고 하자(단, $x \geq 0$, $y \geq 0$).
2월 1일부터 2월 19일까지의 날씨 예측 점수를 달력에 나타내면 다음과 같다.

구분	월요일	화요일	수요일	목요일	금요일	토요일	일요일
날짜			1일	2일	3일	4일	5일
점수			10점	6점	4점	6점	6점
날짜	6일	7일	8일	9일	10일	11일	12일
점수	4점	10점	x점	10점	4점	2점	10점
날짜	13일	14일	15일	16일	17일	18일	19일
점수	0점	0점	10점	y점	10점	10점	2점

두 번째 조건에 제시된 한 주의 주중 날씨 예측 점수의 평균을 이용해 x와 y의 범위를 구하면 다음과 같다.

• 2월 둘째 주 날씨 예측 점수의 평균 : $\dfrac{4+10+x+10+4}{5} \geq 5 \rightarrow x+28 \geq 25 \rightarrow x \geq -3$

  $\therefore x \geq 0 \ (\because x \geq 0)$

• 2월 셋째 주 날씨 예측 점수의 평균 : $\dfrac{0+0+10+y+10}{5} \geq 5 \rightarrow y+20 \geq 25$

  $\therefore y \geq 5$

세 번째 조건의 요일별 날씨 예측 점수의 평균을 이용하여 x와 y의 범위를 구하면 다음과 같다.

• 수요일 날씨 예측 점수의 평균 : $\dfrac{10+x+10}{3} \leq 7 \rightarrow x+20 \leq 21$

  $\therefore x \leq 1$

• 목요일 날씨 예측 점수의 평균 : $\dfrac{6+10+y}{3} \geq 5 \rightarrow y+16 \geq 15 \rightarrow y \geq -1$

  $\therefore y \geq 0 \ (\because y \geq 0)$

따라서 x의 범위는 $0 \leq x \leq 1$이고, y의 범위는 $y \geq 5$이다.
2월 8일의 예측 날씨는 맑음이고, 예측 점수의 범위는 $0 \leq x \leq 1$이므로 2월 8일의 실제 날씨는 눈・비이다. 그리고 2월 16일의 예측 날씨는 눈・비이고 예측 점수의 범위는 $y \geq 5$이므로 2월 16일의 실제 날씨는 흐림 또는 눈・비이다. 따라서 실제 날씨로 옳게 짝지은 것은 ③이다.

20

• 철수 : C・D・F는 포인트 적립이 안 되므로 해당 사항이 없다.
• 영희 : A는 배송비가 없으므로 해당 사항이 없다.
• 민수 : A・B・C는 주문 취소가 가능하므로 해당 사항이 없다.
• 철호 : A・D는 배송비, E는 송금수수료, F는 환불 및 송금수수료가 없으므로 해당 사항이 없다.

21

ㄴ. 사슴의 남은 수명이 20년인 경우, 사슴으로 계속 살아갈 경우의 총효용은 $20 \times 40 = 800$인 반면, 독수리로 살 경우의 효용은 $(20-5) \times 50 = 750$이다. 따라서 사슴은 총효용이 줄어드는 선택은 하지 않는다고 하였으므로 독수리를 선택하지 않을 것이다.
ㄷ. 사슴의 남은 수명을 x년이라 할 때, 사자를 선택했을 때의 총효용은 $(x-14) \times 250$이며, 호랑이를 선택했을 때의 총효용은 $(x-13) \times 200$이다. 이 둘을 연립하면 $x=18$이다. 따라서 사슴의 남은 수명이 18년일 때 둘의 총효용이 같게 된다.

[오답분석]

ㄱ. 사슴의 남은 수명이 13년인 경우, 사슴으로 계속 살아갈 경우의 총효용은 $13 \times 40 = 520$인 반면, 곰으로 살 경우의 효용은 $(13-11) \times 170 = 340$이다. 따라서 사슴은 총효용이 줄어드는 선택은 하지 않는다고 하였으므로 곰을 선택하지 않을 것이다.

CHAPTER 03 문제해결능력 • **37**

22

주어진 조건에 근거하여 가능한 경우를 정리하면 다음과 같다.

부서	사원	팀장
A	?	윤 or 박
B	박 or 오	박 or 오
C	윤 or 박	윤 or 박

조건 중 A부서 팀장의 성이 C부서의 사원과 같다고 하였으므로 다음 두 가지 경우를 생각할 수 있다.

ⅰ) C부서 사원의 성이 '박' 씨인 경우

C부서 사원의 성이 '박' 씨이므로 A부서의 팀장도 '박' 씨이다. 같은 성씨인 사원과 팀장은 같은 부서에 근무하지 않으므로 C부서의 팀장은 '윤' 씨가 된다. B부서의 사원 또는 B부서 팀장의 성은 '박' 씨와 '오' 씨 중에 하나가 되는데, '박' 씨는 C부서의 사원과 A부서의 팀장의 성이므로 B부서의 사원과 B부서의 팀장은 '오' 씨가 된다. 이때, 같은 성씨인 사원과 팀장은 같은 부서에서 근무할 수 없으므로 조건에 어긋나게 된다.

부서	사원	팀장
A	윤	박
B	오	오
C	박	윤

ⅱ) C부서 사원의 성이 '윤' 씨인 경우

C부서 사원의 성이 '윤' 씨이므로 A부서의 팀장도 '윤' 씨이다. 같은 성씨인 사원과 팀장은 같은 부서에 근무하지 않으므로 C부서의 팀장은 '박' 씨가 된다. 같은 조건에 따라 B부서의 팀장은 '오' 씨이고 B부서의 사원은 '박' 씨이다. 그러므로 A부서의 사원은 '오' 씨 성을 가진 사원이다.

부서	사원	팀장
A	오	윤
B	박	오
C	윤	박

따라서 같은 부서에 소속된 사원과 팀장의 성씨가 올바르게 짝지어진 것은 ①이다.

23

R(Realistic)은 현실성을 의미하므로 실현 가능한 것을 계획해야 한다. 삶을 영위하는 데 있어 교통비나 식비 등의 생활비가 발생하므로 모든 수입을 저금하는 것은 사실상 불가능하다.

SMART 법칙
- S(Specific) : 구체적
- M(Measurable) : 측정 가능한
- A(Action-oriented) : 행동 지향적
- R(Realistic) : 현실성
- T(Time-limited) : 기간
- ※ SMART의 단어는 사전적으로 정의되지 않아 다른 단어를 사용하는 경우가 있다.
  예 A(Achievable), R(Result-oriented, Relevant), T(Time-based, Time-bound, Timely) 등

24

마인드맵 기법은 한 가지 동일한 일에 대해 마음속에 흩어진 생각과 정보들을 다발처럼 연결된 지도로 그리면서 그 해결책을 찾아가는 기법으로, 한 키워드를 중심으로 연상되는 생각들을 연결해 나가며 당면한 가능성을 생각해 나간다. 마인드맵 기법을 활용할 경우 시간이 오래 걸리지 않아 시간을 효과적으로 쓸 수 있다.

오답분석
① 마인드맵 기법, 클러스터 기법, 웹 기법 등으로 불린다.
② 브레인스토밍이나 프로젝트 경영에 사용되면서 널리 알려졌다.
④ 기록하면 시야가 좁아지고, 적는 습관은 두뇌의 종합적 사고를 가로막는다는 이론에서 시작되었다.
⑤ 연상 작용을 통해 잠재의식을 표면화하는 데 도움을 준다.

25

정답 ③

우선 아랍에미리트에는 해외 EPS센터가 없으므로 제외한다. 또한, 한국 기업이 100개 이상 진출해 있어야 한다는 두 번째 조건으로 인도네시아와 중국으로 후보를 좁힐 수 있으나 '우리나라 사람들의 해외취업을 위한 박람회'이므로 성공적인 박람회 개최를 위해선 취업까지 이어지는 것이 중요하다. 중국의 경우 청년 실업률은 높지만 경쟁력 부분에서 현지 기업의 80% 이상이 우리나라 사람을 고용하기를 원하므로 중국 청년 실업률과는 별개로 우리나라 사람들의 취업이 쉽게 이루어질 수 있음을 알 수 있다. 따라서 중국이 적절하다.

26

정답 ③

오늘 아침의 상황 중 은희의 취향과 관련된 부분을 뽑아내면 다음과 같다.
• 스트레스를 받음
• 배가 고픔
• 피곤한 상황
• 커피만 마심
• 휘핑크림은 넣지 않음
먼저, 스트레스를 받았다고 하였으므로 휘핑크림이나 우유거품을 추가해야 하나 마지막 조건에서 휘핑크림을 넣지 않는다고 하였으므로 우유거품만을 추가함을 알 수 있다. 또한, 배가 고픈 상황이므로 데운 우유가 들어간 커피를 마시게 된다. 따라서 이 모두를 포함한 카푸치노를 주문할 것임을 추론할 수 있다.

27

정답 ④

ㄴ. 간편식 점심에 대한 회사원들의 수요가 증가함에 따라 계절 채소를 이용한 샐러드 런치 메뉴를 출시하는 것은 강점을 통해 기회를 포착하는 SO전략에 해당한다.
ㄹ. 경기 침체로 인한 외식 소비가 위축되고 있는 상황에서 주변 회사와의 제휴를 통해 할인 서비스를 제공하는 것은 약점을 보완하여 위협을 회피하는 WT전략에 해당한다.

오답분석

ㄱ. 다양한 연령층을 고려한 메뉴가 강점에 해당하기는 하나, 샐러드 도시락 가게에서 한식 도시락을 출시하는 것은 적절한 전략으로 볼 수 없다.
ㄷ. 홍보 및 마케팅 전략의 부재가 약점에 해당하므로 약점을 보완하기 위해서는 적극적인 홍보 활동을 펼쳐야 한다. 따라서 홍보 방안보다 먼저 품질 향상 방안을 마련하는 것은 적절한 전략으로 볼 수 없다.

28

정답 ④

각 도입규칙을 논리기호로 나타내면 다음과 같다.
규칙 1. A
규칙 2. ~B → D
규칙 3. E → ~A
규칙 4. F, E, B 중 2개 이상
규칙 5. ~E and F → ~C
규칙 6. 최대한 많은 설비 도입
규칙 1에 따르면 A는 도입하며, 규칙 3의 대우인 A → ~E에 따르면 E는 도입하지 않는다. 규칙 4에 따르면 E를 제외한 F, B를 도입해야 하고, 규칙 5에서 E는 도입하지 않으며, F는 도입하므로 C는 도입하지 않는다. D의 도입 여부는 규칙 1 ~ 5에서는 알 수 없지만, 규칙 6에서 최대한 많은 설비를 도입한다고 하였으므로 D를 도입한다. 따라서 도입할 설비는 A, B, D, F이다.

29

정답 ⑤

우선 면적이 가장 큰 교육시설과 면적이 2번째로 작은 교육시설을 각각 3시간 대관한다고 했다. 면적이 가장 큰 교육시설은 강의실(대)이며 면적이 2번째로 작은 교육시설은 강의실(중)이다.

• 강의실(대)의 대관료 : (129,000+64,500)×1.1=212,850원(∵ 3시간 대관, 토요일 할증)
• 강의실(중)의 대관료 : (65,000+32,500)×1.1=107,250원(∵ 3시간 대관, 토요일 할증)

다목적홀, 이벤트홀, 체육관 중 이벤트홀은 토요일에 휴관이므로 다목적홀과 체육관의 대관료를 비교하면 다음과 같다.

• 다목적홀 : 585,000×1.1=643,500원(∵ 토요일 할증)
• 체육관 : 122,000+61,000=183,000원(∵ 3시간 대관)

즉, 다목적홀과 체육관 중 저렴한 가격으로 이용할 수 있는 곳은 체육관이다.

따라서 K주임에게 안내해야 할 대관료는 212,850+107,250+183,000=503,100원이다.

30

정답 ⑤

㉣의 동기화 단계는 실제 행동으로 실현하고자 하는 동기나 욕구의 과정을 말하는 것으로 강화 기대에 따라 동기화의 결과가 달라진다. 카메라로 모델의 행동을 촬영하는 것은 동기화 단계와 관련이 없다.

반두라 관찰학습 4단계
1. 주의집중 단계 : 모델의 행동을 관찰하는 단계
2. 보존(파지) 단계 : 모델의 행동을 상징적인 형태로 기억하는 단계
3. 운동재생 단계 : 모델의 행동을 따라해 보는 단계
4. 동기화 단계 : 관찰한 것을 수행할 것인지 강화를 받게 되는 단계

기출예상문제 정답 및 해설

자원관리능력

01	02	03	04	05	06	07	08	09	10	11	12	13	14	15	16	17	18	19	20
①	⑤	④	③	①	②	②	③	③	④	③	④	④	③	②	③	③	④	④	④

01

정답 ①

A의 일회용기 사용은 자원보다는 자신을 최우선적으로 추구하기 때문에 나타나는 물적 자원 낭비에 해당한다. 따라서 편리성 추구로 인한 결과로 볼 수 있다.

오답분석

②・③ 자원 관리의 중요성을 인식하면서도 자원 관리에 대한 경험이나 노하우가 부족하기 때문에 효과적인 방법을 활용할 줄 모르는 경우를 의미한다.

④ 자원을 어떻게 활용할 것인가에 대한 계획 없이 충동적・즉흥적으로 행동하여 자신이 활용할 수 있는 자원들을 낭비하는 경우를 의미한다. 이러한 사람은 대개 목표치가 매우 낮거나 없기 때문에 얼마나 낭비하는지조차 깨닫지 못한다.

⑤ 자신이 가지고 있는 중요한 자원을 인식하지 못하는 것을 의미하는데, 이는 자원을 물적 자원에 국한하여 생각하기 때문에 무의식적으로 중요한 자원을 낭비하게 되는 것이다.

02

정답 ⑤

현재 A의 부서 배치는 그의 성격을 고려하지 않은 것으로, 이는 A의 업무 능력을 떨어뜨린다. 따라서 이에 팀의 효율성을 높이기 위해 팀원의 능력・성격을 고려해 배치하는 적재적소 배치 방법이 필요하다.

오답분석

① 능력 배치 : 개인에게 능력을 발휘할 수 있는 기회와 장소를 부여한 뒤, 그 성과를 바르게 평가하고 평가된 능력과 실적에 대해 상응하는 보상을 하는 원칙을 말한다.

② 균형 배치 : 모든 팀원에 대한 평등한 적재적소, 즉 팀 전체의 적재적소를 고려하는 것으로 팀 전체의 능력 향상, 의식 개혁, 사기 앙양 등을 도모하는 의미에서 전체와 개체의 균형을 이루도록 하는 배치이다.

③ 양적 배치 : 작업량과 조업도, 여유 또는 부족 인원을 감안해 소요 인원을 결정해 배치하는 것을 말한다.

④ 적성 배치 : 팀원의 적성 및 흥미에 따라 배치하는 것으로, 이는 적성에 맞고 흥미를 가질 때 성과가 높아진다는 것을 가정한 배치 방법이다.

03

정답 ④

회전 대응 보관의 원칙이란 입・출하의 빈도가 높은 품목을 출입구 가까운 곳에 보관하는 것을 말한다.

오답분석

① 통로 대면의 원칙 : 물품의 창고 내 입고와 출고를 용이하게 하고, 창고 내의 원활한 흐름과 활성화를 위하여 물품을 통로에 면하여 보관한다.

② 중량 특성의 원칙 : 물품의 중량에 대응하여 보관 장소나 고저를 결정하는 것으로, 무거운 물품일수록 출구와 가까운 하층부에 보관한다.

③ 선입선출의 원칙 : 먼저 보관한 물품을 먼저 출고하는 원칙으로, 일반적으로 상품의 수명 주기가 짧은 경우 적용한다.

⑤ 네트워크 보관의 원칙 : 물품 정리 및 이동 거리의 최소화를 지원하는 방식으로 출하 품목의 연대적 출고가 예상되는 제품을 한데 모아 정리하고 보관한다.

04

정답 ③

보관 물품의 경우에도 물품의 특성에 따른 효율적 구분이 필요하다. 보관 물품이 사용 물품으로 전환되는 경우 해당 물품을 찾기 위한 시간이 소요되기 때문이다.

오답분석

① 사용 물품과 보관 물품을 구분하지 않을 경우 가까운 시일 내에 활용하게 될 물품을 보관하다가 다시 꺼내야 하는 경우가 발생할 수 있으므로 처음부터 물품의 사용 여부를 고려하여 보관하여야 한다.

② 모든 물품을 같이 놓아두게 된다면 개별 물품의 훼손이 생길 수 있으므로 물품의 특성을 고려하여 보관 장소를 선정하여야 한다.

④ 유사품을 인접한 장소에 보관하면 특정 물품의 정확한 위치를 모르더라도 대략의 위치를 알고 있으므로 찾는 시간을 단축할 수 있다.

⑤ 재질의 차이에 따라 보관 장소의 차이를 두는 것이 필요한데, 특히 유리의 경우 쉽게 파손될 우려가 있으므로 따로 보관하는 것이 좋다.

05

정답 ①

두 번째 조건에서 총 구매금액이 30만 원 이상이면 총 금액에서 5% 할인을 해 주므로 한 벌당 가격이 $300,000 \div 50 = 6,000$원 이상인 품목은 할인적용이 들어간다. 업체별 품목 금액을 보면 모든 품목이 6,000원 이상이므로 5% 할인 적용대상이다. 따라서 모든 품목이 할인 조건이 적용되어 정가로 비교가 가능하다. 마지막 조건에서 차순위 품목이 1순위 품목보다 총 금액이 20% 이상 저렴한 경우 차순위를 선택하므로 한 벌당 가격으로 계산하면 1순위인 카라 티셔츠의 20% 할인된 가격은 $8,000 \times 0.8 = 6,400$원이다. 정가가 6,400원 이하인 품목은 A업체의 티셔츠이므로 팀장은 1순위 카라 티셔츠보다 2순위인 A업체의 티셔츠를 구입할 것이다.

06

정답 ②

각 분기별 성과평가 점수를 계산하면 다음과 같다.

- 1분기 : $(8 \times 0.4) + (8 \times 0.4) + (6 \times 0.2) = 7.6$
- 2분기 : $(8 \times 0.4) + (6 \times 0.4) + (8 \times 0.2) = 7.2$
- 3분기 : $(10 \times 0.4) + (8 \times 0.4) + (10 \times 0.2) = 9.2$
- 4분기 : $(8 \times 0.4) + (8 \times 0.4) + (8 \times 0.2) = 8.0$

이를 통해 각 분기별 성과급을 계산해 보면, 1분기에 지급되는 성과급은 80만 원, 2분기는 80만 원, 4분기는 90만 원이며, 3분기는 100만 원에 직전분기 차감액(20만 원)의 50%를 가산한 110만 원이다. 따라서 지급되는 성과급의 1년 총액은 360만 원이다.

07

정답 ②

- C사원 : 혁신성, 친화력, 책임감이 '상 – 상 – 중'으로 영업팀의 중요도에 적합하며 창의성과 윤리성은 '하'이지만 영업팀에서 중요하게 생각하지 않는 역량이므로 영업팀으로의 부서배치가 적절하다.
- E사원 : 혁신성, 책임감, 윤리성이 '중 – 상 – 하'로 지원팀의 핵심역량가치에 부합하므로 지원팀으로의 부서배치가 적절하다.

08

정답 ③

인적자원은 자연적인 성장과 성숙은 물론, 오랜 기간 동안에 걸쳐 개발될 수 있는 많은 잠재능력과 자질, 즉 개발가능성을 보유하고 있다. 환경변화와 이에 따른 조직변화가 심할수록 현대조직의 인적자원관리에서 개발가능성이 차지하는 중요성은 더욱 커진다.

09

정답 ③

오답분석

① A지원자 : 9월에 복학 예정이기 때문에 인턴 기간이 연장될 경우 근무할 수 없으므로 부적합하다.

② B지원자 : 경력 사항이 없으므로 부적합하다.

④ D지원자 : 근무 시간(9 ~ 18시) 이후에 업무가 불가능하므로 부적합하다.

⑤ E지원자 : 포토샵을 활용할 수 없으므로 부적합하다.

10

정답 ④

대리와 과장이 2박 3일간 부산 출장비로 받을 수 있는 총 출장비는 다음과 같다.
- 일비 : $(30,000×3)+(50,000×3)=240,000$원
- 교통비 : $(3,200×2)+(121,800×2)+10,300=260,300$원
- 숙박비 : $(120,000×2)+(150,000×2)=540,000$원
- 식비 : $(8,000×3×3)+(10,000×3×3)=162,000$원

따라서 총 출장비는 $240,000+260,300+540,000+162,000=1,202,300$원이다.

11

정답 ③

사원 2명과 대리 1명이 1박 2일간 강릉 출장을 다녀와서 받을 수 있는 총 출장비는 다음과 같다.
- 일비 : $(20,000×2×2)+(30,000×2)=140,000$원
- 교통비 : 0원(자가용 이용)
- 숙박비 : $(80,000×3)=240,000$원
- 식비 : $(6,000×3×2×2)+(8,000×3×2)=120,000$원

따라서 총 출장비는 $140,000+240,000+120,000=500,000$원이다.

12

정답 ④

- 직접비용 : ㉠, ㉡, ㉢, ㉤
- 간접비용 : ㉣, ㉥

직접비용은 제품 또는 서비스를 창출하기 위해 직접 소비된 것으로 여겨지는 비용을 말하며 재료비, 원료와 장비 구입비, 인건비, 출장비 등이 직접비용에 해당한다. 간접비용은 생산에 직접 관련되지 않은 비용을 말하며 광고비, 보험료, 통신비 등이 간접비용에 해당한다.

13

정답 ④

적절한 수준의 여분은 사용 중인 물품의 파손 등 잠재적 위험에 즉시 대응할 수 있어 생산성을 향상시킬 수 있다.

[오답분석]
① 물품의 분실 사례에 해당한다. 물품의 분실은 훼손과 마찬가지로 물품을 다시 구입해야 하므로 경제적인 손실을 가져올 수 있다.
② 물품의 훼손 사례에 해당한다. 물품을 제대로 관리하지 못하여 새로 구입해야 한다면 경제적인 손실이 발생할 수 있다.
③ 분명한 목적 없이 물품을 구입한 사례에 해당한다. 분명한 목적 없이 물품을 구입한 경우 관리가 소홀해지면서 분실, 훼손의 위험이 커질 수 있다.
⑤ 보관 장소를 파악하지 못한 사례에 해당한다. 물품의 위치를 제대로 파악하지 못한다면, 물품을 찾는 시간이 지체되어 어려움을 겪을 수 있다.

14

정답 ③

제시된 자료와 상황의 내용을 이용해 투자액에 따른 득실을 정리하면 다음과 같다.

구분		투자액	감면액	득실
1등급	최우수	2억 1천만 원	2억 4천만 원	+3천만 원
	우수	1억 1천만 원	1억 6천만 원	+5천만 원
2등급	최우수	1억 9천만 원	1억 6천만 원	−3천만 원
	우수	9천만 원	8천만 원	−1천만 원

[오답분석]
ㄷ. 2등급을 받기 위해 투자한 경우, 최소 1천만 원에서 최대 3천만 원의 경제적 손실을 입는다.

15

예상되는 평가점수는 63점이고 에너지효율이 3등급이기 때문에 취·등록세액 감면 혜택을 얻을 수 없다. 추가 투자를 통해서 평가점수와 에너지효율을 높여야 취·등록세액 감면 혜택을 얻게 된다.

오답분석
① 현재 신축건물의 예상되는 친환경 건축물 평가점수는 63점으로 우량 등급이다.
③ 친환경 건축물 우수 등급, 에너지효율 1등급을 받을 때, 경제적 이익이 극대화된다.
④·⑤ 예산 관리는 활동이나 사업에 소요되는 비용을 산정하고, 예산을 편성하는 것뿐만 아니라 예산을 통제하는 것 모두를 포함한다고 할 수 있다.

16

정답 ③

정규시간 외에 초과근무가 있는 날의 시간외근무시간을 구하면 다음과 같다.

근무 요일	초과근무시간			1시간 공제
	출근	야근	소계	
1 ~ 15일	-	-	-	770분
18일(월)	-	70분	70분	10분
20일(수)	60분	20분	80분	20분
21일(목)	30분	70분	100분	40분
25일(월)	60분	90분	150분	90분
26일(화)	30분	160분	190분	130분
27일(수)	30분	100분	130분	70분
합계	-	-	-	1,130분

∴ 1,130분＝18시간 50분
1시간 미만은 절사이므로 7,000×18＝126,000원이다.

17

정답 ③

낮 12시에 출발하여 오후 3시까지 공장에 도착하여야 하므로 이동시간은 3시간 이내여야 한다.

회사	김포공항	울산공항	소요시간
	비행기	택시	
40분	20분(∵ 대기)+1시간	30분	2시간 30분

오답분석

①
회사	서울역	울산역	소요시간
	KTX	택시	
30분	30분(∵ 대기)+2시간 15분	15분	3시간 30분

②
회사	서울역	울산역	소요시간
	KTX	버스	
30분	30분(∵ 대기)+2시간 15분	1시간 20분	4시간 35분

④
회사	김포공항	울산공항	소요시간
	비행기	공항 리무진 버스	
40분	20분(∵ 대기)+1시간	1시간 5분	3시간 5분

회사	김포공항	울산공항	소요시간
	비행기	버스	
40분	20분(∵ 대기)+1시간	1시간 50분	3시간 50분

18

규정에 따르면 여비를 운임·숙박비·식비·일비로 구분하고 있다.
- 운임 : 철도·선박·항공운임에 대해서만 지급한다고 규정하고 있으므로, 버스 또는 택시요금에 대해서는 지급하지 않는다. 따라서 철도운임만 지급되며 일반실 기준으로 실비로 지급하므로 여비는 43,000+43,000=86,000원이다.
- 숙박비 : 1박당 실비로 지급하되, 그 상한액은 40,000원이다. 그러나 출장기간이 2일 이상인 경우에는 출장기간 전체의 총액 한도 내에서 실비로 지급한다고 하였으므로, 3일간의 숙박비는 총 120,000원 내에서 실비가 지급된다. 따라서 B과장이 지출한 숙박비 45,000+30,000+35,000 =110,000원 모두 여비로 지급된다.
- 식비 : 1일당 20,000원으로 여행일수에 따라 지급된다. 총 4일이므로 80,000원이 지급된다.
- 일비 : 1인당 20,000원으로 여행일수에 따라 지급된다. 총 4일이므로 80,000원이 지급된다.

따라서 B과장이 정산받은 여비의 총액은 86,000+110,000+80,000+80,000=356,000원이다.

19

20~21일은 주중이며, 출장 또는 연수 일정이 없고, 부서 이동 전에 해당된다. 따라서 K대리가 A광역시본부의 설비 점검을 수행할 수 있다.

오답분석
① 6~7일은 K대리의 연수 참석 기간이므로 설비 점검을 진행할 수 없다.
② 11~12일은 휴일인 11일을 포함하고 있다.
③ 14~15일 중 15일은 목요일로, K대리가 B도본부로 출장을 가는 날짜이다.
⑤ 27~28일은 K대리가 부서를 이동한 이후이므로 K대리가 아니라 후임자가 A광역시본부로 설비 점검을 하러 간다.

20

경로별 거리의 총합은 다음과 같다.
- 경로 1 : 46.5+127+92.2+72.77=338.47km
- 경로 2 : 31.5+127+92.2+93.7=344.4km
- 경로 3 : 145.2+92.2+22.3+87.69=347.39km
- 경로 4 : 30.6+120.3+72.7+104.56=328.16km
- 경로 5 : 37.4+57.2+31.3+202.53=328.43km

따라서 C과장이 집에서 출장지까지 회사 차로 이동하는 최단거리의 경로는 '경로 4'이다.

01	02	03	04	05	06	07	08	09	10										
③	⑤	③	⑤	④	③	④	①	④	②										

01

정답 ③

K사원과 통화 중인 P고객은 고객의 불만 표현 유형 중 하나인 '빨리빨리형'에 해당한다. 빨리빨리형에 속하는 고객은 성격이 급하고 확신 있는 말이 아니면 잘 믿지 못하는 모습을 보인다. 이러한 경우 '글쎄요, 아마'처럼 애매한 표현은 고객의 불만을 오히려 더 높일 수 있다.

02

정답 ⑤

인간관계의 커다란 손실은 사소한 것으로부터 비롯된다. 즉 대인관계에 있어 상대방의 사소한 일에 대해 관심을 가져야 하며, 이를 위한 작은 친절과 공손함은 매우 중요하다. 이와 반대로 작은 불손, 작은 불친절, 하찮은 무례 등은 감정은행계좌의 막대한 인출을 가져온다.

오답분석
① 책임을 지고 약속을 지키는 것은 중요한 감정예입 행위이며, 약속을 어기는 것은 중대한 인출 행위이다.
② 실수를 인정하고 진지하게 사과하는 것은 감정은행계좌에 신뢰를 예입하는 것이다.
③ 상대방에 대한 칭찬과 배려는 상호 신뢰관계를 형성하고 사람의 마음을 움직이게 하는 중요한 감정예입 행위이다.
④ 상대방의 입장을 이해하고 양보하는 노력은 감정은행계좌에 인격과 신뢰를 쌓는 중요한 예입수단이다.

03

정답 ③

시험 준비는 각자 자신의 성적을 위한 것으로 팀워크의 특징인 공동의 목적으로 보기 어렵다. 또한, 상호관계성을 가지고 협력하는 업무로 보기 어려우므로 팀워크의 사례로 적절하지 않다.

04

정답 ⑤

조직의 의사결정과정이 창의성을 발휘할 수 있는 분위기에서 진행된다면, 적절한 수준의 내부적 갈등은 순기능으로 작용할 수 있다.

05

정답 ④

팀 발달에 따른 리더의 역할
• 형성(Forming) : 독립적인 팀원들은 팀의 목표와 서로에 대한 이해가 부족하므로 리더가 독단적으로 의사를 결정하여 구체적인 목표와 역할을 설정할 수 있는 지시형 리더십이 필요하다.
• 스토밍(Storming) : 팀 내부의 갈등이 높은 시기이므로 리더가 의사를 결정하고 그 이유를 사전에 설명하는 코치형 리더십이 필요하다. 리더는 팀원들이 조직의 목표에 몰입하고 관계를 개선할 수 있도록 노력해야 한다.
• 표준화(Norming) : 리더는 지시적 행위를 자제하고 의사결정 과정에 팀원들을 참여시키는 등의 지원적 태도를 지향하는 지원형 리더십이 필요하다.
• 수행(Performing) : 큰 갈등이 없는 안정적 시기이므로 리더가 아닌 팀에서 의사를 결정한다. 리더는 팀원들이 결정을 하도록 권한을 위임하고, 팀의 과업과 관계 유지 등의 균형을 추구한다.

06
정답 ③

썩은 사과의 법칙에 따르면, 먼저 A사원에게 문제 상황과 기대하는 바를 분명히 전한 뒤 스스로 변화할 기회를 주어야 한다.

07
정답 ④

스스로 하는 일이 없고, 제 몫의 업무를 제대로 수행하지 못하는 A사원은 수동형에 가깝다고 볼 수 있다.

멤버십의 유형

구분	자아상	동료 및 리더의 시각	조직에 대한 자신의 느낌
소외형	• 자립적인 사람 • 일부러 반대의견 제시 • 조직의 양심	• 냉소적 • 부정적 • 고집이 셈	• 자신을 인정해주지 않음 • 적절한 보상이 없음 • 불공정하고 문제가 있음
순응형	• 기쁜 마음으로 과업 수행 • 팀플레이를 함 • 리더나 조직을 믿고 헌신함	• 아이디어가 없음 • 인기 없는 일은 하지 않음 • 조직을 위해 자신과 가족의 요구를 양보함	• 기존 질서를 따르는 것이 중요 • 리더의 의견을 거스르는 것은 어려운 일임 • 획일적인 태도 및 행동에 익숙함
실무형	• 조직의 운영방침에 민감 • 사건을 균형 잡힌 시각으로 봄 • 규정과 규칙에 따라 행동함	• 개인의 이익을 극대화하기 위한 흥정에 능함 • 적당한 열의와 평범한 수완으로 업무 수행	• 규정준수를 강조 • 명령과 계획의 빈번한 변경 • 리더와 부하 간의 비인간적 풍토
수동형	• 판단, 사고를 리더에게 의존 • 지시가 있어야 행동	• 지시를 받지 않고 스스로 하는 일이 없음 • 제 몫을 하지 못함 • 업무 수행에는 감독이 필요	• 조직이 나의 아이디어를 원치 않음 • 노력과 공헌을 해도 아무 소용이 없음 • 리더는 항상 자기 마음대로 함
주도형	• 우리가 추구하는 유형, 모범형 • 독립적·혁신적 사고 • 적극적 참여와 실천		

08
정답 ①

진지한 사과는 감정은행계좌에 신뢰를 예입하는 것이다. 그러나 반복되는 사과는 불성실한 사과와 마찬가지로 받아들여져 신용에 대한 인출이 된다.

[오답분석]
② B의 행위는 자신의 말과 상사의 기대를 저버린 행위이므로 감정은행계좌 인출 행위에 해당한다.
③ 상사 C의 행위는 우산을 빌리지 못한 다른 여직원이 서운함을 느낄 수 있는 행위이므로 감정은행계좌 인출 행위에 해당한다.
④ 책임을 지고 약속을 지키는 것은 감정은행계좌 예입 행위이며, 약속을 어기는 것은 감정은행계좌 인출 행위이다. D의 행위는 팀원과의 약속을 지키지 않은 행위이므로 감정은행계좌 인출 행위에 해당한다.
⑤ 평소 예의가 바르게 보이면서 자리에 없는 사람들에 대해 비난하는 것은 타인의 기대에 부응하지 못한 행위이므로 감정은행계좌 인출 행위이다.

감정은행계좌의 예입 수단
• 상대방에 대한 이해와 양보
• 사소한 일에 대한 관심
• 약속의 이행
• 칭찬하고 감사하는 마음
• 언행일치
• 진지한 사과

09

기러기는 무리를 이끄는 리더십과 이를 받쳐주는 팔로워십을 함께 가지고 장거리 비행을 한다.

• 리더십 : 단체나 공동체의 구성원들에게 미래의 비전을 제시하고, 그들이 자발적으로 그 비전에 참여하고 그 비전을 성취하도록 움직이게 하는 지도자로서의 능력이나 영향력
• 팔로워십 : 부하로서 바람직한 특성과 행동

오답분석

• 헤드십 : 공식적인 계층제적 직위의 권위를 근거로 하여 구성원을 조정하며 동작하게 하는 능력

10

거래처의 관리에 있어서 최초 선정 시 또는 임원이나 동료의 추천 시에는 추천된 업체와 그렇지 않은 업체와의 가격, 서비스 비교를 통해 결정한다. 결정된 업체와는 일정기간을 유지하여 장기거래처로서의 이점을 활용하지만, 오래된 거래업체라고 해도 가끔 타 업체와의 비교분석으로 교차점검을 하는 것이 바람직하다.

기출예상문제 정답 및 해설

정보능력

01	02	03	04	05	06	07	08	09	10
④	①	③	②	④	①	③	④	④	③

01
정답 ④

World Wide Web(www)에 대한 설명으로, 웹은 3차 산업혁명에 큰 영향을 미쳤다.

오답분석

① 스마트 팜
② 3D프린팅
③ 클라우드 컴퓨팅
⑤ 사물인터넷

02
정답 ①

정보관리의 3원칙
• 목적성 : 사용목표가 명확해야 한다.
• 용이성 : 쉽게 작업할 수 있어야 한다.
• 유용성 : 즉시 사용할 수 있어야 한다.

03
정답 ③

세탁기 신상품의 컨셉이 중년층을 대상으로 하기 때문에 성별이 아닌 연령에 따라 자료를 분류하여 중년층의 세탁기 디자인 선호도에 대한 정보가 필요함을 알 수 있다.

04
정답 ②

오답분석

ㄴ. 데이터의 중복을 줄여주며, 검색을 쉽게 해준다.
ㄹ. 데이터의 무결성과 안정성을 높인다.

05
정답 ④

'=IF(판정될 값이나 식, TRUE일 때 돌려주는 값, FALSE일 때 돌려주는 값)'으로, '=MID(돌려줄 문자들이 포함된 문자열, 돌려줄 문자열에서 첫째 문자의 위치, 돌려줄 문자 개수)' 표시된다. [B2] 셀의 8번째 자리의 숫자로 성별을 판단하기 때문에 '=IF(MID(B2,8,1)="1","남성","여성")'가 올바르다.

06
정답 ①

시나리오 관리자에 대한 설명이다.

오답분석

② 목표값 찾기 : 수식의 결괏값은 알고 있지만 그 결괏값을 계산하기 위한 입력값을 모를 때, 입력값을 찾기 위해 사용한다.
③ 부분합 : 전체 데이터를 부분(그룹)으로 분류하여 분석한다.
④ 통합 : 동일시트나 다른 여러 시트에 입력된 데이터들을 일정한 기준에 의해 합쳐서 계산한다.
⑤ 데이터 표 : 특정값의 변화에 따른 결괏값의 변화 과정을 표로 표시한다.

07
정답 ③

숫자, 문자 데이터 등을 한 번에 입력하려면 여러 셀이 선택되어 있는 상태에서 [Ctrl]+[Enter] 키를 눌러서 입력해야 한다.

08
정답 ④

[Shift]+[F5]는 현재 슬라이드부터 프레젠테이션을 실행하는 단축키이다.

오답분석

① [Ctrl]+[S] : 저장하기
② [Ctrl]+[P] : 인쇄하기
③ [Ctrl]+[M] : 새 슬라이드 추가
⑤ [Shift]+[F10] : 바로가기 메뉴를 표시

09
정답 ④

[데이터 유효성] 조건에서 제한 대상 목록은 정수, 소수점, 목록, 날짜, 시간, 텍스트 길이, 사용자 지정이다.

10

정답 ③

영역(Block)의 지정

- 한 단어 영역 지정 : 해당 단어 안에 마우스 포인터를 놓고 2번 클릭한다.
- 한 줄 영역 지정 : 해당 줄의 왼쪽 끝으로 마우스 포인터를 이동하여 포인터가 화살표로 바뀌면 1번 클릭한다.
- 문단 전체 영역 지정
  - 해당 문단의 임의의 위치에 마우스 포인터를 놓고 3번 클릭한다.
  - 문단 내의 한 행 왼쪽 끝에서 마우스 포인터가 화살표로 바뀌면 2번 클릭한다.
- 문서 전체 영역 지정
  - 문단의 왼쪽 끝으로 마우스 포인터를 이동하여 포인터가 화살표로 바뀌면 3번 클릭한다.
  - [편집] 메뉴에서 [모두 선택]을 클릭한다.
  - 문서 내의 임의의 위치에서 [Ctrl]+[A]를 누른다.
  - 문서 내의 한 행 왼쪽 끝에서 마우스 포인터가 화살표로 바뀌면 3번 클릭한다.

기출예상문제 정답 및 해설

기술능력

01	02	03	04	05	06	07	08	09	10
①	⑤	①	④	④	③	①	②	⑤	④

01 　　　　　　　　　　　정답 ①

처음 상태와 바뀐 상태를 비교하면, 1번과 4번 기계는 모양이 바뀌지 않고, 2번 기계는 시계 방향으로 90°, 3번 기계는 시계 반대 방향으로 90° 회전했다. 우선 2번 기계가 시계 방향으로 90° 회전하려면 '○' 또는 '□' 스위치를 눌러야 한다. 이때 '□' 스위치를 누를 경우, 결과가 같아지려면 3번 기계가 180° 회전해야 한다. 즉, 스위치를 추가로 2번 눌러야 한다. 그러므로 '□' 스위치를 누르면 안 된다. 결국 '○'와 '■' 스위치를 누르면 주어진 결과와 같은 형태가 된다.

02 　　　　　　　　　　　정답 ⑤

처음 상태와 바뀐 상태를 비교하면, 1번과 2번 기계는 시계 방향으로 90°, 3번과 4번 기계는 시계 반대 방향으로 90° 회전했다. 우선 1번 기계가 시계 방향으로 90° 회전하려면 '○' 또는 '●' 스위치를 눌러야 한다. 이때 '●' 스위치를 누를 경우, 결과가 같아지려면 4번 기계가 180° 회전해야 한다. 즉, 스위치를 추가로 2번 눌러야 한다. 그러므로 '●' 스위치를 누르면 안 된다. 결국 '○'와 '◑' 스위치를 누르면 주어진 결과와 같은 형태가 된다.

03 　　　　　　　　　　　정답 ①

제시된 자료는 기술 혁신의 예측 어려움, 즉 불확실성에 대해 설명하고 있으므로 ①이 가장 적절하다.

[오답분석]

② 인간의 지식과 경험은 빠른 속도로 축적되고 학습되는 것에 비해, 기술 개발에 참가한 엔지니어의 지식은 문서화되기 어렵기 때문에 다른 사람들에게 쉽게 전파될 수 없어 해당 엔지니어들이 그 기업을 떠나는 경우 기술과 지식의 손실이 크게 발생하여 기술 개발을 지속할 수 없는 경우가 종종 발생한다. 이는 기술 혁신의 지식 집약적 활동이라는 특성 때문이다.

③ 기술 개발로 인한 기술 혁신의 가시적인 성과가 나타나기까지는 비교적 장시간이 필요하다.

④ 기술 혁신은 기업의 기존 조직 운영 절차나 제품 구성, 생산 방식, 나아가 조직의 권력구조 자체에도 새로운 변화를 야기함으로써 조직의 이해관계자 간의 갈등을 유발하는데, 이는 기술 혁신으로 인해 조직 내에서도 이익을 얻는 집단과 손해를 입는 집단이 나뉘기 때문이다.

⑤ 기술 혁신은 연구·개발 부서 단독으로 수행될 수 없다. 예를 들어 새로운 제품에 관한 아이디어는 마케팅 부서를 통해 고객으로부터 수집되었을 것이며, 원재료나 설비는 구매 부서를 통해 얻었을 것이기 때문이다. 이처럼 기술 혁신은 부서 사이의 상호의존성이 있다.

04 　　　　　　　　　　　정답 ④

영상이 희미한 경우 리모컨 메뉴창의 초점 조절 기능을 이용하여 초점을 조절하거나, 투사거리가 초점에서 너무 가깝거나 멀리 떨어져 있지는 않은지 확인해야 한다.

[오답분석]

① 전원이 자동으로 꺼지는 것은 제품을 20시간 지속 사용하여 전원이 자동 차단된 것으로 확인할 수 있다. 발열이 심한 경우는 화면이 나오지 않는 증상의 원인이다.

② 메뉴가 선택되지 않을 때는 메뉴의 글자가 회색으로 나와 있지 않은지 확인해야 한다. 외부기기 연결 상태 확인은 외부기기가 선택되지 않을 때의 조치사항이다.

③ 이상한 소리가 계속해서 날 경우 사용을 중지하고 서비스센터로 문의해야 한다. 제품 배터리 충전 상태 확인은 전원이 들어오지 않거나 화면이 나오지 않을 때 취할 수 있는 조치이다.

⑤ 화면 잔상은 일정시간 정지된 영상을 지속적으로 표시하면 나타날 수 있다. 제품 및 리모컨의 배터리 충전 상태와는 무관하다.

05 　　　　　　　　　　　정답 ④

산업 재해의 예방 대책 순서

1. 안전 관리 조직 : 경영자는 안전 목표를 설정하고, 안전 관리 책임자를 선정하며, 안전 계획을 수립하고, 이를 시행·감독
2. 사실의 발견 : 사고 조사, 안전 점검, 현장 분석, 작업자의 제안 및 여론 조사, 관찰 및 보고서 연구 등을 통하여 사실을 발견
3. 원인 분석 : 재해의 발생 장소, 재해 형태, 재해 정도, 관련 인원, 직원 감독의 적절성, 공구 및 장비의 상태 등을 정확히 분석
4. 시정책 선정 : 원인 분석을 토대로 적절한 시정책, 즉 기술적 개선, 인사 조정 및 교체, 교육, 설득, 공학적 조치 등을 선정
5. 시정책 적용 및 뒤처리 : 안전에 대한 교육 및 훈련 실시, 안전시설과 장비의 결함 개선, 안전 감독 실시 등의 선정된 시정책을 적용

06

정답 ③

기술교양을 지닌 사람들의 특징
- 기술학의 특성과 역할을 이해한다.
- 기술 체계가 설계·사용·통제되는 방법을 이해한다.
- 기술과 관련된 이익을 가치화하고 위험을 평가할 수 있다.
- 기술에 의한 윤리적 딜레마에 대해 합리적으로 반응할 수 있다.

07

정답 ①

제품 매뉴얼은 제품의 설계상 결함이나 위험 요소를 대변해서는 안 된다.

08

정답 ②

화상 방지 시스템을 개발한 이유가 이용자들의 화상을 염려하였다는 점을 볼 때, 기술이 필요한 이유를 설명하는 노와이(Know-Why)의 사례로 적절하다.

09

정답 ⑤

벤치마킹은 비교대상에 따라 내부·경쟁적·비경쟁적·글로벌 벤치마킹으로 분류되며, 네스프레소는 뛰어난 비경쟁 기업의 유사 분야를 대상으로 벤치마킹하는 비경쟁적 벤치마킹을 하고 있다. 비경쟁적 벤치마킹은 아이디어 창출 가능성은 높으나 가공하지 않고 사용하면 실패할 가능성이 높다.

오답분석
① 내부 벤치마킹
②·③ 글로벌 벤치마킹
④ 경쟁적 벤치마킹

10

정답 ④

기술 시스템의 발전 단계
1. 발명·개발·혁신의 단계 : 기술 시스템이 탄생하고 성장
2. 기술 이전의 단계 : 성공적인 기술이 다른 지역으로 이동
3. 기술 경쟁의 단계 : 기술 시스템 사이의 경쟁이 발생
4. 기술 공고화 단계 : 경쟁에서 승리한 기술 시스템의 관성화

01	02	03	04	05	06	07	08	09	10
③	①	③	③	④	④	⑤	②	④	⑤

01

정답 ③

정보통신실의 정보화지원부는 요양기관 업무포털 시스템을 개발하고 운영하는 업무를 담당하므로 정보통신실과 가장 관련 있는 서비스는 ③이다.

오답분석

① · ④ 고객서비스부와 진료비확인부가 각각 담당하는 업무이므로 고객홍보실과 관련이 있다.

② 인재개발부가 담당하는 업무이므로 인재경영실과 관련이 있다.

⑤ 사옥의 시설 관리를 담당하는 관재부의 업무이므로 경영지원실과 관련이 있다.

02

정답 ①

L팀장의 지시 사항에 따라 K대리가 해야 할 일은 회사 차 반납, Z은행 J팀장에게 서류 제출, 영업팀 C팀장에게 회의 자료를 전달, 대표님께 결제 요청이다. 이 가운데 대표의 결제를 받는 일은 가장 먼저 오전 중에 처리해야 한다. 이후 1시에 출근하는 영업팀 C팀장에게 회의 자료를 전달하고, L팀장을 만나 회사 차를 넘겨받아 차 안에 있는 서류를 Z은행 J팀장에게 전달한 뒤 회사 차를 반납해야 한다. 즉, K대리가 해야 할 일의 순서를 정리하면 '대표님께 결제 받기 → 영업부 C팀장에게 회의 자료 전달 → Z은행 J팀장에게 서류 제출 → 회사 차 반납'이 된다.

03

정답 ③

미국에서는 악수를 할 때 상대의 눈이나 얼굴을 봐야 한다. 눈을 피하는 태도를 진실하지 않은 것으로 보기 때문이다. 상대방과 시선을 마주보며 대화하는 것을 실례라고 생각하는 지역은 아프리카이다.

04

정답 ③

㉠ 고유분야였던 S/W에 자원을 집중하는 것은 특정 세분시장만 집중 공략하는 '집중화 전략'에 해당한다.

㉡ 양질의 제품을 최저가격에 판매하고 있으므로 업계에서 가장 낮은 원가로 우위를 확보하는 '원가우위 전략'에 해당한다.

㉢ 비용은 비싸지만 환상적인 풍경과 친절한 서비스를 제공하는 것은 가격 이상의 가치로 브랜드 충성심을 이끌어 내는 '차별화 전략'에 해당한다.

05

정답 ④

경영계획에 따라 경영실행이 이루어지는 경영실행의 단계에서는 조직목적을 달성하기 위한 활동을 수행하고 조직구성원을 관리한다. 따라서 조직구성원 관리는 경영평가의 단계가 아닌 경영실행의 단계에서 이루어진다.

06

정답 ④

조직의 구조, 기능, 규정 등이 조직화되어 있는 것은 공식조직이며, 비공식조직은 개인들의 협동과 상호작용에 따라 형성된 자발적인 집단으로 볼 수 있다. 공식조직은 인간관계에 따라 형성된 비공식조직으로부터 시작되지만, 조직의 규모가 커지면서 점차 조직 구성원들의 행동을 통제할 장치를 마련하게 되고, 이를 통해 공식화된다.

07

정답 ⑤

비영리조직은 공익을 추구하는 특징을 가진다. 기업은 이윤을 목적으로 하는 영리조직이다.

08

정답 ②

구성원들이 보유하고 있는 능력, 스킬, 욕구, 태도 등은 구성원(Staff)에 해당된다. 조직구조(Structure)는 전략을 실행해가기 위한 틀로서 조직도라 할 수 있으며, 구성원들의 역할과 구성원 간 상호관계를 지배하는 공식 요소들(예 권한, 책임)을 포함한다. 제도 · 절차(System)와 함께 구성원들의 행동을 특정 방향으로 유도하는 역할을 한다.

맥킨지 7S 모델(McKinsey 7S Model)

• 공유가치(Shared Value) : 모든 조직 구성원들이 공유하는 기업의 핵심 이념이나 가치관, 목적 등을 말한다.

• 전략(Strategy) : 조직의 장기적 계획 및 목표를 달성하기 위한 수단이나 방법을 말한다.

• 제도 · 절차(System) : 조직의 관리체계나 운영절차, 제도 등을 말한다.

• 조직구조(Structure) : 전략을 실행해 가기 위한 틀로서, 조직도라 할 수 있다.

- 리더십 스타일(Style) : 조직을 이끌어 나가는 관리자의 경영방식이나 리더십 스타일을 말한다.
- 관리기술(Skill) : 전략을 실행하는 데 필요한 구체적 요소를 말한다.
- 구성원(Staff) : 조직 내 인력 구성을 말한다. 구성원들의 단순한 인력 구성 현황을 의미하기보다는 구성원들이 보유하고 있는 능력, 스킬, 욕구, 태도 등을 포함한다.

09 　　　　　　　　　　정답 ④

조직이나 개인의 업무지침 모두 환경의 변화에 따라 신속하게 수정되지 않으면 오히려 잘못된 결과를 낳을 수 있으므로 3개월에 한 번 정도 지속적인 개정이 필요하다.

10 　　　　　　　　　　정답 ⑤

조립, 생산 등과 같은 업무는 주로 주어진 절차에 따라 이루어지는 반면 연구, 개발 등과 같은 업무는 자율적이고 재량권이 많다.

CHAPTER 09

기출예상문제 정답 및 해설

자기개발능력

01	02	03	04	05	06	07	08	09	10
②	③	⑤	①	②	②	③	③	②	④

01   정답 ②

수정해야 될 내용은 '비슷한 업무라도 업무를 나누어 처리한다.', '다른 사람과 같은 방식으로 일한다.' 2가지이다.

전문가들의 의견에 따르면 10개의 비슷한 업무를 한꺼번에 처리하면 첫 번째 일을 하는데 드는 시간의 20% 정도 밖에 걸리지 않을 정도로 효율적으로 일을 할 수 있다고 한다. 그리고 다른 사람이 일하는 방식과 다른 방식으로 생각하다 보면, 의외로 다른 사람들이 발견하지 못한 더 좋은 해결책을 발견하는 경우가 있다. 따라서 업무수행 성과를 높이기 위해서는 비슷한 업무를 묶어서 처리하고, 다른 사람과 다른 방식으로 일하도록 한다.

자기자본이익률(ROE)

자기자본이익률이란 경영자가 기업에 투자된 주주의 자본을 사용해 어느 정도 이익을 올리고 있는가를 나타내는 지표이다. 이에 빗대어 개인의 업무수행에서도 자기자본이익률을 높이기 위하여 자신의 생활을 전략적으로 기획하고, 정한 시간 내에 목표를 달성하기 위하여 어떻게 하는 것이 가장 효과적인지를 고려해 볼 수 있다.

02   정답 ③

구체적인 일정은 월간 계획 → 주간 계획 → 1일 계획의 순서로 작성한다. 월간 계획은 보다 장기적인 관점에서 계획하고 준비해야 될 일을 작성하며, 주간 계획은 우선순위가 높은 일을 먼저 하도록 계획을 세우고, 1일 계획은 이를 보다 자세하게 시간 단위로 작성한다.

03   정답 ⑤

매슬로의 인간의 욕구 5단계와 인간의 감정에 대해 설명한 점, 인간의 사고가 자기중심적이라는 점을 볼 때, 제시문에서 설명하는 자기개발에 실패하는 원인은 ㄷ, ㅁ으로 볼 수 있다.

자기개발에 실패하는 원인
- 인간의 욕구와 감정이 작용하기 때문이다.
- 제한적으로 사고하기 때문이다.
- 문화적인 장애(가정, 사회, 직장 등 외부적인 요인)에 부딪히기 때문이다.
- 자기개발 방법을 잘 모르기 때문이다.

04   정답 ①

R대리와 S과장은 경력개발의 이유로 환경변화를 이야기하고 있다. 환경변화에 따른 개발 요인에는 지식정보의 빠른 변화, 인력난 심화, 삶의 질, 중견사원 이직 증가 등이 있다.

05   정답 ②

활동목표는 실제적이고 성취 가능한 목표를 설정하는 것이 적절하다. '자신이 현재 수행하고 있는 역할과 능력은 무엇인지.', '역할들 간에 상충되는 것은 없는지.', '현재 변화되어야 할 것은 없는지.'와 같은 질문을 통해 역할들에 상응하는 활동목표를 설정해야 한다.

06   정답 ②

K사원의 워크시트 중 '상사 / 동료의 지원 정도'를 보면 상사와 동료 모두 자기 업무에 바빠 업무 지침에 해당되는 업무를 지원하는 데 한계가 있다고 적혀 있다. 따라서 ②의 경우 팀원들이 조사한 만족도 조사를 받는 것은 한계가 있으므로, 업무수행 성과를 높이기 위한 전략으로 보기 어렵다.

07   정답 ③

자기개발이 자신의 직위와 직급을 향상시키기 위해서 필요하다는 내용은 확인할 수 없다. 자기개발은 효과적으로 업무를 처리하기 위하여, 즉 업무의 성과를 향상시키기 위해서 필요한 것이며, 직위와 직급 향상은 이를 통해 부차적으로 얻게 된다.

08   정답 ③

㉠ 자신뿐만 아니라 타인도 알고 있는 공개된 자아에 해당한다.
㉡ 스스로는 알고 있지만 타인이 모르는 숨겨진 자아에 해당한다.
㉢ 자신은 모르지만 타인이 알고 있는 눈먼 자아에 해당한다.

조해리의 창(Johari's Window)

	자신이 안다	자신이 모른다
타인이 안다	공개된 자아	눈먼 자아
타인이 모른다	숨겨진 자아	아무도 모르는 자아

09

브랜드를 소유하거나 사용해 보고 싶다는 동기를 유발하는 것처럼, 사람들로부터 자신을 찾게 하기 위해서는 다른 사람과 다른 차별성을 가질 필요가 있다. 이를 위해서는 시대를 앞서 나가 다른 사람과 구별되는 능력을 끊임없이 개발해야 한다.

10

정답 ④

ⓒ은 긴급하면서도 중요한 문제이므로 제일 먼저 해결해야 하는 1순위에 해당하며, ⓛ은 중요하지만 상대적으로 긴급하지 않으므로 계획하고 준비해야 할 문제인 2순위에 해당한다. ⓣ은 긴급하지만 상대적으로 중요하지 않은 업무이므로 3순위에 해당하고, 마지막으로 중요하지도 긴급하지도 않은 ⓔ은 4순위에 해당한다.

01	02	03	04	05	06	07	08	09	10
⑤	①	③	⑤	③	①	④	③	④	④

01　　　　　　　　　　　정답 ⑤

제시문의 '이것'은 기업의 사회적 책임(CSR)을 말한다. 기업이 자사의 직원 복지에 투자하는 것은 기업의 사회적 책임과 관련이 없으며, 사회적 상생을 위한 투자나 지역 발전을 위한 투자 등이 사회적 책임에 해당한다.

02　　　　　　　　　　　정답 ①

성희롱 사건은 비공개로 처리해야 한다.

03　　　　　　　　　　　정답 ③

• B사원 : 직장에서의 근면한 생활을 위해서는 일에 지장이 없도록 항상 건강 관리에 유의해야 한다.
• C대리 : 오늘 할 일을 내일로 미루지 않고, 업무 시간에 개인적인 일을 삼가야 한다.

[오답분석]
• A사원 : 항상 일을 배우는 자세로 임하여 열심히 해야 한다.
• D대리 : 사무실 내에서 메신저 등을 통해 사적인 대화를 나누지 않는다.

04　　　　　　　　　　　정답 ⑤

업무의 공공성을 바탕으로 공사구분을 명확히 하고, 모든 것을 숨김없이 투명하게 처리하는 원칙은 객관성의 원칙이다.

직업윤리의 5대 원칙
• 객관성의 원칙
• 고객중심의 원칙
• 전문성의 원칙
• 정직과 신용의 원칙
• 공정경쟁의 원칙

05　　　　　　　　　　　정답 ③

(가) 공리주의 : 최대 다수를 위한 최대 행복이 의사결정의 합리적 판단 기준이 된다.
(나) 권리 : 헌법과 법에 의해 보호되는 기본적인 권리를 의사결정의 기준으로 삼는다.
(다) 공정성 : 이익과 비용에 대한 공평한 배분과 공정한 과정을 중시한다.

06　　　　　　　　　　　정답 ①

일반적 직업의 의미에서 직업은 경제적 보상받는 일이므로 예솔이의 이야기는 적절하지 않다.

일반적 직업의 의미
• 직업은 경제적 보상을 받는 일이다.
• 직업은 노력이 소용되는 일이다.
• 직업은 계속적으로 수행하는 일이다.
• 직업은 사회적 효용성이 있는 일이다.
• 직업은 생계를 유지하는 일이다.

07　　　　　　　　　　　정답 ④

직업의 특성
• 계속성 : 직업은 일정 기간 계속 수행되어야 한다.
• 사회성 : 직업을 통하여 사회에 봉사하게 된다.
• 경제성 : 직업을 통하여 일정한 수입을 얻고, 경제 발전에 기여하여야 한다.

08　　　　　　　　　　　정답 ③

㉠·㉣ 윤리적인 문제에 대하여 제대로 인식하지 못한 채 취해야 할 행동을 취하지 않는 도덕적 타성에 속한다.
㉡·㉢ 자신의 행위가 나쁜 결과를 가져올 수 있다는 것을 모르는 도덕적 태만에 속한다.

비윤리적 행위의 유형
• 도덕적 타성 : 직면하는 윤리적 문제에 대하여 무감각하거나 행동하지 않는 것
• 도덕적 태만 : 비윤리적인 결과를 피하기 위해 일반적으로 필요한 주의나 관심을 기울이지 않는 것
• 거짓말 : 상대를 속이려는 의도로 표현되는 메시지

국가 청렴도가 낮은 문제를 해결하기 위해서 청렴을 강조한 전통 윤리를 강조할 필요가 있다. 이에 개인을 넘어서 공동체, 나아가 국가의 공사(公事)를 우선하는 봉공 정신, 청빈한 생활 태도를 유지하면서 국가의 일에 충심을 다하려는 청백리 정신을 실천하는 자세가 필요하다.

ⓒ・ⓒ 역선택은 시장에서 거래를 할 때 주체 간 정보 비대칭으로 인해 가진 정보가 부족한 측이 불리한 선택을 하게 되어 경제적 비효율이 발생하는 상황을 말한다.

오답분석

㉠・㉣ 도덕적 해이와 관련된 사례이다. 도덕적 해이는 감추어진 행동이 문제가 되는 상황에서 정보를 가진 측이 정보를 가지지 못한 측의 이익에 반하는 행동을 취하는 경향을 말한다. 역선택이 거래 이전에 발생하는 문제라면, 도덕적 해이는 거래가 발생한 후 정보를 더 많이 가지고 있는 사람이 바람직하지 않은 행위를 하는 것을 말한다.

실전모의고사

정답 및 해설

01	02	03	04	05	06	07	08	09	10	11	12	13	14	15	16	17	18	19	20
⑤	③	⑤	③	①	④	④	③	②	②	③	③	②	①	④	①	④	⑤	⑤	④
21	**22**	**23**	**24**	**25**	**26**	**27**	**28**	**29**	**30**	**31**	**32**	**33**	**34**	**35**	**36**	**37**	**38**	**39**	**40**
④	④	④	④	③	③	①	①	④	③	④	③	①	②	①	①	①	④	①	④
41	**42**	**43**	**44**	**45**	**46**	**47**	**48**	**49**	**50**	**51**	**52**	**53**	**54**	**55**	**56**	**57**	**58**	**59**	**60**
③	⑤	⑤	①	②	①	⑤	①	③	①	③	⑤	④	⑤	④	③	②	①	②	④
61	**62**	**63**	**64**	**65**	**66**	**67**	**68**	**69**	**70**										
③	④	①	②	③	①	③	③	③	③										

01

정답 ⑤

⑤는 제11조 제1항에 해당하는 내용이다.

오답분석

① 응급조치에 소요된 비용에 대해서는 제16조 제2항의 규정을 적용하지만, 제16조 제2항의 규정이 제시되어 있지 않아 비용을 누가 부담하는지 알 수 없다.
② 설계상의 하자나 '갑'의 요구에 의한 작업으로 인한 재해에 대해서는 책임이 없다.
③ '을'은 공사감리자로부터 요청이 있으면 상세시공도면을 작성해야 하지만, 그렇지 않은 경우에는 어떻게 해야 하는지 알 수 없다.
④ '을'은 재해 방지를 위해 미리 긴급조치를 취하고 즉시 이를 '갑'에게 통지해야 한다.

02

정답 ③

기계가 1대씩 늘어날수록 생산할 수 있는 제품 개수는 2개씩 늘어난다. 이를 등차수열로 나타내면 첫째항 $a=5$이고, 공차 $d=2$인 $a_n=a+d(n-1)$ → $a_n=5+2(n-1)$ → $a_n=2n+3$이 된다. 따라서 기계 30대를 사용하여 생산할 수 있는 제품의 개수는 $a_{30}=2\times30+3=63$개이다.

03

정답 ⑤

헤밍웨이의 마지막 대답을 통해 위스키 회사 간부가 협상의 대상인 헤밍웨이를 분석하지 못하였음을 알 수 있다. 헤밍웨이의 특징, 성격 등을 파악하고 헤밍웨이로 하여금 신뢰감을 느낄 수 있도록 협상을 진행하였다면 협상의 성공률은 높아졌을 것이다.

04

정답 ③

• 외국어 학습을 하는 직원의 수 : $500\times\dfrac{30.2}{100}=151$명

• 체력단련을 하는 직원의 수 : $500\times\dfrac{15.6}{100}=78$명

따라서 외국어 학습 또는 체력단련을 하는 직원의 수는 $151+78=229$명이다.

① 일주일에 1시간에서 3시간 사이의 자기계발 시간을 갖는 직원의 비율은 48.4%이므로 전체 직원의 반이 넘지 않는다.

② 자기계발에 30만 원 이상 50만 원 이하로 투자하는 직원의 수가 가장 적다.

④ • 자기계발에 3시간 초과 6시간 이하를 투자하는 직원의 수 : $500 \times \dfrac{16.6}{100} = 83$명

• 자기계발에 6시간을 초과하는 직원의 수 : $500 \times \dfrac{19.8}{100} = 99$명

따라서 3시간 초과 6시간 이하를 투자하는 직원은 6시간을 초과하는 직원보다 $99 - 83 = 16$명 적다.

⑤ 가장 많은 비율을 차지하는 자기계발 분야는 해당직무 전문분야이고, 가장 적은 비율을 차지하는 자기계발 분야는 인문학 교양분야이다.

• 해당직무 전문분야로 자기계발을 하는 직원의 수 : $500 \times \dfrac{42.6}{100} = 213$명

• 인문학 교양분야로 자기계발을 하는 직원의 수 : $500 \times \dfrac{3.2}{100} = 16$명

따라서 직원 수의 차이는 $213 - 16 = 197$명이다.

05
정답 ①

원 그래프는 부분과 부분, 부분과 전체 사이의 비율을 쉽게 알아볼 수 있는 특징을 가지고 있다. 따라서 비율의 크기가 큰 순서로 배열하지 않았고, 비율 표시도 하지 않았으므로 적절하지 않다.

06
정답 ④

④에 대한 내용은 제시문에 나와 있지 않다.

07
정답 ④

인쇄 속도가 느릴 때 해결할 수 있는 방안이다.

08
정답 ③

남성은 〈조건〉에서 B등급 이상인 호텔을 선호한다고 하였으므로 K·M·W호텔이 이에 해당한다. M호텔은 2인실이 없으므로 제외되며, K·W호텔 숙박비와 식비(조식 1, 중식 2, 석식 1)를 구하면 다음과 같다.

• K호텔 : 17만×3+1만×3×6=69만 원

• W호텔 : 15만×3+7,500×4×6=63만 원이다.

따라서 가장 저렴한 W호텔에서 숙박하며, 비용은 63만 원이다.

여성도 B등급 이상인 호텔을 선호한다고 했으므로 K·M·H호텔 가운데 2인실이 없는 M호텔은 제외되며, K·H호텔 중에서 역과 가장 가까운 K호텔에 숙박한다. K호텔의 비용은 17만×2+1만×3×4=46만 원이다.

09
정답 ②

해외시장에서 종이책이 선전함으로써 전자책 이용률이 정체되었다고 하였다. 하지만 이를 통해 전자책이 종이책보다 경쟁력이 뒤처졌다고 판단할 수 없으며, 국내시장에서의 전자책과 종이책은 서로 보완재, 동력자의 역할로 상생하고 있다고 하였으므로 ②는 적절하지 않은 판단이다.

① 일곱 번째 문단을 통해 알 수 있다.

③ 두 번째 문단과 마지막 문단을 통해 알 수 있다.

④ 첫 번째 문단을 통해 알 수 있다.

⑤ 두 번째 문단을 통해 알 수 있다.

10

100g의 식염수의 농도를 $x\%$라고 하자.

$$100\times\frac{x}{100}+400\times\frac{20}{100}=(100+400)\times\frac{17}{100} \rightarrow x+80=85$$

$$\therefore x=5$$

11

경청이란 다른 사람의 말을 주의 깊게 들으며, 공감하는 능력이다. 경청은 대화의 과정에서 당신에 대한 신뢰를 쌓을 수 있는 최고의 방법이다. 우리가 경청하면 상대는 본능적으로 안도감을 느끼고, 우리가 말을 할 경우 자신도 모르게 더 집중하게 된다.

12

피드백의 효과를 극대화하려면 즉각적(㉠)이고, 정직(㉡)하고 지지(㉢)하는 자세여야 한다.

㉠ 즉각적 : 시간을 낭비하지 않는 것. 다시 말하기를 통해 상대방의 말을 이해했다고 생각하자마자 명료화하고, 바로 피드백을 주는 것이 좋다. 시간이 갈수록 영향력은 줄어든다.

㉡ 정직 : 진정한 반응뿐만 아니라 조정하고자 하는 마음, 또는 보이고 싶지 않은 부정적인 느낌까지 보여주어야 한다.

㉢ 지지 : 정직하다고 해서 잔인해서는 안 된다. 부정적인 의견을 표현할 때도 상대방의 자존심을 상하게 하거나 약점을 이용하거나 위협적인 표현 방법을 택하는 대신에 부드럽게 표현하는 방법을 사용하여야 한다.

13

제시된 정보를 미지수로 나타내어 대소비교를 하면

- 작약(a)을 받은 사람은 카라(b)를 받은 사람보다 적다. → $a<b$
- 수국(c)을 받은 사람은 작약(a)을 받은 사람보다 적다. → $c<a$
- 장미(d)를 받은 사람은 수국(c)을 받은 사람보다 많고, 작약(a)을 받은 사람보다 적다. → $c<d<a$

따라서 개수의 대소는 $c<d<a<b$ → 수국<장미<작약<카라이다.

$a+b+c+d=12$를 만족하는 종류별 꽃의 개수는 두 가지이다.

(단위 : 송이)

구분	수국	장미	작약	카라
경우 1	1	2	4	5
경우 2	1	2	3	6

ㄴ. 사람들에게 한 송이씩 나눠줬다고 했으므로 꽃을 받은 인원이 나눠준 꽃의 개수가 된다. 따라서 카라는 5송이, 작약이 4송이이면, 전체 12송이 중에서 장미와 수국은 합해서 3송이가 되어야 한다. 또한, 꽃은 4종류 모두 한 송이 이상씩 있어야 하고, 장미는 수국보다 많다고 하였으므로 수국이 1송이, 장미가 2송이가 되어 옳은 내용이다.

오답분석

ㄱ. 카라를 받은 사람이 4명이면, 카라가 4송이이고, 4종류의 꽃의 개수가 모두 달라야 대소관계가 성립하므로 작약은 3송이, 장미는 2송이, 수국은 1송이가 된다. 하지만 모두 합하면 10송이밖에 안 되므로 옳지 않은 설명이다.

ㄷ. 수국을 받은 사람이 2명이면, 최소로 해도 수국 2송이, 장미 3송이, 작약 4송이, 카라 5송이가 되는데, 이것은 총 14송이로 총 12송이보다 많다.

14

LEFT 함수는 텍스트 문자열의 시작 지점부터 지정한 수만큼의 문자를 반환해주는 함수이다. LEFT(B2,4)의 결괏값은 1993이며, ①번 수식의 경우 2019−1993+1로 계산되어 [C2] 셀에 결괏값 27로 나타나게 된다.

15

각 코스의 특징을 설명하면서 코스 주행 시 습득할 수 있는 운전요령을 언급하고 있다.

16

팀의 에너지를 최대로 활용하는 효과적인 팀을 위해서는 팀원들 개인의 강점을 인식하고 활용해야 한다. A의 강점인 꼼꼼하고 차분한 성격과 B의 강점인 친화력을 인식하고 A에게 재고 관리 업무를, B에게 영업 업무를 맡긴다면 팀 에너지를 향상시킬 수 있다.

오답분석
② 효과적인 팀의 조건으로는 문제 해결을 위해 모두가 납득할 수 있는 객관적인 결정이 필요하다.
③ · ④ · ⑤ 효과적인 팀을 위해서 필요하지만, K부장의 상황에 적절한 조언은 아니다.

17

사용 중인 공유기의 IP 주소가 http://190.275.2.3으로 HI-804A의 IP 주소와 동일할 경우 HI-804A 공유기가 아닌 사용 중인 공유기의 IP 주소를 다른 IP 주소로 변경해야 한다.

18

• C부장 : 의사소통 과정에서 '정확히 전달되었는지', '정확히 이해했는지'를 확인하지 않고 순간을 넘겨버린다면 서로 엇갈린 정보를 가지게 된다. 따라서 바람직한 의사소통이 이루어지기 위해서는 반드시 이를 확인해야 한다.
• D부장 : 바람직한 의사소통을 위해서는 상대방의 이야기를 적극적으로 듣고, 감정은 최대한 배제하고 대화한다.

오답분석
• A부장 : '아는 줄 알았는데…'와 같은 평가적이며 판단적인 태도는 바람직한 의사소통을 저해하는 요인이다.
• B부장 : 말하지 않아도 마음이 통하는 관계는 최고의 관계이지만, 업무 현장에서 필요한 것은 마음으로 아는 눈치의 미덕보다 정확한 업무처리이다.

19

전체 단속 건수에서 광주시와 대전시가 차지하는 비율은 광주시가 $\frac{1,090}{20,000} \times 100 = 5.45\%$, 대전시가 $\frac{830}{20,000} \times 100 = 4.15\%$이다. 따라서 광주시가 대전시보다 $5.45 - 4.15 = 1.3\%$p 더 높다.

오답분석
① 수도권(서울·경기·인천)의 단속 건수는 $3,010 + 2,650 + 2,820 = 8,480$건으로 전체 단속 건수에서 차지하는 비중은 $\frac{8,480}{20,000} \times 100 = 42.4\%$이다. 따라서 수도권의 단속 건수는 전체 단속 건수의 절반 미만이다.
② 경기도의 무단횡단·신호위반·과속·불법주정차 위반 건수는 서울시보다 적지만, 음주운전 위반 건수는 서울시보다 많다.
③ 신호위반이 가장 많이 단속된 지역은 980건으로 제주도이지만, 과속이 가장 많이 단속된 지역은 1,380건으로 인천시이다.
④ 울산시의 단속 건수는 1,250건으로 전체 단속 건수 중의 비중은 $\frac{1,250}{20,000} \times 100 = 6.25\%$이다.

20

• 4차 산업혁명이란 사물인터넷, 인공지능, 빅데이터, 블록체인 등 정보통신기술의 '융합'으로 새로운 서비스와 산업이 창출되는 차세대 혁명이다. 4차 산업혁명은 2016년 1월 'WEF; 세계경제포럼'에서 클라우스 슈밥 회장이 사용하면서 전 세계에 영향을 미쳤다.
• 융합 : 다른 종류의 것이 녹아서 서로 구별이 없게 하나로 합하여지거나 그렇게 만듦. 또는 그런 일

따라서 ㉠에는 융합, ㉡에는 WEF가 들어가야 한다.

[오답분석]

• 복합 : 여러 개를 합침
• 집합 : 어떤 조건에 따라 결정되는 요소의 모임
• IMD : 국제경영개발대학원

21

정답 ④

전략정보시스템은 기업의 전략을 실현하여 경쟁우위를 확보하기 위한 목적으로 사용되는 정보시스템으로 기업의 궁극적 목표인 이익에 직접 영향을 줄 수 있는 시장점유율 향상, 매출신장, 신상품 전략, 경영전략 등의 전략계획에 도움을 준다.

[오답분석]

① 비즈니스 프로세스 관리 : 기업 내외의 비즈니스 프로세스를 실제로 드러나게 하고, 비즈니스의 수행과 관련된 사람 및 시스템을 프로세스에 맞게 실행·통제하며, 전체 비즈니스 프로세스를 효율적으로 관리하고 최적화할 수 있는 변화 관리 및 시스템 구현 기법
② 전사적자원관리 : 인사·재무·생산 등 기업의 전 부문에 걸쳐 독립적으로 운영되던 각종 관리시스템의 경영자원을 하나의 통합 시스템으로 재구축함으로써 생산성을 극대화하려는 경영혁신기법
③ 경영정보시스템 : 기업 경영정보를 총괄하는 시스템으로서 의사결정 등을 지원하는 종합시스템
⑤ 의사결정지원시스템 : 컴퓨터의 데이터베이스 기능과 모델 시뮬레이션 기능을 이용하여 경영의 의사결정을 지원하는 시스템

22

정답 ①

지원유형별 채용단계를 파악한 후, 처리비용을 산출하면 다음과 같다.

구분	신입(20건)	인턴(24건)	경력(16건)	합계
접수확인	500×20=10,000원	500×24=12,000원	500×16=8,000원	30,000원
서류심사	1,500×20=30,000원	–	–	30,000원
온라인 인성검사	1,000×20=20,000원	1,000×24=24,000원	–	44,000원
직업기초능력평가	3,000×20=60,000원	–	3,000×16=48,000원	108,000원
직무수행능력평가	2,500×20=50,000원	–	2,500×16=40,000원	90,000원
면접평가	3,000×20=60,000원	3,000×24=72,000원	3,000×16=48,000원	180,000원
합격여부 통지	500×20=10,000원	500×24=12,000원	500×16=8,000원	30,000원
합계	240,000원	120,000원	152,000원	512,000원

채용절차에서 발생하는 총비용은 512,000원으로 예산 50만 원보다 12,000원을 초과하였다. 예산 수준에서 최대한 사용하는 것이 목적이었으므로 접수확인과 합격여부 통지 단계를 제외하면, 비용이 가장 적은 신입의 온라인 인성검사(20,000원)를 생략하는 것이 가장 적절하다.

23

정답 ④

주어진 조건을 살펴보면 채용단계마다 합격률에 의해 지원자 수가 점차 감소한다는 것을 알 수 있다. 따라서 단계마다 발생하는 처리비용은 단계별 합격인원에 따라 달라진다. 주어진 예산 안에서 수용할 수 있는 최대 지원자 수를 알기 위해서는 지원자 수를 임의로 대입하여 검증하거나 역으로 합격자 수를 임의로 대입하여 검증하는 방법으로 추산할 수 있다. 해당 문제의 경우에는 합격자 수를 정하여 검증하는 방법이 더욱 간편하다. 다음은 합격자 수가 1명일 경우의 처리비용과 지원자 수를 구하여 판단하는 과정을 정리한 것이다.

구분	합격인원	채용단계별 처리비용
최종합격자	1명	—
합격여부 통지	1÷0.5=2명	500×2=1,000원
면접평가		3,000×2=6,000원
직무수행능력평가	2÷0.4=5명	2,500×5=12,500원
직업기초능력평가	5÷0.5=10명	3,000×10=30,000원
접수확인	10명	500×10=5,000원
합계	—	54,500원

※ 경력직원 채용절차에는 서류심사와 온라인 인성검사 절차가 없음

즉, 총 10명의 지원자가 있으면 1명의 합격자가 발생하며, 그 비용은 54,500원이다. 따라서 22만 원의 예산 내에서 최대 지원자 수는 220,000÷54,500×10≒40명이다.

24   정답 ④

우리나라는 30개의 회원국 중에서 OECD 순위가 매년 20위 이하이므로 상위권이라 볼 수 없다.

[오답분석]

③ 청렴도는 2014년에 4.5점으로 가장 낮고, 2020년과 차이는 5.4−4.5=0.9점이다.

25   정답 ③

C가 계획을 제대로 실천하지 못한 이유는 직장에 다니고 있기 때문에 개인 시간에 한계가 있는데 그에 비해 계획이 과했기 때문이다(⑤). 그리고 다른 욕구를 이기지 못한 것도 원인이다. 몸이 아파서(내부), 회사 회식에 빠지기 어려워서(외부), 즉 쉬고 싶은 욕구와 다른 사람과 어울리고 싶은 욕구가 계획 실천 욕구보다 강했다(①·④). 이때 C는 자신에게는 그럴 만한 이유가 있었다고 생각했을 것이다(②). 하지만 자기개발에 대한 구체적인 방법을 몰라서 계획을 실천하지 못한 것은 아니다. 업무와 관련한 자격증 강의 듣기, 체력 관리, 친목 다지기 등 계획 자체는 꽤 구체적으로 세웠기 때문이다.

26   정답 ③

ⓒ 일을 할 때는 너무 커다란 업무보다는 작은 단위로 나누어 수행한다. 작은 성공의 경험들이 축적되어 자신에 대한 믿음이 강화되면 보다 큰 일을 할 수 있게 되기 때문이다.

ⓔ 흥미나 적성검사를 통해 자신에게 알맞은 직업을 도출할 수는 있으나 이러한 결과가 직업에서의 성공을 보장하는 것은 아니다. 실제 직장에서는 직장 문화, 풍토 등 외부적인 요인에 의해 적응을 하지 못하는 경우가 발생하기 때문에 기업의 문화와 풍토를 잘 이해하고 활용할 필요가 있다.

27   정답 ①

조직변화의 과정

1. 환경변화 인지
2. 조직변화 방향 수립
3. 조직변화 실행
4. 변화결과 평가

28

K대리가 작성한 업무 수행 시트는 워크 플로 시트로, 일의 흐름을 동적으로 보여주는 데 효과적이다. 워크 플로 시트에서는 도형을 다르게 표현함으로써 주된 작업과 부차적인 작업, 혼자 처리할 수 있는 일과 다른 사람의 협조를 필요로 하는 일 등을 구분해서 표현할 수 있다. K대리의 경우 사각형은 주요 업무를, 타원형은 세부 절차를, 마름모형은 다른 사람과의 협업을 나타낸다. 한편, K대리의 워크 플로 시트에는 각 활동별 소요 시간이 별도로 기재되어 있지 않으므로 업무 단계별로 소요되는 시간을 확인할 수 없으며, 단계별 소요 시간을 나타낼 때는 주로 간트 차트를 사용한다.

29

사람 사이에서는 갈등이 없을 수 없다. 회피하는 것보다는 갈등 그대로를 마주하고 해결을 위해 노력해야 한다. 대부분의 갈등은 어느 정도의 시간이 지난 뒤 겉으로 드러나기 때문에 갈등이 인지되었다면 해결이 급한 상황일 가능성이 높다. 따라서 시간을 두고 지켜보는 것은 적절하지 않다.

30

'1인 가구의 인기 음식(ⓒ)'과 '5세 미만 아동들의 선호 색상(ⓗ)'은 각각 음식과 색상에 대한 자료를 가구, 연령으로 특징지음으로써 자료를 특정한 목적으로 가공한 정보(Information)로 볼 수 있다.

오답분석
⊙·ⓔ·ⓜ 특정한 목적이 없는 자료(Data)의 사례이다.
ⓒ 특정한 목적을 달성하기 위한 지식(Knowledge)의 사례이다.

31

〈보기〉의 자료는 '운동'을 주제로 나열되어 있는 자료임을 알 수 있다. ①·②·③·⑤는 운동을 목적으로 하는 지식의 사례이나, ④는 운동이 아닌 '식이요법'을 목적으로 하는 지식의 사례로 볼 수 있다.

32

• 내로라하다 : 어떤 분야를 대표할 만하다.
• 그러다 보니 : 보조용언 '보다'가 앞 단어와 연결 어미로 이어지는 '−다 보다'의 구성으로 쓰이면 앞말과 띄어 쓴다.

오답분석
① 무엇 보다 → 무엇보다 / 인식해야 만 → 인식해야만
  • 무엇보다 : 앞말이 부사어임을 나타내는 조사로 붙여 쓴다.
  • 인식해야만 : '만'은 한정, 강조를 의미하는 보조사로 붙여 쓴다.
② 두가지를 → 두 가지를 / 조화시키느냐하는 → 조화시키느냐 하는
  • 두 가지를 : 수 관형사는 뒤에 오는 명사 또는 의존 명사와 띄어 쓴다.
  • 조화시키느냐 하는 : 어미 다음에 오는 보조용언 '하다'는 띄어 쓴다.
④ 심사하는만큼 → 심사하는 만큼 / 한 달 간 → 한 달간
  • 심사하는 만큼 : 뒤에 나오는 내용의 원인, 근거를 의미하는 의존 명사로 띄어 쓴다.
  • 한 달간 : '동안'을 의미하는 접미사로 붙여 쓴다.
⑤ 삼라 만상은 → 삼라만상은 / 모순 되는 → 모순되는
  • 삼라만상은 : 우주에 있는 온갖 사물과 현상을 의미하는 명사로 붙여 쓴다.
  • 모순되는 : '모순'이라는 명사에 동사를 만드는 접미사 '−되다'가 붙는 것으로 접미사를 붙여 쓴다.

33

두 번째 문단의 '달러화의 약세 전환에도 불구하고'라는 말을 통해 달러화의 약세가 매출에 부정적 영향을 미침을 알 수 있다. 따라서 달러화의 강세는 반대로 매출액에 부정적 영향이 아니라 긍정적 영향을 끼칠 것임을 알 수 있다.

오답분석

② 두 번째 문단에 따르면 2020년 4분기 영업이익은 직전 분기 대비 50% 감소했다고 했으므로 3분기 영업이익은 4분기 영업이익의 2배임을 알 수 있다.

③ 세 번째 문단에 따르면 A기업은 낸드플래시 시장에서 고용량화 추세가 확대될 것으로 보고 있으므로 시장에서의 수요에 대응하기 위해 고용량 낸드플래시 생산에 대한 투자를 늘릴 것이다.

④ 두 번째 문단의 두 번째 문장에 따르면 기업이 신규 공정으로 전환하는 경우, 이로 인해 원가 부담이 발생한다. 기업 입장에서 원가 부담은 원가의 상승을 의미하므로 옳은 설명이다.

⑤ 첫 번째 문단에서 매출액은 26조 9,907억 원이고, 영업이익은 2조 7,127억 원이다. 따라서 영업이익률은 $\frac{27,127}{269,907} \times 100 ≒ 10\%$이다.

34

(1, 2, 3이 적힌 카드 중 하나 이상을 뽑을 확률)=1-(세 번 모두 4~10이 적힌 카드를 뽑을 확률)

• 세 번 모두 4~10이 적힌 카드를 뽑을 확률 : $\frac{7}{10} \times \frac{6}{9} \times \frac{5}{8} = \frac{7}{24}$

∴ 1, 2, 3이 적힌 카드 중 하나 이상을 뽑을 확률 : $1 - \frac{7}{24} = \frac{17}{24}$

35

㉠은 앞 문장의 내용을 환기하므로 '즉'이 적절하다. ㉡의 앞뒤 문장은 서로 반대되므로 역접 관계인 '그러나'가 적절하다. ㉢은 바로 뒤 문장의 서술어 '~ 때문이다.'라는 표현을 통해 '왜냐하면'이 적절하다. ㉣의 앞 문장에서는 자본주의 발달의 부정적인 측면을 이야기하므로 ㉣에는 부정하는 말 앞에서 '다만', '오직'의 뜻으로 쓰이는 말인 '비단'이 적절하다.

36

B사원은 A대리가 느끼는 부담감을 알지 못하거나 인지하고는 있지만 어떻게 해야 할지 모르는 상황일 수도 있다. 이럴 때는 서로 마음을 터놓고 이야기하며 함께 해결하고자 하는 태도를 가져야 한다.

37

오답분석

② 입사확정번호는 2000년 이후 입사자부터 적용되므로 1998년도 입사자인 L부장은 사원번호를 알 수 없다.

③ 연수 취소는 가능하나 취소 후에 차수 연수는 듣지 못하기 때문에 옳지 않다.

④ D사원의 연수 일정은 2019년 3월 10일이다. 일정 변경은 연수 시작 7일 전까지 가능하므로 6일 전인 3월 4일에는 일정 변경 신청을 할 수 없다.

⑤ E과장의 사원번호 중 입사연도에 해당하는 앞자리 두 개가 09이므로 2009년에 입사한 것을 알 수 있다.

38

C와 G는 부서코드가 틀렸고 이와 함께 오류번호도 틀렸다. C는 마케팅 부서이므로 1325573, G는 지원 부서이므로 1620379가 올바른 사원번호이다. F는 오류번호가 틀렸다. 오류번호 연산법에 따라 사원번호를 더하면 1+7+1+5+5+6=25이며, 20보다 크고 30보다 작으므로 25-20=5이다. 따라서 1715565가 올바른 사원번호이다.

39

제시문은 문제의 3가지 유형 중 탐색형 문제에 대한 설명으로 현재의 상황을 개선하거나 효율을 높이기 위한 문제를 의미한다. 어제 구입한 알람시계의 고장은 이미 일어난 문제이므로 발생형 문제에 해당한다.

문제의 3가지 유형
• 발생형 문제 : 이미 일어난 문제(교통사고 등)
• 탐색형 문제 : 현재의 상황에서 개선해야 되는 문제, 아직 일어나지 않았으나 방치하면 해결이 어려운 문제(생산 공장 이전 등)
• 설정형 문제 : 미래지향적인 문제로 경험이 없거나, 미래 상황에 대응하여 앞으로 어떻게 할 것인지에 관한 문제(신제품 개발 등)

40

정답 ④

아이들의 수를 x명이라고 하면 노트의 개수는 $7(x-14)+2=6(x-11)+2 \rightarrow x=32$
즉, 아이들의 수는 32명, 노트의 개수는 $7\times(32-14)+2=128$권이다. 따라서 1명당 나누어줄 노트의 개수는 $128\div32=4$권이다.

41

정답 ③

기안서는 어떤 문제를 해결하기 위한 방안을 작성하여 결재권자에게 의사 결정을 요청하는 문서이다. 반면, 품의서는 특정 사안에 대하여 결재권자의 승인을 요청하는 문서이다. 즉, 기안서를 통해 상사의 결재를 받았다면, 이를 실행하기 위해서는 구체적인 내용의 품의서를 작성하여야 한다.

오답분석
① 결의서 : 구성원이 안건에 대한 수행을 목적으로 의사결정을 한 것이 결의이며, 결의한 내용을 기록한 문서가 결의서이다.
② 품의서 : 어떠한 일의 집행을 시행하기에 앞서 결재권자에게 구체적인 사안을 승인해 줄 것을 요청하는 문서이다.
④ 기획서 : 담당자가 아이디어 등을 의뢰인이나 상사에게 제출할 목적으로 작성하는 문서이다.
⑤ 보고서 : 담당자가 상급자 등에게 특정 업무 현황을 보고하기 위해 작성하는 문서이다.

42

정답 ⑤

타인의 부탁을 거절해야 할 경우 도움을 요청한 타인의 입장을 고려하여 인간관계를 해치지 않도록 신중하게 거절하는 것이 중요하다. 먼저 도움이 필요한 상대방의 상황을 충분히 이해했음을 표명하고, 도움을 주지 못하는 자신의 상황이나 이유를 분명하게 설명해야 한다. 그 후 도움을 주지 못하는 아쉬움을 표현하도록 한다.

43

정답 ⑤

발표 내용을 볼 때, 펀드 가입 절차에 대한 내용은 찾아볼 수 없다.

오답분석
① 펀드에 가입하면 돈을 벌 수도 손해를 볼 수도 있다고 세 번째 문단에서 확인할 수 있다.
② 첫 번째 문단에서 확인할 수 있다.
③ 마지막 문단에서 확인할 수 있다.
④ 주식투자 펀드와 채권 투자 펀드에 대한 발표 내용으로 확인할 수 있다.

44

정답 ①

주식 투자 펀드의 수익률 차이가 심하게 나는 것은 주식이 경기 변동의 영향을 많이 받기 때문이다.

오답분석
② 채권 투자 펀드에 대한 설명이다.
③ 채권을 사서 번 이익에서 투자 기관의 수수료를 뺀 금액이 수익이 된다.
④ 주식 투자 펀드에 대한 설명이다.
⑤ 주식 투자 펀드와 채권 투자 펀드 모두 투자 기관의 수수료가 존재한다.

68 • NCS 공사공단 업무직 / 별정직

45

정답 ②

사각형은 오른쪽에 연결된 두 수 중 큰 것을 나타내고, 타원은 오른쪽에 연결된 두 수의 곱을 나타낸다.

46

정답 ①

$[\text{실업률 증감}(\%)]=\dfrac{(11\text{월 실업률})-(2\text{월 실업률})}{(2\text{월 실업률})}\times100 \;\rightarrow\; \dfrac{3.1-4.9}{4.9}\times100 \fallingdotseq -37\%$이다.

47

정답 ⑤

(가) 발신주의(發信主義) : 성립한 문서가 상대방에게 발신된 때 효력이 발생한다.
(나) 요지주의(了知主義) : 상대방이 문서의 내용을 알게 되었을 때 효력이 발생한다.
(다) 도달주의(到達主義) : 문서가 상대방에게 도달해야 효력이 발생한다.
(라) 표백주의(表白主義) : 결재로써 문서의 작성이 끝났을 때 효력이 발생한다.

48

정답 ①

두 사람은 나쁜 사람이므로 서로 모순되는 말을 한 규민과 민환을 먼저 살펴보아야 한다. 규민이를 착한 사람이라고 가정하면 '규민(T) − 윤수(F) − 경화(F) − 수연 (F) − 민환(F)'으로 나쁜 사람이 4명이 되므로 모순이다. 즉, 규민이는 나쁜 사람이고, 윤수와 경화는 서로 대우이므로 두 사람은 착한 사람이다(두 사람이 나쁜 사람이라면 나쁜 사람은 '규민, 윤수, 경화' 3명이 된다). 따라서 '윤수, 경화, 민환'이 착한 사람이고, '규민, 수연'이 나쁜 사람이다.

49

정답 ③

제시문은 가솔린 엔진과의 대조를 통해 디젤 엔진의 작동 원리와 특성을 설명하고 있다. 네 번째 문단의 '탄소가 많이 연결된 탄화수소물에 고온의 열을 가하면 탄소 수가 적은 탄화수소물로 분해된다.'는 내용을 통해 탄소의 수가 많은 원유에 열을 가하면 탄소의 수가 적은 경유와 가솔린을 얻을 수 있다고 추론할 수 있다.

[오답분석]
① 경유는 가솔린보다 점성이 강하므로 손으로 만지면 경유가 더 끈적끈적할 것이다.
② 경유는 가솔린보다 훨씬 무거우므로 가솔린과 경유를 섞으면 경유가 가솔린 아래로 가라앉을 것이다.
④ 경유는 가솔린보다 증발하는 속도가 느리므로 가솔린이 경유보다 더 빨리 증발할 것이다.
⑤ 가솔린보다 경유의 에너지 밀도가 높으므로 같은 양의 연료를 태우면 경유가 더 큰 에너지를 발생시킬 것이다.

50

정답 ①

다섯 번째 문단에 따르면 디젤 엔진은 원리상 가솔린 엔진보다 더 튼튼하고 고장도 덜 난다.

[오답분석]
② 첫 번째 문단에 따르면 가솔린 엔진은 1876년에, 디젤 엔진은 1892년에 등장했다.
③ 다섯 번째 문단에 따르면 디젤 엔진에는 분진을 배출하는 문제가 있다. 그러나 디젤 엔진과 가솔린 엔진 중에 어느 것이 분진을 더 많이 배출하는지 언급한 내용은 없다.
④ 다섯 번째 문단에 따르면 디젤 엔진은 연료의 품질에 민감하지 않다.
⑤ 세 번째 문단에 따르면 가솔린 엔진의 압축비는 최대 12 : 1이고, 디젤 엔진은 25 : 1 정도이다. 따라서 디젤 엔진의 압축 비율이 가솔린 엔진보다 높다.

51

A국가 하층 비율의 증가폭은 59−26=33%p이고, B국가의 증가폭은 66−55=11%p이다.

오답분석

① A국가의 상층 비율은 11%p 증가하였다.
② 중층 비율은 A국가는 44%p, B국가는 17%p 감소하였다.
④ B국가는 2000년과 2020년 모두 하층 비율이 가장 높다.
⑤ 2020년 B국가의 2000년 대비 하층 비율의 증가율 : $\dfrac{66-55}{55} \times 100 = 20\%$

52

정답 ⑤

주어진 조건에 따르면 과장은 회색 코트를 입고, 연구팀 직원은 갈색 코트를 입었으므로 가장 낮은 직급인 기획팀의 C사원은 검은색 코트를 입었음을 알 수 있다. 이때, 과장이 속한 팀은 디자인팀이며, 연구팀 직원의 직급은 대리임을 알 수 있지만, 각각 디자인팀의 과장과 연구팀의 대리가 A, B 중 누구인지는 알 수 없다. 따라서 항상 옳은 것은 ⑤이다.

53

정답 ④

제시문의 '완숙'은 '사람이나 동물이 완전히 성숙한 상태'의 의미로 쓰였으나, ④에서는 '재주나 기술 따위가 아주 능숙함'이라는 의미로 사용되었다.

54

정답 ⑤

3호선과 4호선의 7월 승차인원은 같으므로 1~6월 승차인원을 비교하면 다음과 같다.
• 1월 : 1,692−1,664=28만 명
• 2월 : 1,497−1,475=22만 명
• 3월 : 1,899−1,807=92만 명
• 4월 : 1,828−1,752=76만 명
• 5월 : 1,886−1,802=84만 명
• 6월 : 1,751−1,686=65만 명
따라서 3호선과 4호선의 승차인원 차이는 3월에 가장 컸다.

오답분석

① · ② 제시된 자료를 통해 확인할 수 있다.
③ 7월 8호선의 1월 대비 승차인원의 증가율 : $\dfrac{566-548}{548} \times 100 \fallingdotseq 3.3\%$
④ 2~7월 2호선과 8호선의 전월 대비 증감 추이는 '감소 – 증가 – 감소 – 증가 – 감소 – 증가'로 같다.

55

정답 ④

12시 방향에 앉아 있는 서울 대표를 기준으로 각 지역대표를 시계 방향으로 배열하면 '서울 – 대구 – 춘천 – 경인 – 부산 – 광주 – 대전 – 속초'이다. 따라서 경인 대표의 맞은편에 앉은 사람은 속초 대표이다.

56

정답 ③

'밀물'과 '썰물'은 반의 관계이지만 '대소'와 '방소'는 '크게 웃는다.'는 뜻의 유의 관계이다.

57

정답 ②

제시문은 식물의 이름을 짓는 방식을 생김새, 쓰임새, 향기, 소리 등으로 분류하여 해당되는 예를 들고 있다. 따라서 ②가 서술 특징을 가장 잘 반영하고 있다.

58

- 개선(改善) : 잘못된 것이나 부족한 것, 나쁜 것 따위를 고쳐 더 좋게 만듦
- 개정(改正) : 주로 문서의 내용 따위를 고쳐 바르게 함
- 개조(改造) : 고쳐 만들거나 바꿈

59

문제해결과정

문제 인식 → 문제 도출 → 원인 분석 → 해결안 개발 → 실행 및 평가

60

첫 번째 문장에서 경기적 실업이란 노동에 대한 수요가 감소하여 고용량이 줄어들어 발생하는 실업이라고 하였으므로, 기업이 생산량을 줄임으로써 노동에 대한 수요가 감소한다는 내용이 와야 한다.

61

A ~ E의 승진점수를 계산하면 다음과 같다.

승진후보자	실적평가점수	동료평가점수	혁신사례점수	이수교육	합계
A	34	26	22	다자협력	82+2=84
B	36	25	18	혁신역량	79+3=82
C	39	26	24	−	89
D	37	21	23	조직문화, 혁신역량	81+2+3=86
E	36	29	21	−	86

2순위로 동점인 D와 E 중에 실적평가점수가 더 높은 D가 선발된다. 따라서 승진자는 C와 D이다.

62

변경된 승진자 선발 방식에 따라 A ~ E의 승진점수를 계산하면 다음과 같다.

승진후보자	실적평가점수	동료평가점수	혁신사례점수	이수교육	합계
A	34	26	$22\times1.5=533$	다자협력	93+2=95
B	36	25	$18\times1.5=27$	혁신역량	88+4=92
C	39	26	$24\times1.5=36$	−	101
D	37	21	$23\times1.5=34.5$	조직문화, 혁신역량	92.5+2+4=98.5
E	36	29	$21\times1.5=31.5$	−	96.5

승진점수가 가장 높은 두 명은 C와 D이므로 이 두 명이 승진한다.

63

갑의 현재 나이를 x세, 을의 현재 나이를 y세라고 하면 갑과 을의 현재 나이의 비는 $3:1$이므로

$x:y=3:1 \rightarrow x=3y \cdots$ ㉠

11년 후 갑과 을의 나이 비는 $10:7$이므로

$(x+11):(y+11)=10:7 \rightarrow 7(x+11)=10(y+11) \cdots$ ㉡

①을 ⓒ에 대입해서 풀면

$7(3y+11)=10(y+11) \rightarrow 11y=33$

$\therefore y=3$

구한 y값을 ①에 대입하면 $x=9$

따라서 갑의 현재 나이는 9세, 을의 현재 나이는 3세이다.

64

정답 ②

(가) 더 정확한 원자시계를 만드려는 이유 → (다) 초기의 원자시계를 만든 목적은 부정확한 시간을 교정하기 위함 → (마) 원자시계는 표준시를 기준하는 역할을 할 뿐만 아니라 한정된 시간을 더욱 값지게 사용할 수 있게 해줌 → (나) 방송도 정밀한 시계를 이용할 경우, 같은 시간 동안 더 많은 정보를 보낼 수 있게 됨 → (라) GPS도 시간 차이를 알수록 위치도 정밀하게 계산할 수 있음의 순서로 나열해야 한다.

65

정답 ③

(마) 문단에 따르면 '하나의 신호를 주고받는 데 걸리는 시간을 줄일 수 있으므로, 유·무선 통신을 할 때 많은 정보를 전달할 수 있게 된다.'고 하였다. 따라서 한 번에 여러 개의 신호를 송출할 수 있다고 한 ③은 올바르지 않다.

66

정답 ①

ⅰ) 편도 총비행시간이 8시간 이내이면서 직항 노선이 있는 곳을 살펴보면 두바이, 모스크바, 홍콩으로 후보군을 압축할 수 있다.

ⅱ) 연차가 하루밖에 남지 않은 상황에서 최대한 길게 휴가를 다녀오기 위해서는 화요일 혹은 목요일 중 하루를 연차로 사용해야 하는데 어떤 경우이든 5일의 연휴가 가능하게 된다. 따라서 두바이(4박 5일), 모스크바(6박 8일), 홍콩(3박 4일) 중 모스크바는 연휴 기간을 넘어서므로 제외하고 두바이와 홍콩 중 여행 기간이 더 긴 두바이로 여행을 다녀올 것이다.

67

정답 ③

제시문은 낙수 이론에 대해 설명하고, 그 실증적 효과를 논한 후에 비판을 제기하고 있다. 따라서 일반론에 이어 효과를 설명하는 (가)가 그 뒤에, 비판을 시작하는 (나)가 그 후에 와야 한다. (라)에는 '제일 많이'라는 수식어가 있고, (다)에는 '또한 제기된다.'라고 명시되어 있으므로 (라)가 (다) 앞에 오는 것이 글의 구조상 적절하다. 따라서 (가) – (나) – (라) – (다) 순서로 나열해야 한다.

68

정답 ③

① 표제(標題) : 작품의 겉에 쓰는 그 작품의 이름

ⓒ 좌목(座目) : 자리의 차례를 적은 목록

ⓒ 발문(跋文) : 작품의 끝에 본문 내용의 대강(大綱)이나 간행 경위에 관한 사항을 간략하게 적은 글

69

정답 ③

(다) 문단에서 보건복지부와 국립암센터에서 국민 암 예방 수칙의 하나를 '하루 한두 잔의 소량 음주도 피하기'로 개정하였으며, 뉴질랜드 연구진의 연구에 따르면 '음주 습관은 소량에서 적당량을 섭취했을 때도 몸에 상당한 부담으로 작용한다.'고 하였으므로 '가벼운 음주라도 몸에 위험하다.'는 결과를 끌어낼 수 있다. 따라서 가벼운 음주, 대사 촉진에 도움이 된다는 소제목은 적절하지 않다.

두 번째 문단은 우울증의 긍정적인 면모인 보호 기제로서의 측면에 대한 내용을 다루고 있다. 그러나 ⓒ은 지금의 경쟁 사회가 정신적인 소진 상태를 초래하기 쉬운 환경이라는 내용이므로, 오늘날 우울증이 급격히 늘어나는 원인을 설명하고 있는 세 번째 문단의 마지막 문장 바로 앞에 들어가는 것이 더 적절하다.

오답분석

① 우울증과 창조성의 관계를 설명하면서 그 예시로 우울증을 갖고 있었던 위대한 인물들을 들고 있다. 따라서 천재와 우울증이 동전의 양면과 같으므로 인류 문명의 진보를 이끌었다고 볼 수 있다는 내용의 ㉠은 문단의 결론이므로 삭제할 필요가 없다.

② 문장의 주어가 '엄청난 에너지를 소모하는 것' 즉, 행위이므로 이 행위는 어떤 상태에 이르게 '만드는' 것이 되어야 문맥이 자연스럽다. 따라서 문장의 주어와 호응하는 것은 '이르게도 할 수 있다.'이다.

④ ㉣을 기준으로 앞 문장은 새로운 조합을 만들어 내는 창조성 있는 사람이 이익을 갖게 된다는 내용이고, 뒤 문장은 새로운 조합을 만들어 내는 일이 많은 에너지를 요하는 어려운 일이라는 내용이다. 따라서 뒤 문장은 앞 문장의 결과라고 보기 어렵다.

⑤ 세 번째 문단 앞 부분의 내용에 따르면 경쟁 사회에서 창조성 있는 사람이 이익을 얻는다. 따라서 ㉤을 '억제하지만'으로 바꾸는 것은 어색하다.

실전모의고사 정답 및 해설

01	02	03	04	05	06	07	08	09	10	11	12	13	14	15	16	17	18	19	20
④	⑤	②	④	①	③	③	③	⑤	②	②	②	②	④	⑤	④	⑤	⑤	②	①
21	22	23	24	25	26	27	28	29	30	31	32	33	34	35	36	37	38	39	40
③	②	①	①	③	④	③	①	④	③	②	②	④	④	③	④	③	③	④	①
41	42	43	44	45	46	47	48	49	50	51	52	53	54	55	56	57	58	59	60
③	②	③	②	①	③	③	③	③	①	②	③	③	③	③	①	④	③	⑤	
61	62	63	64	65	66	67	68	69	70										
③	②	②	②	④	④	④	⑤	②	②										

01

정답 ④

공정 경쟁의 원칙이란 법규를 준수하고 경쟁 원리에 따라 공정하게 행동하는 원칙이다. A식당의 경우 농수산물의 원산지 표시에 관한 법률을 위반했음은 물론 공정하게 다른 식당과 경쟁하지 않았으므로 해당 원칙을 위반했다고 볼 수 있다.

오답분석

① 객관성의 원칙 : 업무의 공공성을 바탕으로 공사 구분을 명확히 하고, 모든 것을 숨김없이 투명하게 처리하는 원칙
② 전문성의 원칙 : 자기 업무에 전문가로서의 능력과 의식을 가지고 책임을 다하며, 능력을 연마하는 원칙
③ 고객 중심의 원칙 : 고객에 대한 봉사를 최우선으로 생각하고 현장 중심, 실천 중심으로 일하는 원칙
⑤ 정직과 신용의 원칙 : 업무와 관련된 모든 것을 숨김없이 정직하게 수행하고, 본분과 약속을 지켜 신뢰를 유지하는 원칙

02

정답 ⑤

제시문은 과거 의사소통능력 수업에 대한 문제를 제기하고 있다. 따라서 이에 대한 문제점인 ©이 제시문 다음에 이어지는 것이 적절하다. ©은 과거 문제점에 대한 해결법으로 '문제 중심 학습(PBL)'을 제시하므로 © 다음에 오는 것이 적절하며, ⊙은 '문제 중심 학습(PBL)'에 대한 장점으로 © 다음에 오는 것이 적절하다. 마지막으로 ②의 경우 '문제 중심 학습(PBL)'에 대한 주의점으로 마지막으로 오는 것이 가장 적절하다.

03

정답 ②

제주출장 시 항공사별 5명(부장 3명, 대리 2명)의 왕복항공권에 대한 총액을 구하면 다음과 같다.

구분	비즈니스석	이코노미석	총액
A항공사	12×6=72만 원	8.5×4=34만 원	72+34=106만 원
B항공사	15×6=90만 원	9.5×4=38만 원	(90+38)×0.8=102.4만 원
C항공사	15×6=90만 원	8×4=32만 원	(90+32)×0.9=109.8만 원
D항공사	13×6=78만 원	7.5×4=30만 원	78+30=108만 원
E항공사	13×6=78만 원	7×4=28만 원	78+28=106만 원

따라서 I사원은 가격이 가장 저렴한 B항공사를 선택할 것이다.

04

행복지수가 경제지수에 비해 높고, 가장 격차가 큰 나라는 멕시코이다.

05

업무를 하며 문제가 생겼을 때는 선배 또는 동료들과 대화를 하며 정보를 얻고 문제를 해결하려고 노력해야 한다.

06

제시문에서는 협업과 소통의 문화가 기업에 성공적으로 정착하려면 기업의 작은 변화부터 필요하다고 주장한다. 따라서 제시문과 관련 있는 한자성어로는 '높은 곳에 오르려면 낮은 곳에서부터 오른다.'는 뜻의 '등고자비(登高自卑)'가 가장 적절하다.

[오답분석]
① 장삼이사(張三李四) : 장 씨의 셋째 아들과 이 씨의 넷째 아들이라는 뜻으로, 이름이나 신분이 특별하지 아니한 평범한 사람들을 이르는 말
② 하석상대(下石上臺) : 아랫돌 빼서 윗돌 괴고 윗돌 빼서 아랫돌 괸다는 뜻으로, 임시변통으로 이리저리 둘러맞춤을 이르는 말
④ 주야장천(晝夜長川) : 밤낮으로 쉬지 아니하고 연달아 흐르는 시냇물이라는 뜻으로, '쉬지 않고 언제나', '늘'이라는 의미이다.
⑤ 내유외강(內柔外剛) : 속은 부드럽고, 겉으로는 굳셈

07

차로 유지기능을 작동했을 때 운전자가 직접 운전을 해야 했던 '레벨 2'와 달리 '레벨 3'은 운전자가 직접 운전하지 않아도 긴급 상황에 대응할 수 있는 자동 차로 유지기능이 탑재되어 있다. 이러한 '레벨 3' 안전기준이 도입된다면, 지정된 영역 내에서 운전자가 직접 운전하지 않고도 주행이 가능해질 것이다. 따라서 빈칸에 들어갈 내용으로 운전자가 운전대에서 손을 떼고도 차로를 유지하며 자율주행이 가능해진다는 ③이 가장 적절하다.

[오답분석]
① 레벨 3 부분자율주행차는 운전자 탑승이 확인된 후에만 작동할 수 있다.
②·④ 제시문에서는 레벨 3 부분자율주행차의 자동 차로 유지기능에 관해 이야기하고 있으며, 자동 속도 조절이나 차량 간 거리 유지기능에 관해서는 제시문을 통해 알 수 없다.
⑤ 레벨 2에 대한 설명이다. 레벨 3 부분자율주행차의 자동 차로 유지기능은 운전자가 직접 운전하지 않아도 차선을 유지하고, 긴급 상황에 대응할 수 있다.

08

• 변태(變態) : 성체와는 형태, 생리, 생태가 전혀 다른 유생의 시기를 거치는 동물이 유생에서 성체로 변함. 또는 그런 과정
  → 곤충이란 것은 모두 그렇게 변태를 거쳐서 자란다.
• 변칙(變則) : 원칙에서 벗어나 달라짐. 또는 그런 법칙이나 규정
  → 그 기관이 예산을 변칙으로 운영한 것으로 알려졌다.
• 변질(變質) : 성질이 달라지거나 물질의 질이 변함. 또는 그런 성질이나 물질
  → 밀봉은 용기 내의 식품을 외부의 공기와 미생물 침입으로부터 차단하여 식품의 변질을 방지한다.
• 변절(變節) : 절개나 지조를 지키지 않고 바꿈
  → 충신으로 알려진 그의 변절은 뜻밖이었다.
따라서 빈칸에 들어가지 않는 단어는 '변고(變故)'이다.

09

세 번째 문단의 두 번째 문장에 따르면 인간에게 체화된 무형의 지식(암묵지)을 공유하는 것은 쉬운 일이 아니다.

[오답분석]

① 세 번째 문단의 세 번째 문장에 따르면 단순한 정보와 유용한 지식을 구분하기도 쉽지 않고, 이를 계량화해 평가하는 것도 어렵다.
② 첫 번째 문단의 세 번째 문장에 따르면 '명시지'는 문서나 데이터베이스 등에 담긴 지식과 같이 객관적이고 논리적으로 형식화된 지식이며, 이러한 명시지는 암묵지에 비해 상대적으로 지식의 공유 가능성이 높다.
③ 두 번째 문단의 네 번째 문장에 따르면 명시지들을 결합해 새로운 명시지를 형성하는 것을 '연결화'라 한다.
④ 두 번째 문단의 세 번째 문장에 따르면 암묵지에서 명시지로의 변환은 암묵적 요소 중 일부가 형식화되어 객관화되는 것으로서 '표출화'라 한다.

10

제시된 조건에 따르면, 1층에는 남성인 주임을 배정해야 하므로 C주임이 배정된다. 그러면 3층에 배정 가능한 직원은 남성인 B사원 또는 E대리이다.
먼저 3층에 B사원을 배정하는 경우, 5층에는 A사원이 배정된다. 그리고 D주임은 2층에, E대리는 이보다 위층인 4층에 배정된다.
다음으로 3층에 E대리를 배정하는 경우, 5층에 A사원이 배정되면 4층에 B사원이 배정되고, 5층에 B사원이 배정되면 4층에 A사원이 배정된다.
그리고 D주임은 항상 E대리보다 아래층인 2층에 배정된다. 이를 정리하면 다음과 같다.

경우 1		경우 2		경우 3	
층수	직원	층수	직원	층수	직원
5층	A	5층	A	5층	B
4층	E	4층	B	4층	A
3층	B	3층	E	3층	E
2층	D	2층	D	2층	D
1층	C	1층	C	1층	C

따라서 5층에 A사원이 배정되더라도, 4층에는 B사원이 아닌 E대리가 배정될 수도 있다.

[오답분석]

① D주임은 항상 2층에 배정된다.
③ · ⑤ 5층에 B사원이 배정되면 3층에는 E대리, 4층에는 A사원이 배정된다.
④ C주임은 항상 1층에 배정된다.

11

최선의 대안에 대해서 합의하고 선택하는 것은 '해결 대안'에 해당하는 내용이다.

12

하반기 포상수여 기준에 따라 협력사별 포상점수를 산출하면 다음과 같다.

구분	기술개선점수		실용화점수	경영점수	성실점수	합계
	출원점수	등록점수				
A사	10	20	15	15	20	80
B사	5	10	5	20	10	50
C사	15	15	15	15	10	70
D사	5	10	30	10	20	75
E사	10	15	25	20	0	70

따라서 포상을 수여받을 업체는 A사와 D사이다.

13

변경된 포상수여 기준에 따른 협력사별 포상점수를 산출하면 다음과 같다.

구분	기술개선점수		실용화점수	경영점수	성실점수	합계
	출원점수	등록점수				
A사	15	10	15	15	20	75
B사	15	5	5	20	15	60
C사	20	5	15	15	15	70
D사	10	5	30	10	20	75
E사	20	5	25	20	10	80

포상점수가 가장 높은 업체는 E사이며, A사와 D사가 75점으로 동점이다. 이때, A사와 D사 중 기술개선점수가 높은 업체는 A사이므로 최종적으로 A사와 E사가 선정된다.

14

세 번째 문단의 '상품에 응용된 과학 기술이 복잡해지고 첨단화되면서 상품 정보에 대한 소비자의 정확한 이해도 기대하기 어려워졌다.'는 내용과 일맥상통한다.

15

해외출장 일정을 고려해 이동수단별 비용을 구하면 다음과 같다.
• 렌터카 : $(50+10) \times 3 = \$180$
• 택시 : $1 \times (100+50+50) = \$200$
• 대중교통 : $40 \times 4 = \$160$

그러므로 경제성은 대중교통, 렌터카, 택시가 각각 상, 중, 하로 평가된다.
두 번째 조건에 따라 이동수단별 평가표를 점수로 환산한 후 최종점수를 구하면 다음과 같다.

이동수단	경제성	용이성	안전성	최종점수
렌터카	2	3	2	7
택시	1	2	4	7
대중교통	3	1	4	8

따라서 총무팀이 선택하게 될 이동수단은 대중교통이고, 비용은 $160이다.

16

제시문에서는 OECD 회원국 가운데 꼴찌를 차지한 한국인의 부족한 수면 시간에 대해 언급하며, 이로 인해 수면장애 환자가 늘어나고 있음을 이야기한다. 또한 불면증, 수면무호흡증, 렘수면 행동장애 등 다양한 수면장애를 설명하며, 이러한 수면장애들이 심혈관계질환, 치매, 우울증 등의 원인이 될 수 있다는 점을 통해 심각성을 이야기한다. 마지막으로 이러한 수면장애를 방치해서는 안 되며, 전문적인 치료가 필요하다고 이야기한다. 따라서 이 글을 바탕으로 '한국인의 수면 시간'과 관련된 글을 쓴다고 할 때, 글의 주제로 적절하지 않은 것은 수면 마취제와 관련된 내용인 ②이다.

PART 3 실전모의고사

17

이해관계에 예민하고 성취 지향적인 실리형은 자기중심적이므로 타인의 입장을 배려하고 관심을 갖는 자세가 필요하다.

오답분석

① 논쟁적이고 독단이 강하여 대인 갈등을 겪을 수 있는 지배형에게 필요한 자세이다.
② 타인의 감정에 무관심하고 피상적인 대인관계를 유지하는 냉담형에게 필요한 자세이다.
③ 수동적이고 의존적이며 자신감이 없는 복종형에게 필요한 자세이다.
④ 타인의 요구를 거절하지 못하는 친화형에게 필요한 자세이다.

18

A시는 문제를 해결하기 위한 방안을 제시했고, B시 역시 같은 목표를 위해 해결안을 제시해 서로 최선의 해법을 찾아 해결했다. 이는 나도 이기고 너도 이기는 방법(Win-win)으로 통합형에 해당된다. 통합형은 서로의 차이를 인정하고 배려하는 신뢰감과 공개적인 대화를 필요로 한다. 통합형이 가장 바람직한 갈등 해결 유형이다.

오답분석

① 경쟁형[Competing(＝지배형)] : 나는 이기고 너는 지는 방법(I Win, You Lose)으로서, 자신에 대한 관심은 높고 상대방에 대한 관심은 낮음
② 수용형(Accommodating) : 나는 지고 너는 이기는 방법(I Lose, You Win)으로서, 자신에 대한 관심은 낮고 상대방에 대한 관심은 높음
③ 회피형(Avoiding) : 나도 지고 너도 지는 방법(I Lose, You Lose)으로서, 자신과 상대방에 대한 관심이 모두 낮음
④ 타협형(Compromising) : 서로가 타협적으로 주고받는 방식(Give and Take)으로서, 자신에 대한 관심과 상대방에 대한 관심이 중간 정도

19

- ㉠, ㉢, ㉥, ㉽에 의해, 언어영역 순위는 '형준 – (연재 – 소정 또는 소정 – 연재) – 영호' 순서로 높다.
- ㉠, ㉡, ㉢, ㉥, ㉾에 의해, 수리영역 순위는 '소정 – 형준 – 연재 – 영호' 순서로 높다.
- ㉢, ㉣, ㉥, ㉿에 의해, 외국어영역 순위는 '(영호 – 연재 또는 연재 – 영호) – 형준 – 소정' 순서로 높다.

20

'휴리스틱'의 개념 설명을 시작으로 휴리스틱에 반대되는 '알고리즘'에 대한 내용이 이어지고, 다음으로는 휴리스틱을 이용하는 방법인 '이용가능성 휴리스틱'에 대한 설명과 휴리스틱의 문제점인 '바이어스(Bias)'의 개념을 연이어서 설명하며 '휴리스틱'에 대한 정보의 폭을 넓혀가며 설명하고 있다.

21

확률이나 빈도를 바탕으로 주관적인 판단에 따라(이유가 있음) 사건을 예측하였지만, 예측하지 못한 결과가 발생하는 것, 주관적인 판단과 객관적인 판단 사이에 오는 차이를 '바이어스'라고 한다. ③과 같이 확률이나 빈도를 바탕으로 주관적인 확률에 따라 사건(최근 한 달 동안 가장 높은 타율)을 예측하였지만 결과가 예상할 수 없었던 모습(4타수 무안타)으로 나타나는 것을 말한다.

22

제시된 그래프는 구성비에 해당하므로 2020년에 전체 수송량이 증가하였다면 2020년 구성비가 감소하였어도 수송량은 증가할 수 있다.

23

정답 ①

주위 온도가 높으면 냉각력이 떨어지고 전기료가 많이 나오게 된다. 따라서 냉장고 설치 주변의 온도가 높지 않은지 확인할 필요가 있다.

오답분석
② 냉장고가 주위와의 간격이 좁으면 냉각력이 떨어지고 전기료가 많이 나오므로 주위에 적당한 간격을 두어 설치해야 한다.
③ 냉장고는 바람이 완전히 차단되는 곳이 아니라 통풍이 잘 되는 곳에 설치해야 한다.
④ 냉장고는 소음 및 진동과 넘어지는 것을 방지하기 위해 튼튼하고 고른 바닥에 설치해야 한다.
⑤ 접지할 수 없는 장소일 경우 누전차단기를 콘센트에 연결해야 하므로 구리판이 아닌 누전차단기를 준비해야 한다.

24

정답 ①

소음이 심하고 이상한 소리가 날 때는 냉장고 뒷면이 벽에 닿는지 확인하고, 주위와 적당한 간격을 두어야 한다.

오답분석
②·③·⑤는 냉동 또는 냉장이 잘 되지 않을 때, ④는 냉장실 식품이 얼 때의 원인이다.

25

정답 ⑤

조직문화는 구성원 개개인의 개성을 인정하고 그 다양성을 강화하기보다는 구성원들의 행동을 통제하는 기능을 한다. 즉, 구성원을 획일화·사회화시킨다.

26

정답 ④

실험오차가 절댓값이라는 점을 유의하여야 한다.
물질 2에 대한 4개 기관의 실험오차율은 다음과 같다.

• A기관의 실험오차율 : $\dfrac{|26-11.5|}{11.5}\times100=\dfrac{14.5}{11.5}\times100$

• B기관의 실험오차율 : $\dfrac{|7-11.5|}{11.5}\times100=\dfrac{4.5}{11.5}\times100$

• C기관의 실험오차율 : $\dfrac{|7-11.5|}{11.5}\times100=\dfrac{4.5}{11.5}\times100$

• D기관의 실험오차율 : $\dfrac{|6-11.5|}{11.5}\times100=\dfrac{5.5}{11.5}\times100$

→ A기관의 실험오차율과 나머지 기관의 실험오차율의 합과 비교 : $\dfrac{14.5}{11.5}\times100=\left(\dfrac{4.5}{11.5}+\dfrac{4.5}{11.5}+\dfrac{5.5}{11.5}\right)\times100$

따라서 두 비교대상이 같음을 알 수 있다.

27

정답 ③

A ~ D 네 명의 진술을 정리하면 다음과 같다.

구분	진술 1	진술 2
A	C는 B를 이길 수 있는 것을 냈다.	B는 가위를 냈다.
B	A는 C와 같은 것을 냈다.	A가 편 손가락의 수는 B보다 적다.
C	B는 바위를 냈다.	A ~ D는 같은 것을 내지 않았다.
D	A, B, C 모두 참 또는 거짓을 말한 순서가 동일하다.	이 판은 승자가 나온 판이었다.

먼저 A ~ D는 반드시 가위, 바위, 보 세 가지 중 하나를 내야 하므로 그 누구도 같은 것을 내지 않았다는 C의 진술 2는 거짓이 된다. 따라서 C의 진술 중 진술 1이 참이 되므로 B가 바위를 냈다는 것을 알 수 있다. 이때, B가 가위를 냈다는 A의 진술 2는 참인 C의 진술 1과 모순되므로 A의 진술 중 진술 2가 거짓이 되는 것을 알 수 있다. 결국 A의 진술 중 진술 1이 참이 되므로 C는 바위를 낸 B를 이길 수 있는 보를 냈다는 것을 알 수 있다.

한편, 바위를 낸 B는 손가락을 펴지 않으므로 A가 편 손가락의 수가 자신보다 적었다는 B의 진술 2는 거짓이 된다. 따라서 B의 진술 중 진술 1이 참이 되므로 A는 C와 같은 보를 냈다는 것을 알 수 있다.

이를 바탕으로 A~C의 진술에 대한 참, 거짓 여부와 가위바위보를 정리하면 다음과 같다.

구분	진술 1	진술 2	가위바위보
A	참	거짓	보
B	참	거짓	바위
C	참	거짓	보

따라서 참 또는 거짓에 대한 A~C의 진술 순서가 동일하므로 D의 진술 1은 참이 되고, 진술 2는 거짓이 되어야 한다. 이때, 승자가 나오지 않으려면 D는 반드시 A~C와 다른 것을 내야 하므로 가위를 낸 것을 알 수 있다.

[오답분석]

① B와 같은 것을 낸 사람은 없다.

② 보를 낸 사람은 2명이다.

④ B가 기권했다면 가위를 낸 D가 이기게 된다.

⑤ 바위를 낸 사람은 1명이다.

28

정답 ①

효진이의 나이를 x세라고 하자. 연경이의 나이는 $3x$세이다. 5년 후의 효진이의 나이는 $(x+5)$세, 연경이의 나이는 $(3x+5)$세이므로,

$(3x+5):(x+5)=7:4 \rightarrow 7(x+5)=4(3x+5) \rightarrow 5x=15 \rightarrow x=3$

따라서 현재 연경이의 나이는 9살, 효진이의 나이는 3살이다.

29

정답 ④

기안문 작성 시 유의사항

(가) 정확성(바른 글)

    - 필요한 내용을 빠뜨리지 않고, 잘못된 표현이 없도록 문서를 작성한다.

    - 의미전달에 혼동을 일으키지 않도록 정확한 용어를 사용하고 문법에 맞게 문장을 구성한다.

    - 애매모호하거나 과장된 표현에 의하여 사실이 왜곡되지 않도록 한다.

(나) 용이성(쉬운 글)

    - 상대방의 입장에서 이해하기 쉽게 작성한다.

    - 추상적이고 일반적인 용어보다는 구체적이고 개별적인 용어를 쓴다.

(다) 성실성(호감 가는 글)

    - 문서는 성의 있고 진실하게 작성한다.

    - 감정적이고 위압적인 표현을 쓰지 않는다.

(라) 경제성(효율적으로 작성하는 글)

    - 용지의 규격·지질을 표준화한다.

    - 서식을 통일하여 규정된 서식을 사용하는 것이 경제적이다.

30

정답 ③

다혈질적인 면은 K사원 자신은 알고, 타인은 모르는 자신의 모습이다. 따라서 자신이 다혈질적인지 생각해 볼 필요는 없으며, 자신이 가지고 있는 다혈질적인 면을 사람들과의 대인관계에 있어 어떻게 해야 할지 고민하는 것이 적절하다.

31

정답 ②

MOD 함수는 어떤 숫자를 특정 숫자로 나누었을 때 나오는 나머지를 알려주는 함수로 짝수 혹은 홀수를 구분할 때도 사용할 수 있는 함수이다.

오답분석

① SUMIF 함수 : 조건에 맞는 셀의 값들의 합을 알려주는 함수이다.
③ INT 함수 : 실수의 소수점 이하를 제거하고 정수로 변경할 때 사용하는 함수이다.
④ NOW 함수 : 현재의 날짜와 시간을 알려주는 함수이며, 인수는 필요로 하지 않는다.
⑤ VLOOKUP 함수 : 특정 범위의 첫 번째 열에 입력된 값을 이용하여 다른 열에 있는 값을 찾을 때 사용하는 함수이다.

32

정답 ②

• A대리의 현재 월 전력소비량 : $[(1.0 \times 4) + (0.5 \times 2) + (0.4 \times 2 \times 3) + (1.7 \times 24)] \times 30 = 1,446 \text{kWh}$
• A대리의 다음 달 월 전력소비량 : $[(0.8 \times 4) + (0.5 \times 1) + (0.2 \times 2 \times 2) + (1.4 \times 24)] \times 30 = 1,143 \text{kWh}$
따라서 A대리가 절감 가능한 월 전력량은 $1,446 - 1,143 = 303 \text{kWh}$이다.

33

정답 ④

에어컨 2대는 모두 벽걸이형으로, 컴퓨터는 절전형으로 구입하고, 냉장고는 절전모드로 사용한다면 각 전자기기의 전력소비량을 최소화할 수 있다. 이때의 전력소비량은 $[(0.8 \times 2 \times 4) + (0.5 \times 2) + (0.2 \times 2) + (1.4 \times 24)] \times 30 = 1,242 \text{kWh}$이므로 가능한 월 최소 전력소비량은 $1,242 \text{kWh}$이다.

34

정답 ④

제시문에서는 PTSD를 간략하게 소개하고 있다. (나) 과거에는 정신질환으로 인정되지 않은 PTSD → (가) 현대에 와서야 정신질환으로 보기 시작했고 PTSD 때문에 약을 먹는 이라크 파병병사들의 예 → (라) PTSD의 증상 → (다) PTSD의 문제점의 순서로 나열하는 것이 적절하다.

35

정답 ③

고객이 제기한 민원이 반복적으로 발생하지 않도록 조치하기 위해서 자신의 개인 업무노트에 기록해 두는 것보다 민원사례를 전 직원에게 공유하여 교육이 될 수 있도록 하는 것이 더 적절하다.

36

정답 ④

〈조건〉에 따라 최고점과 최저점을 제외한 3명의 면접관의 평균과 보훈 가점을 더한 총점은 다음과 같다.

구분	총점	순위	구분	총점	순위
A	$\dfrac{80+85+75}{3}=80$점	11위	G	$\dfrac{80+90+95}{3}+10 \fallingdotseq 98.33$점	1위
B	$\dfrac{75+90+85}{3}+5 \fallingdotseq 88.33$점	3위	H	$\dfrac{90+80+85}{3}=85$점	공동 4위
C	$\dfrac{85+85+85}{3}=85$점	공동 4위	I	$\dfrac{80+80+75}{3}+5 \fallingdotseq 83.33$점	공동 7위
D	$\dfrac{80+85+80}{3} \fallingdotseq 81.67$점	10위	J	$\dfrac{85+80+85}{3} \fallingdotseq 83.33$점	공동 7위
E	$\dfrac{90+95+85}{3}+5=95$점	2위	K	$\dfrac{85+75+75}{3}+5 \fallingdotseq 83.33$점	공동 7위
F	$\dfrac{85+90+80}{3}=85$점	공동 4위	L	$\dfrac{75+90+70}{3} \fallingdotseq 78.33$점	12위

따라서 총점이 가장 높은 6명의 합격자를 1위부터 6위까지 나열하면 'G - E - B - C - F - H'이다.

37

하나의 완제품을 만들 때 중요도에 따라 ①~⑤의 부품의 총 가격, 총개수 및 총 소요 시간을 계산하면 다음과 같다.

① A, B, C
- 총 가격 : $20 \times 4 + 35 \times 2 + 40 \times 3 = 270$원
- 총개수 : $4 + 2 + 3 = 9$개
- 총 소요 시간 : $8 \times 4 + 7 \times 2 + 7.5 \times 3 = 68.5$분

② A, C, F
- 총 가격 : $20 \times 4 + 40 \times 3 + 120 \times 1 = 320$원
- 총개수 : $4 + 3 + 1 = 8$개
- 총 소요 시간 : $8 \times 4 + 7.5 \times 3 + 12.5 \times 1 = 67$분

③ B, C, E
- 총 가격 : $35 \times 2 + 40 \times 3 + 90 \times 2 = 370$원
- 총개수 : $2 + 3 + 2 = 7$개
- 총 소요 시간 : $7 \times 2 + 7.5 \times 3 + 9.5 \times 2 = 55.5$분

④ A, D, F
- 총 가격 : $20 \times 4 + 50 \times 3 + 120 \times 1 = 350$원
- 총개수 : $4 + 3 + 1 = 8$개
- 총 소요 시간 : $8 \times 4 + 10 \times 3 + 12.5 \times 1 = 74.5$분

⑤ B, D, E
- 총 가격 : $35 \times 2 + 50 \times 3 + 90 \times 2 = 400$원
- 총개수 : $2 + 3 + 2 = 7$개
- 총 소요 시간 : $7 \times 2 + 10 \times 3 + 9.5 \times 2 = 63$분

총 가격이 가장 저렴한 구성은 ①이지만, 이 구성의 총 가격과의 차액이 100원 이하인 구성은 ②·③·④이다. ⓒ에 따라 ②·③·④ 가운데 총개수가 가장 적은 구성은 7개인 ③이며, 총 소요 시간도 55.5분으로 가장 짧다. 따라서 H제품을 만들 때 〈조건〉에 부합하는 부품 구성은 'B, C, E'이다.

38

각자 낸 돈을 x원이라고 하면, 총 금액은 $8x$원이다. 이때, 숙박비는 $8x \times 0.3 = 2.4x$원, 외식비는 $2.4x \times 0.4 = 0.96x$원, 남은 경비는 92,800원이므로 $8x - (2.4x + 0.96x) = 92,800 \rightarrow 4.64x = 92,800$

$\therefore x = 20,000$

39

담수 동물은 육상 동물과 같이 몸 밖으로 수분을 내보내고 있지만, 육상 동물의 경우에는 수분 유지를 위한 것이 아니므로 수분 유지는 공통점이 아니다.

40

제시된 자료는 I섬유의 SWOT 분석을 통해 강점(S), 약점(W), 기회(O), 위협(T) 요인을 분석한 것이다. SO전략과 WO전략은 발전 방안으로서 적절하다. 하지만 ST전략에서 경쟁업체에 특허 기술을 무상 이전하는 것은 경쟁이 더 심화될 수 있으므로 적절하지 않다. 또한, WT전략에서는 기존 설비에 대한 재투자보다는 수요에 맞게 다양한 제품을 유연하게 생산할 수 있는 설비 투자가 필요하다.

41

최종적으로 선택될 시안을 A시안, 선택되지 못하는 시안을 B시안이라 하고, A시안에 붙은 파란색 스티커와 검은색 스티커의 개수를 각각 x개, y개라고 하면

$x+y=32$ … ㉠

A시안에 파란색 스티커를 붙인 사람은 B시안에 검은색 스티커를 붙이고, A시안에 검은색 스티커를 붙인 사람은 A시안에 파란색 스티커를 붙이므로

- A시안의 가중치 총합 : $5x+2y$
- B시안의 가중치 총합 : $2x+5y$

두 시안의 가중치 차이는 $(5x+2y)-(2x+5y)=24 \rightarrow x-y=8$ … ㉡

㉠과 ㉡을 연립하면 $x=20$, $y=12$이다. 따라서 A시안의 가중치 총합은 $5\times20+2\times12=124$이다.

42

첫 번째·여섯 번째 조건에 의해 A는 월요일, E는 목요일에 근무한다. 두 번째 조건에 의해 F가 E보다 먼저 근무하므로 F는 화요일이나 수요일에 근무한다. 세 번째 조건에 따라 G는 A와 연이어 근무하므로 G는 화요일, F는 수요일에 근무한다. 네 번째 조건에 따르면 F가 근무하고 3일 뒤에 C가 근무하므로 C는 토요일에 근무한다. 또한, 다섯 번째 조건에 따라 C가 B보다 먼저 근무하므로 B는 일요일에 근무한다. 그러므로 남은 금요일에 D가 근무한다. 따라서 D가 근무하는 전날인 목요일의 당직근무자는 E이고, 다음 날인 토요일의 당직근무자는 C이다.

월요일	화요일	수요일	목요일	금요일	토요일	일요일
A	G	F	E	D	C	B

43

- 잘 익은 귤을 꺼낼 확률 : $1-\left(\dfrac{10}{100}+\dfrac{15}{100}\right)=\dfrac{75}{100}$
- 썩거나 안 익은 귤을 꺼낼 확률 : $\dfrac{10}{100}+\dfrac{15}{100}=\dfrac{25}{100}$

따라서 한 사람은 잘 익은 귤, 다른 한 사람은 그렇지 않은 귤을 꺼낼 확률은 $2\times\dfrac{75}{100}\times\dfrac{25}{100}\times100=37.5\%$이다.

44

첫 번째 문단의 '동일곡이지만 템포의 기준을 어떻게 잡아서 재현해 내느냐에 따라서 그 음악의 악상은 달라진다.'라는 문장을 통해 템포의 완급에 따라 악상이 변화하는 것을 알 수 있다.

오답분석

① 글 전체의 내용을 통해 확인할 수 있다.
②·⑤ 다섯 번째 문단에서 확인할 수 있다.
④ 두 번째 문단에서 확인할 수 있다.

45

㉠, ㉢, ㉣, ㉤은 문서적인 의사소통 활동인 반면, ㉡은 언어적인 의사소통 활동에 해당한다.

46

ㄱ. 업무지시서 : 개괄적 내용만 담은 후 다시 물어보는 것은 비효율적이다. 미리 내용과 방식을 분명히 하여 구체적으로 작성하여야 한다.

ㄴ. 설명서 : 소비자들이 이해하기 쉽도록 전문용어를 쉬운 언어로 풀어서 작성하여야 한다.

[오답분석]

ㄷ. 공문서 : 정부 행정기관에서 대내적, 혹은 대외적 공무를 집행하기 위해 작성하는 문서 또는 정부기관이 일반회사, 또는 단체로부터 접수하는 문서 및 일반회사에서 정부기관을 상대로 사업을 진행하려고 할 때 작성하는 문서로 엄격한 규격과 양식에 따라 정당한 권리를 가진 사람이 작성해야 하며 최종 결재권자의 결재가 있어야 문서로서의 기능이 성립된다.

47

고급 용지와 일반 용지의 비율을 고려하면 다음과 같이 산출할 수 있다.

- 고급 용지 : $(350 \times 2) \times 0.4 = 280$장 → $15,000 \times 2 + 200 \times 80 = 46,000$원
- 일반 용지 : $(350 \times 2) \times 0.6 = 420$장 → $(10,000 \times 4 + 150 \times 20) \times 0.9 = 38,700$원

따라서 명함 제작에 드는 비용은 $46,000 + 38,700 = 84,700$원이다.

48

㉠ 분류 : 종류에 따라서 가름

㉡ 분리 : 서로 나뉘어 떨어짐. 또는 그렇게 되게 함

㉢ 구분 : 일정한 기준에 따라 전체를 몇 개로 갈라 나눔

49

주어진 예산 5백만 원 내에서 비용 대비 고객 만족도가 높은 상품들로 구성했을 때 몇 명의 고객에게 줄 수 있는지를 구하는 문제이다. 상품별 고객 만족도 1점당 비용을 구하면 다음과 같다.

- 차량용 방향제 : $7,000 \div 5 = 1,400$원
- 식용유 세트 : $10,000 \div 4 = 2,500$원
- 유리용기 세트 : $6,000 \div 6 = 1,000$원
- 32GB USB : $5,000 \div 4 = 1,250$원
- 머그컵 세트 : $10,000 \div 5 = 2,000$원
- 육아 관련 도서 : $8,800 \div 4 = 2,200$원
- 핸드폰 충전기 : $7,500 \div 3 = 2,500$원

고객만족도 1점당 가장 낮은 비용이 들어가는 상품을 4순위까지 선택하면 500만 원의 비용이 든다. 이때, 사은품은 760개를 확보할 수 있으며, 사은품 상자에는 2가지 상품이 들어가므로 총 380명에게 사은품을 줄 수 있다.

50

내구성과 안정성이 1순위라고 하였으므로 내구성에서 '보통' 평가를 받은 D모델은 제외한다. 그 다음 바닥에 대한 청소 성능 중 '보통' 평가를 받은 B모델을 제외하고, 자율주행성능에서 '보통' 평가를 받은 A모델과 E모델을 제외하면 남는 것은 C모델이므로 K씨의 조건을 모두 만족한 것은 C모델이다.

51

정답 ①

$\underline{A\ B\ C\ D} \rightarrow A+B=2(C+D)$
∴ $(2+6)÷2-2=2$

52

정답 ②

앞의 항에 17을 더한다.
∴ ( )+17=18 → ( )=1

53

정답 ③

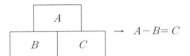 → $A-B=C$

A	B	C
15	3	15−3=12
9	2	9−2=7
17	8	17−8=9

54

정답 ③

시공업체 선정 기준에 따라 B업체와 C업체는 최근 3년 이내 시공규모에서, A업체와 E업체는 입찰가격에서 자격 미달이다.
점수 산정 기준에 따라 D업체와 F업체의 항목별 점수를 정리하면 다음과 같다.

업체	기술점수	친환경점수	경영점수	입찰점수
D	30	15	30	75
F	15	20	30	65

따라서 선정될 업체는 D업체이다.

55

정답 ③

변경된 시공업체 선정 기준에 따라 최근 3년 이내 시공규모를 충족하지 못한 B업체를 제외하고, 나머지 업체들의 항목별 점수를 정리하면 다음과 같다.

업체	기술점수	친환경점수	경영점수	가격점수	입찰점수
A	30	25	26	8×2=16	97
C	15	15	22	15×2=30	82
D	30	15	30	12×2=24	99
E	20	25	26	8×2=16	87
F	15	20	30	12×2=24	89

따라서 선정될 업체는 입찰점수가 99점으로 가장 높은 D업체이다.

PART 3 실전모의고사

56

보라는 여러 힘든 일로 인해 지쳐있는 상태이나 정식이 느끼는 보라의 상태는 이와 전혀 다르다. 이는 감정 또는 느낌은 사람에 대하여 근본적으로 측정할 수 없음을 나타내는 측정불가능성을 나타낸다.

[오답분석]

① 반성적 사고 : 자신의 사고 내용이나 사고 과정을 인지할 수 있는 것을 의미한다.
② 고유성 : 고유한 성질이나 속성으로 다른 것으로 대체할 수 없다.
④ 대화가능성 : 언어로 불리고 말해질 때, 언어로 반응할 수 있는 것을 의미한다.
⑤ 체계성 : 일정한 원리에 따라 짜임새 있게 조직되어 통일된 전체를 이루는 것을 의미한다.

57

정답 ①

첫 번째 문단에서 엔테크랩이 개발한 감정인식 기술을 모스크바시 경찰 당국에 공급할 계획이라고 하였으므로 아직 도입되어 활용되고 있는 것은 아니다.

58

정답 ④

빈칸의 앞에서는 감정인식 기술을 수사기관에 도입할 경우 새로운 차원의 수사가 가능하다고 하였고, 빈칸의 뒤에서는 이 기술이 어느 부서에서 어떻게 이용될 것인지 밝히지 않았고 결정된 것이 없다고 하였으므로 앞의 내용과 뒤의 내용이 상반될 때 쓰는 접속어인 '그러나'가 와야 한다.

59

정답 ③

(나) 현재 우리나라 자동차 소유자들은 교통문화정착보다는 '어떤 자동차를 운행하는가?'를 더 중요시함 → (가) 우리 주변에서 불법개조 자동차를 자주 볼 수 있음 → (다) 불법개조 자동차에 따른 문제점을 해결하기 위해 불법자동차 연중 상시 단속을 시행함의 순서로 나열하는 것이 적절하다.

60

정답 ⑤

임시번호판이란 정식으로 차량 등록을 하기 전에 운행이 필요한 사람들이 임시번호를 달고 운행을 하는 것으로, 임시번호판에는 허가기간(10일)과 차량 출고지 행정 구역, 임시번호가 새겨져 있다.

61

정답 ③

수단이나 도구, 재료에 의한 결과를 나타낼 때는 '~함으로써'가 옳은 어법이다. 따라서 ⓒ은 '강조함으로써'로 수정해야 한다.

62

정답 ②

경증 환자 중 남성 환자의 비율은 $\frac{31}{50} \times 100 = 62\%$이고, 중증 환자 중 남성 환자의 비율은 $\frac{34}{50} \times 100 = 68\%$이므로 옳지 않은 설명이다.

[오답분석]

① 여성 환자 중 중증 환자의 비율은 $\frac{8+8}{9+10+8+8} \times 100 = \frac{16}{35} \times 100 ≒ 45.7\%$이므로 옳은 설명이다.

③ 50세 이상 환자 수는 10+18+8+24=60명이고, 50세 미만 환자 수는 9+13+8+10=40명이다. 따라서 $\frac{60}{40} = 1.5$배이므로 옳은 설명이다.

④ 중증 여성 환자 수는 8+8=16명이고, 전체 당뇨병 환자 수는 9+13+8+10+10+18+8+24=100명이므로 $\frac{16}{100} \times 100 = 16\%$이다.

⑤ 50세 미만 남성 중 경증 환자 비율은 $\frac{13}{23} \times 100 ≒ 56.5\%$이고, 50세 이상 여성 중 경증 환자 비율은 $\frac{10}{18} \times 100 ≒ 55.6\%$이므로 옳은 설명이다.

63

- (가) : 청소년의 척추 질환을 예방하는 대응 방안과 관련된 ⓒ이 적절하다.
- (나) : 책상 앞에 앉아 있는 바른 자세와 관련된 ⓒ이 적절하다.
- (다) : 틈틈이 척추 근육을 강화하는 운동을 해 주는 것과 관련된 자세인 ㉠이 적절하다.

64

정답 ②

네 번째 문단에서 미래 사회의 모습은 생활양식과 가족 구조의 급격한 변화로 인해 사람들의 가치관이 달라져 현재까지 유지되고 있는 전통적 성역할 규범이 골동품이 될 것이라고 하였다. 그러나 ②는 현재의 모습을 진술하는 것이므로 제시문의 내용과 부합하지 않는다.

65

정답 ④

제시문은 남성과 여성에 대한 편견과 그에 근거한 성차별이 사회의 구성원에게 어떠한 영향을 미치는지에 대해 설명하고 그에 따른 부작용과 해결방안에 대해 서술하고 있으므로 ④가 제목으로 적절하다.

66

정답 ④

〈보기〉와 ④의 '거치다'는 '마음에 거리끼거나 꺼리다.'의 의미이다.

오답분석

① 어떤 과정이나 단계를 겪거나 밟다.
② 무엇에 걸리거나 막히다.
③ 검사하거나 살펴보다.
⑤ 오가는 도중에 어디를 지나거나 들르다.

67

정답 ④

표 3은 완제 의약품 특허출원 중 다이어트제 출원 현황을 나타낸 자료이다. 즉, 다국적기업에서 출원한 완제 의약품 특허출원 중 다이어트제 출원 비중은 제시된 자료에서 확인할 수 없다.

오답분석

① 표 1의 합계를 살펴보면 매년 감소하고 있음을 확인할 수 있다.

② 2020년 전체 의약품 특허출원에서 기타 의약품이 차지하는 비중 : $\dfrac{1,220}{4,719} \times 100 ≒ 25.9\%$

③ · 2020년 원료 의약품 특허출원건수 : 500건
   · 2020년 다국적기업의 원료 의약품 특허출원건수 : 103건

   ∴ 2020년 원료 의약품 특허출원에서 다국적기업 특허출원이 차지하는 비중 : $\dfrac{103}{500} \times 100 = 20.6\%$

68

정답 ⑤

- (가)의 경우 상대방이 제시하는 것을 일방적으로 수용한다는 점을 볼 때, 유화전략이다.
- (나)의 경우 자신의 이익을 극대화하기 위한 공격적 전략이라는 점에서 강압전략이다.
- (다)의 경우 협상을 피하는 점으로 회피전략이다.
- (라)의 경우 협동과 통합으로 문제를 해결한다는 점에서 협력전략이다.

69

정답 ②

남학생 수를 a명이라고 하면, 여학생 수는 $(a-200)$명이다.

$a+(a-200)=1,000 \rightarrow a=600$

즉, 남학생 수는 600명, 여학생 수는 400명이다.

안경 낀 여학생의 수를 x명이라고 하면, 안경 낀 남학생의 수는 $\frac{3}{2}x$명이다.

$x+\frac{3}{2}x=\left(600-\frac{3}{2}x\right)+(400-x)-300 \rightarrow 5x=700$

$\therefore x=140$

70

정답 ②

오답분석

① 관련 없는 팀원들 앞에서 좋지 않은 이야기를 할 필요는 없다.
③ 당사자인 B사원과 이야기해 사실관계를 파악하는 것이 우선이다.
④ B사원에 대해 좋지 않은 이야기를 퍼트리는 것은 올바르지 않다.
⑤ 자신의 아이디어를 폐기하기보다는 당사자인 B사원과 사실관계를 파악하는 것이 중요하다.

학습플래너

| Date 202 . . . | D-7 | 공부시간 **3H50M** |

◉ 사람으로서 할 수 있는 최선을 다한 후에는 오직 하늘의 뜻을 기다린다.
◉
◉

과목	내용	체크
NCS	의사소통능력 문제 풀이	○

MEMO

학습플래너

Date	. . .	D-	공부시간	H	M

◎
◎
◎

과목	내용	체크

MEMO

| Date | . . . | D- | 공부시간 | H M |

◎

◎

◎

과목	내용	체크

MEMO

학습플래너

Date	. . .	D-	공부시간	H	M

◎
◎
◎

과목	내용	체크

MEMO

NCS 직업기초능력평가 답안카드

성 명

지원 분야

문제지 형별기재란

( )형   Ⓐ Ⓑ

수험번호

| ⓪ ① ② ③ ④ ⑤ ⑥ ⑦ ⑧ ⑨ |
| ⓪ ① ② ③ ④ ⑤ ⑥ ⑦ ⑧ ⑨ |
| ⓪ ① ② ③ ④ ⑤ ⑥ ⑦ ⑧ ⑨ |
| ⓪ ① ② ③ ④ ⑤ ⑥ ⑦ ⑧ ⑨ |
| ⓪ ① ② ③ ④ ⑤ ⑥ ⑦ ⑧ ⑨ |
| ⓪ ① ② ③ ④ ⑤ ⑥ ⑦ ⑧ ⑨ |
| ⓪ ① ② ③ ④ ⑤ ⑥ ⑦ ⑧ ⑨ |

감독위원 확인

㊞

1	① ② ③ ④ ⑤	21	① ② ③ ④ ⑤	41	① ② ③ ④ ⑤	61	① ② ③ ④ ⑤
2	① ② ③ ④ ⑤	22	① ② ③ ④ ⑤	42	① ② ③ ④ ⑤	62	① ② ③ ④ ⑤
3	① ② ③ ④ ⑤	23	① ② ③ ④ ⑤	43	① ② ③ ④ ⑤	63	① ② ③ ④ ⑤
4	① ② ③ ④ ⑤	24	① ② ③ ④ ⑤	44	① ② ③ ④ ⑤	64	① ② ③ ④ ⑤
5	① ② ③ ④ ⑤	25	① ② ③ ④ ⑤	45	① ② ③ ④ ⑤	65	① ② ③ ④ ⑤
6	① ② ③ ④ ⑤	26	① ② ③ ④ ⑤	46	① ② ③ ④ ⑤	66	① ② ③ ④ ⑤
7	① ② ③ ④ ⑤	27	① ② ③ ④ ⑤	47	① ② ③ ④ ⑤	67	① ② ③ ④ ⑤
8	① ② ③ ④ ⑤	28	① ② ③ ④ ⑤	48	① ② ③ ④ ⑤	68	① ② ③ ④ ⑤
9	① ② ③ ④ ⑤	29	① ② ③ ④ ⑤	49	① ② ③ ④ ⑤	69	① ② ③ ④ ⑤
10	① ② ③ ④ ⑤	30	① ② ③ ④ ⑤	50	① ② ③ ④ ⑤	70	① ② ③ ④ ⑤
11	① ② ③ ④ ⑤	31	① ② ③ ④ ⑤	51	① ② ③ ④ ⑤		
12	① ② ③ ④ ⑤	32	① ② ③ ④ ⑤	52	① ② ③ ④ ⑤		
13	① ② ③ ④ ⑤	33	① ② ③ ④ ⑤	53	① ② ③ ④ ⑤		
14	① ② ③ ④ ⑤	34	① ② ③ ④ ⑤	54	① ② ③ ④ ⑤		
15	① ② ③ ④ ⑤	35	① ② ③ ④ ⑤	55	① ② ③ ④ ⑤		
16	① ② ③ ④ ⑤	36	① ② ③ ④ ⑤	56	① ② ③ ④ ⑤		
17	① ② ③ ④ ⑤	37	① ② ③ ④ ⑤	57	① ② ③ ④ ⑤		
18	① ② ③ ④ ⑤	38	① ② ③ ④ ⑤	58	① ② ③ ④ ⑤		
19	① ② ③ ④ ⑤	39	① ② ③ ④ ⑤	59	① ② ③ ④ ⑤		
20	① ② ③ ④ ⑤	40	① ② ③ ④ ⑤	60	① ② ③ ④ ⑤		

NCS 직업기초능력평가 답안카드

번호	답란	번호	답란	번호	답란	번호	답란
1	① ② ③ ④ ⑤	21	① ② ③ ④ ⑤	41	① ② ③ ④ ⑤	61	① ② ③ ④ ⑤
2	① ② ③ ④ ⑤	22	① ② ③ ④ ⑤	42	① ② ③ ④ ⑤	62	① ② ③ ④ ⑤
3	① ② ③ ④ ⑤	23	① ② ③ ④ ⑤	43	① ② ③ ④ ⑤	63	① ② ③ ④ ⑤
4	① ② ③ ④ ⑤	24	① ② ③ ④ ⑤	44	① ② ③ ④ ⑤	64	① ② ③ ④ ⑤
5	① ② ③ ④ ⑤	25	① ② ③ ④ ⑤	45	① ② ③ ④ ⑤	65	① ② ③ ④ ⑤
6	① ② ③ ④ ⑤	26	① ② ③ ④ ⑤	46	① ② ③ ④ ⑤	66	① ② ③ ④ ⑤
7	① ② ③ ④ ⑤	27	① ② ③ ④ ⑤	47	① ② ③ ④ ⑤	67	① ② ③ ④ ⑤
8	① ② ③ ④ ⑤	28	① ② ③ ④ ⑤	48	① ② ③ ④ ⑤	68	① ② ③ ④ ⑤
9	① ② ③ ④ ⑤	29	① ② ③ ④ ⑤	49	① ② ③ ④ ⑤	69	① ② ③ ④ ⑤
10	① ② ③ ④ ⑤	30	① ② ③ ④ ⑤	50	① ② ③ ④ ⑤	70	① ② ③ ④ ⑤
11	① ② ③ ④ ⑤	31	① ② ③ ④ ⑤	51	① ② ③ ④ ⑤		
12	① ② ③ ④ ⑤	32	① ② ③ ④ ⑤	52	① ② ③ ④ ⑤		
13	① ② ③ ④ ⑤	33	① ② ③ ④ ⑤	53	① ② ③ ④ ⑤		
14	① ② ③ ④ ⑤	34	① ② ③ ④ ⑤	54	① ② ③ ④ ⑤		
15	① ② ③ ④ ⑤	35	① ② ③ ④ ⑤	55	① ② ③ ④ ⑤		
16	① ② ③ ④ ⑤	36	① ② ③ ④ ⑤	56	① ② ③ ④ ⑤		
17	① ② ③ ④ ⑤	37	① ② ③ ④ ⑤	57	① ② ③ ④ ⑤		
18	① ② ③ ④ ⑤	38	① ② ③ ④ ⑤	58	① ② ③ ④ ⑤		
19	① ② ③ ④ ⑤	39	① ② ③ ④ ⑤	59	① ② ③ ④ ⑤		
20	① ② ③ ④ ⑤	40	① ② ③ ④ ⑤	60	① ② ③ ④ ⑤		

성 명

지원분야

문제지 형별기재란

Ⓐ Ⓑ

( )형

수 험 번 호

⓪ ① ② ③ ④ ⑤ ⑥ ⑦ ⑧ ⑨

감독위원 확인

(인)

좋은 책을 만드는 길
독자님과 함께하겠습니다.

도서나 동영상에 궁금한 점, 아쉬운 점, 만족스러운 점이
있으시다면 어떤 의견이라도 말씀해 주세요.
SD에듀는 독자님의 의견을 모아 더 좋은 책으로 보답하겠습니다.

www.sdedu.co.kr

2023 최신판 공사공단 업무직 / 별정직
NCS + 실전모의고사 5회 + 무료NCS특강

개정5판1쇄 발행	2023년 01월 05일 (인쇄 2022년 09월 07일)
초 판 발 행	2018년 01월 30일 (인쇄 2017년 12월 08일)
발 행 인	박영일
책 임 편 집	이해욱
편 저	NCS직무능력연구소
편 집 진 행	김재희 · 구현정
표 지 디 자 인	조혜령
편 집 디 자 인	김지수 · 곽은슬
발 행 처	(주)시대고시기획
출 판 등 록	제 10-1521호
주 소	서울시 마포구 큰우물로 75 [도화동 538 성지 B/D] 9F
전 화	1600-3600
팩 스	02-701-8823
홈 페 이 지	www.sdedu.co.kr
I S B N	979-11-383-3241-5 (13320)
정 가	24,000원